高职高专汽车类专业技能型教育规划教材

# 汽车评估与鉴定

## 第 2 版

黄费智　编著

机 械 工 业 出 版 社

本书是高职高专汽车类专业技能型教育规划系列教材之一。其内容覆盖了当前我国汽车评估工作中所需的基本理论、基本方法和基本技能。全书分为上、中、下三篇。上篇为汽车评估基础篇，内容包括与评估鉴定相关的汽车基本知识以及汽车评估的基本方法。中篇为汽车技术状况鉴定篇，内容包括汽车技术状况的静态检查、动态检查、仪器检测与汽车技术状况的综合评定。下篇为汽车价值评估与二手车交易篇，内容包括二手车鉴定评估，二手车交易实务，电动汽车结构特点、工作原理与性能测试，以及电动汽车的鉴定评估。

本书主要作为汽车鉴定评估专业、汽车技术服务与营销专业、汽车保险实务专业、汽车运用与维修专业、汽车电子运用专业、交通运输专业、车辆工程等汽车类专业的教材，亦可作为汽车鉴定评估从业人员的培训教材和汽车服务业从业人员的学习参考读物，以及在汽车流通领域从事车辆交易、汽车置换、鉴定评估、保险理赔、价格咨询、车辆定损、维修检测、抵押典当、财产担保、司法鉴定、法律诉讼等工作的业务技术人员和管理人员的业务参考书。

## 图书在版编目(CIP)数据

汽车评估与鉴定 / 黄费智编著. —2版. —北京：机械工业出版社，2018.5（2021.8重印）
高职高专汽车类专业技能型教育规划教材
ISBN 978-7-111-59464-2

Ⅰ.①汽⋯ Ⅱ.①黄⋯ Ⅲ.①汽车-价格评估-高等职业教育-教材②汽车-鉴定-高等职业教育-教材
Ⅳ.①F766②U472.9

中国版本图书馆CIP数据核字(2018)第054371号

机械工业出版社(北京市百万庄大街22号　邮政编码100037)
策划编辑：母云红　责任编辑：母云红　张亚秋
责任校对：王　延　封面设计：鞠　杨
责任印制：单爱军
北京捷迅佳彩印刷有限公司印刷
2021年8月第2版第3次印刷
184mm×260mm・21.75印张・527千字
3501—4000册
标准书号：ISBN 978-7-111-59464-2
定价：55.00元

凡购本书，如有缺页、倒页、脱页，由本社发行部调换

电话服务　　　　　　　　　　　网络服务
服务咨询热线：010-88379833　　机 工 官 网：www.cmpbook.com
读者购书热线：010-88379649　　机 工 官 博：weibo.com/cmp1952
　　　　　　　　　　　　　　　　教育服务网：www.cmpedu.com
**封面无防伪标均为盗版**　　　　金　书　网：www.golden-book.com

# 高职高专汽车类专业技能型教育规划教材编委会

**主　任**　　蔡兴旺　（韶关大学）

**副主任**　　胡光辉　（湖南长沙交通职业技术学院）
　　　　　　梁仁建　（广东轻工职业技术学院）

**编　委**（按姓氏笔画排序）：

万　捷　（北京计划劳动管理干部学院）
马　纲　（江苏城市职业学院）
仇雅莉　（湖南交通职业技术学院）
戈秀龙　（嘉兴职业技术学院）
王　飞　（广州城市职业学院）
王一斐　（甘肃交通职业技术学院）
王海林　（华南农业大学）
刘　威　（北京计划劳动管理干部学院）
刘兴成　（甘肃交通职业技术学院）
纪光兰　（甘肃交通职业技术学院）
何南昌　（广州科技职业技术学院）
吴　松　（广东轻工职业技术学院）
张　涛　（沈阳理工大学应用技术学院）
李佑慧　（云南交通职业技术学院）
李庆军　（黑龙江农业工程职业学院）
李建兴　（宁波城市职业学院）
李泉胜　（嘉兴职业技术学院）
陈　红　（广州科技职业技术学院）
范爱民　（顺德职业技术学院）
范梦吾　（顺德职业技术学院）
贺大松　（宜宾职业技术学院）
赵　彬　（无锡商业职业技术学院）
赵海波　（沈阳理工大学应用技术学院）
夏长明　（广州金桥管理干部学院）
钱锦武　（云南交通职业技术学院）
曹红兵　（浙江师范大学高等技术学院）
黄红惠　（江苏城市职业学院）
黄费智　（长沙理工大学汽车与机械工程学院）
谭本忠　（广州市凌凯汽车技术开发有限公司）

# 序　言

据统计，"十一五"期间中国汽车运用维修人才缺口为80万。未来5年汽车人才全面紧缺，包括汽车研发人才、汽车营销人才、汽车维修人才和汽车管理人才等。2003年，教育部启动了"国家技能型紧缺人才培养项目"，"汽车运用与维修"是其中的项目之一。2006年，教育部和财政部又启动了国家示范性高等职业院校建设计划，其中的一个重要内容就是以学生为主体，以就业为导向，建立新的职教课程体系、教育模式与教学内容，而教材建设是最重要的一个环节。

为适应目前高等职业技术教育的形势，机械工业出版社汽车分社召集了全国20多所院校的骨干教师于2007年6月在广东省韶关大学组织召开了"高职高专汽车类专业技能型教育规划教材"研讨会，确定了本套教材的编写指导思想和编写计划，并于2007年8月在湖南长沙召开"高职高专汽车类专业技能型教育规划教材"主编会，讨论并通过了本套教材的编写大纲。

本套教材紧紧围绕职业工作需求，以就业为导向，以技能训练为中心，以"更加实用、更加科学、更加新颖"为编写原则，旨在探索课堂与实训的一体化，具有如下特点：

1. 教材编写理念：融入课程教学设计新理念，以学生为主体，以老师为指导，以提高学生实践职业技能和创新能力为目标，理论紧密联系实践，思想性和学术性相统一。理论知识以够用为度，技能训练面向岗位需求，注重结合汽车后市场服务岗位群和维修岗位群的岗位知识和技能要求，使学生学完每一本教材后，都能获得该教材所对应的岗位知识和技能，反映教学改革和课程建设的新成果。

2. 教材结构体系：根据职业工作需求，采用任务驱动、项目导向的新模式构建新课程体系。理论教学与技能训练有机融合，系统性与模块化有机融合，方便不同学校、不同专业、不同实验条件剪裁选用。

3. 教材内容组织：精选学生终身有用的基础理论和基本知识，突出实用性、新颖性，以我国保有量较大的轿车为典型，注意介绍现代汽车新结构、新技术、新方法和新标准，加强"实训项目"内容的编写，引导学生在"做"中"学"。内容安排采用实例引导的方式，以激发学生的阅读兴趣，符合学生的认知规律。

4. 教材编排形式：图文并茂，通俗易懂，简明实用，由浅入深，深浅适度，符合高职学生的心理特点。每一章均结合人力资源和社会保障部职业资格考试要求，给出复习思考题，使教学与职业资格考试有机结合。

此外，为构建立体化教材，方便教师和学生学习，本套教材配备了实训指导光盘和

# 序 言

多媒体教学课件。实训指导光盘的内容为实训项目的规范性操作录像和相关资料,附在教材中;多媒体教学课件专供任课教师采用,可在机械工业出版社教材服务网(www.cmpedu.com)免费下载。

虽然本套教材的各参编院校在教、学、做一体化教学方面进行了有益的探索,但限于认识水平和工作经历,教材中难免仍有许多不足之处,恳请各位专家、同行批评指正。

**高职高专汽车类专业技能型教育规划教材编委会**

# 第2版前言

本书第1版自2011年1月出版发行至今已有多年，面对我国蓬勃发展的汽车市场，特别是电动汽车的异军突起，以及新的国家标准和规范的陆续出台，本书亟需补充、更新相关内容，以适应汽车市场发展新形势、新需求。

下面对本书的修订内容进行简要说明。

第一，继续保留了原书比较科学、完整的知识体系，仍然分为上、中、下三篇。上篇为汽车评估基础篇，中篇为汽车技术状况鉴定篇，下篇为汽车价值评估与二手车交易篇。

第二，贯彻新的国家汽车技术标准，特别是深入、严格、全面地贯彻国家标准GB/T 30323—2013《二手车鉴定评估技术规范》。

第三，在内容选择方面，一是突出重点。紧紧抓住了"二手车鉴定评估"这个基本重点，在本书下篇中，以国家标准GB/T 30323—2013《二手车鉴定评估技术规范》为技术依托，用了两章的篇幅，全面、系统、深入地讲解了二手车鉴定评估与交易的基本方法。二是着眼于未来。适应电动汽车目前与未来的迅猛发展，新增了第八章电动汽车结构特点、工作原理与性能测试和第九章电动汽车的鉴定评估。

第四，在版面表现形式上进行了某些创新，主要是为插图增加了注解。此种图解形式的优点是将文字与图形有机结合，从而达到简明扼要、重点突出、生动活泼的效果。

由于编者水平有限，书中难免有疏漏和错误之处，欢迎广大读者批评指正。

编　者

# 第1版前言

自改革开放以来,我国汽车工业迅猛发展。尤其是近十年来,我国汽车产量以年均24.5%的速度增长。2007年,我国汽车产量已达888万辆,超过德国成为世界第三大汽车生产国。2008年,汽车产量超过930万辆,全国民用汽车保有量达到6467万辆,汽车已经进入我国千家万户。2009年,我国汽车销量同比增长29%,且超过美国成为世界最大的汽车销售市场。但我国千人汽车保有量仅为24辆,还不及世界平均水平的三分之一。"十二五"期间,我国汽车产业仍将保持快速发展势头。

作为国民经济支柱的汽车工业的大发展,带动了汽车后市场的空前繁荣,并直接催生出一个包括汽车销售服务、汽车技术服务、汽车鉴定评估服务、汽车维修服务、保险服务、物流服务、金融服务、车辆管理以及汽车文化服务等在内的庞大的新兴产业——汽车服务产业。其规模与产生的价值以及创造的就业岗位均远远超出汽车工业自身。汽车工业所产生的价值与汽车服务产业所产生的价值相比约为20%比80%。同时,伴随着以技术密集型为特征的汽车工业与汽车服务业的大发展而来的是对高素质汽车服务人才的迫切需求。

汽车评估正是在这样的市场经济条件下应运而生的。所谓汽车评估,就是由汽车评估机构的专业评估人员,根据特定的目的,遵循客观经济规律和公正的原则,按照法定的标准和程序,运用科学的方法,对汽车的现时价格进行评定和估算。它是汽车服务产业中的重要组成部分之一。

本书是高职高专汽车类专业技能型教育规划教材之一。其内容覆盖了当前我国汽车评估工作中所需的基本理论、基本方法和基本技能。在本书编写过程中,我们力求体现以下特色:

1. 瞄准汽车市场对高素质汽车评估人才岗位知识和技能的要求,以汽车评估师国家职业标准为依据,以职业能力培养为核心进行课程内容的科学整合,科学地确定教材的知识目标和能力目标,合理安排教材的知识结构和能力结构。

2. 注重知识的针对性、新颖性与系统性。注重理论分析方法的实用性和可操作性,强调理论教学与技能训练的密切结合,强调学生创造性思维与实践动手能力的培养,充分体现了我国高等职业技术教育的特色。

3. 注重现代轿车的新结构、新技术、新方法和新标准的介绍,题材与案例新颖丰富、图文并茂、实用性强、生动好用。

全书分为上、中、下三篇。上篇为汽车评估基础篇,内容包括与评估相关的汽车基本知识以及汽车评估的基本方法。中篇为汽车技术状况鉴定篇,内容包括汽车技术状况的静态检查、动态检查、仪器检测与汽车技术状况的定量评定。下篇为汽车价值评估与二手车交易篇，内容包括新车的价值评估，汽车的故障评估，汽车事故损失评估，以及二手车的鉴定评估与交易运作实务。

本书由长沙理工大学汽车与机械工程学院黄费智教授任主编，并编写了第一章、第二章、第三章、第四章、第六章、第七章、第八章、第九章的内容。第五章由上海交通职业技术学院国家职业技能考评员黄理经高级讲师编写。

本书在编写过程中引用和参考了大量的文献资料（详见书末参考文献），在此谨向相关作者深表谢意！本书的编写还得到吉林大学柴邦衡教授和诸多同行专家、朋友与家人的关心、帮助与支持，在此一并致谢！

由于作者水平有限，书中难免有错误与不当之处，欢迎同行专家以及广大读者批评指正。如有建议或需了解本书相关信息，请与 huangfeizhi38@hotmail.com 或 huanglijing888@163.com 联系。

编 者

# 目 录

序言
第 2 版前言
第 1 版前言

## 上篇　汽车评估基础篇

### 第一章　绪论 1
第一节　汽车评估概述 1
第二节　二手车鉴定评估的基本要素和
　　　　评估的主要依据 4
第三节　二手车鉴定评估机构与二手车
　　　　鉴定评估师 6
本章小结 11
思考训练题 12

### 第二章　与评估相关的汽车基本知识 13
第一节　世界主要汽车谱系 13
第二节　汽车总体构造及各组成部分的
　　　　价格比重 16
第三节　汽车运行性能指标与汽车基本
　　　　技术参数 17
第四节　汽车的分类方法 23
第五节　世界车辆识别代码、国产汽车型号
　　　　编制规则与汽车标牌 27
第六节　内燃机产品名称和型号编制
　　　　规则 32
第七节　汽车技术状况的变化、汽车使用
　　　　寿命、汽车折旧与报废标准 33
本章小结 42
思考训练题 42

### 第三章　汽车价值评估的基本方法 44
第一节　汽车评估的假设、价值类型与
　　　　方法 44
第二节　汽车评估重置成本法 47
第三节　汽车评估收益现值法 50
第四节　汽车评估现行市价法 51

第五节　汽车评估清算价格法与汽车价格
　　　　评估方法的比较和选用 56
第六节　二手车成新率的计算与确定 57
本章小结 63
思考训练题 64

## 中篇　汽车技术状况鉴定篇

### 第四章　汽车技术状况的静态检查与
　　　　动态检查 66
第一节　汽车技术状况的静态检查 66
第二节　汽车技术状况的动态检查 77
本章小结 83
思考训练题 83

### 第五章　汽车技术状况的仪器检测与
　　　　综合评定 85
第一节　汽车技术状况的仪器检测概述 85
第二节　对二手车鉴定人员掌握仪器
　　　　检测程度的要求 92
第三节　对汽车技术状况的综合评定 112
本章小结 120
思考训练题 121

## 下篇　汽车价值评估与二手车交易篇

### 第六章　二手车鉴定评估 123
第一节　二手车鉴定评估作业总流程与
　　　　鉴定评估前期准备工作 124
第二节　识伪检查与鉴别事故车辆 140
第三节　静态检查的主要内容、方法
　　　　与要求 145
第四节　动态检查的主要内容、方法与
　　　　要求 172
第五节　二手车的价值评估实例分析 184
第六节　二手车鉴定评估报告 194
本章小结 208

IX

思考训练题 ……………………… 210
**第七章　二手车交易实务** …………… 212
  第一节　二手车交易的法定依据、交易类型
     与交易相关规定 ……………… 212
  第二节　二手车交易流程 …………… 215
  第三节　关于二手车交易需提供材料
     的规定 ………………………… 218
  第四节　二手车标示 ………………… 221
  第五节　二手车交易合同 …………… 223
  第六节　二手车的质量担保 ………… 226
  第七节　二手车收购定价 …………… 232
  第八节　二手车销售定价 …………… 238
  本章小结 ……………………………… 242
  思考训练题 …………………………… 243
**第八章　电动汽车结构特点、工作原理**
    **与性能测试** ………………… 244
  第一节　电动汽车知识基础 ………… 244
  第二节　电动汽车的动力电池 ……… 253

  第三节　电动汽车的驱动电机系统 … 267
  第四节　电动汽车的辅助系统 ……… 280
  第五节　电动汽车的电气控制系统 … 285
  第六节　电动汽车的维护与保养 …… 294
  本章小结 ……………………………… 298
  思考训练题 …………………………… 299
**第九章　电动汽车鉴定评估** …………… 300
  第一节　电动汽车技术状况的静态检查 … 300
  第二节　电动汽车技术状况的动态检查 … 315
  第三节　电动汽车技术状况的仪器检查 … 317
  第四节　电动汽车技术状况等级的
     综合评定 ……………………… 334
  第五节　电动汽车的价值评估与鉴定
     评估报告 ……………………… 335
  本章小结 ……………………………… 335
  思考训练题 …………………………… 336
**参考文献** ………………………………… 337

# 上篇　汽车评估基础篇

# 第一章　绪论

**学习目标：**

1. 掌握汽车评估的定义、类型、目的、特点。
2. 了解本课程的性质、内容和学习目的。
3. 了解汽车服务产业对人才的迫切需求。
4. 了解二手车鉴定评估机构的"三大职能"与市场地位。
5. 掌握对汽车评估师的"四项执业要求"和对鉴定评估师基础知识与技能的基本要求。

## 第一节　汽车评估概述

### 一、汽车评估概述

1. 汽车评估的定义

汽车评估是指：由具有专门资格的鉴定评估人员，按照特定的目的，遵循法定的标准和程序，运用科学的方法，对经济活动中涉及汽车的手续检查、技术鉴定和价格估算等的评估服务过程。

随着我国汽车市场的迅猛发展，对新汽车和二手车鉴定与评估的需求也越来越迫切，目前二手车的年均评估量远远超过100万辆。

2. 汽车评估的类型及其内在联系

根据汽车评估研究的范围与内容，可将汽车评估划分为以下五个主要类型。

（1）二手车价值评估　二手车价值评估也称旧车评估，这是汽车评估最主要的组成内容，即由具有专门资格的鉴定评估人员，按照特定的目的，遵循法定的标准和程序，运用科学的方法，对经济活动中涉及二手车的证件手续检查、技术性能鉴定和市场价格估算的评估服务过程。它也是本书研究的重点内容。

（2）新车价值评估　新车价值评估是指汽车制造企业根据自身的经营目标，运用科学的定价方法，选择合理的定价策略，对汽车市场价格进行的分析估算和价格波动预测。它是企业制订汽车营销策略和获得利润的重要依据，也是准备购车的消费者或投资者选择新车的重要依据。

（3）汽车故障评估　汽车故障评估是指对于查找汽车故障的原因并排除故障所需维修费用进行的评定与估算。当汽车的故障比较严重时，查找与排除故障必然导致二手车实际价值的降低。

（4）汽车事故损失评估　汽车事故损失评估是指汽车因碰撞、水灾、火灾、盗抢等而造成损伤，在修理前所进行的事故损失评估。其内容包括汽车损伤鉴定、汽车维修工时和材料费用的估算等。它是进行汽车保险理赔以及事故汽车维修的重要依据。

（5）汽车风险评估　汽车风险评估是指通过合理的汽车风险因素分析，为确定汽车风险的损失和责任而进行的汽车风险度量。主要包括汽车损失风险评估和汽车责任风险评估两项内容。它既是汽车保险领域的重要内容，也是汽车使用者和汽车管理部门重要的参考内容。

各类型汽车评估的内在联系详见图1-1。

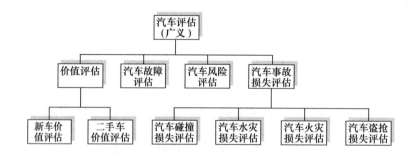

图1-1　各类型汽车评估的内在联系

**3. 汽车评估的目的**

汽车评估包括以下十项具体目的。

（1）汽车所有权变动　汽车所有权的转让及转籍、过户，一般以评估价格作为买卖双方的参考底价。

（2）企业的产权变动　如合资经营、合作经营、企业联营、企业合并、企业兼并或分设、企业出售、企业租赁等，都必须进行资产(包括车辆)评估。

（3）抵押贷款　银行为确保放款安全，要求贷款人以汽车作为贷款抵押物。放贷者为了安全回收贷款，需对其进行评估。

（4）法律诉讼咨询服务　如果当事人遇到机动车类诉讼，则通过评估可为当事人把握事实真相并且为法院判决提供汽车价格依据。

（5）汽车拍卖　对于公物车辆、执法机关罚没车辆、抵押车辆、企业清算车辆、海关获得的抵税和放弃车辆等，均需进行评估以便为拍卖提供合理的参考底价。

（6）税收　以税收为目的，评估汽车交易价格。

（7）车辆置换　车辆置换包括以旧换新和以旧换旧两种情况。评估结果公平与否，直接关系到置换双方的利益得失。

（8）车辆保险　以下两种情况需要进行评估。

1）车辆投保：所缴纳的保费直接与车辆价值挂钩。

2）保险公司对事故车辆的理赔：为保障保险双方利益，需进行汽车评估。

（9）担保　担保是指车辆所有者，利用其车辆的价值为其他单位或个人的经济行为提供担保，并承担连带责任的行为，故担保时需要评估其车辆的价值。

（10）典当

1）当典当双方对车辆当物的价值估测差别较大时，典当行应以评估值作为放款的依据。

2）当车辆当物发生绝当时，应以评估结果作为对绝当车辆的处理依据。

4. 汽车评估的特点

汽车评估具有以下三大鲜明特点。

（1）汽车评估以单辆为对象　由于汽车的品牌、型号与规格繁多，且车辆之间结构与性能差异极大，为保证评估的真实性和准确性，均采取分整车、分部件，逐辆、逐件地进行评估。

（2）汽车评估以技术鉴定为基础　因为汽车属于机电仪一体化的技术密集型产品，且其性能会随着行驶里程的增加而变化，因此往往需要通过技术检测鉴定，才能判断车辆的损耗程度与性能变化，以便为准确定价奠定基础。

（3）汽车评估必须把握汽车本身的价值特点　车辆价值的构成要素，除了汽车本身实体价值以外，还包括使用税费以及户籍管理费用等。

## 二、本课程的性质、内容和学习目的

1. 本课程的性质

由汽车评估的定义可知，汽车评估所涉及的知识面非常广泛，不仅涉及汽车、机械、电子、维修、检测、驾驶等多学科的工程技术知识，而且需要有经济管理、财会、金融、市场学、价格学、法律等多科学的社会科学知识；不仅要求评估师具有宽广的知识面，而且还要求他们更要有较丰富的评估实践经验和技能。

目前，汽车评估已经发展成为一门多学科知识与技能交叉的独立学科分支。为此，近年来不少高校纷纷设立了"汽车评估专业"。

2. 本课程的内容

本课程的内容分为三篇，共九章。上篇是汽车评估基础篇，主要内容包括与评估相关的汽车基本知识，以及汽车评估的基本方法。中篇是汽车技术状况鉴定篇，主要内容包括汽车技术状况的静态检查与动态检查，以及汽车技术状况的仪器检测与汽车技术状况的综合评定。下篇是汽车价值评估与二手车交易篇，主要内容包括二手车鉴定评估，二手车交易实务，电动汽车结构特点、工作原理与性能测试，电动汽车鉴定评估。

3. 学习本课程的目的

通过本课程的学习，可系统掌握与汽车评估相关的汽车技术基础知识和汽车评估的基本理论知识；系统掌握对汽车进行技术鉴定和价值估算的基本方法和操作技能；熟悉国家对二手车交易的有关政策法规以及交易过户、转籍的办理程序，为今后成为一名合格的汽车评估师以及从事汽车评估工作奠定坚实的技术基础。

## 第二节　二手车鉴定评估的基本要素和评估的主要依据

### 一、二手车鉴定评估的八项基本要素

二手车鉴定评估过程中，涉及以下八个基本要素，即鉴定评估主体、鉴定评估客体、鉴定评估依据、鉴定评估目的、鉴定评估原则、鉴定评估流程、鉴定评估价值类型以及鉴定评估方法。

1. 二手车鉴定评估主体

主体是指二手车评估业务的具体承担者，即从事二手车评估的机构与专业技术人员。

2. 二手车鉴定评估客体

客体是指被评估的车辆。

3. 二手车鉴定评估依据

依据是指评估工作所遵循的法律、法规、经济行为文件及其他参考资料。二手车鉴定评估依据包括理论依据、行为依据、法律依据、产权依据和取价依据等。

4. 二手车鉴定评估目的

二手车鉴定评估目的是指为了正确反映二手车的价值及其变动，以便为将要发生的经济行为提供一个公平的价格尺度。可将其分为两大类：一类为变动二手车的产权，另一类为不变动二手车产权。变动二手车的产权是指车辆所有权发生转移的经济行为，包括二手车的交易、置换、拍卖、转让、并购、投资、抵债和捐赠等。不变动二手车产权是指车辆所有权未发生转移的经济行为，包括二手车的保险、抵押贷款、担保、典当、纳税评估以及司法鉴定（含海关罚没、盗抢、财产纠纷等）。

5. 二手车鉴定评估原则

二手车鉴定评估原则是对二手车评估行为的规范。可分为工作原则和经济原则两大类。

工作原则是指评估机构与评估师在评估工作中应遵循的基本原则，主要包括以下八项：即合法性原则、独立性原则、客观性原则、科学性原则、公平性原则、规范性原则、专业性原则和评估时点原则。

经济原则是指在二手车评估过程中，进行具体技术处理的原则。主要包括预期收益原则、替代原则和最佳效益原则。

6. 二手车鉴定评估流程

二手车鉴定评估工作具有专业性强、情况比较复杂以及作业量大等特点，故必须遵循以下评估流程有步骤、分阶段地进行，即受理鉴定评估、查验可交易车辆、签订委托书、登记基本信息、鉴定车辆技术状况、评估车辆价值、撰写并出具《二手车鉴定评估报告》以及归档工作底稿。

7. 二手车鉴定评估价值类型

二手车鉴定评估价值类型是将资产评估价值归纳为重置成本、现行市价、收益现值、清算价格、报废价值以及残值价值等六类。不同的评估目的决定了不同的价值内涵以及评估项目应选择的价值类型。同时价值类型对评估方法的选择具有约束性。而合理选择价值类型则是资产评估具有科学性和有效性的根本前提。

8. 二手车鉴定评估方法

二手车鉴定评估方法是指二手车评估所运用的特定技术，它是实现二手车价值评估的手段和途径。二手车的评估方法主要有以下四种：重置成本法、现行市价法、收益现值法和清算价格法。从可操作性来讲，一般多采用重置成本法进行二手车价值的评定与估算。

## 二、二手车鉴定评估的客体

二手车鉴定评估的客体是指某一辆被鉴定评估的具体车辆。

根据《二手车流通管理办法》的规定，下列五类九种车辆不容许进入二手车交易市场进行交易。

（1）报废车 已报废或达到国家汽车报废标准的车辆。

（2）代码不符车 即车辆识别代码（VIN码）、发动机号码或车架号码与正规登记号码不符，或有锉改迹象的车辆。

（3）证件不齐车 即没有办理必备证件、交纳税费和保险的凭证以及机动车安全技术检验合格标志的车辆。

（4）外地车 即本行政辖区以外的公安机关交通管理部门注册登记的车辆。

（5）下列五种违法车

1）抵押车：在抵押期间或未经海关批准的海关监管的车辆。

2）查封车：在人民法院、人民检察院、行政执法部门依法查封、扣押期间的车辆。

3）盗抢车：通过盗窃、抢劫、抢夺、诈骗等违法手段获得的车辆。

4）走私、拼装车：通过走私或非法拼（组）装的车辆。

5）法律禁止经营车：国家法律、行政法规禁止经营的车辆。

## 三、二手车鉴定评估的五类主要依据

1. 理论依据

汽车是属于机器设备类的资产，故二手车评估应属于单项资产的评估范围。在评估时应遵循国家关于资产评估学的一些基本理论和方法的有关规定进行。因此，二手车评估的理论依据就是资产评估学。

同时，二手车作为一种单项资产其技术与结构比较复杂，价值也较高，涉及的面也较广，与一般的资产评估又有许多区别。因此，需要根据我国二手车市场发展的情况不断总结经验，探索符合我国二手车市场的更加方便实用且能够为广大二手车消费者所认同的评估理论和方法。

2. 法律依据

法律依据是指二手车评估必须遵循的法律法规，主要包括以下八项内容。

1）国标：GB/T 30323—2013《二手车鉴定评估技术规范》，2014年6月1日起实行。

2）国标：GB 7258—2017《机动车运行安全技术条件》，2018年1月1日实施。

3）命令：《二手车流通管理办法》，商务部、公安部、工商总局、税务总局令2005年第2号，2005年8月29日发布。

4）命令：《中华人民共和国机动车登记规定》，公安部第102号令，2008年5月27日发布实施。

5）命令：《公安部关于修改〈机动车登记规定〉的决定》，公安部第124号令，2012年8

月 21 日发布实施。

6）命令：《机动车强制报废标准规定》，商务部、国家发展改革委员会、公安部、环境保护部令，2012 年第 12 号公布，2013 年 5 月 1 日起实行。

7）法规：《中央行政事业单位国有资产管理暂行办法》，国管资［2009］167 号，2009 年 7 月 2 日发布实施。

8）法规：其他方面的相关政策法规。

3. 产权依据

产权依据是指表明车辆有关其权属证明的文件，主要包括以下五项：机动车来历凭证、机动车登记证书、机动车行驶证、出租车营运证、道路营运证。

4. 取价依据

取价依据是指对二手车鉴定评估工作具有借鉴与佐证作用的资料，主要有价格资料和技术资料。

（1）七种价格资料　包括二手车整车销售价格、易损零部件价格、车辆精品装备价格、维修工时定额和维修价格资料、国家税费征收标准、车辆价格指数变化以及各品牌车型残值率。

（2）五种技术资料：包括机动车的技术参数，有关汽车新产品、新技术和新结构的变化资料，有关车辆故障的表面现象与差别资料，车辆维修工艺资料，以及其他与二手车相关的技术标准。

5. 行为依据

行为依据主要是指评估当事方的二手车鉴定评估委托书或其他使鉴定评估经济行为能够成立的有关决议文件。

## 第三节　二手车鉴定评估机构与二手车鉴定评估师

### 一、二手车鉴定评估机构

1. 二手车鉴定评估机构的"三大职能"

（1）评估职能　评估职能是二手车鉴定评估机构最关键的职能。它通过对二手车进行评价、勘检、鉴定和估价等，得出评估结论，并说明其结论的依据与计算过程。

（2）中介职能　二手车鉴定评估机构是以二手车买卖双方当事人之外的第三方身份，独立从事二手车评估的经营活动的，他们得出评估结论，促成双方接受该结论，为双方当事人提供中介服务，并收取合理费用。

（3）公正职能　由于二手车鉴定评估机构是作为双方当事人之外的第三方，完全站在中立公正的立场上进行科学评估，且是由具有丰富评估知识和技能的最具资格和权威性的人员组成的独立机构，因此，二手车鉴定评估机构所做出的评估结论是符合实际、可以信赖并且具有公正性质的。因而该结论可以接受法律的考验，并且可以促成事故结案与买卖成交。

2. 二手车鉴定评估机构的市场地位

二手车鉴定评估机构的市场地位是独立的，主要表现在以下三个方面。

（1）不受利益机制所左右　二手车鉴定评估机构执行评估业务时，既不代表双方当事人，也不受行政权力等外界因素的干扰。

（2）保持独立的判断标准和思维方式　在开展评估业务的过程中，评估人员应始终保持独立的判断标准和思维方式，无论是哪一方的委托，评估人员都要坚持独立的立场，并做出客观、公正的评判。

（3）评估结果的独立性　二手车鉴定评估机构所出具的评估报告，充分体现了评估人员所做的评估分析和评估结论，并始终保持客观、公正与独立性原则。

3. 设立二手车鉴定评估机构的条件和办理程序

（1）二手车鉴定评估机构应具备的条件

1）经营者必须是独立的中介机构，应有二手车鉴定评估机构核准证书。

2）有固定的经营场所和从事经营活动的必要设备。经营面积不少于 $200m^2$。有汽车举升设备，有汽车故障信息读取设备、车辆结构尺寸检测工具或设备，有汽车外观缺陷测量工具、漆面厚度检测设备及常用汽修操作工具。

3）有三名以上二手车鉴定评估师，一名以上高级二手车鉴定评估师。

4）有规范的管理规章制度和计算机等办公设施、照相机、照明工具，具备符合国家有关规定的消防设备。

（2）设立二手车鉴定评估机构的办理程序

1）申请人向省级商务主管部门提出书面申请，并提交相关的规定材料。

2）省级商务主管部门在收到材料之日起20个工作日内作出决定，对予以核准的，颁发《二手车鉴定评估机构核准证书》，不予核准的，应当说明理由。

3）申请人持《二手车鉴定评估机构核准证书》，到工商行政管理部门办理登记手续。

## 二、二手车鉴定评估师

1. 国家关于二手车鉴定评估师的规定

（1）实行二手车鉴定评估职业资格和就业准入制度

（2）凡从事二手车鉴定评估的人员必须满足以下三个条件。

1）必须掌握《二手车鉴定评估师国家职业标准》规定的知识。

2）必须参加考试并取得劳动和社会保障部颁发的职业资格证书。

3）对二手车鉴定评估师实行注册登记管理制度，并由中国汽车流通协会具体负责对二手车鉴定评估师职业资格的注册登记以及拟定相关管理办法。

2. 对二手车鉴定评估师的"四项执业要求"

（1）遵纪守法及职业道德的要求

1）遵纪守法：是指评估师应遵守国家的有关法律、法规，以及资产评估执业准则，以保证评估在合法和符合规范的前提下进行。

2）职业道德的要求：热爱本职工作，遵守职业道德，具有较高的政治素质和法制观念，开展业务要保证公正、公平、公开，不得利用职业之便损害国家、集体和个人的利益。

（2）坚持"四项工作原则"的要求

1）独立性原则。独立性原则是指评估过程不受外在或内在因素影响而公正无私地进行。它包含两层含义：一是应始终坚持独立的第三方地位，不受委托人及外界压力的影响；二是评估机构本身应是一个独立的、不依附他人的社会公正性中介组织，不能为评估业务的任何一方所有。评估收费不应与资产估价额挂钩，只应与实际工作量相关。

2）客观公正性原则。客观公正性原则是指评估应以客观数据资料为依据，以市场为参照，以现实为基础。所有预测、推算和逻辑运算等主观判断过程都要建立在市场和现实资料的基础上，不受个人感情与好恶的影响。

3）科学性原则。科学性原则包括两点：一是指必须根据特定的评估目的选择恰当的估价标准和评估方法，并使方法与标准相匹配；二是要结合评估实际情况确定科学合理的评估方案。

4）专业性原则。专业性原则包括两点：一是指评估必须由法律认可的专业评估机构和评估人员进行；二是指要求评估机构必须有一支由财会、工程、技术、法律、经济管理等多学科专家组成的专业队伍，并且只有持有注册评估师证书的专业技术人员才有资格担任评估任务。

（3）专业胜任能力要求　专业胜任能力要求是指在承揽评估项目时，评估机构与评估人员必须衡量自身的专业胜任能力。

（4）职业责任要求　职业责任要求是指评估师必须对执业行为与评估结果承担经济责任和法律责任。资产评估师要承担为客户保密、公正执业的责任，任何违背职业道德的行为都要承担相应的民事责任与刑事责任。

3. 二手车鉴定评估师的职业背景

（1）职业概况

1）职业名称：二手车鉴定评估师。

2）职业定义：通过目测、路试、检测及检查有关证件和票据等手段，对二手车进行技术状况鉴定，并评估定价。

3）职业等级：可分为二手车鉴定评估师和二手车高级鉴定评估师。

（2）职业条件

1）职业环境：室内外，常温。

2）能力倾向：具有良好的语言表达能力、计算能力、观察判断能力，动作协调灵活。

3）文化程度：具有高中及以上文化程度。

（3）培训要求

1）培训期限：采取脱产培训，每期培训时间不低于80标准学时。

2）培训教师要求：汽车相关专业，市场营销专业，大学以上文化程度，中级以上职称。

3）培训场地、设备：具有良好的理论、实践教学基地，有完备的实习设备。

（4）鉴定要求

1）适用对象：国家和地方商品流通业管理部门批准成立的二手车交易中心（市场）及其他从事机动车租赁、拍卖、卖新收旧等业务的企、事业单位的从业人员。

2）鉴定方式：理论知识考试采用笔试方式，实际技能考核采用实际操作、现场问答以及模拟演示等方式。考试与考核均采用百分制。理论考试按标准答案评分，技能考核由4~5名考评员成立考评小组。考评员按技能考核规定各自分别打分，取平均分为考核得分。

3）鉴定时间：理论考试为120min，实际技能考核为60min。

4）鉴定场所与设备：理论考试场地为教室，技能考核场地为室内和室外。实际技能考核设备为不同类型的二手车和有关设备。

4. 申报条件

详见表1-1。

# 第一章 绪 论

表 1-1 二手车鉴定评估师及二手车高级鉴定评估师的申报条件

| 条 件 分 类 | 二手车鉴定评估师 | 二手车高级鉴定评估师 |
| --- | --- | --- |
| 1. 文化程度 | 1）高中毕业，从事汽车行业工作 5 年以上 | 1）高中毕业，从事汽车行业工作 8 年以上 |
|  | 2）中专毕业，非汽车专业，从事本行业工作 4 年以上；汽车专业，从事本行业工作 2 年以上 | 2）中专毕业，非汽车专业，从事本行业工作 6 年以上；汽车专业，从事本行业工作 4 年以上 |
|  | 3）大专及以上，非汽车专业，从事本行业工作 2 年以上；汽车专业，从事本行业工作 1 年以上 | 3）大专及以上，非汽车专业，从事本行业工作 5 年以上；汽车专业，从事本行业工作 3 年以上 |
| 2. 驾驶水平 | 会驾驶汽车，并考取驾驶证 | 具有汽车驾驶证，驾龄不低于 3 年 |
| 3. 汽车性能判断能力 | 具有一定的汽车性能判断能力 | 具有较强的汽车性能判断能力 |
| 4. 营销知识水平 | 具有一定的汽车营销知识 | 具有较强的汽车营销知识 |

5．对二手车鉴定评估师的基础知识与技能的基本要求

（1）基础知识

1）掌握机动车结构和原理知识。

2）掌握二手车价格及营销知识。

3）掌握机动车驾驶技术。

4）掌握国家关于二手车管理的政策及法规。

（2）技能要求

1）对二手车鉴定评估师的技能要求，详见表 1-2。

表 1-2 对二手车鉴定评估师的技能要求

| 工作内容 | | 技 能 要 求 | 相 关 知 识 | 百分比(%) |
| --- | --- | --- | --- | --- |
| 1. 咨询服务 | 1. 业务接待 | 1. 能按岗位责任和规范要求使用文明用语、礼貌待客<br>2. 能简要介绍二手车交易方式、程序和有关规定 | 1. 岗位责任和规范要求<br>2. 二手车交易方式、程序和有关规定 | 1 |
|  | 2. 法规咨询 | 1. 能向客户解答二手车交易法定手续<br>2. 能向客户说明不同车主、不同类型二手车交易的有关法规 | 1. 国家对不同车主、不同类型二手车的规定<br>2.《汽车报废标准》《二手车交易管理办法》 | 1 |
|  | 3. 技术咨询 | 1. 能向客户解答汽车常用技术参数、基本构造原理及使用性能<br>2. 能识别汽车类别、国产车型号和进口车出厂日期<br>3. 能根据客户提供情况，初步鉴定二手车新旧程度 | 1. 汽车主要技术参数、基本构造原理及使用性能<br>2. 汽车分类标准、国产车型号编制规则及进口车出厂日期识别方法<br>3. 汽车新旧程度鉴别方法 | 2 |
|  | 4. 价格咨询 | 1. 能掌握汽车价格行情<br>2. 能向客户简要介绍二手车市场的供求状况<br>3. 能向客户简要介绍二手车交易所需的基本费用 | 1. 汽车价格行情、供求信息的收集渠道和方法<br>2. 二手车交易各项费用价格构成因素 | 1 |

（续）

| | 工作内容 | 技能要求 | 相关知识 | 百分比(%) |
|---|---|---|---|---|
| 2. 手续检查 | 检查汽车各项手续 | 1. 能按规定检查二手车交易所需的各类手续<br>2. 能识别二手车交易所需票证的真伪 | 1. 二手车交易手续和相关知识<br>2. 二手车交易所需票证识伪常识 | 8 |
| 3. 车况检查 | 1. 技术状况检查 | 1. 通过目测、耳听、触摸等手段，能判别二手车外观和主要总成的基本情况<br>2. 通过路试，能判别发动机动力性能，及传动系统、转向系统、制动系统、电路、油路等工作情况 | 1. 目测、耳听、触摸检查二手车的方法和要领<br>2. 路试检查二手车的方法和要领<br>3. 汽车检测技术常识 | 40 |
| | 2. 技术状况检测 | 1. 能读懂汽车检测报告<br>2. 会使用简单的测试仪器和设备 | | |
| 4. 技术鉴定 | 1. 二手车主要部件技术状况鉴定 | 1. 熟悉汽车主要部件正常工作的状况<br>2. 能判断二手车主要部件的技术状况 | 1. 汽车主要部件的工作原理<br>2. 检测报告数据分析方法<br>3. 二手车技术状况等级鉴定方法 | 22 |
| | 2. 整车技术状况鉴定 | 能撰写二手车技术鉴定结果报告 | | |
| 5. 评估定价 | 1. 评估价格<br>2. 编写评估报告 | 1. 根据车况检测和技术鉴定结果，确定二手车的成新率<br>2. 根据二手车的成新率及市场行情，确定二手车价格<br>3. 能编写二手车鉴定评估报告 | 1. 确定二手车成新率的方法<br>2. 二手车价格评估程序和方法<br>3. 评估报告格式和要求 | 25 |

2) 对二手车高级鉴定评估师的技能要求，详见表1-3。

**表1-3 对二手车高级鉴定评估师的技能要求**

| | 工作内容 | 技能要求 | 相关知识 | 百分比(%) |
|---|---|---|---|---|
| 1. 咨询服务 | 1. 业务接待 | 1. 能合理运用社交礼仪与社交语言<br>2. 能与国外客户进行简单交流<br>3. 能发现客户需求和交易动机，营造和谐的洽谈气氛 | 1. 营销公关语言与礼仪<br>2. 客户需求心理交易动机常识<br>3. 常用外语口语 | 1 |
| | 2. 法规咨询 | 1. 能向客户说明二手车交易政策法规<br>2. 能正确引导客户合理交易 | 国家关于二手车具有的政策法规 | 1 |
| | 3. 技术咨询 | 1. 能说明汽车主要总成工作原理、维护与修理常识<br>2. 能为客户判断二手车常见故障<br>3. 能理解国外常见车型代号的含义<br>4. 能看懂进口车英文产品介绍、使用说明书等资料 | 1. 汽车主要总成工作原理<br>2. 维护修理常识、常见故障<br>3. 国外常见车型代号的含义<br>4. 汽车专业英语基础 | 2 |
| | 4. 价格咨询 | 1. 能上网查询二手车价格行情和供求信息<br>2. 能分析说明二手车市场价格和供求变化趋势<br>3. 能根据汽车使用情况估计二手车价格 | 1. 计算机信息系统软件使用方法<br>2. 价格学、市场学基础知识<br>3. 二手车价格粗估方法 | 1 |
| | 5. 投资咨询 | 1. 能帮助客户根据用途选择车型<br>2. 能根据客户需要，提供投资建议 | 1. 汽车用途及购买常识<br>2. 汽车投资收益分析方法 | 2 |

（续）

| 工作内容 | | 技能要求 | 相关知识 | 百分比(%) |
|---|---|---|---|---|
| 2. 手续检查 | 检查汽车各项手续 | 1. 掌握汽车上路行驶所需各类手续<br>2. 能判别二手车交易所需票证的真伪 | 1. 汽车交通管理常识<br>2. 汽车手续判别真伪知识 | 5 |
| 3. 车况检查 | 1. 技术状况检查 | 1. 能识别事故车辆<br>2. 能识别大修、翻新车辆<br>3. 能发现二手车主要部件更换情况 | 1. 识别事故车辆、大修车辆、翻新车辆的方法<br>2. 汽车维修常识<br>3. 基本的汽车检测技术和方法 | 38 |
| | 2. 技术状况检测 | 1. 熟悉二手车检测的基本项目<br>2. 能掌握二手车的基本检测方法<br>3. 会使用二手车常用的检测仪器和方法 | | |
| 4. 技术鉴定 | 1. 主要部件鉴定 | 熟知二手车主要部件技术状况对整车性能的影响 | 1. 二手车部件损耗规律<br>2. 二手车技术鉴定报告格式和内容 | 20 |
| | 2. 整车技术鉴定 | 能撰写二手车技术鉴定结果报告 | | |
| 5. 评估定价 | 1. 评估价格 | 1. 能掌握国家有关设备折旧规定和计算方法<br>2. 能掌握和应用多种评估定价方法<br>3. 能利用计算机鉴定估价软件进行估价 | 1. 设备折旧法<br>2. 二手车估价软件使用法<br>3. 价格策略与常用定价法<br>4. 成本定价法、需求定价法与竞争定价法 | 25 |
| | 2. 编写评估报告 | 能运用计算机编写评估报告 | 计算机文字处理软件使用方法 | |
| 6. 工作指导 | 指导鉴定评估工作 | 1. 了解汽车的发展动态<br>2. 能指导二手车鉴定评估师处理工作中遇到的较复杂的技术问题<br>3. 能结合实际情况，对鉴定评估工作提出改进意见 | 1. 汽车发展动态<br>2. 鉴定评估相关知识 | 5 |

## 本 章 小 结

1. 汽车评估是指由具有专门资格的鉴定评估人员，按照特定的目的，遵循法定的标准和程序，运用科学的方法，对经济活动中涉及汽车的手续检查、技术鉴定和价格估算等的评估服务过程。其核心是对汽车在某一评估基准日的价格进行估算。

2. 汽车评估类型包括二手车价值评估、新车价值评估、汽车故障评估、汽车事故损失评估，以及汽车风险评估。

3. 汽车评估目的包括汽车所有权的转让、企业的产权变动、抵押贷款、汽车拍卖、法律诉讼咨询服务、担保、汽车保险、税收、车辆置换以及典当等。

4. 学习本课程的目的是系统掌握与汽车评估相关的汽车技术基础知识和汽车评估的基本理论知识、基本方法和基本技能；熟悉国家对二手车交易的有关政策法规，为今后成为一名高素质的汽车评估师奠定坚实的技术基础。

5. 汽车评估的"四项工作原则"：独立性原则、客观公正性原则、科学性原则和专业性原则。

6. 汽车评估师的四项执业要求：遵纪守法及职业道德的要求、坚持"四项工作原则"的要求、专业胜任能力要求和职业责任要求。

## 思考训练题

**一、填空题**

1. 汽车的评估类型包括(　　)、(　　)、(　　)和(　　)。
2. 汽车评估目的包括(　　)、(　　)、(　　)、(　　)、(　　)、担保、汽车保险、税收、车辆置换以及典当等。
3. 汽车评估的四项工作原则是指(　　)、(　　)、(　　)和专业性原则。

**二、名词解释题**

1. 新车价值评估
2. 二手车价值的评估
3. 汽车故障评估
4. 汽车事故损失评估

**三、简答题**

1. 何谓二手车鉴定与评估？其核心是什么？
2. 汽车评估的特点有哪些？
3. 简述本课程内容。通过学习本门课程，你想达到什么目的？
4. 简述对汽车评估师的四项执业要求。

# 第二章 与评估相关的汽车基本知识

📝 **学习目标：**

1. 了解世界主要的汽车谱系。
2. 掌握汽车运行性能的定义和主要指标。
3. 了解汽车基本技术参数与汽车的常用分类方法。
4. 了解世界车辆识别代码、国产汽车型号编制规则与汽车标牌的主要规定。
5. 了解汽车技术状况变化的特点、汽车使用寿命的分类与特点以及汽车报废标准的主要规定。

## 第一节　世界主要汽车谱系

汽车是一种技术密集型和高附加值的产品，它特别注重品牌的价值，故有必要了解世界主要的汽车谱系。

1. 戴姆勒谱系

克莱斯勒汽车公司创立于1925年，公司总部设在美国底特律。随着经营规模的扩大，克莱斯勒汽车公司开始向海外扩张，先后在澳大利亚、法国、英国、巴西建厂和收购当地汽车公司股权，并且还购买了意大利的马莎拉蒂公司和兰博基尼公司，从而成为一个跨国汽车公司。在20世纪30年代它的黄金时期，曾一度超过福特公司。在20世纪80年代初，克莱斯勒汽车公司继续排在世界五大汽车公司行列。1998年，原德国戴姆勒-奔驰汽车集团与克莱斯勒汽车公司合并，组建了戴姆勒-克莱斯勒集团。2007年，戴姆勒-克莱斯勒集团公司完成分拆。

奔驰轿车型号由以下三部分构成。

1) 型号首部用大写字母表示轿车的类型和级别，见表2-1。

**表2-1　奔驰轿车型号中的类型和级别表示方法**

| 序　号 | 级　别 | 示　意 | 序　号 | 级　别 | 示　意 |
|---|---|---|---|---|---|
| 1 | A级 | 小型单厢车 | 7 | V级 | 多功能厢式车 |
| 2 | C级 | 小型轿车 | 8 | SLK级 | 小型跑车 |
| 3 | E级 | 中级轿车 | 9 | CLK级 | 中型跑车 |
| 4 | S级 | 高级轿车 | 10 | SL级 | 高级跑车 |
| 5 | M级 | 运动型多用途车(SUV) | 11 | CL级 | 高级轿跑车 |
| 6 | G级 | 越野车 | 12 | SLR级 | 超级跑车 |

2）型号中间部分用数字表示发动机的排量。例如280、300和500分别表示发动机的排量为2.8L、3L和5L。

3）型号尾部用字母表示轿车特征，如L表示加长型，Diesel表示柴油。

型号实例：S600L——表示排量为6L的加长型高级轿车。

2. 福特谱系

1903年，亨利·福特创建了福特汽车公司，公司总部设在美国密歇根州的迪尔伯恩市。1908年，福特T型车诞生，为"装在汽车轮上的美国"建立了不朽功勋。福特汽车公司因此名扬天下，福特本人也成为世纪名人。该公司的商标是蓝底白字的英文"Ford"字样，被艺术化了的"Ford"形似活泼可爱、充满活力、美观大方的小白兔，象征福特汽车奔驰在世界各地。福特汽车公司是世界十大汽车工业公司之一。它是一个以生产汽车为主，业务范围涉及电子、航空、钢铁和军工等领域的综合性跨国垄断工业集团。

3. 大众谱系

大众汽车公司的德文Volkswagenwerk，意为大众使用的汽车。其商标是德语Volkswagenwerk单词中的两个字母V和W的叠合，并镶嵌在一个大圆圈内，整个商标又镶嵌在发动机散热器前面格栅中间。图形商标形似三个"V"字，像是用中指和食指作出的V形，表示大众公司及其产品"必胜-必胜-必胜"。文字商标则标在车尾的行李箱盖上，以注明该车的名称。大众汽车商标简捷、鲜明，令人过目不忘。

大众汽车公司是德国最年轻，同时也是德国最大的汽车生产厂家。使大众汽车公司扬名的产品是"甲壳虫"轿车（由波尔舍设计），该车在20世纪80年代初就已生产了2000万辆。它启动了大众汽车公司发展的第一班高速列车，紧随其后的马球、高尔夫、奥迪、帕萨特、桑塔纳等车型也畅销全世界。

奥迪轿车型号是以公司名称Audi的第一个字母A打头，如A2、A3、A4、A6、A8系列等。后面的数字越大，表示等级越高。A2、A3系列是小型轿车，A4系列是中型轿车，A6系列是高级轿车，A8系列是奥迪目前最高档的豪华轿车。除A系列外，还有S系列、Q系列、R系列和TT系列等。S系列多为高性能运动车型，但并非越野车。S系列主要包括S3、S4、S6，以及将尖端科技荟萃于一身的S8。Q系列中的Q7是一款SUV车，它将运动性、功能性、高科技与豪华型融为一体。TT系列则全部是跑车。

4. 宝马谱系

宝马汽车公司(BMW)以生产高级轿车为主，公司总部设在德国慕尼黑，是全球12大生产交通运输工具的集团之一。该公司成功地把"创新、动力、美感以及最完美的驾驶工具"的品牌精髓刻在消费者的脑海中。

宝马汽车公司主要生产轿车、跑车和越野车三大车种，其轿车有3、5、7、8四个系列。

1）宝马系列轿车型号表示方法：用三个数字加字母表示。

① 第一个数字：表示系列号。

② 第二、三两个数字：表示发动机的排量。

③ 最后的字母：表示轿车特征。如：I 表示燃油喷射；A 表示自动档；C 表示双座位；S 表示超级豪华。

型号实例：

① 318iA 表示 3 系列、发动机排量为 1.8L、燃油喷射、自动档的轿车。

② 850Si 表示 8 系列、发动机排量为 5L、燃油喷射、超级豪华型轿车。

2）宝马系列跑车型号表示方法：用 Z 字打头，主打车型有 Z3、Z4、Z8 等，数字越大表示级别越高。

3）宝马系列越野车型号表示方法：用 X 字打头，代表车型有 X5。

5. 通用汽车谱系

通用汽车公司是世界最大的汽车公司之一。"GM"是美国通用汽车公司名称的缩写，取自通用汽车公司（General Motor Corporation）英文全称的前两个单词的第一个大写字母。通用汽车公司各车型商标都采用了公司下属分部的标志。

1902 年，建立了早期的通用汽车公司，总部设在美国的密歇根州底特律城。后经先后联合或兼并了别克、凯迪拉克、雪佛兰、奥兹莫比尔、奥克兰、庞蒂克和克尔维特等公司，成立了美国通用汽车公司，使原来的各小汽车公司成为该公司的分部，从而使公司下属的分部达 30 余个之多。其中较知名的分部有别克分部、奥兹莫比尔分部、庞蒂克分部、雪佛兰分部、凯迪拉克分部等。

6. 菲亚特谱系

1899 年，阿涅利在意大利西北城市都灵创建了菲亚特汽车公司，开始采用盾型商标。1906 年，开始采用公司的全称四个单词的第一个大写字母"F.I.A.T"为商标。"FIAT"在英语中具有"法令""许可"的含义，因此在客户的心目中，菲亚特轿车具有较高的合法性与可靠性，深受用户的信赖。

菲亚特汽车公司垄断着意大利全国汽车年总产量的 90%以上，这在世界汽车工业中是罕见的。因此，菲亚特汽车公司被称为意大利汽车工业"寒暑表"，菲亚特牌汽车被喻为"意大利车"。

菲亚特轿车紧凑的楔形造型线条简练、优雅精巧、极富动感、充满活力，显现了热情、浪漫、机敏、灵活的风格。

7. 日本汽车谱系

20 世纪 60 年代，以丰田英二为代表的日本人，创造了精益生产方式，使日本汽车工业后来居上。日本汽车谱系主要包括丰田、本田、日产、三菱、五十铃、铃木等著名品牌。其中，以丰田汽车公司的产量规模最大。丰田汽车公司的宗旨是"创造有益于环境、安全、人、社会的汽车"。丰田汽车品牌的主要产品型号包括雷克萨斯、皇冠、佳美、花冠、锐志、威驰等。

8. 其他汽车谱系

其他汽车谱系主要有法国、英国、韩国的汽车谱系。法国汽车谱系包括标致、雪铁龙、雷诺、塔伯特等品牌。英国汽车谱系包括摩根、莲花、罗孚、TVR 以及麦克拉伦等品牌。韩国汽车谱系包括现代、起亚、双龙等品牌。

## 第二节　汽车总体构造及各组成部分的价格比重

### 一、汽车的总体构造

汽车通常由以下四大部分组成。

1. 发动机

发动机是将燃料燃烧从而输出动力的装置。发动机一般可分为"两大机构和五个系统"，即曲柄连杆机构、配气机构、起动系统、燃料供给系统、冷却系统、润滑系统以及点火系统。

2. 底盘

底盘又分为传动系统、行驶系统、转向系统和制动系统。

（1）传动系统　将发动机输出的动力传给驱动车轮的传动装置。

（2）行驶系统、转向系统和制动系统　行驶系统用来支承全车的重量，转向系统与制动系统用来控制与保证汽车的正常行驶与停车。

3. 车身

车身是驾驶人工作和装载乘客、货物的地方，其内部有多种设备配置方式。

4. 电气设备

电气设备包括点火系统、起动系统、控制与信号装置、照明装置以及汽车电源等。

图 2-1 所示为汽车四大组成部分的透视图。图 2-2 所示为汽车构造的分解图。

图 2-1　汽车总体构造透视图

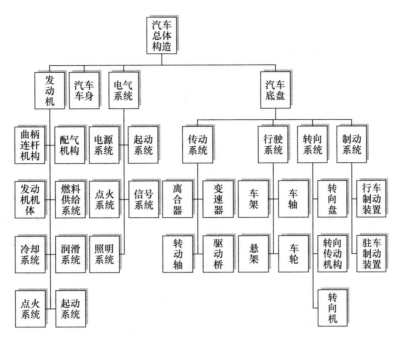

图 2-2　汽车总体构造分解图

## 二、汽车各组成部分成本占汽车价格的比重

组成汽车的发动机、底盘、车身及电气系统四大部分，占汽车价格的比重详见表 2-2。

表 2-2　汽车四大组成部分成本占汽车价格的比重　　　　　（单位：%）

| 类别<br>组成 | 货车 | 越野、自卸、牵引车 | 专用车 | 客车 | 轿车 |
|---|---|---|---|---|---|
| 发动机附离合器 | 20~25 | 15~25 | 10~15 | 15~20 | 10~20 |
| 底盘 | 20~40 | 30~50 | 20~35 | 15~25 | 15~25 |
| 车身 | 5~15 | 5~15 | 10~35 | 20~35 | 15~35 |
| 电气系统 | 5~15 | 5~15 | 10~15 | 10~30 | 10~35 |

# 第三节　汽车运行性能指标与汽车基本技术参数

## 一、汽车的运行性能及其评价指标

汽车的运行性能是指汽车在运行过程中所表现的各项基本性能，主要有动力性、燃油经济性、制动性、操纵稳定性、平顺性、通过性、环保性，以及可靠耐久性等八项内容（图2-3）。

1. 汽车的动力性

汽车的动力性是指汽车在平直良好路面上以最大平均行驶速度运输货物或乘客的能力。它是首要的汽车性能指标。动力性常用以下三项具体指标来评价。

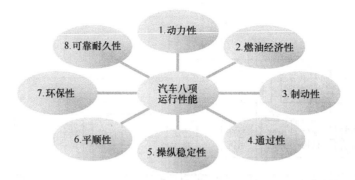

图 2-3 汽车八项运行性能的组成

（1）汽车的最高车速　汽车的最高车速是指汽车以最大总质量在风速≤3m/s 的条件下，于干燥、清洁、平坦的混凝土或沥青路面上行驶时所能达到的最高稳定行驶车速。

（2）汽车的最大爬坡度　汽车的最大爬坡度是指汽车以最大总质量在风速≤3m/s 的条件下，于干燥、清洁、平坦的混凝土或沥青路面上以最低档前进时能够爬上的最大坡度。

（3）汽车的加速时间　汽车的加速时间是指汽车以最大总质量在风速不大于 3m/s 的条件下，于干燥、清洁、平坦的混凝土或沥青路面上行驶时，由某一低速度加速到某一高速度所需要的时间。加速时间又分为以下两种指标。

1）原地起步加速时间：常用从静止状态加速到 100km/h 所需要的时间，或从静止状态加速行驶 400m 的距离所需要的时间来表示。

2）超车加速时间：是指汽车用最高档或次高档，由某一预定车速全力加速到另一预定车速所需要的时间。

2. 汽车的燃油经济性

汽车的燃油经济性是指汽车在一定的使用条件下，以最少的燃料消耗量完成单位运输工作量的能力。汽车的燃油经济性又分为以下两种指标。

（1）百公里燃料平均消耗量　车百公里燃料平均消耗量是指：汽车在一定使用条件下，每行驶 100km 所消耗的燃油量（L/100km）。我国与欧洲国家常用此项指标。例如，吉利金刚标准型 1.5MT 轿车以 60km/h 等速行驶，油耗为 4.6L/100km；2005 款爱丽舍 X 手动档以 90km/h 等速行驶，油耗为 6.8 L/100km。

（2）每加仑燃油行驶的里程数　汽车在一定使用条件下，每加仑燃油行驶的里程数 mile/gal（英里/加仑）。美国常用此项指标。

3. 汽车的制动性

汽车的制动性是汽车动力性得以发挥的前提与安全行驶的保证。它可分为以下三项指标。

（1）制动效能　制动效能常用一定初速度下进行制动时的制动距离、制动时间和制动减速度来衡量。例如，在 100km/h 的初速度下进行制动时的制动距离，吉利金刚轿车为 43.1m，而吉利自由舰为 46.8m，这说明前者的制动效能优于后者。

（2）制动效能的恒定性　汽车连续制动后，其制动效能的稳定程度称为制动效能的恒定性（或制动系统抗热衰退性）。例如，轿车在 100km/h 的初速度下的热车制动距离小于 42m 为很好，在 43~47m 为良好，而大于 48m 为很差。

汽车涉水后，其制动效能的稳定程度称为制动系统抗水衰退性。

（3）制动时的方向稳定性　制动时的方向稳定性是指汽车制动中不发生跑偏、侧滑而按驾驶人给定方向行驶的能力。当汽车左右两侧的制动力不相等时，容易出现跑偏现象。而当汽车的车轮在制动过程中趋于抱死时，容易发生侧滑而失去方向稳定性和操纵性。为防止汽车出现跑偏、侧滑，而使其按驾驶人给定方向行驶，目前市场上的汽车一般均设置了制动防抱死系统（ABS）。

4．汽车的通过性

汽车的通过性是指汽车在一定装载质量下能以足够高的平均车速通过各种坏路及无路地带，以及克服各种障碍的能力。影响汽车通过性能的因素有以下三方面。

1）通过性几何参数：包括离地间隙、接近角、最小转弯半径等。

2）最大动力因数。

3）相对附着重量系数。

5．汽车的操纵性和稳定性

（1）汽车的操纵性　汽车的操纵性是指汽车对于驾驶人转向指令的响应能力，它直接影响到行车安全。影响汽车的操纵性的主要因素有轮胎的气压与弹性、悬架的刚度以及汽车的重心等。

（2）汽车的稳定性　汽车的稳定性是指汽车在受到外界扰动后，可迅速恢复原来运动状态以及汽车抵御倾覆和侧滑的能力。其中尤以侧向稳定性重要，因为当汽车在横向坡道上行驶、转弯或受到侧向力时，都容易发生侧滑或侧翻。合适的前轮定位角度可使汽车具有自动回正和保持直线行驶的能力。如果汽车装载超高、超重或偏载，转弯时车速过快，以及横向坡道角度过大，都会严重降低汽车的稳定性，造成侧滑或侧翻。

6．汽车的行驶平顺性

汽车的行驶平顺性是指汽车在不平路面行驶时，引起车身振动的隔振与降振特性（也称乘坐舒适性）。其评价指标如下。

1）客车和轿车通常采用"舒适降低界限"，即当汽车速度超过此界限时，就会使人感到疲劳和不舒适，从而会降低乘坐的舒适性。

2）货车通常采用"疲劳-降低工效界限"。影响平顺性的主要因素有车身固有频率、轮胎的弹性、非悬架质量的大小，以及悬架与座椅降振性能等。良好的轮胎弹性、600~800Hz的车身固有频率、尽可能小的非悬架质量、优越的悬架装置与良好的座椅降振性能都可以改善和提高汽车的平顺性。

7．汽车的环保性

汽车的环保性（即排放污染物与噪声污染）是指汽车运行过程中对周围环境产生不利影响的程度（也称汽车的公害）。汽车排放的废气一般有三个来源：尾气、曲轴箱窜气和油箱的汽油蒸气。目前汽车的主要污染源是尾气排放和噪声污染。

8．汽车的可靠性和耐久性

（1）可靠性　汽车的可靠性是指在规定的使用条件下，汽车在整个寿命期内，完成其规定功能的能力。国家标准 GB/T 12678—1990《汽车可靠性行驶试验方法》规定了可靠性的评价指标，其中包括：平均首次故障里程、平均故障间隔里程、千公里维修时间和千公里维修费用等。

（2）耐久性　汽车的耐久性是指在规定的使用和维修条件下，当达到某种技术经济指标极限时，汽车完成规定功能的能力。国家标准 GB/T 12679—1990《汽车耐久性行驶试验方法》规定了耐久性的评价指标是耐久度。

耐久度是指汽车在规定的使用和维修条件下，能够达到预定的初次大修里程而不发生耐久性损坏的概率。而耐久性损坏是指汽车零件的疲劳损坏已经变得异常频繁、磨损超过极限、材料锈蚀老化严重、汽车主要性能下降并已经超过规定的限值、维修费用不断大幅度增长，并已经达到经济上不合算或行驶安全得不到保证的程度。耐久性损坏的结果，是需要更换汽车的主要总成或对汽车进行大修。一般只有大批量生产的汽车才进行耐久性试验。

汽车的八项运行性能定义和评价技术指标见表 2-3。

表 2-3　汽车八项运行性能的定义和评价技术指标

| 运行性能 | 定义 | 评价技术指标 |
| --- | --- | --- |
| 1. 动力性 | 汽车在平直良好路面上以最大平均行驶速度运输货物或乘客的能力 | 1. 最高车速<br>2. 最大爬坡度<br>3. 加速时间 |
| 2. 燃油经济性 | 汽车以最少的燃料消耗量完成运输工作量的能力 | 1. 百公里燃料平均消耗量<br>2. 每加仑燃油的行驶里程数 |
| 3. 制动性 | 1. 制动效能：汽车从一定初速度开始制动到停车的制动距离<br>2. 制动效能的恒定性：在连续制动温度升高时制动效能保持的程度<br>3. 制动时的方向稳定性：制动中不发生跑偏、侧滑并按驾驶人给定方向行驶的能力 | 1. 制动力<br>2. 制动距离<br>3. 制动减速度等 |
| 4. 操纵稳定性 | 汽车抵抗外界干扰并按驾驶人给定方向行驶的能力 | 汽车中性转向点的：<br>1. 侧向加速度<br>2. 不足转向度<br>3. 车厢侧倾度 |
| 5. 行驶平顺性 | 汽车在不平路面行驶时，引起车身振动的隔振与降振特性（也称乘坐舒适性） | 1. 加权加速度均方根值<br>2. 舒适降低界限<br>3. 疲劳-降低工效界限 |
| 6. 通过性 | 汽车在一定装载质量下能以足够高的平均车速通过各种坏路及无路地带以及克服各种障碍的能力 | 1. 通过性几何参数（离地间隙、接近角、最小转弯半径）<br>2. 最大动力因数<br>3. 相对附着重量系数 |
| 7. 环保性 | 汽车运行对周围和环境产生不利影响的程度（也称汽车的公害） | 1. 汽车排放污染物限值<br>2. 汽车噪声限值 |
| 8. 可靠性与耐久性 | 1. 可靠性：是指在规定的使用条件下，汽车在整个寿命期内，完成规定功能的能力<br>2. 耐久性：是指在规定的使用和维修条件下，当达到某种技术经济指标极限时，汽车完成规定功能的能力 | 1. 平均首次故障里程<br>2. 平均故障间隔里程<br>3. 千公里维修时间<br>4. 千公里维修费用 |

汽车运行性能的具体技术指标以桑塔纳2000GSi为例，详见表2-4。

表2-4　桑塔纳2000GSi运行性能主要项目的技术指标

| 运行性能 | 主要项目 | 技术指标 |
|---|---|---|
| 1. 动力性 | 1. 最高车速 | 175km/h |
|  | 2. 原地起步连续换档加速时间(0—80km/h，半载) | <9.0s |
|  | 3. 原地起步连续换档加速时间(0—100km/h，半载) | <13.5s |
| 2. 经济性 | 1. 60km/h 等速油耗 | 5.7L/100km |
|  | 2. 90km/h 等速油耗 | 6.8L/100km |
|  | 3. 120km/h 等速油耗 | 8.8L/100km |
|  | 4. 15工况下的城市循环油耗 | 11.21L/100km |
| 3. 制动性 | 1. 初速度为30km/h时的制动距离 | <5.8m |
|  | 2. 初速度为50km/h时的制动距离 | <15m |
| 4. 环保性 | 1. CO(体积分数) | <1.5% |
|  | 2. HC(体积分数) | <0.06% |
|  | 3. 车外加速噪声 | <79dB(A) |

## 二、汽车的基本技术参数

汽车的基本数据包括质量参数、几何参数、轮距和轴距、通过性参数以及风阻系数等，详见图2-4。

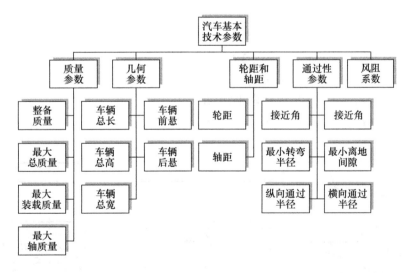

图2-4　汽车的基本数据

**1. 汽车的基本质量参数**

整备质量(kg)　　　　　最大装载质量(kg)

最大总质量(kg)　　　　整备质量利用系数

空载轴荷分配

**2. 汽车的外形尺寸参数**(图2-5)

车长($L$) 　　　　车宽($B$)

车高($H$) 　　　　轴距($L_1$)

轮距($A_1$、$A_2$) 　前悬($K_1$)和后悬($K_2$)

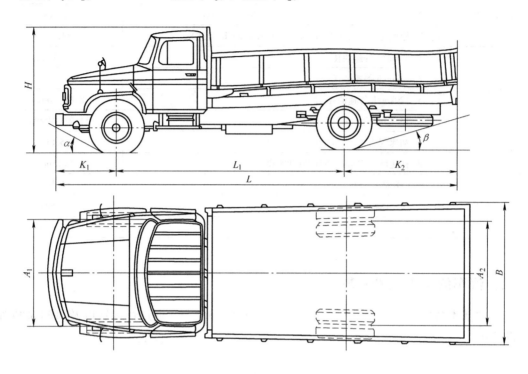

图2-5　汽车的基本参数图

**3. 汽车的机动性和通过性参数**(图2-6)

接近角($\alpha$) 　　　　离去角($\gamma$)

最小离地间隙($c$) 　　最小转弯半径($R$)

纵向通过半径($R_1$) 　横向通过半径($R_2$)

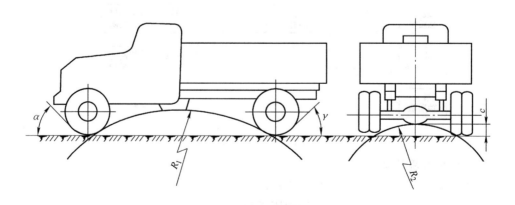

图2-6　汽车的通过性参数图

## 第四节 汽车的分类方法

如何对汽车进行科学的分类，是一个既重要又复杂的问题。由于汽车属于机动车辆，故需先研究机动车辆的分类，再研究汽车的分类。

### 一、机动车辆的分类与汽车的五种主要分类方法

1. 机动车辆的分类与汽车的定义
（1）机动车辆的分类
国家标准 GB/T 15089—2001《机动车辆及挂车分类》将机动车辆分为五大类。
1）L 类：两轮或三轮机动车辆。
2）M 类：至少有四个车轮，且用于载客的机动车辆。M 类又分为以下三类。
① $M_1$ 类：包括驾驶人在内，座位数不超过 9 座的载客车辆。
② $M_2$ 类：包括驾驶人在内，座位数超过 9 座，且最大设计总质量不超过 5000kg 的载客车辆。
③ $M_3$ 类：包括驾驶人在内，座位数超过 9 座，且最大设计总质量超过 5000kg 的载客车辆。
3）N 类：至少有四个车轮，且用于载货的机动车辆。N 类又分为以下三类。
① $N_1$ 类：最大设计总质量不超过 3500kg 的载货车辆。
② $N_2$ 类：最大设计总质量超过 3500kg，但不超过 12000kg 的载货车辆。
③ $N_3$ 类：最大设计总质量超过 12000kg 的载货车辆。
4）O 类：挂车，包括半挂车。O 类又分为以下四类。
① $O_1$ 类：最大设计总质量不超过 750kg 的挂车。
② $O_2$ 类：最大设计总质量超过 750kg，但不超过 3500kg 的挂车。
③ $O_3$ 类：最大设计总质量超过 3500kg，但不超过 10000kg 的挂车。
④ $O_4$ 类：最大设计总质量超过 10000kg 的挂车。
5）G 类：即 M 类与 N 类的越野车。
（2）汽车的定义　汽车是指包括上述机动车辆中的 M 类、N 类及 M 类或 N 类与 O 类的组合，以及 G 类，这四类机动车辆统称为汽车。

2. 汽车的五种主要分类方法
在汽车行业中，因依据的标准不同，其分类也有所不同。通常沿用以下五种主要分类方法。
1）依据新国标 GB/T 3730.1—2001，按照用途分类。
2）依据旧国标 GB/T 3730.1—1988，按照用途分类。
3）依据公安系统管理标准，按照《机动车辆登记工作规范》分类。
4）依据交通系统公路收费标准，按照车型大小分类。
5）从学术的角度，按照汽车的结构特征分类。
各种分类法详见图 2-7 所示。

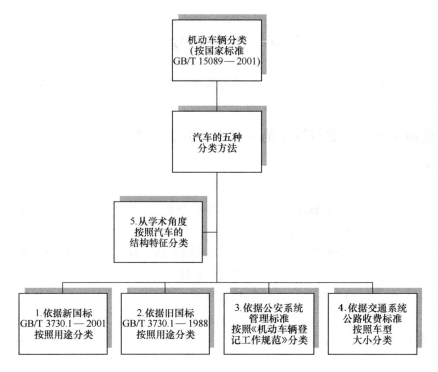

图 2-7 机动车辆与汽车的分类方法

## 二、依据新国家标准的分类方法

2001年颁布的国家标准 GB/T 3730.1—2001《汽车和挂车类型的术语和定义》,将汽车分为乘用车和商用车两大类,从而与国际分类方法更靠近。

1. 乘用车

乘用车是指在其设计和技术特性上主要用于运载乘客及其随身行李和(或)临时物品的汽车,包括驾驶人座位在内最多不超过9个座位。乘用车也可牵引一辆挂车,它可细分为11类,详见图 2-8。

2. 商用车

商用车是指在其设计和技术特性上用于运送人员和货物的汽车,并且可以牵引挂车。商用车(乘用车不包括在内)可细分为客车、货车和半挂牵引车 3 大类。客车又细分为 8 小类;货车又细分为 6 小类,详见图 2-8。

## 三、汽车根据公安系统管理标准分类

公安机关为了方便机动车辆的管理、技术检验、核发牌照等,于2004年6月29日制定了公安部公交管[2004]115号文件《机动车辆登记工作规范》,将汽车分类如下。

1. 按大小与用途分类

(1) 大型汽车  大型汽车是指总质量不小于4500kg,或长度不小于6m,或乘坐人数不小于20人(不含驾驶人)的汽车,称为大型汽车。它再按用途分为五种,详见图 2-10。

(2) 小型汽车  小型汽车是指总质量小于4500kg,或长度小于6m,或乘坐人数小于20人(不含驾驶人)的汽车,称为小型汽车。它按用途可分为五种,详见图 2-9。

第二章 与评估相关的汽车基本知识

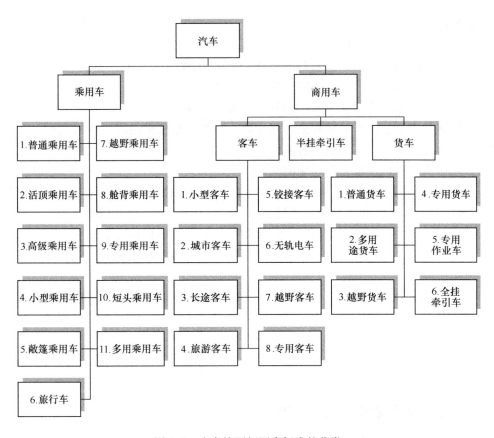

图 2-8 汽车按照新国家标准的分类

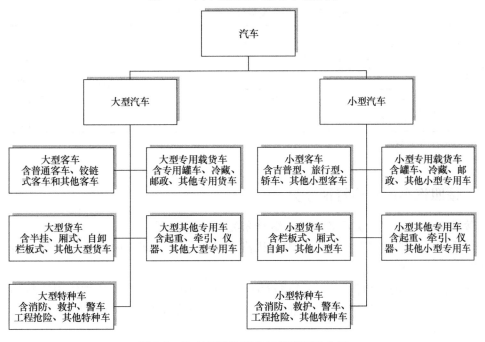

图 2-9 汽车根据公安系统管理标准分类

## 2. 按营运性质分类

按营运性质将汽车分为以下三类。

（1）营运汽车 指个人或单位以获取运输利润为目的而使用的汽车。

1）公路客运汽车：专门从事公路旅客运输的汽车。

2）公交客运汽车：专门从事城市内公共交通客运的汽车。

3）出租客运汽车：以行驶里程或时间计费，将乘客运输至指定地点的汽车。

4）旅游客运汽车：专门运载游客的汽车。

5）货运汽车：专门从事货物运输的汽车。

6）租赁汽车：专门租赁给其他单位或个人使用，且以租用时间或租用里程计费的汽车。

（2）非营运汽车 指个人或单位不以获取运输利润为目的而使用的汽车。

（3）特种汽车 指用于完成特殊任务且具有专用标志或灯具的汽车。

1）警用汽车：公安机关、监狱、劳动教养管理机关和人民法院、人民检察院用于执行紧急任务的汽车。

2）消防汽车：公安消防部队和其他消防部门用于灭火的专用汽车和现场指挥的汽车。

3）救护汽车：急救、医疗机构和卫生防疫部门用于抢救危重病人或处理紧急疫情的专用汽车。

4）工程抢险汽车：防汛、水利、电力、矿山、城建、交通、铁道等部门用于抢修公用设施、抢救人民生命财产的专用汽车和现场指挥的汽车。

### 四、汽车依据交通系统收费标准分类

汽车按收费公路车辆通行费分为五类，详见表2-5。

表2-5 汽车按收费公路车辆通行费分类

| 类别 | 车型及规格 | | 类别 | 车型及规格 | |
|---|---|---|---|---|---|
| | 客车 | 货车 | | 客车 | 货车 |
| 第1类 | ≤7座 | ≤2t | 第4类 | ≥40座 | 10～15t（含15t）20ft 集装箱车 |
| 第2类 | 8～19座 | 2～5t（含5t） | 第5类 | | >15t 40ft 集装箱车 |
| 第3类 | 20～39座 | 5～10t（含10t） | | | |

注：1ft（英尺）= 0.3048m（米）。

### 五、按照汽车的结构特征分类

1. 按汽车动力装置种类及其使用的燃料分类

（1）活塞式内燃机汽车 活塞式内燃机汽车又分往复活塞式内燃机汽车与旋转活塞式内燃机汽车。前者占汽车的绝大多数。

1）往复活塞式内燃机汽车：主要以汽油和柴油为燃料。此外，各种代用燃料如气体燃料、液化气体燃料以及双燃料等，目前主要用于城市公共汽车上。

① 汽油机汽车。

② 柴油机汽车。

③ 气体燃料汽车：用天然气或煤气作为燃料的汽车。

④ 液化气体燃料汽车：用液化石油气作为燃料的汽车。

⑤ 双燃料汽车：用汽油和液化石油气两种燃料的汽车。

2）旋转活塞式内燃机汽车：由于各种原因未能普及。

（2）电动汽车（EV） 电动汽车是以蓄电池和电机作为动力装置的汽车。其突出优点是零排放、低噪声、能量转换效率高以及操纵简便等。目前我国和其他发达国家都很重视电动汽车的发展。

（3）混合动力汽车（HEV） 即使用内燃机和电机两套动力源的油电混合动力汽车。它在动力性能、燃油经济性、续驶里程、使用方便性等方面具有显著优势。丰田普锐斯（PRIUS）是批量生产并投放中国市场的混合动力汽车。我国将电动汽车和混合动力汽车都称为新能源汽车。

（4）燃气轮机汽车 燃气轮机汽车是指使用燃气涡轮机作为动力装置的汽车。与活塞式内燃机相比，其突出优点是功率大、质量小、转矩特性好，而且对燃料无严格限制。但其最大的缺陷是"三高"，即耗油高、噪声高和制造成本高。目前主要用于特种汽车。

2. 按汽车车身的承载方式分类

1）承载式车身汽车：是指无车架，以车身作为承载基础件的汽车。主要用于轿车和大客车。

2）非承载式车身汽车：是指装有独立车架作为承载基础件的汽车。普遍用于各类货车。

3. 按汽车驱动的方式分类

1）FR式：发动机前置后轮驱动汽车，多用于载货车、客运汽车和中高档轿车。

2）FF式：发动机前置前轮驱动汽车，其优点是传动系统紧凑、质心低。

3）RR式：发动机后置后轮驱动汽车，主要用于大客车。个别微型轿车和轻型轿车也有采用。

4）MR式：发动机中置后轮驱动汽车，为大多数F1赛车所采用。

5）4WD式：四轮（全轮）驱动的汽车，因其可获得最大的牵引力，为大多数越野车所采用。

4. 按汽车的行走方式分类

1）轮式汽车：此为汽车的最主要行走方式。

2）履带式汽车：主要用于特种汽车，如森林工业汽车等。

3）其他行驶机构的汽车：如雪橇式汽车、气垫式汽车以及步行机构式汽车等。

# 第五节　世界车辆识别代码、国产汽车型号编制规则与汽车标牌

## 一、车辆识别代码（VIN码）

1. VIN码的定义、功用及安装部位

（1）VIN码的定义　车辆识别代号（Vehicle Identification Number）简称"VIN码"，是国际上通行的标识汽车的代码。它由17位字母和阿拉伯数字组成，故也称"17位编码"。它可保证每个制造厂在30年内生产的每辆汽车识别代号的唯一性，就像身份证号码一样不会发生重号或错认，故又称为"汽车身份证"。

（2）VIN码的功用　VIN码是识别一辆汽车不可缺少的工具。在汽车营销、进出口贸易、办理汽车牌照、处理交通事故、保险索赔、查获被盗车辆、侦破刑事案件、车辆维修与检测以及评估等方面，都具有十分重要的作用。例如在车管部门、汽车配件经营部门、汽车

修理厂，均将 VIN 码输入到计算机中，可随时调用查取其中的各种信息。

在汽车评估中，通过 VIN 码，不仅可获取汽车类型、品牌名称、车型年款、发动机型号、车身形式、安全防护装置型号、检验数字、装配工厂名称和出厂顺序号等信息，而且利用 VIN 码还可以鉴别出车辆是否为拼装车或走私车，以及可以查询其故障维修记录等。

（3）VIN 码的安装部位　VIN 码一般均安装在汽车前半部易于看到且能防止磨损或替换的部位。如下列位置。

1) 汽车仪表与风窗玻璃左下角交界处。
2) 发动机前横梁上。
3) 左前门边或立柱上。
4) 驾驶人左腿前方。
5) 前排左侧座椅下部。
6) 风窗玻璃下车身处等。

VIN 码的安装部位详见图 2-10。

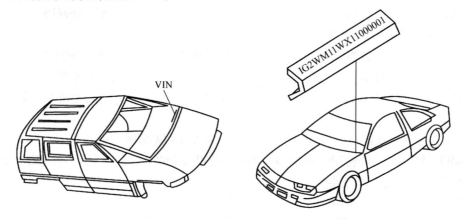

图 2-10　VIN 码的安装部位示意图

**2. 汽车识别代码的组成**

VIN 码由三部分共 17 位数码组成。第一部分为制造厂识别代号（WMI），第二部分为车辆说明部分（VDS），第三部分为车辆指示部分（VIS），如图 2-11 所示。

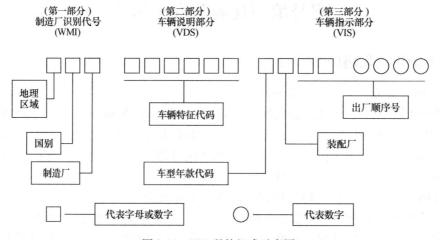

图 2-11　VIN 码的组成示意图

## 3. VIN 码实例

现以我国一汽 VIN 码为例，说明其内容构成。详见表 2-6。

表 2-6  我国一汽 VIN 码内容构成

| 部分 | 1. 世界制造厂识别码(WMI) | | | 2. 车辆说明部分(包括车辆品牌、形式、种类、系列、车身类型、发动机或底盘类型及其他参数)(VDS) | | | | | | 3. 车辆指示部分(包括生产年份、汽车装配厂及生产顺序号)(VIS) | | | | | | |
|---|---|---|---|---|---|---|---|---|---|---|---|---|---|---|---|---|
| 码位 | 1 | 2 | 3 | 4 | 5 | 6 | 7 | 8 | 9 | 10 | 11 | 12 | 13 | 14 | 15 | 16 | 17 |
| | L | F | P | H | 5 | A | B | A | 2 | W | 8 | 0 | 0 | 4 | 3 | 2 | 1 |
| 一汽 VIN 码含义 | 生产国别代码(L代表中国) | 制造厂商代码(F代表一汽) | 车辆类型代码(P代表轿车) | 车辆品牌代码(H代表红旗) | 发动机排量代码(5 表示 2.1~2.5L) | 发动机类型及驱动型(A 表示油前置、前轮驱动) | 车身形式代码(B 表示四门折背式) | 安全保护装置代码(A 表示手动安全带) | 工厂检验代码(用数字 0~9 或 X 表示) | 生产年份代码(W 表示生产年份为 1998 年) | 生产装配工厂代码(8 表示第一轿车厂) | 第 12 位~第 17 位表示工厂生产顺序号代码 | | | | | |

## 二、国产汽车型号编号规则

### 1. 汽车型号的作用

汽车型号可表明汽车的厂牌、类型和主要特征参数等。

### 2. 适用标准

GB 9417—1988《汽车产品型号编制规则》(此标准已作废,但在汽车评估实务中仍在沿用)。

### 3. 汽车型号的组成

汽车型号均应采用汉语拼音字母和阿拉伯数字，且由以下三部分组成，详见图 2-12。

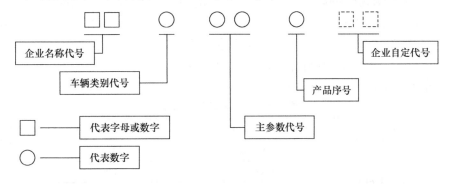

图 2-12  国产汽车型号的构成

1) 首部：为企业名称代号(由 2~3 个汉语拼音字母组成)。例如：CA 代表第一汽车制造厂，EQ 代表第二汽车制造厂。

2) 中部：由 4 位阿拉伯数字组成。

① 左起首位数字：表示车辆类别代号。

② 中间两位数字：表示汽车主要特征参数。

③ 最末位数字：表示产品序号。

3) 尾部：分两部分。

① 前部分：用汉语拼音字母表示专用车分类代号，如厢式车用X，罐式车用G等。

② 后部分：为企业自定代号，如为表示变型车（当采用不同发动机、加长轴距、双排座等的汽车称为变型车），在尾部加企业自定代号A、B、C等。

4) 我国汽车型号中的四位阿拉伯数字代号的含义详见表2-7。

表2-7 我国汽车型号中的四位阿拉伯数字代号的含义

| 1) 首位：表示车辆类别 | 1 载货汽车 | 2 越野汽车 | 3 自卸汽车 | 4 牵引汽车 | 5 专用汽车 | 6 客车 | 7 轿车 | 8 挂车 | 9 半挂汽车 |
|---|---|---|---|---|---|---|---|---|---|
| 2) 中间两位：表示汽车主要特征参数 | 表示汽车的总质量数值(t) | | 表示汽车的总质量数值(t) | | | 表示汽车的总长度数值(0.1m) | 表示发动机的工作容积数值(0.1L) | | 表示汽车的总质量数值(t) |
| 3) 末位：表示企业自定产品序号 | | | | | | | | | |

### 4. 汽车型号实例

（1）载货汽车型号实例（按总质量t分级：1.8t、6t、14t）

1) 微型货车。例JL1010：一汽吉林轻型车厂生产的微型货车（总质量1.32t）。

2) 轻型货车。例BJ1041：北京轻型车有限公司生产的轻型汽车（总质量4.49t）。

3) 中型货车。例CA1091：第一汽车制造厂生产的解放中型货车（总质量9.31t）。

4) 重型货车。例JN1181C13：济南汽车制造厂生产的黄河重型货车（总质量17.51t）。

（2）客车型号实例（按车长m分级：3.5m、7m、10m、12m）

1) 微型客车。例JL6320：一汽吉林轻型车厂生产的微型客车（车长3.153m）。

2) 轻型客车。例SY6480：沈阳金杯客车有限公司产的丰田海狮轻型客车（车长4.43m）。

3) 中型客车。例SPK6900：四平客车厂生产的中型客车（车长9.08m）。

4) 大型客车。例DD6112H4：丹东汽车制造厂生产的黄海大型客车（车长11.4m）。

5) 特大型客车。例SK6180：上海客车厂生产的铰接式特大型客车（车长18m）；

例JL6121S：南京金陵客车厂生产的双层特大型客车（车长12m）。

（3）轿车型号实例 详见表2-8。

表2-8 我国轿车型号实例

| 轿车类型 | 轿车品牌 | 发动机排量/L | 备 注 |
|---|---|---|---|
| 1. 微型轿车（≤1.0L） | 天津夏利 | 0.933 | |
| 2. 普通级轿车（>1L；≤1.6L） | 一汽捷达、高尔夫 | 1.595 | |
| | 东风雪铁龙 | 1.580 | |
| 3. 中级轿车（>1.6L；≤2.5L） | 上海桑塔纳 | 1.781 | |
| | 一汽奥迪 | 2.144 | |
| | 一汽红旗 CA7220AE | 2.194 | |
| | 丰田皇冠 | 2.995 | |
| 4. 中高级轿车（>2.5L；≤4.0L） | 德国奔驰320系列 | 3.199 | |
| | 德国奔驰350系列 | 3.724 | |

（续）

| 轿车类型 | 轿车品牌 | 发动机排量/L | 备 注 |
|---|---|---|---|
| 5. 高级轿车(>4.0L) | 一汽红旗 CA770 | 5.650 | |
| | 通用凯迪拉克 | 4.565 | |
| | 德国奔驰 500 系列 | 4.966 | V8 |
| | 德国奔驰 600 系列 | 5.513 | V12 |
| | 英国劳斯莱斯 | 6.749 | V12 |

## 三、汽车标牌

国家标准 GB/T 18411—2001《道路车辆产品标牌》对于汽车标牌的形式、尺寸、位置、内容等做了明确的规定。图 2-13 为某汽车标牌的形式，上部为规定区，虚线下部为自由区。

图 2-13  汽车标牌形式

1. 标牌的位置

标牌应位于汽车右侧，应位于不易磨损、替换和遮盖，并且易于观察处，且须在产品说明书中标明。

如果受汽车结构限制无法放置，亦可放在便于接近和观察的其他位置，例如以下位置。

1) 半承载式车身及非承载式车身汽车可置于右纵梁上。
2) 一厢式车身汽车可置于车身内部右侧。
3) 两厢式车身汽车或三厢式车身汽车可置于发动机舱内右侧。
4) 客车标牌应置于车内前乘客门的前方。

2. 标牌的固定

1) 应永久地固定在不易拆除或更换的汽车结构件上。如车架、底盘或其他类似的结构件上。
2) 标牌应牢固、永久地固定，不损坏，不能拆卸。应保证标牌不能完整地被拆下移作他处使用。

3. 标牌的内容

标牌在规定区应标识出的内容要求如下。

1) 汽车制造厂厂标、商标或品牌的文字或图案。
2) 汽车制造厂合法的名称全称，及备案的世界制造厂识别代号(WMI)。
3) 如果车辆通过了型式认证，应标识出型式认证编号。
4) 备案了的车辆识别代号(VIN 码)。
5) 汽车产品型号。
6) 发动机型号、最大净功率或排量。
7) 汽车的主要参数。
8) 汽车产品的生产序号。
9) 汽车产品的生产年月。

## 第六节　内燃机产品名称和型号编制规则

### 一、适用标准

适用标准为 GB/T 725—2008《内燃机产品名称和型号编制规则》。

### 二、内燃机名称规定

内燃机均按所采用的燃料命名，如汽油机、柴油机、煤气机、双燃料发动机等。

### 三、内燃机型号规定

1. 关于型号组成采用文字符号的规定

由阿拉伯数字、汉语拼音字母，和 GB/T 1883.1—2005 以及 GB/T 1883.2—2005 中关于气缸布置所规定的象形字符号(如 V 形、P 平卧形)组成。

2. 关于型号内容的规定

内燃机型号由以下四部分组成，如图 2-14 所示。

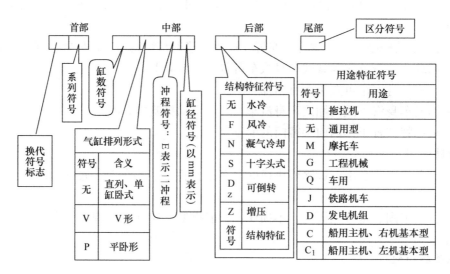

图 2-14　内燃机型号内容的规定

## 四、内燃机型号实例

1. 汽油机

1）4100Q：四缸、四冲程发动机、缸径 100mm、水冷、车用汽油机。

2）1E65F：单缸、二冲程发动机、缸径 65mm、风冷、通用型汽油机。

2. 柴油机

1）165F：单缸、四冲程发动机、缸径 65mm、风冷、柴油机。

2）R175：换代产品、单缸、四冲程发动机、缸径 75mm、水冷、通用柴油机。

3）R175ND：换代产品、单缸、四冲程发动机、缸径 75mm、凝气冷却、发电用柴油机。

4）X4105：X 系列、四缸、四冲程发动机、缸径 105mm、水冷、通用柴油机。

5）495T：四缸、四冲程发动机、缸径 95mm、水冷、拖拉机用柴油机。

6）12V135ZG：12 缸、V 形、四冲程发动机、缸径 135mm、水冷、增压、工程机械用柴油机。

7）6E430SDZZC1：六缸、二冲程发动机、缸径 430mm、水冷、十字头式、可倒转、增压、船用主机左机基本型。

8）G6300DZC：G 系列、六缸、四冲程发动机、缸径 300mm、可倒转、船用主机右机基本型。

9）12VE230ZC1：V 形 12 缸、二冲程发动机、缸径 230mm、水冷、增压、船用左机基本型。

# 第七节 汽车技术状况的变化、汽车使用寿命、汽车折旧与报废标准

## 一、汽车技术状况的变化

1. 汽车技术状况的定义与评价指标

（1）汽车技术状况的定义 汽车技术状况是指定量测得的、表征某一时刻汽车的外观和性能的参数值的总和。

（2）汽车技术状况的评价指标 汽车技术状况的常用评价指标详见表 2-9。

表 2-9 汽车技术状况的常用评价指标

| 序 号 | 运用性能 | 评价指标 |
| --- | --- | --- |
| 1 | 动力性 | 最高行驶速度、加速时间、加速距离、最大爬坡能力、平均技术速度以及低档使用时间 |
| 2 | 使用经济性 | 燃料消耗量、润滑油消耗量以及维修费用 |
| 3 | 使用方便性 | 每 100km 平均操纵作业次数、操纵力、灯光、信号的完好程度、起动暖车时间，最大续驶里程 |
| 4 | 行驶安全性 | 制动距离、制动力、制动减速度、制动时的方向稳定性、侧滑量 |
| 5 | 使用可靠性 | 故障率和小修频率、维修工作量、因技术故障停歇时间 |

2. 汽车技术状况变坏的过程与主要外观症状

（1）汽车技术状况变坏的过程　随着行驶里程的增加，汽车性能将逐渐变坏，导致其动力性下降，经济性变坏，行驶安全性和使用可靠性变差，直至最后达到使用极限。

（2）汽车技术状况变坏的八种外观症状

1）汽车最高行驶速度降低。

2）加速时间与加速距离增长。

3）燃料与润滑油消耗量增加。

4）制动迟缓、失灵。

5）转向沉重。

6）行驶中出现振抖、摇摆或异常声响。

7）排黑烟或有异常气味。

8）运行中因技术故障而停歇的时间增多等。

3. 汽车技术状况变化的原因

汽车技术状况的变化是由于汽车自身诸多内在原因综合作用的结果。主要有以下六项。

（1）磨损

1）定义：是指零件之间相互摩擦而产生的磨损。它是零件的主要损坏形式。磨损现象只发生在零件表面。

2）影响因素：磨损速度的快慢，取决于零件的材料及其加工方法，同时又受汽车使用中的装载量大小、润滑状况、车速高低等因素的影响。

（2）腐蚀

1）定义：是指零件与腐蚀性物质接触而在零件表面产生的腐蚀。

2）容易产生腐蚀的主要部件：汽车车身、车架、燃油供给系统和冷却系统的管道等。

（3）疲劳　是指零件因承受超过材料疲劳极限的循环交变应力而产生的损坏。

（4）变形　是指零件在外载、温度和残余应力作用下发生的变形。零件在制造加工过程中产生的残余应力，以及零件受热不匀而产生的热应力足够大时，也会导致零件变形或加剧变形。

（5）老化　老化是指由于零件材料在物理和化学变化的影响下，逐渐变质或损坏的故障形式。特别是对于橡胶、塑料等非金属零件和电器元件，因长期使用，最易老化而失去弹性并且使其强度下降。老化不仅发生在汽车的使用过程中，而且也发生于汽车闲置过程当中。

（6）损伤　损伤是指由于偶然事件而造成的零件损伤。

注意：因汽车零件运行材料性能的变化而引起汽车技术性能逐渐变坏的现象，不仅发生在汽车的使用过程中，而且也发生于汽车闲置过程当中。

4. 影响汽车技术状况变化的因素

影响汽车技术状况变化的因素可分设计制造水平与使用因素两大方面。

（1）汽车设计制造水平（先天性的）　如设计和制造工艺不合理或材料选择不当，由于汽车在使用过程中自身存在薄弱环节，就会经常出现同一类故障。

（2）汽车使用因素（后天性的）　有运行条件、燃料与润滑油的品质、汽车运用的合理性与运用水平等。

## 二、汽车使用寿命

1. 汽车使用寿命的定义与分类

汽车使用寿命可分为技术使用寿命、经济使用寿命和合理使用寿命三类，分别定义如下。

（1）汽车技术使用寿命的定义　汽车技术使用寿命是指汽车从开始使用，直至其主要机件达到技术极限状态，而不能继续修理时为止的汽车的总工作时间或总行驶里程。所谓技术极限状态，在结构上是指零部件的工作尺寸与工作间隙的极限；在性能上是指汽车总体的动力状态，或燃油、润滑油的极度消耗。技术寿命的影响因素主要取决于总成的设计水平、制造质量与合理使用和维修。

（2）汽车经济使用寿命的定义　汽车经济使用寿命是指汽车使用到相当里程或年限后，对其进行全面经济分析后，认为已经达到使用成本高到不经济合理的时刻。

其中，全面经济分析是指从汽车使用总成本出发，全面分析其制造成本、使用维修费用、管理费用、折旧以及汽车市场价格的可能变化等，然后做出汽车是否经济合理与是否可以继续使用的综合评定。

（3）汽车合理使用寿命的定义　汽车合理使用寿命是指以汽车经济使用寿命为基础，并考虑整个国民经济的发展和能源节约等因素，而制定出的符合我国实际情况的汽车使用年限。

以上三种汽车寿命的关系是：技术使用寿命＞合理使用寿命≥经济使用寿命。

2. 汽车经济使用寿命

使用者对汽车要做到合理使用与及时更新。当汽车需要更新时，要在国家政策容许的前提下，以汽车的经济使用寿命作为更新依据。

（1）主要国家载货汽车平均经济使用寿命　主要国家载货汽车平均经济使用寿命见表2-10。

表2-10　主要国家载货汽车平均经济使用寿命

| 国　别 | 美　国 | 日　本 | 德　国 | 法　国 | 英　国 | 意大利 | 中　国 |
| --- | --- | --- | --- | --- | --- | --- | --- |
| 平均经济寿命/年 | 10.3 | 7.5 | 11.5 | 12.1 | 10.6 | 11.2 | 10.0 |

国外主要国家载货汽车使用期限确定依据：完全按经济规律确定，除考虑汽车本身运行费用的增长外，还考虑新车型性能的改进、价格下降等因素。

（2）汽车经济使用寿命常用的评价指标

1）使用年限。

① 使用年限是汽车从开始投入运行到报废的年数，并以此作为使用寿命的量标。计算使用年限时也应考虑汽车停驶期间的自然损耗。

② 优点：计量简单。缺点：不能真实反映汽车的使用强度和使用条件。因此，往往造成同年限汽车的性能差异过大。

2）行驶里程。

① 行驶里程是指汽车从开始投入运行，到报废期间总累计的行驶里程。行驶里程也作为汽车使用寿命的量标。

② 优点：能真实反映汽车的使用强度，故多数汽车运输企业以此作为考核汽车各项指标的基数。缺点：不能反映出运行条件和停驶期间的自然损耗。在二手车交易中，里程表常

有损坏,甚至卖方故意损坏,造成行驶里程数可信度不高。为此,行驶里程数仅供鉴定估价人员参考。

3)折算年限。

① 折算年限是汽车总行驶里程与年平均行驶里程之比,并以此作为汽车使用寿命的量标。

即:
$$T_{折} = \frac{L_{总}}{L_{年均}}$$

式中 $T_{折}$——折算年限(年);
$L_{总}$——总累计行驶里程(km);
$L_{年均}$——年均行驶里程(km/年)。

② 优点:a. 对于运营汽车,因技术状况、平均技术速度与道路条件的差异,其年平均里程通常相差很大,但其年平均使用强度基本相同。因此,按折算年限指标,可在全国范围内取得统一。而且,对于社会专业运输和社会零散使用车辆也是适用的。b. 此种折算年限表示法既反映了汽车的使用情况和使用强度,又包括了运行条件和某些停驶时间较长的车辆的自然损耗。c. 对我国来说,采用使用年限量标,比采用行驶里程更为合理。因为我国地域辽阔,地理、气候、道路条件差异很大,管理水平高低不同。在某些地区,即使是使用年限相同,其汽车的总行驶里程也不相同,且车辆的技术状况也差别极大。因此,采用折算年限作为主要考核指标更为确切。

③ 缺点:在二手车鉴定评估工作中,确定成新率最有用的量标是折算年限。但折算年限的获得通常又比较困难。因为,一是汽车实际的行驶里程数难以取得,二是汽车的年均行驶里程是一个统计数据。目前,对各省、市、地区的各类车辆的年均行驶里程数的数据亦难取得。因此,引入折算年限指标的主要目的在于确立一个正确的思考方法。

(3)影响汽车经济使用寿命的因素 主要有汽车的各类损耗、汽车来源与使用强度(表2-11)及汽车的使用条件。

表2-11 汽车的来源与使用强度

| 序号 | 使用类别 | 类别特点 | 汽车使用特点与使用强度 |
|---|---|---|---|
| 1 | 交通专业运输车辆 | 专门从事运输生产的营运车辆 | 使用条件复杂,使用强度较大,一般客车年均行驶里程约5万km,货车约4.5万km。货车实载率与拖挂率均较高。管理、使用与维修水平也较高。车辆基础资料齐全 |
| 2 | 社会专业运输车辆 | 各行各业专门从事运输生产的车辆 | 主要为本行业的运输生产服务,如商业、粮食、冶金、林业等部门的运输车辆。汽车使用特点与使用强度基本同上 |
| 3 | 社会零散运输车辆 | 机关、企事业单位和个人的非营运车辆 | 主要为一般零散运输和生活服务的公务、商务用车。一般无专门的管理机构和维修基地,使用情况差异很大。常参与二手车交易,车况较好 |
| 4 | 城市出租车辆 | 城市和乡镇的客运与货运车辆 | 多集中在大中城市。多以国产轿车和轻型客车从事客运出租经营,以微型、轻型货车从事货运出租经营。客运出租车辆使用强度很大,轿车年均行驶里程约10万km。货车经常超载运行,机件磨损很大,车况差,寿命短。管理、使用与维修水平差异大 |
| 5 | 城市公共交通车辆 | 城市公共汽车 | 一般从"生"到"死"常年服役,不参与二手车交易 |

1) 汽车的损耗。汽车损耗的分类如下。

① 无形损耗：是指由于技术进步、生产发展，出现了性能好、效率高的新车型，或原车型价格下降等，促使在用车辆的提前更新。

② 有形损耗：是指汽车在使用过程中车辆本身的消耗，它与汽车使用成本有关。

2) 汽车的使用成本：由以下九项费用组成，各代号的含义详见表2-12。

$$C = C_1 + C_2 + C_3 + C_4 + C_5 + C_6 + C_7 + C_8 + C_9$$

表2-12 汽车的使用成本组成

| 代号 | $C_1$ | $C_2$ | $C_3$ | $C_4$ | $C_5$ | $C_6$ | $C_7$ | $C_8$ | $C_9$ |
|---|---|---|---|---|---|---|---|---|---|
| 代号含义 | 燃料费用 | 维护小修费用 | 大修费用 | 基本折旧费用 | 轮胎费用 | 驾驶员工资 | 管理费用 | 养路费用 | 其他费用 |

$C_5 \sim C_9$：是与汽车经济使用寿命无关的因素。

$C_4$：是当汽车使用寿命确定后的成本，基本为定值。

$C_1 \sim C_3$：是随着汽车行驶里程的增长与车况的下降而增加的成本。因此，有必要对其进行以下专项分析。

① 汽车的燃料费用 $C_1$。随着行驶里程的增加，汽车的技术状况逐渐变坏，其主要性能也会不断下降，因此，会引起燃料与润滑油消耗量的不断增加。

② 汽车的大修费用 $C_3$。据国内初步统计：a. 从新车到第一次大修的费用约为汽车原值的10%。b. 第一次大修后，大修间隔逐渐缩短，且大修费用也逐渐增加。

$C_3$ 的计算方法：把某次的大修费用均摊到本次大修至下次大修的间隔里程段内进行计算。即相当于对大修的间隔里程段的投资。

③ 汽车的维修费用 $C_2$，如图2-15所示。

a. 定义：汽车的维修费用是指汽车在使用过程中，各级维修费用及日常小修费用的总和。它主要由维修过程中的实际消耗工时费与材料费组成。

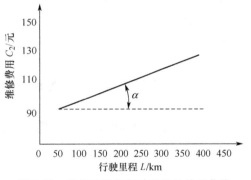

图2-15 维修费用与行驶里程的关系曲线

b. 汽车的维修费用 $C_2$ 与汽车行驶里程的关系：随着汽车行驶里程 $L$ 的增加，维修费用 $C_2$（指各级维修作业中的附加小修项目和日常小修作业项目费用之和）也随之线性增加。即：

$$C = a + bL$$

式中  $C$——维修费用；

$L$——累计行驶里程；

$a$——维修费用的初始值；

$b$——维修费用随行驶里程增加而增加的增长强度。它是确定汽车经济使用寿命的主要依据之一。

$b$ 值越大，维修费用 $C$ 随行驶里程 $L$ 增加的速度也越快。$b$ 可由试验统计资料确定。$b$ 为直线的斜率，即 $b = \tan\alpha$。

3) 汽车的使用条件。

① 道路条件：道路等级与路面质量状况对汽车寿命的影响很大。

道路条件可分为两类六个等级,详见表2-13。

表2-13 我国公路等级及其特点

| 序号 | 公路分类 | 公路特点 |
| --- | --- | --- |
| 1 | 高速公路 | 专供汽车分道高速行驶且全部控制出入的公路,具有特别的经济意义 |
| 2 | 一级公路 | 连接重要政治、经济中心,通往重点工矿区、港口、机场,专供汽车分道行驶并部分控制出入、部分立体交叉的公路 |
| 3 | 二级汽车专用公路 | 连接政治、经济中心或大工矿区、港口、机场等地的供汽车行驶的公路 |
| 4 | 一般二级公路 | 连接政治、经济中心或大工矿区、港口、机场等地的城郊公路 |
| 5 | 三级公路 | 沟通县或县级以上城市的干线公路 |
| 6 | 四级公路 | 沟通县、乡(镇)、村等的支线公路 |

第一类:汽车专用公路、高速公路、一级公路、二级汽车专用公路。

第二类:一般二级公路、三级公路、四级公路。

② 地区道路特点如下。

混合交通:由于历史的原因,我国道路的数量和质量与车辆、人口增长的速度不相适应,从而构成了我国道路混合交通的特殊性。即:快慢车同道而行,机动车、非机动车与行人同道混行。

平原地区:地势平坦、道路宽阔、路面质量好。

北方地区:年降雨量较小,对道路,尤其是土路影响不大;只是冬天冰雪路面会影响车辆运行。

南方地区:年降雨量较大,尤其在雨季,道路泥泞、湿滑,乡村土路则地面松软、凹陷、泥泞,无法行车。

城市或城郊:道路四通八达,但人口稠密,车多、行人多,易出现交通拥挤、道路堵塞的情况。

③ 特殊使用条件:主要指一些特殊自然条件和地理环境。如寒冷、沿海、风沙、高原、山区等地区。在这些特殊条件下工作的汽车,都将缩短其经济使用寿命。

### 三、汽车折旧

汽车折旧是指随着时间的推移,对于营运车辆,由于在使用过程中的损耗而转移到产品中去的那部分价值。一般常用提取折旧基金的方式来体现此种价值。折旧基金就是为了补偿汽车的磨损而逐年提取的专用基金。其目的就是当汽车不能使用时,用折旧基金购置新车辆。

汽车折旧一般按照规定的折旧方法进行计算。常用的折旧方法有如下两种。

1. 等速折旧法

等速折旧法又称直线法或平均法,汽车的年均折旧额是用车辆的原值减去车辆残值的差额除以汽车的使用年限,是应用较广的一种方法。其计算公式为

$$D_t = \frac{1}{N}(k_0 - S_V)$$

式中 $D_t$——汽车的年均折旧额;

$k_0$——汽车原值；

$S_V$——汽车残值；

$N$——汽车规定的折旧年限。

2. 快速折旧法

又分为以下两种。

（1）年份数求和法　其每年的折旧额等于车辆的原值减去车辆残值的差额乘以一个逐年变化的递减系数。此递减系数的分子为当年时止尚剩余的使用年数；递减系数的分母为车辆使用年限历年数字的累积和。例如，当车辆使用年限 $N=5$ 时，要求第 $t=3$ 年的递减系数，则其分子 $=N+1-t=(5+1-3)=3$；其分母 $=1+2+3+4+5=15$，即 $N(N+1)/2$，所以年份数求和法的计算公式为

$$D_t = \frac{N+1-t}{N(N+1)/2}(k_0 - S_V)$$

式中　　$t$——汽车在其使用年限内的某一确定的年度；

$\dfrac{N+1-t}{N(N+1)/2}$——年折旧率（即递减系数）。

（2）余额递减折旧法　计算原理：任何年的折旧额等于现有车辆原值乘以一个在车辆整个寿命期内恒定的折旧率，接着用车辆原值减去该年折旧额作为新的原值，下一年再重复这一算法，直到折旧总额分摊完毕。其具体计算公式为：

$$D_t = k_0 \alpha (1-\alpha)^{t-1}$$

式中　　$t$——汽车在其使用年限内的某一确定的年度；

$\alpha$——年折旧率，直线法的折旧率为 $\alpha = \dfrac{1}{N}$。

在余额递减折旧法中所使用的折旧率，通常都大于直线法的折旧率。当其等于直线折旧率的两倍时，称为双倍余额递减法。当应用该公式时，若在使用期中仍有余额，则到一定年度后，必须改用等速折旧法，以使折旧总额到使用期终分摊完毕。

用三种方法计算出的折旧率详见表2-14。用三种方法计算出的折旧率对比详见图2-16。

表2-14　用三种方法计算的折旧率

| 使用年限 | 折旧率 | | | | | | | | |
| --- | --- | --- | --- | --- | --- | --- | --- | --- | --- |
| | 规定年限8年 | | | 规定年限10年 | | | 规定年限15年 | | |
| | 等速折旧法 | 年份数求和法 | 双倍余额递减法 | 等速折旧法 | 年份数求和法 | 双倍余额递减法 | 等速折旧法 | 年份数求和法 | 双倍余额递减法 |
| 1 | 0.1250 | 0.2222 | 0.2500 | 0.1000 | 0.1818 | 0.2000 | 0.0667 | 0.1250 | 0.1333 |
| 2 | 0.1250 | 0.1944 | 0.1875 | 0.1000 | 0.1636 | 0.1600 | 0.0667 | 0.1167 | 0.1156 |
| 3 | 0.1250 | 0.1666 | 0.1406 | 0.1000 | 0.1455 | 0.1280 | 0.0667 | 0.1083 | 0.1001 |
| 4 | 0.1250 | 0.1389 | 0.1055 | 0.1000 | 0.1273 | 0.1024 | 0.0667 | 0.1000 | 0.0868 |
| 5 | 0.1250 | 0.1111 | 0.0791 | 0.1000 | 0.1091 | 0.0819 | 0.0667 | 0.0917 | 0.0752 |
| 6 | 0.1250 | 0.0833 | 0.0593 | 0.1000 | 0.0909 | 0.0655 | 0.0667 | 0.0833 | 0.0652 |
| 7 | 0.1250 | 0.0556 | 0.0445 | 0.1000 | 0.0727 | 0.0524 | 0.0667 | 0.0750 | 0.0565 |

(续)

| 使用年限 | 折旧率 | | | | | | | | |
|---|---|---|---|---|---|---|---|---|---|
| | 规定年限8年 | | | 规定年限10年 | | | 规定年限15年 | | |
| | 等速折旧法 | 年份数求和法 | 双倍余额递减法 | 等速折旧法 | 年份数求和法 | 双倍余额递减法 | 等速折旧法 | 年份数求和法 | 双倍余额递减法 |
| 8 | 0.1250 | 0.0278 | 0.0334 | 0.1000 | 0.0545 | 0.0419 | 0.0667 | 0.0667 | 0.0470 |
| 9 | | | | 0.1000 | 0.0364 | 0.0336 | 0.0667 | 0.0583 | 0.0424 |
| 10 | | | | 0.1000 | 0.0182 | 0.0268 | 0.0667 | 0.0500 | 0.0368 |
| 11 | | | | | | | 0.0667 | 0.0417 | 0.0319 |
| 12 | | | | | | | 0.0667 | 0.0333 | 0.0276 |
| 13 | | | | | | | 0.0667 | 0.0250 | 0.0239 |
| 14 | | | | | | | 0.0667 | 0.0167 | 0.0207 |
| 15 | | | | | | | 0.0667 | 0.0083 | 0.0180 |

由图2-16可知：a. 等速折旧法的年折旧率是相等的；b. 年份数求和法的年折旧率是呈直线规律下降的；c. 而双倍余额递减折旧法的年折旧率是呈指数曲线规律下降的。

【例】 某二手车的原值为10万元，其规定使用年限为10年，残值可忽略不计，试用年份数求和法和双倍余额递减法分别计算其折旧额。

其计算结果分别见表2-15和表2-16。

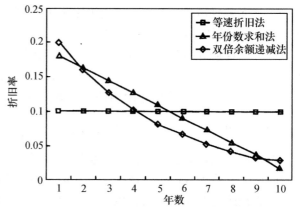

图2-16 用三种方法计算的折旧率对比(以10年为例)

表2-15 用年份数求和法计算折旧额

| 年 数 | 基数/元 | 递减系数 | 年折旧额/元 | 累计折旧额/元 |
|---|---|---|---|---|
| 1 | | 10/55 | 18181 | 18181 |
| 2 | | 9/55 | 16363 | 34544 |
| 3 | | 8/55 | 14545 | 49089 |
| 4 | | 7/55 | 12727 | 61816 |
| 5 | 100000 | 6/55 | 10909 | 72725 |
| 6 | | 5/55 | 9090 | 81815 |
| 7 | | 4/55 | 7272 | 89087 |
| 8 | | 3/55 | 5454 | 94541 |
| 9 | | 2/55 | 3636 | 98177 |
| 10 | | 1/55 | 1818 | 100000 |

表 2-16　用双倍余额递减法计算折旧额

| 年　数 | 基数/元 | 折旧率(%) | 年折旧额/元 | 累计折旧额/元 |
|---|---|---|---|---|
| 1 | 100000 | 20 | 20000 | 20000 |
| 2 | 80000 | 20 | 16000 | 36000 |
| 3 | 64000 | 20 | 12800 | 48800 |
| 4 | 51200 | 20 | 10240 | 59040 |
| 5 | 40960 | 20 | 8192 | 67232 |
| 6 | 32768 | 20 | 6553.6 | 73785.6 |
| 7 | 26214.4 | 25 | 6553.6 | 80339.2 |
| 8 | 26214.4 | 25 | 6553.6 | 86892.8 |
| 9 | 26214.4 | 25 | 6553.6 | 93446.4 |
| 10 | 26214.4 | 25 | 6553.6 | 100000 |

注：为使累计折旧额在第 10 年期终分摊完毕，第 7 年起用等速折旧法。

## 四、我国汽车的报废标准

1. 关于汽车强制报废标准的演变过程

1997 年，我国发布了《机动车(汽车)强制报废标准》。2004 年，国家对该标准进行了修订，并一直实行至 2006 年。2006 年，国家颁布了新的《汽车强制报废标准》。

2. 新标准对汽车报废标准的规定

凡在我国境内注册的民用汽车，属于下列情况之一的，应当报废。

1) 轻、微型载货汽车(含越野车)、矿山作业专用车累计行驶 30 万 km，重、中型载货汽车(含越野型)累计行驶 40 万 km，特大、大、中、轻、微型客车(含越野型)、轿车累计行驶 50 万 km，其他车辆累计行驶 45 万 km，其中 9 座(含 9 座)以下非营运载客汽车(包括轿车、含越野型)使用 15 年，旅游载客汽车和 9 座以上非营运载客汽车使用 10 年。

2) 轻、微型载货汽车(含越野型)、带拖挂的载货汽车、矿山作业专用车及各类出租汽车使用 8 年，其他车辆使用 10 年。

3) 因各种原因造成车辆严重损坏或技术状况低劣，无法修复的。

4) 车型淘汰，已无配件来源的。

5) 汽车经长期使用，耗油量超过国家对机动车运行安全技术条件要求的。

6) 经修理和调整仍达不到国家对机动车运行安全技术条件要求的。

7) 经修理和调整或采用排气污染控制技术后，排放污染仍超过国家规定的汽车排放标准的。

除 19 座以下出租车和轻、微型载货汽车(含越野型)外，对达到上述使用年限的客、货车辆，经公安车辆管理部门依据国家机动车安全排放有关规定严格检验，性能符合规定的，可延缓报废，但延长期不得超过本标准第二条规定年限的一半。其中，旅游载客汽车和 9 座以上非运营载客汽车可延长使用年限最长不超过 10 年。对于起重车、消防车、钻探车等从事专业作业的车辆，还可根据实际使用和检验情况，再延长使用年限。对延长使用年限的车辆，应当按照公安车辆管理部门和环境保护部门的规定，增加检验次数。一个检验周期内连续 3 次检验不符合要求的,应注销登记,不允许再上路行驶。营运车辆转为非营运车辆或非营运车辆转为营运车辆,一律按营运车辆的规定报废。非营运载客汽车是指单位和个人不以获取运输利润为目的的自用载客汽车,旅游载客汽车是指经各级旅游主管部门批准的旅行社部门运载游客的自用载客汽车。

## 本 章 小 结

1. 汽车的总体构造包括发动机、底盘、电器设备和车身四大部分。

2. 汽车的运行性能是指汽车在运行过程中所表现的各项基本性能。主要有动力性、燃油经济性、制动性、操纵稳定性、平顺性、通过性、环保性,以及可靠耐久性等 8 项内容。

3. 汽车的基本技术数据包括质量参数、几何参数、通过性参数等。

4. 根据新国标 GB/T 3730.1—2001,按照用途不同可将汽车分为乘用车和商用车两大类。乘用车是指在其设计和技术特性上主要用于运载乘客及其随身行李和(或)临时物品的汽车,包括驾驶人座位在内最多不超过 9 个座位。商用车是指在其设计和技术特性上用于运送人员和货物的汽车,且可牵引挂车。(乘用车不包括在内)商用车可分为客车、货车和半挂汽油车 3 类。

5. 依据公安系统管理标准《机动车辆登记工作规范》,将汽车分为大型汽车和小型汽车。大型汽车是指总质量不小于 4500kg,或长度不小于 6m,或乘坐人数不小于 20 人(不含驾驶人)的汽车。小型汽车是指总质量小于 4500kg,或长度小于 6m,或乘坐人数小于 20 人(不含驾驶人)的汽车。

6. 依据交通系统公路收费标准,按照车型大小将客车按座位数分为 5 类,货车按吨位数也分为 5 类。

7. 按照汽车的结构特征分类:按汽车动力装置种类及其使用的燃料分为汽油机汽车、柴油机汽车、气体燃料汽车、电动汽车、混合动力汽车等。

8. 汽车识别代号编码是国际上通行的标识汽车的代码,简称 VIN 码。它由 17 位字母和阿拉伯数字组成。

9. 汽车使用寿命是指汽车从开始使用,直至其主要机件达到技术极限状态,而不能继续修理时为止的汽车总工作时间或总行驶里程。汽车使用寿命可分为技术使用寿命、经济使用寿命和合理使用寿命 3 类。

10. 汽车报废标准对汽车报废的规定是轻、微型载货汽车(含越野车)、矿山作业专用车累计行驶 30 万 km,重、中型载货汽车(含越野型)累计行驶 40 万 km,特大、大、中、轻、微型客车(含越野型)、轿车累计行驶 50 万 km,其他车辆累计行驶 45 万 km,其中 9 座(含 9 座)以下非营运载客汽车(包括轿车、含越野型)使用 15 年,旅游载客汽车和 9 座以上非营运载客汽车使用 10 年等。

## 思考训练题

### 一、填空题

1. 汽车的总体构造包括(  )、(  )、(  )和(  )四大部分。
2. 汽油机由(  )、(  )、(  )、(  )以及起动系统组成。
3. 汽车电器设备分为电器装置和电子控制系统。电器装置包括(  )、(  )、

（　　）和配电装置四个部分。电子控制系统分为（　　）、（　　）和车身控制系统。

4. 汽车的运行性能是指汽车在运行过程中所表现的各项基本性能。主要（　　）、（　　）、（　　）、（　　）、（　　）、（　　）、环保性，以及可靠耐久性等八项内容。

5. 汽车的制动性是汽车动力性得以发挥的前提与安全行驶的保证。通常以（　　）、（　　）和（　　）这三项指标评价。

6. 汽车经济使用寿命是指汽车经济效益的最佳时期。影响汽车经济使用寿命的因素主要有（　　）、（　　）、使用强度及（　　）等。

7. 汽车技术状况变坏的八种外观症状是汽车最高行驶速度降低、加速时间与加速距离增长、燃料与润滑油消耗量增加、（　　）、（　　）、（　　）、（　　）以及运行中因技术故障而停歇的时间增多等。

二、名词解释题

1. 乘用车
2. 大型汽车
3. VIN 码
4. CA7220AE
5. 汽车使用寿命

三、简答题

1. 在汽车评估中，VIN 码有何作用？
2. 汽车报废标准对各类汽车的累积行驶里程有何规定？
3. 国家标准 GB/T 18411—2001《道路车辆产品标牌》对于汽车标牌应标明的内容作了哪些规定？
4. 汽车技术状况变化的原因是什么？在汽车评估时如何查明汽车技术状况变化？
5. 何谓"环保性"？其评价技术指标有哪些？

# 第三章 汽车价值评估的基本方法

### 学习目标：

1. 熟悉汽车评估"三种基本假设"和"四种价值类型"的定义。
2. 重点掌握重置成本法的定义、计算公式，以及用其评估二手车的具体程序和方法。
3. 掌握现行市价法、收益现值法和清算价格法的定义、计算公式以及用其评估二手车的具体程序和方法。掌握各种方法的适用范围。
4. 熟练掌握成新率的定义和成新率的三种计算方法（使用年限法、综合分析法和技术鉴定法）及其适用条件。

## 第一节 汽车评估的假设、价值类型与方法

### 一、汽车评估的"三种基本假设"

1. 汽车继续使用假设

（1）定义 汽车继续使用假设是指汽车将按现行用途继续使用，或转换用途继续使用。其假设的核心是强调汽车对未来继续使用与获取经济效益的可靠性。

（2）假设的五个前提条件

1）汽车尚有显著的剩余使用寿命与使用价值。
2）汽车能用其提供的服务或用途满足所有者经营上期望的收益。
3）汽车的所有权明确，并保持完好。
4）汽车的使用功能完好或较为完好，并可按其最佳效用使用。
5）汽车从经济上、法律上允许转作他用。

（3）汽车继续使用的方式

1）汽车在用续用：按汽车现行用途及方式继续使用下去。
2）汽车转用续用：改变汽车现有用途，按新用途继续使用下去。
3）汽车移地续用：改变汽车现有空间位置，转移到新空间位置上继续使用下去。

2. 公开市场假设

（1）定义 公开市场假设是指汽车可在充分竞争的公开交易市场上，按市场原则进行交易，而其价格取决于市场行情。

（2）最佳效用 最佳效用是指在法律许可的范围内，汽车被用于最有利的用途，可取得最佳经济效果。

（3）公开市场　公开市场是指一个有众多买者和卖者的充分竞争性的市场。其特点是：买卖双方地位平等，双方都有获取足够市场信息的机会和时间，双方的交易行为都是自愿的、明智的，双方都能对资产的功能、用途及交易价格等做出理智的判断。

3. 清偿假设

（1）定义　清偿假设是指汽车所有者因种种原因，在某种压力下，以拍卖方式强制出售汽车。

（2）特点

1）交易双方的地位不平等，卖方属于被迫出售。

2）交易被限制在较短的时间内完成，故车价明显偏低，并且大大低于公开市场下的评估值。

## 二、汽车评估的价值类型

1. 汽车评估价值类型的含义

汽车评估价值类型指汽车评估质的规定性，即价值内涵。必须根据评估目的，弄清楚所要求的价值尺度的内涵，从而才能确定汽车所适用的价值类型。

2. 汽车评估的四种价值类型（价值计量标准）

汽车评估的四种价值类型是重置成本、收益现值、现行市价、清算价格。

3. 重置成本价格计量标准

（1）重置成本定义　重置成本指在现行市场条件和技术条件下，按功能重置汽车，并使其处于在用状态所耗费的成本。

（2）重置成本与历史成本的比较

1）相同点：都是反映汽车在购置、运输、注册、登记等过程中全部费用的价格。当汽车刚购买时，两者相同。

2）不同点：重置成本是以现行价格和费用标准作为计价依据的。由于不论使用与否，汽车的技术与价值都可能发生变化，因此，当汽车保留一段时间后，重置成本与历史成本便会发生差异。

（3）重置成本分类

1）复原重置成本：是指按照与被评估汽车的设计结构、材料、制造标准等相同的条件，以现时价格购置相同的全新汽车所需全部成本。

2）更新重置成本：是指利用新设计、新材料、新技术标准等，以现时价格购置相同或相似功能的全新汽车所需的全部成本。

两者的共同点是均按现行市价与费用标准核计成本。选用原则：应优先选用更新重置成本，如不存在更新重置成本，则选用复原重置成本。

（4）适用重置成本价格计量的两个前提条件

1）汽车已完成购置过程，且处于可使用状态或正处于运营之中。

2）汽车还可继续使用。

4. 收益现值价格计量标准

（1）收益现值定义　收益现值指根据汽车未来的预期获利能力，以适当的折现率，将未来收益折成现值（即为获得车辆取得预期收益的权利所需支付的货币总额）。所以，只有在预期回报率超过评估时的折现率时，才能购买汽车。

（2）适用收益现值价格计量的前提条件　汽车投入使用后可连续获利。

5. 现行市价价格计量标准

（1）现行市价的定义（又称变现价格）　现行市价是指汽车在公开市场上的销售价格。

（2）现行市价的基本特征　现行市价的基本特征是价格源于公平市场。公平市场即充分竞争的市场，该市场中买卖双方交易行为都是自愿的，不存在卖方对市场的垄断。

（3）适用现行市价计量的两个前提条件

1）有一个活跃的、充分发育的、公平的汽车交易市场。

2）与被评估汽车的同类汽车有一定的交易量，这样可形成市场行情。

6. 清算价格计量标准

（1）清算价格的定义　清算价格是指企业因破产以变卖汽车的方式来清偿债务的汽车拍卖价格。

（2）清算价格与现行市价的区别　现行市价是公平市场价格，而清算价格则因受到买主限制和期限限制，其价格大大低于现行市价，因此它是非正常市场上的拍卖价格。

（3）适用清算价格计量的前提条件　企业破产清算以及因抵押、典当等不能按期偿债而导致的汽车变现清偿等。

现行市价与其他三种价格的比较见表3-1。

表3-1　现行市价与其他三种价格的比较

| 价　　格 | 相　同　之　处 | 不　同　之　处 |
| --- | --- | --- |
| 重置成本价格 | 决定两者的最基本因素（即在现有条件下生产功能相同的车辆所花费的社会必要劳动时间）相同 | 1）现行市价以市场价格为依据，并受市场因素制约，且其评估值直接受市场检验<br>2）重置成本只是在模拟条件下，重置车辆的现行价格 |
| 收益现值价格 | 两者都是评估公平市场的价格，它们在价格形式上有相似之处 | 1）现行市价是以车辆进入市场的价格计量<br>2）而收益现值是以车辆的获利能力进入市场的价格计量 |
| 清算价格 | 两者均是市场价格 | 1）现行市价是公平市场价格<br>2）清算价格是非正常市场上的拍卖价格 |

## 三、汽车评估的方法

1. 汽车评估方法与汽车评估价值类型的关系

汽车评估方法与汽车评估价值类型，是两个既相互联系又相互区别的概念。汽车评估价值类型是汽车评估价值的内涵，而评估方法则是评估价值的量化过程。科学选择评估价值类型是汽车评估具有科学性和有效性的根本前提。

2. 四种汽车评估方法

与汽车评估价值类型相对应，汽车评估方法包括四种，即：重置成本法、现行市价法、收益现值法和清算价格法。

## 第二节 汽车评估重置成本法

### 一、重置成本法的定义

重置成本法是指用评估基准日的当前条件下重新购置一辆全新状态的被评估汽车所需的全部成本(即完全重置成本,简称重置全价),减去该被评估车辆的各种陈旧性贬值后的差额作为被评估车辆评估价格的一种评估方法。

### 二、重置成本法的基本计算方法

1. 计算基本公式

$$汽车评估值 = 重置成本 - (有形损耗 + 功能性损耗 + 经济性损耗)$$

基本公式的变形式(1):

$$汽车评估值 = 重置成本 \times (1-有形损耗率) \times (1-功能性损耗率) \times (1-经济性损耗率)$$

基本公式的变形式(2):

$$汽车评估值 = 重置成本 \times 成新率 \times 调整系数$$

式中,成新率=1-有形损耗率;调整系数:用来对评估值进行修正。

2. 汽车重置成本的估算

(1) 重置成本的定义 重置成本是指与被评估汽车相同或相似的全新汽车的取得成本,也称为重置全价。它包括汽车的重置费、运输费、税费等。

(2) 重置成本的计算方法 重置成本的计算方法包括重置核算法、指数调整法和类比法三种。

1) 重置核算法(细节分析法或直接法):是指以现行市价核算被评估汽车的重置成本的方法。其计算公式为

$$重置成本 = 直接成本 + 间接成本$$

式中 直接成本——按现行市价的买价、运输费、人工费、消费税等;

间接成本——购车管理费、注册登记费等。

应区分以下两种情况。

① 产权变动情况(如企业合资、合作、合并、兼并等):应全部按以上公式要求计算。

② 车辆所有权转让情况:可不计车辆运输费、人工费、购置附加费、消费税等,仅计算按现行市价的买价。

2) 指数调整法(也称物价指数法或物价指数调整法):是指在汽车原始成本的基础上,再考虑现时物价指数而确定其重置成本的方法。其计算公式为

$$汽车重置成本 = 汽车原始成本 \times \frac{车辆评估时物价指数}{车辆购买时物价指数}$$

或:$汽车重置成本 = 汽车原始成本 \times (1 + 物价变动指数\%)$

对公式使用的三点说明如下。

① 以上公式的物价指数必须是定基物价指数。物价指数的基期应与汽车的购置期相一致,物价指数的计数期应与汽车评估的基准期相一致。

② 物价指数分为定基物价指数和环比物价指数。

a. 定基物价指数：是指在按时间顺序编制的物价指数数列中，每一个指数都是以某一固定时期为基期的指数。故它反映物价的长期动态。

b. 环比物价指数：是指在按时间顺序编制的物价指数数列中，每一个指数都是以其相邻的前一时期为基期的指数。故它反映物价的逐期变化程度。

③ 指数调整法方法较为简单，但其准确性不如重置核算法高，故它属于粗略的复原重置成本。主要用于以下两种情况。

a. 计算车辆重置成本时，对于人工费、运杂费、管理费等项目，可用本法估算。

b. 当被评估汽车系进口车辆或被淘汰产品而无法取得现行市价时，最宜采用本法。但一定要先检查账面购买原价，且物价指数一定要选自国家权威部门的数据。

3）类比分析法：是指通过选择相类似的参照物，进行对比分析和调制差异而确定完全重置成本的方法，其实质就是现行市价法。

3. 车辆有形损耗率及成新率的估算

（1）基本概念

1）汽车有形损耗率：是指由于使用磨损和自然损耗而导致的汽车实体性贬值，也称汽车实体性贬值。汽车有形损耗率用相对数表示。

2）成新率：成新率与有形损耗率是同一事物的两个方面。

即：  成新率＝1-有形损耗率

或：  有形损耗率＝1-成新率

（2）成新率的计算方法　成新率的计算方法有使用年限法、部件鉴定法、整车观测法以及综合分析法等四种，以下主要介绍使用年限法。

（3）使用年限法　该法假设车辆在整个使用寿命期间，有形损耗与时间呈线性递增关系。其计算公式为

$$成新率=\left(1-\frac{车辆已使用年限}{车辆总使用年限}\right)\times 100\%$$

汽车总使用年限（即汽车使用寿命）的确定：应以汽车的规定使用期限作为其总使用年限。

1）我国汽车的规定使用年限：

① 一般汽车使用年限为10年。

② 微型载货车、各类出租车、带拖挂的载货汽车、矿山作业专用车使用年限为8年。

2）关于汽车应予提前报废的规定。凡符合以下六条之一者，应提前报废。

① 燃油消耗高于原厂规定15%的。

② 汽车累计行程超过表3-2规定的。

③ 车型已经淘汰，无配件来源的。

④ 经修理和调整后，仍达不到机动车运行安全技术条件要求的。

⑤ 经修理和调整或采用排污控制技术后，排放污染物仍超过国家规定的。

⑥ 因各种原因造成车辆严重损坏或技术状况低劣，无法修复的。

3）关于各类汽车累计行程限值，详见表3-2。

表 3-2　各类汽车累计行程限值

| 汽车类别 | 累计行程限值/万 km | 汽车类别 | 累计行程限值/万 km |
| --- | --- | --- | --- |
| 微型载货汽车（含越野型）、矿山作业专用车 | 30 | 特大、大、中、轻、微型载客车（含越野型）、轿车 | 50 |
| 重、中、轻型载货汽车 | 40 | 其他车型 | 45 |

## 三、重置成本法应用实例

**【例】** 某公司欲出售一辆进口高档轿车。据查，目前同类的全新车价为 35 万元。至评估基准日止，该车已使用了 2 年 6 个月，累计里程 65000km。经现场勘查，该车车身有两处擦伤痕迹，后悬架存在局部故障，前排座椅电动装置工作不良，一侧电动车窗不能正常工作，发电机工作不正常，其他车况均与车辆的新旧程度相符，试评估该车价格。

**【解】**

（1）调查比较

1）该车的重置成本为 35 万元。

2）功能性损耗及经济性损耗均很小，可忽略不计。

（2）成新率确定　因该车价值较高，故用部件鉴定法确定其成新率。

1）确定车辆各总成之权重。根据各总成价值和重要性占整车价值和重要性的比重，确定各总成权重百分比如表 3-3。

表 3-3　汽车各总成的权重

| 汽车总成 | 发动机及其控制系统 | 变速驱动桥及其控制系统 | 悬架系统与车桥 | 转向系统及制动系统 | 车身及其附属装置 | 电气及仪表装置 | 轮胎 |
| --- | --- | --- | --- | --- | --- | --- | --- |
| 权重(%) | 30 | 15 | 12 | 12 | 25 | 4 | 2 |

2）确定整车成新率。对该车进行技术鉴定，以确定各总成的成新率；再按各总成的加权成新率求出整车的成新率，如表 3-4。

表 3-4　整车成新率估算明细表

| 总成部件 | 总成的成新率(%) | 总成的权分(%) | 总成的加权成新率(%) |
| --- | --- | --- | --- |
| 1. 发动机及其控制系统 | 80 | 30 | 24 |
| 2. 变速驱动桥及其控制系统 | 80 | 15 | 12 |
| 3. 悬架系统与车桥 | 65 | 12 | 7.5 |
| 4. 转向系统及制动系统 | 80 | 12 | 9.6 |
| 5. 车身及其附属装置 | 70 | 25 | 17.5 |
| 6. 电气及仪表装置 | 70 | 4 | 2.8 |
| 7. 轮胎 | 80 | 2 | 1.6 |
| 合　计 | | 100 | 75 |

得：

$$\text{成新率} = \left(1 - \frac{\text{车辆已使用年限}}{\text{车辆总使用年限}}\right) \times 100\% = 75.3\%$$

(3) 车辆评估值的确定

车辆评估值 = 车辆的重置成本 × 整车成新率
= 350000 × 75.3%
= 263550(元)

## 第三节 汽车评估收益现值法

### 一、收益现值法的定义

收益现值法是将被评估的车辆在剩余寿命期内的预期收益，用适当的折现率折现为评估基准日的现值，并以此确定评估价格的一种方法。

### 二、收益现值法的计算公式

$$P = \sum_{t=1}^{n} \frac{A_t}{(1+i)^t}$$

$$= \frac{A_1}{(1+i)^1} + \frac{A_2}{(1+i)^2} + \cdots + \frac{A_n}{(1+i)^n}$$

### 三、收益现值法应用实例

【例】 某人拟转让一辆富康出租车，车况如下：车辆登记日2003年5月，已行驶里程20.3万km，手续齐全，目前车况良好，转让后仍拟作出租车使用。按照行业惯例，该车全年出勤300天，日毛收入为450元。评估基准日为2005年6月。

【解】
(1) 计算年纯收入A

年纯收入 A =（年收入 - 年支出）(1 - 个人所得税率)

1) 年收入 = 300×450 = 135000(元)。
2) 年支出 = 年油耗费 + 日常维修费 + 平均大修费 + 劳务费 + 出租车标费 + 其他费用。

各项支出计算如下。

① 年油耗费：日平均油耗费 × 年出勤天数 = 85×300 = 25500元。
② 日常维修费：按同类富康出租车平均数为10000元/年。
③ 平均大修费：按同类富康出租车平均数为6000元/年。
④ 劳务费：按15000元/年计。
⑤ 出租车标费：按6000元/年计。
⑥ 其他费用：包括牌照、保险、各种规费杂费约30000元/年。

由此可得： 年支出 = 年油耗费 + 日常维修费 + 平均大修费 +
劳务费 + 出租车标费 + 其他费

$$= 25500+10000+6000+15000+6000+30000$$
$$= 92500(元)$$

3）个人所得税率为 30% 时的年纯收入 $A$，由以上结果，可得：

年纯收入 $A$ =（年收入-年支出）×（1-个人所得税率）
$$= (135000-92500) \times (1-30\%)$$
$$= 42500 \times 70\% = 29750(元)$$

（2）计算评估值 $P$

1）评估值 $P$ 的计算公式与计算过程：利用收益现值法计算汽车的评估值 $P$，实质上就是将汽车未来预期收益 $A$ 进行折现。其折现计算公式与计算过程如下：

$$P = A \times \left[ \frac{1}{1+i} + \frac{1}{(1+i)^2} + \cdots + \frac{1}{(1+i)^n} \right]$$
$$= A \times \left[ \frac{(1+i)^n - 1}{i(1+i)^n} \right]$$
$$= 29750 \times \left[ \frac{(1+0.2)^6 - 1}{0.2 \times (1+0.2)^6} \right] = 98934(元)$$

2）关于公式中几个参数的确定方法如下。

① 该车的剩余使用寿命 $n$：根据国家关于出租车报废标准的规定，其总寿命为 8 年。因该车投入运营已有两年，且车辆手续完备、技术状况基本正常，故该车的剩余使用寿命还有 6 年，即 $n=6$。

② 折现率 $i$：按照汽车行业一般投资回报情况与现实的储蓄和国债利率情况，确定资金预期收益率为 15%，风险报酬率为 5%，故折现率 $i$ 为 20%。

③ 汽车未来预期年收益 $A$：经计算为 29750 元。

# 第四节　汽车评估现行市价法

## 一、现行市价法的定义与计算方法

1. 现行市价法的定义

现行市价法又称市场法、市场价格比较法和销售对比法，是指通过比较被评估汽车与最近售出类似汽车的异同，并针对这些异同经过价格调整，从而确定被评估汽车价值的一种评估方法。

2. 现行市价法的计算方法

$$\text{评估价格} = \text{市场交易参照物价格} + \sum \text{评估对象比交易参照物优异的价格差额} - \sum \text{交易参照物比评估对象优异的价格差额}$$

## 二、现行市价法应用实例

【例】　评估人员运用现行市价法对某汽车评估时，选择了三个参照物，其参数见表 3-5。

表 3-5 被评估汽车及参照物的参数

| 序号 | 技术经济参数 | 计量单位 | 参照物 A | 参照物 B | 参照物 C | 被评估汽车 |
|---|---|---|---|---|---|---|
| 1 | 车辆交易价格 | 元 | 50000 | 65000 | 40000 | |
| 2 | 销售条件 | | 公开市场 | 公开市场 | 公开市场 | 公开市场 |
| 3 | 车辆交易时间 | | 6 个月前 | 2 个月前 | 10 个月前 | |
| 4 | 车辆已使用年限 | 年 | 5 | 5 | 6 | 5 |
| 5 | 车辆尚可使用年限 | 年 | 5 | 5 | 4 | 5 |
| 6 | 车辆成新率 | % | 60 | 75 | 55 | 70 |
| 7 | 年平均维修费用 | 元 | 20000 | 18000 | 25000 | 20000 |
| 8 | 百公里耗油量 | L | 25 | 22 | 28 | 24 |

【解】

（1）比较参照物与被评估汽车之差异 包括销售时间、性能、成新率三方面的差异。

1）销售时间差异：从评估之前到评估基准日之间的一年内，物价指数每月上涨约 0.5%，由此带来的参照物与被评估车之差额见表 3-6。

表 3-6 销售时间引起的差额

| 参照车编号 | 参照车交易价格/元 | 交易时间差异 | 价格指数上升率 | 参照车与被评估车之差额/元 |
|---|---|---|---|---|
| A | 50000 | 晚 6 个月 | 0.5%×6=3% | 50000×3%=1500 |
| B | 65000 | 晚 2 个月 | 0.5%×2=1% | 65000×1%=650 |
| C | 40000 | 晚 10 个月 | 0.5%×10=5% | 40000×5%=2000 |

2）车辆性能差异：指因汽车燃耗差异与维修费用差异而引起的运营成本的差额。计算过程见表 3-7。

表 3-7 车辆性能引起的差异

| 参照车编号 | 参照车比被评估车多耗的燃料费用 | 参照车比被评估车多耗的维修费用/元 | 参照车比被评估车多耗的营运成本/元 | 税后参照车比被评估车多耗营运成本/元 | 折现后在剩余使用年限内参照车比被评估车多耗营运成本/元 |
|---|---|---|---|---|---|
| A | (25L/100km − 24L/100km)×2.2 元/L×150km/天×250 天=825 元 | 20000−20000=0 | 825+0=825 | 825×(1−33%)=552.75 | 552.75×(P/A,10%,5)=552.75×3.7908=2095 |
| B | (24L/100km − 22L/100km)×2.2 元/L×150km/天×250 天=1650 元 | 20000−18000=2000 | 1650+2000=3650 | 3650×(1−33%)=2445.5 | 2445.5×(P/A,10%,5)=2445.5×3.7908=9270 |
| C | (28L/100km − 24L/100km)×2.2 元/L×150km/天×250 天=3300 元 | 25000−20000=5000 | 3300+5000=8300 | 8300×(1−33%)=5561 | 5561×(P/A,10%,5)=5561×3.7908=17628 |

① 参照车比被评估汽车多耗的燃料费用计算：（按年均出车 250 天,日营运 150km,油价 2.2 元/L）

a. A 车辆比被评估车辆多耗的燃料费用为
(25L/100km-24L/100km)×2.2 元/L×150km/天×250 天＝825 元

b. B 车辆比被评估车辆少耗的燃料费用为
(24L/100km-22L/100km)×2.2 元/L×150km/天×250 天＝1650 元

c. C 车辆比被评估车辆多耗的燃料费用为
(28L/100km-24L/100km)×2.2 元/L×150km/天×250 天＝3300 元

② 参照车辆比被评估车辆多耗的维修费用计算如下。

a. A 车辆比被评估车辆多耗的维修费用为
$$20000-20000=0(元)$$

b. B 车辆比被评估车辆少耗的维修费用为
$$20000-18000=2000(元)$$

c. C 车辆比被评估车辆多耗的维修费用为
$$25000-20000=5000（元）$$

③ 参照车辆比被评估车辆多耗的营运成本计算如下。

a. A 车辆比被评估车辆多耗的营运成本为 $825+0=825(元)$

b. B 车辆比被评估车辆少耗的营运成本为 $1650+2000=3650(元)$

c. C 车辆比被评估车辆多耗的营运成本为 $3300+5000=8300(元)$

④ 税后参照车辆比被评估车辆多耗的营运成本计算(所得税率按 33% 计算)如下。

a. 税后 A 车辆比被评估车辆多耗的营运成本为
$$825×(1-33\%)=552.75(元)$$

b. 税后 B 车辆比被评估车辆少耗的营运成本为
$$3650×(1-33\%)=2445.5(元)$$

c. 税后 C 车辆比被评估车辆多耗的营运成本为
$$8300×(1-33\%)=5561(元)$$

⑤ 按 10% 折现后在剩余使用年限内参照车比被评估车多耗营运成本计算如下。

a. A 车辆比被评估车辆多耗的营运成本折现累加为
$$552.75(P/A,10\%,5)=552.75×3.7908=2095(元)$$

b. B 车辆比被评估车辆少耗的营运成本折现累加为
$$2445.5(P/A,10\%,5)=2445.5×3.7908=9270(元)$$

c. C 车辆比被评估车辆多耗的营运成本折现累加为
$$5561(P/A,10\%,5)=5561×3.7908=17628(元)$$

3) 成新率的差异：

① A 车辆与被评估车辆因成新率的差异而产生的差额为
$$50000×(70\%-60\%)=5000(元)$$

② B 车辆与被评估车辆因成新率的差异而产生的差额为
$$65000×(70\%-75\%)=-3250(元)$$

③ C 车辆与被评估车辆因成新率的差异而产生的差额为

$$40000 \times (70\% - 55\%) = 6000(元)$$

(2) 确定汽车的评估值　分初步确定与定性综合确定两步。

1) 初步确定评估值：

① 与参照物 A 相比，经分析调整差额，确定初步评估值为

$$车辆的评估值 = 50000 + 1500 + 2095 + 5000 = 58595(元)$$

② 与参照物 B 相比，经分析调整差额，确定初步评估值为

$$车辆的评估值 = 65000 + 550 - 9270 - 3250 = 53030(元)$$

③ 与参照物 C 相比，经分析调整差额，确定初步评估值为

$$车辆的评估值 = 40000 + 2000 + 17628 + 6000 = 65628(元)$$

2) 定性综合确定评估值。即采用加权平均法，确定最终评估值。

① 确定参照物的权重系数：

a. 参照物 B 的交易时间离评估基准日最接近（仅差两个月），且其已使用年限、尚可使用年限、成新率等，都与被评估车辆最为接近。足见其相似程度比 A、C 更大，故取其加权系数为 60%。

b. 参照物 A 的交易时间、已使用年限、尚可使用年限、成新率等，比 C 的相似程度更大，故取其加权系数为 30%。

c. 剩下的参照物 C，取其加权系数为 10%。

② 确定最终评估值为

$$车辆评估值 = 53030 \times 60\% + 58595 \times 30\% + 65628 \times 10\%$$
$$= 55959(元)$$

### 三、现行市价法的评估步骤

现行市价法的评估步骤包括收集资料、选定参照对象、分析类比和调整计算评估值。

#### 1. 收集评估对象的资料

评估对象的资料一般包括车辆的类别名称、型号、性能指标、生产厂家、出厂日期、车辆来源、使用年限、行驶里程、使用情况、实际技术状况及尚可使用的年限、市场状况、交易动机和目的、车辆所处地理位置、成交数量和成交时间等。收集到的资料越全面、越多，则评估的准确性越高，因此收集资料是市价法评估的关键。

#### 2. 选定参照对象

参照对象选定的关键是参照对象应具有可比性并且要有一定数量，一般参照对象不少于三个。主要可比因素包括以下六个方面。

1) 型号与制造厂商。
2) 车辆来源：指私家车、公务车、商用车、出租车或其他营运车。
3) 使用年限与行驶里程。
4) 车辆实际技术状况。
5) 市场状况：主要指供求关系，看市场主要是买方市场，还是卖方市场。
6) 交易条件：包括交易动机和目的、交易时间、交易批量等。

#### 3. 分析类比

将被评估车辆与类比车进行全面对比，找出差异。

4. 计算评估值

计算评估值,做出结论。

## 四、现行市价法的主要计算方法

现行市价法的主要计算方法分为直接法与类比法两大类。

1. 直接法

直接法是指从市场上找到与被评估汽车完全相同的参照车,将其价格直接作为二手车的评估价的方法。

完全相同是指类别相同、主参数相同、结构与性能相同,但只是生产序号不同,或仅做局部改动的车辆,则认为是完全相同的。

2. 类比法

类比法是指从市场上找到与被评估汽车相类似的参照车,依其价格再做相应的差异调整与日期修正,从而确定二手车评估价格的方法。其计算公式为

$$评估价格 = 参照车价格 + \sum 评估车比参照车优异的价格差额 - \sum 参照车比评估车优异的价格差额$$

类比法又细分为六种具体方法,详见表3-8。

表3-8 现行市价法的类比法的六种具体方法

| 名称 | 计算步骤 | 计算公式 | 应用范围 |
| --- | --- | --- | --- |
| 1. 市场售价类比法 | 以参照车价为基础,再考虑二者在功能、市场条件、交易性条件的差异,估算出旧车评估价 | 二手车评估价=参照车市价+功能性条件差异+市场性条件差异+交易性条件差异 | |
| 2. 功能价值法 | 以参照车价为基础,再考虑二者的功能差异,估算出旧车评估价 | 二手车评估价=参照车市价×功能价值系数<br>功能价值系数=二手车功能/参照车功能 | |
| 3. 价格指数法 | 以参照车价为基础,再考虑二者成交时间间隔对价格之影响,利用价格指数调整估算旧车价值 | 二手车评估价=参照车市价×物价变动指数 | 二手车评估中不常用,仅用于特殊情况 |
| 4. 成新率价格法 | 以参照车价为基础,再考虑二者的成新程度上的差异,估算出旧车评估价 | 二手车评估价=参照车市价×成新率系数<br>成新率系数=旧车成新率/参照车成新率 | |
| 5. 市价折扣法 | 以参照车价为基础,再考虑二者在交易条件上的差异,确定一个折扣率,估算出旧车评估价 | 二手车评估价=参照车市价×(1-折扣率) | |
| 6. 成本市价法 | 以二手车的现行合理成本为基础,再利用参照车的成本市价比率,估算出旧车评估价 | | 二手车评估中很少用,仅用于特种改装专用车 |

【例】

品牌:上海大众途安1.8T手动,颜色:黑色。

登记日期：2006年1月。

行驶里程：9996km。

发动机及变速器规格：1.8L涡轮增压发动机、单缸5气门、5档手动变速器。

静态检查：左前轮眉有一处凹坑，全车无任何外伤。行驶里程很少，外观和内饰很新。

动态检查：冷车起动灵敏正常，怠速稳定，路试加速反应快捷，密封性很好，风噪、胎噪在时速为80km/h时均不高。操控稳定，转向灵活，制动灵敏有效。底盘无渗漏与拖底迹象。

综合评定："途安"自上市以来销售稳中有升，成为很多消费者购买MPV车型的首选。目前新车包牌价为22.5万元左右，此车状况十分优异，评估价格为17万~18万元。

## 第五节　汽车评估清算价格法与汽车价格评估方法的比较和选用

### 一、清算价格法的定义

清算价格法是以清算价格为标准，对二手车进行的价格评估的方法。所谓清算价格，就是指企业由于破产或其他原因，被要求在一定的期限内将车辆变现，在企业清算之日预期出售车辆可收回的快速变现价格。它首先根据二手车技术状况，运用现行市价法估算其正常价值，再根据处置情况和变现要求，乘以一个折扣率，最后确定其评估价格。

### 二、清算价格法的具体方法

二手车清算价格的评估方法有如下三种。

1. 现行市价折扣法

现行市价折扣法是指对清算车辆首先用现行市价法确定其评估价格，然后根据快速变现原则，估定一个折扣率，最后确定其清算价格的方法。

【例1】　求一辆富康轿车的清算价格。

【解】

1）首先按照现行市价法估价：约为5万元。

2）考虑快速变现的需要，再折价20%，则该车之清算价格为

$$5 \times (1-20\%) = 4 (万元)$$

2. 模拟拍卖法（亦称意向询价法）

模拟拍卖法是根据向被评估汽车的潜在购买者询价的方法先取得市价信息，再经评估人员分析确定清算价格的方法。

【例2】　拟评估一辆帕萨特轿车的清算价格。

【解】

1）评估人员分别向两位二手车销售公司的经理、两位销售业务员和三位普通消费者询价，分别得到10.3万元、9.8万元、10.8万元、10.4万元、8万元、7.8万元、9.5万元的价格。

2）经评估人员综合考虑其价格不同的经验作为基础，再依据市场交易条件等因素，最

后评定其清算价格为 9 万元。

3. 竞价法

竞价法是由法院按照(破产清算)法定程序,或由卖方根据评估结果,先提出一个拍卖底价,再在公开市场上由买方竞争出价,谁出价高就卖给谁的方法。

### 三、汽车价格评估方法的比较与选用

汽车四种价格评估基本方法的比较详见表3-9。

表 3-9　汽车四种价格评估基本方法的比较

| 序号 | 名称 | 定义与计算公式 | 优 缺 点 | 适 用 范 围 |
|---|---|---|---|---|
| 1 | 重置成本法 | 汽车评估值=重置成本-有形损耗-无形损耗(包括功能性损耗和经济性损耗) | 1. 优点:充分考虑了汽车损耗,评估结果较公平合理<br>2. 缺点:工作量较大,经济性损耗不易算准 | 是评估中得到广泛采用的最主要方法。适用于继续使用前提下的评估和在用车的评估 |
| 2 | 收益现值法 | 汽车评估值= $\sum_{i=1}^{n}\dfrac{各期未来预期收益}{(1+折现率)^i}$ | 1. 优点:与投资决策相结合,易被买卖双方接受<br>2. 缺点:预期收益额的预测难度大 | 适用于营运车辆,使用本法前提是汽车具有独立的、能连续用货币计量的可预期收益 |
| 3 | 现行市价法 | 它是假定在一个公开和竞争的市场上,由买卖双方以同类车的现行市价为基础,经协商达到一致而确定汽车价值的评估方法 | 1. 优点:评估值能反映市场现价,易被各方接受<br>2. 缺点:因市场发育不够完善,寻找参考物较困难 | 必须以市场和可比性为前提。包括规格、型号、用途、性能、新旧程度,及交易情况的可比 |
| 4 | 清算价格法 | 是指卖方因破产等原因,被迫在短期内以大大低于现行市价的价格变卖汽车,来清偿债务或分配剩余权益的方式 | 仅限于特定条件下使用,其理论与实践均有待完善 | 适用于企业破产、抵押、停业清理时要出售的车辆 |

## 第六节　二手车成新率的计算与确定

### 一、二手车成新率的概念

1. 车辆成新率的定义

车辆成新率指二手车当前功能或使用价值与同类全新汽车的功能或使用价值的比率。它是反映汽车新旧程度的指标,也是确定二手车评估值的重要参数。

2. 车辆成新率与有形损耗率的关系

$$成新率=1-有形损耗率$$

3. 车辆成新率的计算方法

如何科学准确地确定成新率,是二手车评估中的重点和难点之一。目前通常采用使用年

限法、综合分析法、技术鉴定法三种方法来计算成新率。

## 二、用使用年限法确定二手车的成新率

1. 使用年限法的两种估算方法(其折旧方法不同)

(1) 等速折旧法

其计算公式为

$$C_n = \left(1 - \frac{Y}{G}\right) \times 100\%$$

式中　$C_n$——使用年限成新率；

　　　$G$——规定使用年限；

　　　$Y$——已经使用年限。

(2) 加速折旧法　加速折旧法又分为年份数求和法和双倍余额递减法两种。

1) 年份数求和法：通常用于 25 万元以上的较贵重车辆，其计算公式为

$$C_n = \left[1 - \frac{2}{G(G+1)} \sum_{n=1}^{Y} (G+1-n)\right] \times 100\%$$

2) 双倍余额递减法：通常用于 25 万元以下的普通车辆，其计算公式为

$$C_n = \left[1 - \frac{2}{G} \sum_{n=1}^{Y} \left(1 - \frac{2}{G}\right)^{n-1}\right] \times 100\%$$

2. 规定使用年限与已经使用年限的确定方法

(1) 规定使用年限　汽车的规定使用年限有如下三种：

1) 15 年：9 座(含 9 座)以下非营运载客汽车(包括轿车,含越野型)。

2) 10 年：9 座(含 9 座)以上非营运载客汽车,营运客车,其他车辆。

3) 8 年：微型载货车,带拖挂载货汽车,矿山作业专用车,出租汽车。

(2) 已经使用年限　采用折算年限 $T_{折}$ 作为已经使用年限，即：

$$T_{折} = \frac{L_{总}}{L_{年均}}$$

式中　$L_{总}$——累计行驶里程(km)；

　　　$L_{年均}$——年均行驶里程(km/年)，见表3-10。

表 3-10　近年我国汽车年均行驶里程统计值(参考)

| 汽车类别 | 年均行驶里程/万 km | 汽车类别 | 年均行驶里程/万 km |
| --- | --- | --- | --- |
| 1. 微型、轻型货车 | 3~5 | 6. 租赁车 | 5~8 |
| 2. 中型、重型货车 | 6~10 | 7. 旅游车 | 6~10 |
| 3. 家用车 | 1~3 | 8. 中低档长途客运车 | 8~12 |
| 4. 商务、行政用车 | 3~6 | 9. 高档长途客运车 | 15~25 |
| 5. 出租车 | 10~15 | | |

3. 用使用年限法计算成新率实例

【例1】　某家用桑塔纳车,初次登记日为 2010 年 2 月,评估基准日为 2015 年 2 月,试

用三种方法计算成新率。

【解】

1）已知参数：

① 该车已经使用年限 $Y = 5$ 年。

② 其规定使用年限（按家用车）为 $G = 15$ 年。

2）用等速折旧法求成新率：

$$C_n = \left(1 - \frac{Y}{G}\right) \times 100\% = \left(1 - \frac{5}{15}\right) \times 100\% = 66.7\%$$

3）用年份数求和法求成新率：

$$C_n = \left[1 - \frac{2}{G(G+1)} \sum_{n=1}^{Y} (G+1-n)\right] \times 100\%$$

$$= \left[1 - \frac{2}{15(15+1)} \sum_{n=1}^{Y} (15+1-n)\right] \times 100\%$$

$$= \left\{1 - \frac{2}{15(15+1)} \left[(15+1-1)+(15+1-2)+(15+1-3)+(15+1-4)+(15+1-5)\right]\right\} \times 100\%$$

$$= 45.8\%$$

4）用双倍余额递减法求成新率：

$$C_n = \left[1 - \frac{2}{G} \sum_{n=1}^{Y} \left(1 - \frac{2}{G}\right)^{n-1}\right] \times 100\%$$

$$= \left[1 - \frac{2}{15} \sum_{n=1}^{Y} \left(1 - \frac{2}{15}\right)^{n-1}\right] \times 100\%$$

$$= \left\{1 - \frac{2}{15}\left[\left(1-\frac{2}{15}\right)^{1-1}+\left(1-\frac{2}{15}\right)^{2-1}+\left(1-\frac{2}{15}\right)^{3-1}+\left(1-\frac{2}{15}\right)^{4-1}+\left(1-\frac{2}{15}\right)^{5-1}\right]\right\} \times 100\%$$

$$= 48.9\%$$

【例2】 某租赁公司欲转让一辆捷达轿车，初次登记日为 2009 年 3 月，评估基准日为 2014 年 3 月，试用三种方法计算成新率。

【解】

1）已知参数：

① 该车已经使用年限 $Y = 5$ 年。

② 其规定使用年限（按租赁车）为 $G = 10$ 年。

2）用等速折旧法求成新率：

$$C_n = \left(1 - \frac{Y}{G}\right) \times 100\% = \left(1 - \frac{5}{10}\right) \times 100\% = 50\%$$

3）用年份数求和法求成新率：

$$C_n = \left[1 - \frac{2}{G(G+1)} \sum_{n=1}^{Y} (G+1-n)\right] \times 100\%$$

$$= \left[1 - \frac{2}{10(10+1)} \sum_{n=1}^{5} (15+1-n)\right] \times 100\%$$

$$= \left\{1 - \frac{2}{10 \times 11}\left[(10+1-1)+(10+1-2)+(10+1-3)+(10+1-4)+(10+1-5)\right]\right\} \times 100\%$$

= 27.3%

4)用双倍余额递减法求成新率：

$$C_n = \left[1 - \frac{2}{G}\sum_{n=1}^{Y}\left(1-\frac{2}{G}\right)^{n-1}\right] \times 100\%$$

$$= \left[1 - \frac{2}{10}\sum_{n=1}^{5}\left(1-\frac{2}{10}\right)^{n-1}\right] \times 100\%$$

$$= \left\{1 - \frac{2}{5}\left[\left(1-\frac{2}{5}\right)^{1-1} + \left(1-\frac{2}{5}\right)^{2-1} + \left(1-\frac{2}{5}\right)^{3-1} + \left(1-\frac{2}{5}\right)^{4-1} + \left(1-\frac{2}{5}\right)^{5-1}\right]\right\} \times 100\%$$

= 32.8%

### 三、用综合分析法确定二手车的成新率

1. 计算方法

该计算方法是以使用年限法为基础，再综合考虑影响机动车价值的各种因素，并以系数相乘的方式，调整确定综合成新率。其计算公式如下：

$$C_Z = C_n K \times 100\%$$

式中　$C_Z$——综合成新率；

　　　$C_n$——使用年限成新率；

　　　$K$——综合调整系数。

2. 综合调整系数 $K$ 的确定方法

该确定方法可分以下两种：

（1）影响因素加权平均法　此方法适用于无须修理与换件的情况，计算公式如下：

$$K = K_1 \times 30\% + K_2 \times 25\% + K_3 \times 20\% + K_4 \times 15\% + K_5 \times 10\%$$

式中　$K_1$——汽车技术状况调整系数；

　　　$K_2$——汽车使用维护状况调整系数；

　　　$K_3$——汽车制造质量调整系数；

　　　$K_4$——汽车工作性质调整系数；

　　　$K_5$——汽车工作条件调整系数。

以上各项系数通过查表取得，详见表3-11。

（2）影响因素分析调整法　该方法适用于需要修理与换件的情况，计算时可将上一种方法的计算结果适当降低，从而确定综合调整系数 $K$。

表3-11　计算二手车成新率的调整系数表

| 影响因素 | 因素分级 | 调整系数 | 权重(%) |
| --- | --- | --- | --- |
| 技术状况 | 好 | 1.2 | 30 |
| | 较好 | 1.1 | |
| | 一般 | 1.0 | |
| | 较差 | 0.9 | |
| | 差 | 0.8 | |

(续)

| 影响因素 | 因素分级 | 调整系数 | 权重(%) |
|---|---|---|---|
| 维护状况 | 好 | 1.1 | 25 |
|  | 一般 | 1.0 |  |
|  | 较差 | 0.9 |  |
| 制造质量 | 进口车 | 1.1 | 20 |
|  | 国产名牌车 | 1.0 |  |
|  | 国产非名牌车 | 0.9 |  |
| 工作性质 | 私用 | 1.2 | 15 |
|  | 公务、商务 | 1.0 |  |
|  | 营运 | 0.7 |  |
| 工作条件 | 较好 | 1.0 | 10 |
|  | 一般 | 0.9 |  |
|  | 较差 | 0.8 |  |

3. 计算实例

【例】 某人于2013年以13.5万元购置一辆轿车供私用。后于2017年2月到某市二手车交易市场出售。评估人员经检查获得如下数据：发动机排量为1.8L，初次登记日为2013年8月，基本用作个人市内交通使用，累计行驶里程7万余公里，维护保养情况一般，经路试车况较好。经调查，2016年12月与该车同型号的新车价为11.0万元。试计算其成新率（用影响因素加权平均法计算）。

【解】

1) 已知参数如下。

① 已经使用年限 $Y$：从2007年8月到2011年2月，共3年6个月，即：$Y = 3 \times 12 + 6 = 42$（月）。

② 规定使用年限 $G$：私家车为15年，即：$G = 15 \times 12 = 180$（月）。

2) 各项调整系数的确定如下。

根据车况，查表3-11确定各项调整系数如下。

① 车辆技术状况调整系数 $K_1$：

由于经路试车况良好，则取 $K_1 = 1.0$。

② 车辆使用维护状况调整系数 $K_2$：

由于维护保养情况一般，则取 $K_2 = 0.9$。

③ 车辆制造质量调整系数 $K_3$：

由于该车属于国产名牌车，则取 $K_3 = 0.9$。

④ 车辆工作性质调整系数 $K_4$：

由于该车属于私家车，因此取 $K_4 = 1.0$。

⑤ 车辆工作条件调整系数 $K_5$：

由于主要用作市内交通，因此取 $K_5 = 0.9$。

3) 综合调整系数 $K$ 的计算：根据计算公式求得：

$$K = K_1 \times 30\% + K_2 \times 25\% + K_3 \times 20\% + K_4 \times 15\% + K_5 \times 10\%$$
$$= 1.0 \times 30\% + 0.9 \times 25\% + 0.9 \times 20\% + 1.0 \times 15\% + 0.9 \times 10\%$$
$$= 0.945$$

4) 该车综合成新率 $C_Z$ 的计算如下。

采用等速折旧法，根据计算公式求得 $C_Z$：

$$C_Z = C_n \times K \times 100\% = \left(1 - \frac{Y}{G}\right) \times K \times 100\%$$

$$= \left(1 - \frac{42}{180}\right) \times 0.945 \times 100\% = 72.45\%$$

5) 结论：该车的综合成新率为72.54%。

### 四、用技术鉴定法确定二手车的成新率

1. 关于技术鉴定法的概念

技术鉴定法是指评估人员用技术鉴定的方法，测定出二手车成新率的一种方法。即根据技术鉴定结果，判断旧车技术状况，再以评分的方法求得成新率。该方法可分为部件鉴定法和整车观测法两种。

2. 二手车部件鉴定法

部件鉴定法的步骤如下。

（1）确定各个主要部件的权重　根据各部件制造费用与重要性占整车费用的比重，及对整车性能的影响程度，参考表3-12，按一定百分比确定部件权重。

（2）确定各个主要部件的成新率　在技术检测基础上，确定各个部件的功能与技术状况，给出其成新率。如该部件的技术状况和功能与全新车辆的对应部件的功能相同，则该部件的成新率定为100%；若该部件的功能完全丧失，则其成新率为0。

（3）确定整车的成新率

1) 将各个部件的成新率乘以其权重，得到部件加权成新率。

2) 将所有部件的加权成新率求和，得到整车成新率。

（4）计算实例　详见本章第二节重置成本法计算实例1。

（5）汽车部件价值的权重分配参考表　见表3-12。

表3-12 汽车部件价值的权重分配参考表

| 汽车部件名称 | 汽车类别 | | |
| --- | --- | --- | --- |
| | 轿　车 | 客　车 | 货　车 |
| 发动机及离合器总成 | 25 | 28 | 25 |
| 变速器及转动轴总成 | 12 | 10 | 15 |
| 前桥、转向器及前悬架总成 | 9 | 10 | 15 |
| 后桥及后悬架总成 | 9 | 10 | 15 |
| 制动系统 | 6 | 5 | 5 |
| 车架总成 | 0 | 5 | 6 |
| 车身总成 | 28 | 22 | 9 |
| 电气及仪表系统 | 7 | 6 | 5 |
| 轮胎 | 4 | 4 | 5 |

3. 二手车整车观测法

（1）整车观测法的概念　主要采用人工观察方法，辅之以简单的仪器检测，对二手车的技术状况进行鉴定、分级，以确定成新率的方法。此种方法简单易行，适用于中、低价值汽车的初步估算。

（2）整车观测法的成新率分级参考表　见表3-13。

表3-13　整车观测法的成新率分级参考表

| 车况等级 | 新旧程度有形损耗率(%) | 技术状况描述 | 成新率(%) |
| --- | --- | --- | --- |
| 1 | 使用不久 0~10 | 刚使用不久，行驶里程在3万~5万km，在用状态良好，能按设计要求正确使用 | 100~90 |
| 2 | 较新车辆 11~15 | 使用1年以上，行驶里程在15万km左右，一般未经大修，在用状态良好，故障率低，可随时出车使用 | 89~65 |
| 3 | 旧车 36~60 | 使用4~5年，发动机或整车经过大修较好地恢复原设计性能，在用状态良好，外观中度受损，但恢复情况良好 | 64~40 |
| 4 | 老旧车 61~85 | 使用5~8年，发动机或整车经过二次大修，动力性能、经济性能、工作可靠性都有所下降，外观油漆脱落受损，金属件锈蚀程度明显，故障率上升，维修费用与使用费用明显上升，但汽车符合《机动车安全技术条件》，在用状态一般或较差 | 39~15 |
| 5 | 待报废处理车 86~100 | 基本达到或达到使用年限，通过《机动车安全技术条件》检查，能用但不能正常使用，动力性能、经济性能、可靠性下降，燃油费、维修费、大修费增长速度快，车辆收益与支出基本持平，排放与噪声污染达到极限 | 15以下 |

## 五、选择成新率计算方法的原则

在评估实际工作中，应根据评估对象的不同，选择不同的方法。一般原则如下。

1）对重置成本不高的老旧车，可采用使用年限法估算成新率。
2）对于重置成本中等的旧车，可采用综合分析法估算成新率。
3）对于重置成本较高的旧车，可采用部件鉴定法估算成新率。

## 本　章　小　结

1. 汽车评估的"三种基本假设"是汽车继续使用假设、公开市场假设和清偿假设。
2. 汽车评估的四种价值类型（也称价值计量标准）为重置成本、现行市价、收益现值、清算价格。
3. 重置成本法：重置成本是指在现行市场条件和技术条件下，按功能重置汽车，并使其处于在用状态所耗费的成本。
4. 现行市价法：是指通过比较被评估汽车与最近售出类似汽车的异同，并针对这些异同经过价格调整，从而确定被评估汽车价值的一种评估方法。

5. 收益现值法：是将被评估的车辆在剩余寿命期内预期收益用适当的折现率折现为评估基准日的现值，并以此确定评估价格的一种方法。

6. 清算价格法：是以清算价格为标准，对二手车车进行的价格评估。其估价方法是首先根据二手车技术状况，运用现行市价法估算其正常价值，再根据处置情况和变现要求，乘以一个折扣率，最后确定评估价格。

7. 评估方法的适用范围：重置成本法是评估中广泛采用的评估方法，适用于继续使用前提下的评估和在用车的评估。收益现值法适用于营运车辆。现行市价法必须以市场和可比性为前提，包括规格、型号、用途、性能、新旧程度及交易情况的可比。清算价格法适用于企业破产、抵押、停业清理时要出售的车辆。

8. 成新率是指二手车当前功能或使用价值与同类全新汽车的功能或使用价值的比率。它是反映车辆新旧程度的指标，也是确定二手车评估值的重要参数。

9. 通常采用使用年限法、技术鉴定法、综合分析法三种方法来计算成新率。在评估实际工作中，应根据评估对象的不同，选择不同的方法。对于重置成本不高的老旧车，可采用使用年限法估算成新率；对于重置成本中等的旧车，可采用综合分析法估算成新率；对于重置成本较高的旧车，可采用部件鉴定法估算成新率。

## 思考训练题

### 一、填空题

1. 二手车交易价格评估的前提也叫二手车价格评估假设。汽车评估的三种基本假设是（　　）、（　　）和（　　）。
2. 汽车评估的四种价值类型（也称价值计量标准）为（　　）、（　　）、（　　）和（　　）。
3. 通常采用（　　）、（　　）和（　　）三种方法来计算成新率。

### 二、名词解释题

1. 重置成本
2. 清算价格法
3. 成新率

### 三、简答题

1. 何谓重置成本法？重置成本法的基本计算公式是什么？
2. 何谓现行市价法？现行市价法的基本计算公式是什么？
3. 何谓收益现值法？收益现值法的基本计算公式是什么？
4. 简述四种评估方法的适用范围。
5. 在评估实际工作中计算成新率时，如何根据评估对象的不同选择不同的方法？

### 四、计算题

实例1：某出租车使用年限10年，从初次登记日至评估基准日已使用年限28个月，根据车辆实际技术状况，综合调整系数确定为0.9。试计算其综合成新率以及评估值。

实例2：某企业拟将一辆万山牌10座旅行客车出让，某个体工商户准备用该车载客营运。按国家规定该车使用年限还有4年，经预测得出4年内各年预期收益的数据如下：

| 年 份 | 收益/元 | 折现率 | 折现系数 | 收益折现值/元 |
|---|---|---|---|---|
| 第一年 | 15000 | 9% | | |
| 第二年 | 10000 | 9% | | |
| 第三年 | 8000 | 9% | | |
| 第四年 | 5000 | 9% | | |

求评估值 $P$。

实例3：某人欲购置一辆新普通桑塔纳用作个体经营，调查资料如下。车辆登记日：2015年4月，已行驶18.3万km，车况良好，全年可出勤300天，每天毛收入450元，评估基准日2017年2月，车辆运行2年，预计剩余经济寿命6年，无重大故障，维护正常。预期收益额的计算思路是：将1年的毛收入减去各种税和费用，包括驾驶员的劳务费用，以计算税后纯利润（根据目前银行储蓄率、国家债券、行业收益预计资金收益率为15%，风险报酬率为5%）。试进行评估值计算（即税后纯利润计算）。

# 中篇 汽车技术状况鉴定篇

## 第四章 汽车技术状况的静态检查与动态检查

📝 学习目标:
1. 掌握二手车静态检查的分类、检查部位、检查内容、程序和基本方法。
2. 掌握二手车动态检查的内容、程序和基本方法。

## 第一节 汽车技术状况的静态检查

### 一、静态检查的定义

静态检查是指在车辆静止(根据需要可以让发动机怠速运转)的状态下,鉴定人员运用所掌握的知识和经验通过对车辆外观、部件总成进行观察,进而对车辆技术状况做出判断的鉴定方法。

### 二、静态检查的分类

静态检查的内容包括识伪检查、事故判断和技术状况判断等。

1. 识伪检查

(1) 识伪检查的内涵　识伪检查是指通过对交易车辆的有关手续文件和实际车况进行检查,以判断其是否具有合法的交易资格。该检查的目的是为了杜绝各种被盗车辆、走私车辆、拼装车辆混入二手车交易市场,损害消费者利益。

(2) 识伪检查的依据

1) 识伪检查的依据包括车辆来历凭证、行驶手续、销售发票,法院判决书、裁决书或调解书,车辆行驶证、进口车辆的CCIB标志,通常还附有中文使用手册和维护手册。

2) 检查有无走私或拼装的痕迹。

## 2. 二手车事故判断

二手车事故判断的八项具体特征如下：

1) 检查车辆的周正情况。
2) 检查油漆脱落情况。
3) 检查底盘部件连接状况。
4) 检查底盘线束状况。
5) 检查橡胶件的老化程度。
6) 检查车身金属锈蚀程度。
7) 观察渗漏情况。
8) 其他部位的目视检查。

## 3. 技术状况的判断

技术状况判断的四项主要依据如下：

1) 检查橡胶件的老化程度。
2) 检查车身金属锈蚀程度。
3) 观察渗漏情况。
4) 其他部位的目视检查。

## 三、静态检查的主要内容

静态检查的主要内容包括识伪检查、事故车检查和外观检查等，其具体内容详见图4-1。

## 四、鉴别走私车、拼装车和盗窃车的方法

### 1. 走私车、拼装车和盗窃车的定义

（1）走私车　走私车是指未通过国家正常进口渠道进口的且未完税的车辆。

（2）拼装车　拼装车是指某些不法厂商为谋取暴利，非法拼装无产品合格证的假冒、低劣汽车。其中包括以下情况。

1) 在境外整车切割、境内再焊接、拼装的车辆，或进口散件，然后在国内拼装的"进口汽车"。
2) 利用国产散件拼装的"国产车"。
3) 进口与国产散件混合拼装的杂牌车或以几辆旧车拼成的"劣质车"。

（3）盗窃车　盗窃车是指在公安车管部门已登记上牌，但在使用期内丢失或被盗，且在公安部门已报案的车辆。其中，大部分已经过修饰后被卖出，并可能混入旧车市场。但这类车辆总会留下某些被盗的痕迹，如被撬开门锁、车窗被砸、转向盘锁被撬等。

### 2. 鉴别方法

对以上各类非法车辆的主要鉴别方法如下。

（1）根据公安车管部门的车辆档案资料查找车辆的来源与合法性　这是一种最直接有效的方法。尤其对盗窃车辆，从报案起公安部门就将其档案锁定，不允许进行车辆过户、转籍等一切交易活动。

（2）查验产品合格证、保养手册、进口车证书与商检标志

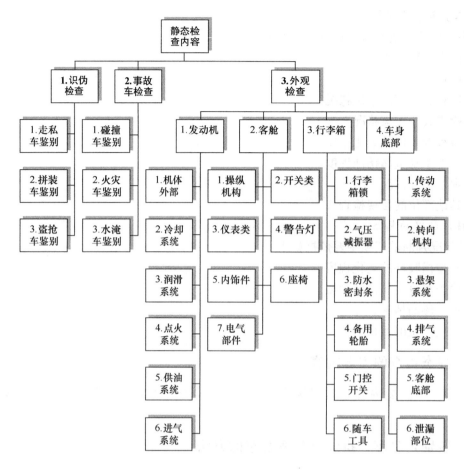

图 4-1　静态检查内容一览表

（3）外观检查

1）查看车身是否有重做油漆痕迹，或改变原车颜色，特别是顶部下沿部位。

2）查看车身曲线部位线条是否流畅，尤其小曲线部位容易留下再加工痕迹。

3）查看门柱与车架是否有焊接痕迹。

4）查车门、发动机舱盖、行李箱盖、车身的接缝是否均匀整齐。

（4）内饰检查

1）查看内饰材料是否平整、干净。

2）查看内饰压条边缘是否有明显的手指印，或加工压痕。

3）查看车顶内饰是否有明显的被弄脏的印迹。

（5）发动机舱检查

1）查看发动机是否有缺件，是否有明显的换装的零部件，或拆卸后重新安装的痕迹。

2）核对发动机号码、车辆识别代码和车架号码，看是否与证件相一致，是否有明显的篡改、焊接或破坏痕迹。

3）查看电线和管路布置是否有条理，安装是否平整，发动机和其他零部件是否正常，有无漏油，空调是否制冷，有无暖风。

（6）被盗窃车痕迹的专项检查

根据盗窃的一般手段，主要检查：
1) 门锁是否过于新，锁芯有无被更换过的痕迹。
2) 门窗玻璃是否为原配正品。
3) 窗框四周的密封胶是否留下了被插入开门的痕迹。
4) 转向盘锁或点火开关是否有被破坏或被调换的痕迹。

## 五、鉴别事故车的三个主要方法

鉴别事故车可以主要从以下三方面进行。

### 1. 检查车辆周正情况

因经手工整修过的事故车与装配线批量生产的原车相比，在车辆各个部分均匀、对称和周正方面差距甚大。因此，可通过站在车辆正前方，观察车身各部的周正对称状况，特别是各个接缝处，如有缝隙不匀、不直，线条弯弯曲曲，装饰条新旧不一且有脱落等，则说明可能是经修整过的事故车。具体方法有以下两种。

1) 检测汽车两侧的前后轮是否在同一直线上：先从汽车前面 5m 左右，蹲下沿着轮胎与汽车外表面向下观察汽车两侧。看汽车两侧的前后轮是否在同一直线上，如果不在同一直线上，则说明汽车的大梁或整体车身已经发生变形。即使左侧的前后轮和右侧的前后轮都互相成一条直线，但一侧车轮比另一侧车轮更突出，此情形中车身也属于碰撞过的事故车。

2) 用直尺检测每个车轮后面与轮罩后缘之间的距离：两个左右前轮的该项距离应大致相等；同理，两个左右后轮的该项距离也应大致相等，否则说明汽车的车架或整体车身已经发生变形。

### 2. 检查脱漆情况

关于脱漆情况的检查方法有以下几种。

1) 查看排气管、镶条、窗户四周等处是否有多余油漆。若有，则说明该车已经过翻新。

2) 用手敲击车身各处，如敲击声发脆，则说明车身未经补灰；如敲击声沉闷，则说明车身已经补灰做漆。

3) 用一块磁铁在车身各处移动，如发现有磁力突然减少的部位，则说明该部位已经补灰做漆。

### 3. 检查底盘线束及其连接情况

检查其连接部件是否配合良好，车身是否有多余焊缝，线束、仪表部件是否安装整齐，其新旧程度是否一致等。

## 六、检查发动机舱

发动机舱检查内容详见表 4-1。

表 4-1 发动机舱检查内容

| 检查部位与内容 | 检查方法 | 要点与故障分析 |
| --- | --- | --- |
| 1. 发动机舱清洁状况 | 是否有缺件、损坏、锈蚀油污，管路与导线是否松动 | 堆满灰尘说明维护差<br>特别干净亦非正常 |

(续)

| 检查部位与内容 | | 检查方法 | 要点与故障分析 |
|---|---|---|---|
| 2. 发动机铭牌 | | 型号、编号、性能指标 | 可判别是否为正品 |
| 3. 排放信息标牌 | | 在发动机罩下或风扇罩上 | 发动机诊断与调试时需要 |
| 4. 发动机冷却系统 | 1) 冷却液 | 应为浅绿色或红色 | 如像水且有汽油味,则可能缸垫烧坏有泄漏。若冷却液中有悬浮残渣或罐底有黑色物质,则发动机严重受损 |
| | 2) 散热器 | ① 查散热器芯子是否褪色、潮湿<br>② 检查散热器内部和散热器盖的锈蚀与水垢 | ① 呈硫酸铜的浅绿色,表明存在针孔泄漏<br>② 锈蚀表明未定期更换冷却液,水垢严重表明经常"开锅" |
| | 3) 冷却液管 | 软管损坏的表现:开裂、发脆、变形、局部隆起、密封连接处失效 | 新式软管可用 1.6 万 km 以上,超过老式软管一倍多 |
| | 4) 风扇带 | 用手电筒检查风扇带是否有油污、裂纹或层片脱落,带与带轮工作面是否抛光 | 抛光表明风扇带打滑,这样会造成带轮过热并使蓄电池充电不足 |
| | 5) 风扇 | 检查叶片是否变形损坏 | 变形损坏会使风量减少,影响冷却效果,如情况严重,则需更换风扇 |
| 5. 发动机润滑系统 | 1) 检查机油 | 主要察看和检查油位、机油质量、机油气味等 | ① 机油的品质状况是指机油是否变脏、变稀、黏性变差、是否含有大量金属屑<br>② 如果油位过高且浑浊起水泡,表明气缸垫可能烧毁,导致冷却液窜入曲轴箱<br>③ 如果机油油位过低,则表明活塞与气缸之间密封不良,导致发动机烧机油 |
| | 2) 检查机油滤清器 | 拆下机油滤清器,检查有无裂纹,密封圈是否完好 | 如果机油滤清器有裂纹或密封圈不完好,必须更换 |
| | 3) 检查PCV阀 | PCV阀用于控制曲轴箱通风。从气门室盖拔出PCV阀并晃动,它应顺利地发出"咔嗒"声 | 一个充满油污且不能发出"咔嗒"声的PCV阀,说明已经损坏。同时表明发动机的机油滤清器和机油很长时间没有更换 |
| | 4) 检查机油泄漏 | 超过8万km的汽车机油泄漏较为普遍。应逐个检查机油泄漏部位 | 机油泄漏可能部位:气门室盖、气缸垫、油底壳垫、曲轴前后油封、油底壳放油螺塞、机油散热器、机油散热器的机油管、机油滤清器、机油压力感应塞 |

(续)

| 检查部位与内容 | | 检查方法 | 要点与故障分析 |
| --- | --- | --- | --- |
| 6. 发动机点火系统 | 1) 检查蓄电池 | ① 标牌：其上有首次售出期，编号的前面表示年份，后部为月份，可由此推算出电池的剩余使用寿命<br>② 检查蓄电池的压紧装置是否为原件，是否失效<br>③ 检查蓄电池托架与安装箱是否严重腐蚀<br>④ 检查液面是否正常 | ① 若已达寿命极限，则应考虑更换蓄电池<br>② 若失效则应更换，以保证蓄电池固定牢固，防振防漏<br>③ 若液面过低，则说明充电过度、没有维护 |
| | 2) 检查高压线 | 主要检查高压线是否清洁、布线整齐、无裂纹、无烧焦处、无擦伤 | 否则，可能漏电，必须成套更换且费用较高 |
| | 3) 检查分电器 | 分电器盖是否有裂纹、破损 | 否则，可能漏电，需成套更换 |
| | 4) 检查火花塞 | 火花塞专用套筒扳手拆下任意一个火花塞，观察打火情况。 | 若其电极为灰白色且无积炭，则正常。反之，若积炭严重、电极严重烧蚀、绝缘体破裂，则需更换 |
| | 5) 检查点火线圈 | 检查外壳是否开裂 | 由于开裂后易受潮，严重影响点火性能，因此若开裂则必须更换 |
| 7. 发动机供油系统 | 1) 检查燃油泄漏 | 检查发动机罩下有无燃油气味，行驶中有无燃油气味 | 有燃油气味就说明漏油 |
| | 2) 检查燃油管路 | 检查进油管与回油管是否老化 | 若老化应予更换 |
| | 3) 检查燃油滤清器 | 看其是否堵塞或开裂 | 一般 5 万 km 需更换 |
| 8. 发动机进气系统 | 1) 检查进气软管 | 检查进气波纹管是否老化、变形、变硬 | 否则应予更换 |
| | 2) 检查真空软管 | 软管是否老化失去弹性，连接软管的 T 形塑料接头是否开裂、破碎，管路布置是否整齐 | 若变得又硬又脆，或开裂，则应更换 |
| | 3) 检查空气滤清器 | 拆开检查其滤芯是否过脏 | 过脏表明维护差 |
| | 4) 检查节气门拉线 | 检查其是否阻滞、有毛刺 | 保证拉线工作正常 |
| 9. 发动机机体附件 | 1) 检查发动机支架 | 检查支架减振垫是否开裂 | 它对发动机寿命影响极大且费用较高 |
| | 2) 检查正时齿形带 | 齿形带噪声小无须润滑，检查其是否开裂 | 当达到其寿命期或 10 万 km 时必须更换 |
| | 3) 带调节装置 | 检查其是否松动，支架是否出现裂纹 | 松动将会导致各类附件系统运转失灵，应重新调整后，再对其进行紧固 |

(续)

| 检查部位与内容 | | 检查方法 | 要点与故障分析 |
|---|---|---|---|
| 10. 发动机舱内其他部件 | 1）检查制动主缸 | ① 检查主缸是否锈蚀或变色<br>② 检查制动液是否清晰透明<br>③ 检查液面是否正常 | ① 如锈蚀或变色，则表明主缸盖橡胶垫泄漏<br>② 若颜色变深或呈雾状（有污垢、水分和锈蚀），则应更换并放净空气<br>③ 液面过低则不正常 |
| | 2）离合器液压操纵 | 与以上基本相同 | 与以上基本相同 |
| | 3）检查继电器盒 | 打开继电器的塑料盖，按图检查其完好情况 | 若有漏电或接触不良，必须更换 |
| | 4）检查发动机线束 | 检查其是否有擦破，导线是否露出保护层外，是否有原线束外的外加旁通导线，是否用非标准的胶带包裹 | 若有胶带或外加导线，表明已经修理过或非专业安装了某些附件 |

## 七、检查客舱

客舱检查内容详见表4-2。

表4-2 客舱检查内容

| 检查部位与内容 | | 检查方法 | 要点与故障分析 |
|---|---|---|---|
| 1. 检查驾驶舱 | 1）检查离合器踏板 | ① 自由行程应为30~45mm<br>② 踏板上橡胶寿命约为3万km | ① 自由行程过小，会引起离合器打滑；过大则表明离合器片与分离轴承严重磨损，需要检修<br>② 如踏板橡胶已经换新，则说明车辆至少行驶3万km以上 |
| | 2）检查驻车制动器操纵杆 | 主要检查其是否灵活，有无失效，锁止机构是否正常 | 正常拉起驻车制动器操纵杆应在发出5~6声"咔嗒"声后产生制动效果，否则有故障 |
| | 3）检查变速器操纵杆 | ① 检查各个档位换档操纵是否灵活<br>② 检查操纵杆防护罩是否破损 | ① 否则，存在故障<br>② 否则，应予更换 |
| 2. 检查各类开关 | | 依次开启点火开关、车灯总开关、转向灯开关、变光开关、喇叭开关、刮水器开关等，检查其能否正常工作 | 否则，存在故障，应予更换 |
| 3. 检查各类仪表 | | 分别检查电流表、机油压力表（或机油压力指示器）、冷却液温度表燃油表、车速里程表、气压表等，看其是否能正常工作、有无缺损 | 否则，存在故障，应予更换 |
| 4. 检查各类指示灯和警告灯 | | ① 分别检查各类指示灯和警告灯：如制动警告灯、机油压力警告灯、燃油量警告灯、充电指示灯、远光指示灯、转向指示灯、驻车制动指示灯等，观察其是否能正常工作<br>② 电控系统主要故障指示灯的检查方法：打开点火开关，观察故障灯，是否亮3s后自动熄灭。若在3s内自动熄灭，则表明系统自检通过，工作正常 | ① 电控系统主要故障指示灯：一般在仪表板上，如发动机故障灯、自动变速器故障灯、ABS故障灯、SRS故障指示灯、电控悬架故障灯等，当它们亮灯时，表明该系统出现故障，需要维修，应引起特别注意<br>② 否则说明该系统有故障。需借助专用诊断仪查明故障原因和故障部位，并确定其维修价格 |

## 第四章 汽车技术状况的静态检查与动态检查

(续)

| 检查部位与内容 | | 检 查 方 法 | 要点与故障分析 |
|---|---|---|---|
| 5. 检查电气设备 | 1) 检查刮水器和风窗玻璃洗涤器 | ① 打开刮水器和风窗玻璃洗涤器，看其能否喷出洗涤液<br>② 刮水器在各种模式下工作是否正常、平稳，关闭时能否自动回位 | ① 否则应更换<br>② 刮水器分高速与低速两档，新车型还设有间隙档(能以 2~12 次/s 的速率自动停止和刮拭) |
| | 2) 检查电动车窗 | 各个车窗升降器是否无卡滞、能否平稳且安静地工作 | 否则，应修理 |
| | 3) 检查电动后视镜 | ① 按下电动后视镜开关的 UP 按钮，然后再按 DOWN 按钮；后视镜平面应先向上移动，后向下移动<br>② 按下电动后视镜开关的 LEFT 按钮，然后再按 RIGHT 按钮；后视镜平面应先向左移动，后向右移动 | 如果无法移动或移动顺序不正常，应修理或更换 |
| | 4) 检查电动门锁 | ① 是否确保从外面能打开所有门锁<br>② 当操作门锁按钮时，是否确保能使所有车门开锁 | 否则，应修理 |
| | 5) 检查点烟器 | ① 按下点烟器，观察其能否正常工作<br>② 点烟器插座为电动剃须刀、冷却器、民用频道收音机等许多附件的共用插座 | 当其不能正常工作时，可能是熔丝烧断或其他电路故障 |
| | 6) 查收音机和音响 | ① 用一盒式录音带和 CD 唱盘检查磁带机与音响系统是否正常，音质是否清晰<br>② 在发动机运转时检查音响系统是否正常 | 否则，应修理 |
| | 7) 检查电动天窗 | 观察天窗密封是否良好，开与关是否工作平稳，遮阳板工作是否正常 | 否则，应修理 |
| | 8) 检查电动线 | 打开点火开关或按下天线按钮后，天线能否自动升降 | 否则，应修理或更换 |
| | 9) 检查电动座椅 | 检查其在各个调节方向上，能否正常调节，微电动机有无损坏 | 否则，应修理 |
| | 10) 检查后窗除雾器 | 打开后窗除雾器几分钟后，后窗玻璃应有热感，暖风器在各个速度档均应工作正常 | 否则，应修理 |
| | 11) 检查防盗报警器 | 先设置报警，再振动翼子板，观察防盗报警器能否起动报警 | |
| | 12) 检查空调鼓风机 | 打开空调鼓风机，在各个速度档位检查空调鼓风机工作是否正常 | |
| | 13) 检查活顶 | ① 检查电动顶部机械系统能否正常工作，升降过程有无冲击或延迟<br>② 检查车顶接缝和塑料后窗状况 | ① 应确保随车带有一个防尘罩盖，其状态良好<br>② 塑料后窗露天很易褪色 |

73

(续)

| 检查部位与内容 | | 检查方法 | 要点与故障分析 |
|---|---|---|---|
| 6. 检查座椅 | 1）检查座椅调节机构 | 前后调节、高低调节及靠背后倾角的调节是否灵活、能否固定 | 否则，应修理 |
| | 2）检查安全带 | 安全带数量是否缺少，所有安全带是否都能可靠地扣入 | 否则，应修理或更换 |
| | 3）检查座椅罩与座椅弹性 | 座椅罩是否有油迹、裂纹或损坏，座椅弹簧弹力是否松弛 | 若弹力不足，表明该车使用时间已经很长 |
| 7. 检查地毯和地板 | 1）检查地毯 | 检查地毯是否有霉味或被污染的痕迹 | |
| | 2）检查地毯下面是否有水 | 若水的气味像防冻液，则散热器芯可能发生泄漏 | 水能通过发动机舱上的孔洞进入汽车内部 |
| | 3）检查地板是否被水浸泡的痕迹 | 若地板有被水浸泡的痕迹，则应在装饰板上查找高水位痕迹 | 因为被水浸泡过后地板可能生锈，汽车的价格也要大打折扣 |
| | 4）检查杂物箱和托架 | 杂物箱用以放置原车主的维修手册、维护记录、各种单据等。可据此核对实际维修状况 | 一般规定，应在4.8万km、9.6万km进行某些例行检查和调整 |

## 八、检查行李箱

行李箱检查内容详见表4-3。

表4-3 行李箱检查内容

| 检查部位与内容 | 检查方法 | 要点与故障分析 |
|---|---|---|
| 1. 检查行李箱锁 | 观察行李箱锁（只能用钥匙打开）有无损坏 | 否则，应检修 |
| 2. 检查气压减振器 | 检查气压减振器（采用气压助力支柱）能否支撑行李箱盖的重量 | 否则，行李箱盖自动倒下会很不安全 |
| 3. 检查行李箱开关拉索或电动开关 | 某些汽车在乘客舱内设有行李箱开关拉索或电动开关。应检查其工作的可靠性 | 否则，应检修或更换 |
| 4. 检查行李箱密封条 | 检查行李箱密封条的密封性能，看其有无划伤、损坏与脱落 | 必要时应检修或更换 |
| 5. 检查行李箱内油漆 | 仔细检查行李箱内部和行李箱盖底部油漆与外部是否一致，还可以通过查看地板垫、后排座椅背的纸板、尾灯的后部以及线路等部位的油漆是否过多来判断重新喷漆的可能性 | 行李箱内部油漆不相配表明可能经过碰撞修理后重新喷漆 |
| 6. 检查行李箱地板 | 掀开行李箱地板垫，观察其是否生锈、发霉或有修理和焊接的痕迹 | 行李箱生锈或发霉，其主要原因是行李箱密封条密封不严所致，应予更换 |

(续)

| 检查部位与内容 | 检查方法 | 要点与故障分析 |
|---|---|---|
| 7. 检查备胎 | 检查备胎标记是否与原车胎一致 | 备胎花纹磨损严重,反映该车已有足够长的行驶里程 |
| 8. 检查随车工具 | 如原装千斤顶、千斤顶手柄、轮毂盖带耳螺母拆卸工具等及其使用说明等是否齐全。原装千斤顶存放处通常贴有印花纸 | 印花纸在行李箱盖下、行李箱壁上或备胎上方的纤维板上。若印花纸已经发暗或丢失,则可能是由于碰撞修理的结果 |
| 9. 检查门控灯 | 当行李箱盖打开时,门控灯应点亮 | 否则,说明门控灯或其开关已经损坏,需要更换 |
| 10. 检查行李箱盖 | 检查其闭合质量与对中性,即检查行李箱盖与车身的缝隙是否均匀 | 应该只需轻按行李箱盖就能使其良好闭合。若缝隙明显偏斜,则表明已经修理过或更换过 |

## 九、检查车身底部

车身底部检查可将汽车举升后进行,详见表4-4。

表4-4 车身底部检查内容

| 检查部位与内容 | | 检查方法 | 要点与故障分析 |
|---|---|---|---|
| 1. 检查泄漏 | 1)检查冷却液泄漏 | 可从发动机舱壁或离合器壳附近寻找冷却液痕迹 | 冷却防冻液呈绿色并有一点甜味。空调水滴则无色无味 |
| | 2)检查机油泄漏 | 可从油底壳及放油塞处寻找漏油痕迹 | 当行程超过8万km后,漏油痕迹很常见。必须予以排除 |
| | 3)检查动力转向泄漏 | 可从动力转向泵或转向器本体或齿条齿轮壳附近寻找泄漏痕迹 | 如发现泄漏必须加以排除 |
| | 4)检查变速器油泄漏 | ① 在变速器油冷却管路与散热器底部连接部位,或沿管路以及变速器后部油封区域查看泄漏情况<br>② 需采用耐油耐热且强度足够的橡胶油管<br>③ 查看金属油管有无被切断后再用橡胶软管连接的修理痕迹<br>④ 往返变速器的冷却油管路应成对布置并可靠固定、不能悬空 | |
| | 5)检查制动液泄漏 | ① 查找前、后制动器的制动钳、制动蹄和轮胎上是否有泄漏痕迹<br>② 查找制动管路是否有泄漏痕迹,或发生凹陷、扭曲 | |
| | 6)检查排气泄漏 | ① 在路试前起动发动机,仔细倾听是否有"嘶嘶"声或"隆隆"声或其他的泄漏声<br>② 仔细检查各个漏气部位的黑色漏气污痕<br>③ 检查管路结合部位的排气垫与管路支座是否损坏 | 排气泄漏通常呈现白色、浅灰或黑色条纹。漏气部位包括排气管、催化转化器或消声器上的针孔、裂缝、孔洞或管路结合部位的排气垫 |

(续)

| 检查部位与内容 | | 检查方法 | 要点与故障分析 |
|---|---|---|---|
| 2. 检查排气系统 | | ① 检查排气系统零部件是否标准，有否被更换<br>② 注意，排气管路与制动管路不能靠得太近 | 现代汽车具有带耐热橡胶环形圈的排气管支承，应检查是否被更换为普通金属带（会使排气管路产生更大的应力、振动、噪声和热量） |
| 3. 检查前后悬架 | 1）检查减振弹簧 | ① 检查螺旋弹簧有无折断、裂纹或疲劳失效，螺旋弹簧支座有无变形或损坏<br>② 对于钢板弹簧，是否有裂纹、断片或碎片，两侧的板簧的厚度、长度、片数、弧度，以及新旧程度是否一致<br>③ 钢板弹簧销与衬套的配合是否松旷<br>④ 紧固螺栓是否松动 | 必要时应检修或更换 |
| | 2）检查减振器 | ① 减振器不得漏油<br>② 减振器上下连接处有无磨损、松动 | 否则须成套更换（成本较高） |
| | 3）检查稳定杆 | 检查稳定杆是否有裂纹，稳定杆橡胶套是否损坏，与左右悬架的连接处有无松旷 | 稳定杆可减小汽车转弯时的侧倾量，改善汽车的稳定性 |
| 4. 检查转向机构 | 1）检查各个连接处 | ① 转向盘与转向轴的连接处是否松旷<br>② 转向器垂臂轴与垂臂连接处是否松旷<br>③ 转向纵、横拉杆球头连接处是否松旷<br>④ 转向纵、横拉杆臂与转向节的连接处是否松旷<br>⑤ 转向节与主销的连接处是否松旷 | |
| | 2）检查转向节 | ① 检查转向节与主销配合是否过紧，是否缺润滑油<br>② 察看转向器是否缺润滑油 | 否则应按标准调整间隙或更换。同时应加注合格的润滑油与润滑脂 |
| | 3）检查转向轴 | 转向轴是否弯曲，其套管是否凹瘪 | 必要时应检修或更换 |
| | 4）检查动力转向系统 | ① 动力转向泵驱动带是否松动<br>② 转向油泵安装螺栓是否松动<br>③ 转向系统油管与管接头是否松动 | 必要时应调整驱动带的张紧度或更换。拧紧螺栓与油管接头，不得有泄漏 |
| | 5）检查传动轴 | ① 对FR式汽车：检查万向节上的橡胶套（在它内部填满了润滑脂，以保护万向节免受污染、潮湿、生锈）是否有裂纹、受潮或擦伤。否则，需要立即更换<br>② 对FF式汽车，检查内容包括：a. 转动轴、中间轴以及万向节处有无裂纹、松动、凹陷、弯曲等缺陷；b. 万向节轴承是否过度磨损而松旷；c. 万向节凸缘盘连接螺栓是否松动 | |

(续)

| 检查部位与内容 | | 检查方法 | 要点与故障分析 |
|---|---|---|---|
| 5. 检查车轮 | 1）检查轮毂轴承是否松旷 | 用举升机举起车轮，或用千斤顶支起车轮，再用手晃动车轮，是否有松旷的感觉 | 若松旷量很大，则表明车轮轴承严重磨损，需要更换（更换轴承费用较高） |
| | 2）检查轮胎磨损情况 | 用举升机举起车轮，或用千斤顶支起车轮，主要检查轮胎内侧是否有裂纹、严重磨损或严重风雨侵蚀 | 若后胎内侧过度磨损，说明前后胎已互换 |
| | 3）检查轮胎花纹磨损深度 | ①检查轮胎胎冠上的花纹深度。a. 轿车，不得小于 1.6mm；b. 其他车辆，转向轮不得小于 3.2mm，其他轮不得小于 1.6mm<br>② 检查轮胎上的磨耗标记。新型轮胎设有胎面磨耗（打滑）标记，若此标记外露，则表明轮胎已达磨损极限 | |

# 第二节　汽车技术状况的动态检查

## 一、动态检查的定义与作用

1. 定义

汽车的动态检查指在车辆运行过程中，鉴定人员运用所掌握的知识和经验通过对车辆在各种工况下（如发动机起动、怠速、起步、加速、匀速、滑行、制动、换档）的运行状况进行观察，检查汽车的操纵性能、制动性能、滑行性能、动力性能、噪声和排放状况，进而对车辆技术状况做出判断的鉴定方法。

2. 作用

通过静态检查和动态检查，可以对汽车的技术状况进行定性的判断。即初步确定其运行情况是否正常、各个部件有无故障、造成故障的可能原因，以及各个总成的新旧程度等。

## 二、动态检查的具体内容

动态检查的主要内容包括路试前的准备工作、发动机性能检查、整车路试检查、自动变速器的路试检查以及路试后的检查五大项。各大项的具体内容如图 4-2 所示。

## 三、路试前的准备

路试前的准备工作包括以下九项内容，详见表 4-5。

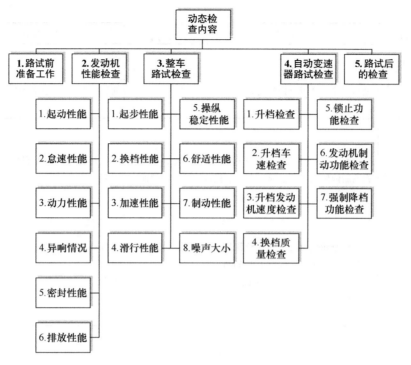

图 4-2 动态检查主要内容一览表

表 4-5 路试前的准备

| 检查部位与内容 | | 检查方法 | 要点与故障分析 |
| --- | --- | --- | --- |
| 1. 检查机油液位 | | 将汽车停放在水平地面上，起动开关旋转到关闭位置，驻车制动器操纵杆拉至制动位置，变速杆置于空档位置。然后拔出机油尺，擦净后，再次插入机体，检查机油油位 | 油位在机油尺的上下两刻线之间为合适。若超过上刻线，则应放出部分机油。若低于下刻线，则需添加机油。添加 10min 后，再次检查油位 |
| 2. 检查冷却液液位 | 1) 对于无膨胀散热器的冷却系统 | 打开散热器盖检查冷却液位，应不得低于排气孔下 10mm | 当使用防冻液时，应低于排气孔下 50～70mm（以防其高温膨胀时溢出） |
| | 2) 对装有膨胀散热器的冷却系统 | ① 在冷态下检查膨胀散热器的液面，应在刻线 H～L 之间<br>② 检查是否有渗漏。补充冷却液时，应用软水或同种防冻液 | |
| 3. 检查制动液位 | | 该液位应在储液罐的标定刻线之间 | 补充制动液时应注意：应使用厂家规定的制动液，且要用装在密封瓶中的新制动液（以防制动液吸水后沸点降低产生气阻） |
| 4. 检查离合器液压油液位 | | 与检查制动液方法相同 | 与检查制动液方法相同 |
| 5. 检查转向液压油液位 | | 该液位应在规定的刻线范围内，判断方法同机油尺液位判断方法 | |
| 6. 检查燃油箱油量 | | ① 打开点火开关，通过燃油表了解储油量<br>② 或用量油尺直接测量燃油箱油量 | |
| 7. 检查风扇带松紧度 | | 用拇指按压带中部，其挠度应在 10～15mm 左右 | 否则，需通过张紧轮进行调整 |
| 8. 检查制动踏板行程与制动灯 | | ① 当踩下制动踏板 25～50mm 后，不应有松软感<br>② 检查驻车制动器是否可靠 | 否则，表明制动管内有空气，应予排净，并检查漏气部位。若制动灯不亮或只有一个制动灯，应立即检查 |

(续)

| 检查部位与内容 | 检查方法 | 要点与故障分析 |
|---|---|---|
| 9. 检查轮胎气压 | 用轮胎气压表测量气压，应在规定的范围内 | 轮胎气压不得过高或过低 |

## 四、发动机工作性能检查

发动机工作性能检查包括以下七项内容，详见表4-6。

表4-6 发动机工作性能检查

| 检查部位与内容 | 检查方法 | 要点与故障分析 |
|---|---|---|
| 1. 检查发动机起动性能 | ① 正常要求：发动机应在三次内成功起动；每次不超过 5s；再次起动时间要间隔 15s 以上，否则，表明起动性能不佳<br>② 起动困难原因很多，包括油路、电路、气路、机械四大方面，且对车价影响很大 | ① 油路故障：电动汽油泵压力不足、供油不畅<br>② 电路故障：点火系统漏电、蓄电池接线柱接触不良或锈蚀<br>③ 气路故障：空滤堵塞，气门关闭不严，缸垫漏气、活塞环漏气、气缸磨损等导致压缩压力过低<br>④ 机械故障：起动系统故障等 |
| 2. 检查发动机怠速性能 | 正常怠速应平稳、无抖动，转速在 800±50r/min，带空调时转速为 1000r/min 左右。否则，表明怠速不良 | 引起怠速不良的原因多达几十种，如怠速阀、曲轴箱通风系统、废气再循环系统、活性炭罐系统、点火正时、点火系统、供油系统、线束出现问题等。它是困扰维修人员的一大难题 |
| 3. 检查发动机异响 | 在怠速状况下，仔细倾听发动机有无异响，以及异响声大小。然后，用手拨动节气门，适当提高转速，倾听异响是否增大，是否出现新的异响声 | 发动机正常响声：无论负荷与转速怎样变化，均为平稳有节奏、协调而又平滑的轰鸣声（表明各部件配合间隙适当、润滑良好、工作温度正常、点火正时准确、燃油供给充分） |
| | 异响声特点：若发动机发出敲击声、"咔哒"声、"咯咯"声、尖叫声等（除正时齿轮、机油泵齿轮、喷油泵齿轮以及气门有轻微而均匀的响声外），均属非正常响声 | 若响声来自发动机底部的低频隆隆声或爆燃声，则表明发动机已经严重损坏，有些情况必须大修 |
| 4. 检查发动机急加速性能 | ① 待发动机运转正常、冷却液温度80℃以上时，用手拨动节气门，从怠速到急加速，观察其急加速性能，此时应发出强劲且有节奏的轰鸣声<br>② 急加速后迅速松开节气门，观察怠速情况，看其是否熄火，或工作不稳<br>③ 若熄火则表明发动机急加速性能不好 | |
| 5. 检查发动机曲轴箱窜气量 | 正常窜气量：窜气量较少，且无明显油气味儿，四缸机约为 10~20L/min | ① 若窜气量较大，且油气味重，则表明气缸与活塞严重磨损，汽车行驶里程长，此时必须大修<br>② 若窜气量大于 600L/min，表明曲轴箱通风系统胶结堵塞，不能排气，且后油封可能漏油。此时也需要大修 |

(续)

| 检查部位与内容 | 检查方法 | | 要点与故障分析 |
|---|---|---|---|
| 6. 检查排气颜色 | 1）正常的排气为无色，严冬为白色水汽，柴油机为灰色 | | |
| | 2）是否冒黑烟 | 如冒黑烟则表明混合气过浓。其危害：因排气中的燃油会使催化转化器变成催化反应炉，随时间增加、温度升高，催化转化器会烧裂融化 | 其原因可能是某几个火花塞不点火或喷油器漏油 |
| | 3）是否冒蓝烟 | 如冒蓝烟表明发动机烧机油 | 若机油油位不高，则表明气缸与活塞严重磨损，间隙过大，需要大修 |
| | 4）是否冒白烟 | 如冒白烟则表明发动机烧冷却液 | 其原因可能是气缸垫烧坏或缸体开裂<br>应区分天气状况，若严寒天气冒白烟则属正常，暖和天气冒白烟则有问题 |
| 7. 检查排气气流 | 用手距排气口10cm处感觉急速气流，正常气流有很小的脉冲感；若有周期性"打嗝"或不平稳的喷溅，表明有间断性失火，可能节气门、点火系统有问题 | | 用白纸靠近排气口10cm处检查，若纸不断被吹开则属正常；若偶尔被吸向排气口，则其配气机构可能有很大问题 |

## 五、汽车路试检查

汽车路试检查工作包括以下九项内容，详见表4-7。

表4-7 汽车路试检查内容

| 检查部位与内容 | 检查方法 | 要点与故障分析 |
|---|---|---|
| 1. 检查离合器工作状况（按汽车正常起步方法操纵，挂档起步，检查离合器） | 正常情况下，离合器应结合平稳、分离彻底、无抖动、无异响、无不正常打滑；踏板自由行程为30~45mm，离合器的踏板力应不大于300N | ① 若自由行程太大，表明离合器的摩擦片磨损严重<br>② 若出现发抖或异响，表明离合器内部零件损坏，此时应立即停止路试 |
| 2. 检查变速器工作状况 | 路试方法：从起步加速到高速档，再减至低速档，检查换档是否轻便灵活、有无异响、有无乱档（即互锁与自锁是否有效）现象；加速时有无掉档，变速杆是否有干涉 | ① 齿轮发响：可能是同步器损坏、换档连动机构失调、换档拨叉变形或锈蚀，需要更换<br>② 掉档：因内部磨损严重，当汽车受到冲击或急踩加速踏板时，变速杆会自动回到空档。需要更换零件，才能恢复正常<br>③ 变速杆发抖：当变速器操纵机构的各个铰链处磨损松旷时，使变速杆处的间隙过大而产生抖动现象 |
| 3. 检查汽车动力性能 | ① 加速时间与最高车速：测定从静止加速至100km/h所需时间和最高车速<br>② 检查急加速性能：猛踩加速踏板，发动机发出强劲的轰鸣声，车速迅速提升，检查加速性能与正常水平之差距<br>③ 检查爬坡性能：使用相应档位爬相应坡度的感觉是否正常，其动力性与经验值是否相近<br>④ 若汽车提速很慢、上坡无力、最高车速与设计差距大，则表明其动力性差 |
| 4. 检查汽车制动性能 | ① 起步后，先点一下制动，检查是否有制动<br>② 以20km/h速度行车，进行一次紧急制动，检查制动可靠性，有无跑偏、甩尾<br>③ 再加速至50km/h，先用点制动检查是否减速与跑偏，再以紧急制动的方法检查制动距离和跑偏量 | ① 尖叫声或制动踏板发出冲击：表明制动摩擦片磨损严重，路试后应立即检查摩擦片厚度<br>② 踩下制动踏板有海绵感：表明制动管路有空气或泄露，应立即停止路试并排除故障 |

汽车评估与鉴定 第2版

80

第四章 汽车技术状况的静态检查与动态检查

(续)

| 检查部位与内容 | | 检查方法 | 要点与故障分析 |
|---|---|---|---|
| 5. 检查行驶稳定性能 | 1) 转向轻便灵活性 | 选择宽敞路面，左右转动转向盘，检查转向是否轻便、灵活 | 若转向沉重，可能的原因有：<br>① 轮胎气压过低<br>② 转向机构各个接头润滑不良<br>③ 对于助力转向机构，可能是助力转向泵或齿轮齿条严重磨损（更换的成本高） |
| | 2) 直线行驶性能 | 以50km/h左右的速度直线行驶，双手松开转向盘，此时应保持直线行驶、无明显偏驶现象 | 若偏驶，则表明转向轮定位失准或车身、悬架变形 |
| | 3) 高速振摆 | 以90km/h以上速度高速行驶，观察有无"汽车摆头"（即转向盘高速振摆） | 高速振摆的原因：车轮严重不平衡或不对中（降低了汽车的速度、增加了轮胎的磨损、严重破坏平顺性与安全性） |
| 6. 检查行驶平顺性能 | | 让汽车驶过粗糙、凸起、坑洼等不平路面，感觉汽车的乘坐舒适性与平顺性 | ① 若汽车转弯时车身倾斜过大，则可能是横向稳定杆衬套或减振器严重磨损<br>② FF式汽车的前面发出"咯嗒""嘀嗒"或沉闷金属声，则可能表明等速万向节严重磨损（其修理费用与变速器相当）<br>③ FR式汽车的前面若发出忽大忽小的嘎吱声或低沉噪声，则可能滑柱与减振器紧固装置松了，或轴承严重磨损 |
| 7. 检查汽车传动效率与传动系统间隙 | | ① 传动效率检查方法：以30km/h为初速度做平路滑行试验，其滑行距离不得小于220m<br>② 传动系统间隙检查方法：将汽车加速到40km/h~60km/h，然后猛然抬起加速踏板 | ① 否则，表明传动系统阻力大、传动效率低，油耗增加、动力不足<br>② 若有明显的金属撞击声，则表明传动系统的间隙过大 |
| 8. 检查风噪声（对发现事故车很有效） | | 逐渐提高车速，使汽车高速行驶，然后倾听风噪声 | 若风噪声过大，则表明车门或车窗变形，密封不严。这对于发现整形后的事故车检查很有效 |
| 9. 检查驻车制动器 | | 将汽车在爬坡中间实施驻车制动，观察有无滑溜现象、能否停稳 | 判断标准：要求驻车制动力小于整车重量的20% |

## 六、自动变速器的路试检查

自动变速器的路试检查主要包括以下八项内容，详见表4-8。

表4-8 自动变速器的路试检查内容

| 检查部位与内容 | 检查方法 | 要点与故障分析 |
|---|---|---|
| 1. 自动变速器路试前准备工作 | 让汽车中低速行驶5~10min，使发动机与自动变速器达到正常工作温度 | |
| 2. 自动变速器升档 | ① 拨至前进档（D），节气门保持1/2开度起步加速，检查升档情况<br>② 若能感觉到自动变速器顺利地从1档升到2档，随后升入3档，最后升入超速档，则属正常 | ① 当自动变速器升档时发动机会有瞬时转速下降且车身有轻微"闯动"感<br>② 若不能升入高档（3档或超速档），表明控制系统或换档执行机构有故障 |

81

(续)

| 检查部位与内容 | 检查方法 | 要点与故障分析 |
|---|---|---|
| 3. 自动变速器升档车速 | ① 让汽车在某一固定节气门下加速,当察觉到升档时,记录车速;正常车速范围 1 档~2 档 25~35km/h,2 档~3 档 55~70km/h,3 档~4 档 90~120km/h<br>② 若加速良好,无明显换档冲击,且在以上速度范围,属于基本正常 | ① 若加速无力且升档车速明显低于以上范围,则为控制系统故障导致的"过早换档"<br>② 若升档车速明显高于以上范围且有明显换档冲击,则为控制系统或执行元件故障导致的"太迟升档" |
| 4. 检查自动变速器升档时发动机转速 | ① 通常在加速至即将升档时发动机转速应为 2500~3000r/min<br>② 在刚升档后的短时间内发动机转速会下降至 2000r/min 左右 | ① 若在加速过程中转速过低,加速至升档时仍低于 2000r/min,则说明升档过早或动力不足<br>② 若升档前后转速在 2500~3000r/min 且换档冲击明显,则说明升档过迟<br>③ 若行驶中发动机转速高于 3000r/min,加速时达 4000~5000r/min,则表明换档时离合器或制动器打滑,必须修理 |
| 5. 检查自动变速器换档质量 | 主要检查有无换档冲击。正常情况下应无明显换档冲击,对电控自动变速器而言换档冲击更应十分微弱 | 若换档冲击过大,则表明控制系统或执行元件有故障,从而导致油压过高或换档执行元件打滑,此时需要修理 |
| 6. 检查自动变速器锁止离合器工作状况 | 以超速档高于 80km/h 行驶,并让节气门小于 1/2 开度,并使变矩器进入锁止状态,然后快速加大节气门至 2/3 开度,检查转速变化情况 | ① 若发动机转速变化不大,表明锁止离合器已处于结合状态<br>② 若发动机转速升高很大,表明锁止离合器没有结合,其原因是锁止控制系统出现故障 |
| 7. 检查发动机制动功能 | 将变速器操纵杆拨至前进低档(S、L 或 2、1)行驶时,突然松开加速踏板,检查发动机是否有制动作用 | ① 若汽车立即减速,则有制动<br>② 否则,表明发动机无制动作用。故障原因可能在控制系统或前进离合器的执行系统出现问题 |
| 8. 检查自动变速器强制降档功能 | 将变速器操纵杆拨至前进档(D),或以 2 档、3 档或超速档行驶时,突然将加速踏板踩到底,检查是否被强制降低一个档位 | ① 在强制降档正常情况下,发动机转速会突然上升至 4000r/min 左右,并随着加速升档转速逐渐下降<br>② 若无强制降档,表明强制降档功能失效,需检修<br>③ 若强制降档时,转速上升过高,达 5000~6000r/min,且发生换档冲击,则表明换档执行元件打滑,也需检修 |

## 七、路试后的检查

路试后的检查工作主要检查各部件温度以及检查泄漏现象,具体内容详见表 4-9。

# 第四章 汽车技术状况的静态检查与动态检查

表 4-9 路试后的检查内容

| 检查部位与内容 | | 检查方法 | 要点与故障分析 |
|---|---|---|---|
| 1. 查各部件温度 | 1）各油、液温度 | ① 冷却液温度不应超过 90℃<br>② 机油温度不应高于 90℃<br>③ 齿轮油温度不应高于 85℃ | 若温度过高，则应查明原因并排除故障 |
| | 2）运动件过热 | 查看制动鼓、轮毂、变速器壳、驱动桥壳（特别是减速器壳）是否过热 | 如过热，则应查明故障原因并检修 |
| 2. 检查泄漏现象 | 1）检查漏水 | 在发动机运转与停车时，分别检查散热器、水泵、气缸、缸盖、暖风装置及所有连接部位是否漏水 | 如有泄漏，则应查明故障原因并排除 |
| | 2）检查漏油 | 连续行驶 10km 以上，再停车 5min 左右后，检查发动机、变速器、主减速器、制动器、离合器、液压悬架等处是否漏油 | |
| | 3）检查漏气 | 检查发动机进、排气系统有无漏气 | |
| | 4）检查漏电 | 检查点火系统有无漏电 | |

## 本 章 小 结

1. 二手车静态检查是指在车辆静止（发动机根据需要可以怠速运转）的状态下，鉴定人员运用所掌握的知识和经验通过对车辆外观、部件总成进行观察，进而对车辆技术状况做出判断的鉴定方法。

2. 二手车静态检查的内容包括识伪检查、事故判断和技术状况判定等。

3. 识伪检查的依据包括车辆来历凭证、行驶手续、销售发票，法院判决书、裁决书或调解书，车辆行驶证、进口车辆的 CCIB 标志，通常还附有中文使用手册和维护手册。

4. 二手车事故判断的八项具体判据：①车辆的周正情况。②油漆脱落情况。③底盘部件连接状况。④底盘线束状况。⑤橡胶件的老化程度。⑥车身金属锈蚀程度。⑦渗漏情况。⑧其他部位的目视检查 。

5. 静态检查的部位包括发动机舱、客舱、行李箱和车身底部。

6. 二手车动态检查的定义：在车辆运行过程中，鉴定人员运用所掌握的知识和经验通过对车辆在各种工况下（如发动机起动、怠速、起步、加速、匀速、滑行、制动、换档）的运行状况进行观察，检查汽车的操纵性能、制动性能、滑行性能、动力性能、噪声和排放状况，进而对车辆技术状况做出判断的鉴定方法。

7. 动态检查的主要内容：①路试前的准备工作。②发动机性能检查。③整车路试检查。④自动变速器的路试检查。⑤路试后的检查。

## 思考训练题

### 一、填空题

1. 二手车事故判断的八项具体判据是（　　）、（　　）、（　　）、（　　）、橡胶件的老化程度、车身金属锈蚀程度、渗漏情况和其他部位的目视检查 。

2. 静态检查的四个部位：（　　）、（　　）、（　　）和（　　）。

3. 动态检查的主要内容：（　　）、（　　）、（　　）、（　　）和路试后的检查五大项。

4. 动态检查通过对车辆在各种工况下（如发动机起动、怠速、起步、加速、匀速、滑行、制动、换档）的运行状况进行观察，检查汽车的（　　）、（　　）、（　　）、（　　）、噪声和排放状况，进而对车辆技术状况做出判断的鉴定方法。

二、名词解释题

1. 识伪检查的依据
2. 汽车工况
3. 自动变速器的路试检查
4. 汽车路试检查内容

三、简答题

1. 简述静态检查的定义及检查的主要内容。
2. 识伪检查的目的是什么？
3. 静态检查与动态检查的作用是什么？

# 第五章 汽车技术状况的仪器检测与综合评定

**学习目标:**

1. 了解汽车性能检测的项目内容及其主要检测设备,能够识读汽车综合性能检测报告。
2. 熟悉电控系统常用检测工具与设备的分类与用途,掌握电控系统常用检测设备的使用方法。
3. 能够正确使用汽车故障诊断仪、读取汽车故障码和判断汽车电子设备的技术状况。
4. 能够正确使用油漆厚度检测仪,并能够对车身油漆厚度检测结果进行分析。
5. 能够正确使用气缸压力表,并能够对气缸压力检测结果进行分析。
6. 能够正确使用尾气分析仪,并能够对汽车尾气检测结果进行分析。
7. 能够正确利用车身电子测量系统测量车身结构尺寸,并判断车身的周正情况。
8. 掌握二手车技术状况定量评定项目、技术要求与等级划分标准,能够正确划分二手车的技术等级。

## 第一节 汽车技术状况的仪器检测概述

汽车专用仪器与检测设备是在传统人工经验诊断的基础上,随着科技水平的提高逐渐发展起来的。与传统的经验故障诊断方法相比,其特点是:检查结果的客观化、定量化与精确化,具有检测速度快、准确性高,能定量分析、可实现快速诊断等特点,并采用微机控制的现代电子仪器设备,该设备能自动分析、判断、存储并打印出汽车的各项性能参数。因此,可对二手车的技术鉴定与评估做出详细而准确的结论。

### 一、汽车技术状况检测的主要内容

汽车技术状况检测的主要内容包括:发动机动力性和经济性检测、整车动力性和经济性检测、制动技术状况检测、转向轮侧滑检测、车速表校核、前照灯检测以及汽车排放和噪声检测等。

### 二、汽车技术状况检测的种类

机动车检测站是受国家有关主管部门(公安或交通运输管理部门)的委托,按国家有关法律、法规和标准规定,对汽车性能进行不解体检测的场所,如图5-1所示。

根据检测的目的不同,汽车技术状况检测可分为安全环保检测与综合技术状况检测两大类。

机动车检测站一般包括一条或几条由各种检测仪器和设备组成的检测线。根据检测对象的不同,检测线可以分为汽车检测线和摩托车检测线。其中,汽车检测线按汽车吨位又可分为大车线以及小车线等。

图 5-1　机动车检测线

1. 安全环保检测

（1）安全环保检测站的检验类型

1）初次检验。

① 基本规定。《中华人民共和国道路交通安全法》第八条规定:机动车经公安机关交通管理部门登记后,方可上道路行驶。尚未登记的机动车,需要临时上道路行驶的,应当取得临时通行牌证。所以车主在使用汽车之前,必须首先到车辆管理部门指定的检测站对汽车做初次检验。合格之后方可办理登记申请,领取号牌、行驶证等手续。

初次检验的目的,一是保证汽车来源的合法性,二是保证汽车在技术性能方面必须符合国家有关规定的要求。

② 补充规定。工业和信息化部与交通运输部于 2010 年 10 月联合发布了《关于进一步加强道路机动车辆生产一致性监督管理和注册登记工作的通知》(工信部联产业[2010]453号文),推出了车辆管理方面的如下五项新举措。

- 自 2010 年 10 月 1 日起,所有轿车办理注册登记前,均免于车辆安全技术检验。
- 自 2011 年 1 月 1 日起,汽车、半挂车产品出厂配发整车出厂合格证时,要随车同时配发实车车辆识别代号的拓印膜 2 份、实车拍摄的机动车外形彩色相片 2 张。供办理机动车注册登记之用。
- 建立完善的违规车辆产品信息通报和查取机制。
- 提高大中型客车特别是卧铺客车的安全技术性能。
- 提高重中型货车的安全技术性能。

2）定期检验。定期检验是指在用汽车必须按照公安部门的要求,定期到指定的检测站进行安全技术检验。通过定期检测及时发现车辆技术状况问题。凡检查不合格的,必须进行调整或修理,否则不准上路。

根据《中华人民共和国道路交通安全法实施条例》第十六条规定:机动车应当从注册登记之日起,按照下列规定期限进行安全技术检验:

① 营运载客汽车 5 年以内每年检验 1 次,超过 5 年的,每 6 个月检验 1 次,营运机动车在规定检验期限内经安全技术检验合格的,不再重复进行安全技术检验。

② 载货汽车和大型、中型非营运载客汽车 10 年以内每年检验 1 次;超过 10 年的,每 6 个月检验 1 次。

③ 小型、微型非营运载客汽车 6 年以内每 2 年检验 1 次,超过 6 年的,每年检验 1 次,

超过15年的,每6个月检验1次。

3) 临时检验。除定期检验之外,在某些情况下,汽车要做临时检查。例如以下情况。

① 新车或改装车领取临时号牌时。

② 机动车久置不用后,重新使用时。

③ 机动车受到严重损坏,在修复之后、上路之前。

④ 国外与境外汽车经批准在我国境内短期行驶时。

⑤ 车管部门规定的其他情况(如春运期间的营运车)等。

4) 特殊检验。这是指在特殊情况下为特殊目的而进行的检验。例如对改装车辆、事故车辆、首长用车或外事用车等进行的检验。这类检验的内容和要求往往与一般检验有所不同。例如,对改装车辆,除按规定进行必要的检验外,还须检查其特殊性能(如密封性、绝热性等);对首长用车和外事用车还要重点检查外观、舒适性、平顺性、操纵稳定性以及安全性能等。

(2) 安全环保检测站的检测项目  按照国家标准《机动车运行安全技术条件》(GB 7258—2017)的要求,安全环保检测站主要检测以下项目。

1) 外观检查。外观检查属于人工检查项目,要检查的项目主要如下:车辆外表,各种灯光、后视镜、刮水器、喇叭、仪表等,驾驶室及车厢的密封情况、门窗的开闭、门窗玻璃升降情况,转向盘、离合器踏板、制动踏板的自由行程,油、水、电、气系统的泄漏情况,转向系统、制动系统和传动系统各机件是否连接牢固、转动灵活,前后桥、传动轴、车架等装置是否有明显的断裂、损伤、变形等问题,排气管、消声器、燃油箱、蓄电池、减振器、冷却风扇等的连接是否可靠等。

2) 前轮侧滑量:使用侧滑试验台检查前轮侧滑量。

3) 轴重测量:轴重也叫轴荷,即汽车某一轴的重量。轴重测量是为了配合检查制动效能而做的一个检测项目,测量轴重使用轴重仪。有时将轴重仪与制动试验台放在一起一同检测。

4) 制动效果检查:制动检查是安全检测站最重要的检测项目之一,一般采用制动试验台检测汽车制动力。

5) 车速表校验:在车速表试验台上进行车速表校验。

6) 前照灯检验:使用前照灯检验仪进行检测。

7) 排气污染物检测:主要检查废气排放,这也是检测站的一项重要任务。

8) 噪声污染检测:包括车内、外噪声和喇叭声级。测量噪声的设备为声级计。

**2. 综合技术状况的检测**

综合技术状况的检测在机动车综合技术检测站进行。

### 三、仪器检测的常用仪器与设备

汽车检测常用仪器与设备如下。

(1) 常用检测仪器类  万用表、点火正时灯、气缸压力表、真空表、油压表、声级计、流量计、油耗仪、示波器、气缸漏气量检测仪、曲轴箱窜气量检测仪、气体分析仪、烟度计等。

(2) 常用检测设备类  包括功能比较齐全的测功机、四轮定位仪、制动试验台、侧滑试验台、发动机综合检测仪、底盘测功机等。

## 四、汽车主要性能项目的检测标准

1. 车速表的检测标准

1）按照GB7285—2017的有关规定，车速表指示误差的检验宜在滚筒式车速表检验台上进行。对于无法在车速表检验台上检验车速表指示误差的机动车（如全时四轮驱动汽车、具有驱动防滑控制装置的汽车等）可路试检验车速表指示误差。

2）设车速表指示车速为$V_1$（单位：km/h），车速表检验台指示仪表的指示值为$V_2$（单位：km/h），两者之间应满足下列关系：$0 \leq (V_1-V_2) \leq (V_2/10+4)$。

3）检测标准。

① 将被测车辆车轮驶上车速表检验台的滚筒上使之旋转，当该车的车速表读数$V_1=$40km/h时，$V_2=32.8\sim40$km/h为合格。

② 当$V_2=40$km/h时，$V_1=40\sim48$km/h为合格。

2. 汽车侧滑的检测标准

1）按照GB7285—2017有关规定，汽车车轮定位应符合该车有关技术条件。车轮定位值应在产品使用说明书中标明。对于前轴采用非独立悬架的汽车，其转向轮的横向滑移量用侧滑试验台检测时，侧滑量值应在±5m/km之间。

2）侧滑量的方向规定为外正内负。

3. 汽车制动性能的检测标准

汽车制动性能应满足以下六个方面的标准要求。

（1）制动力要求　按照GB7285—2017有关规定，制动力应满足以下要求。

1）前轴制动力与前轴荷之比不小于60%。

2）制动力总和与整车质量之比：①空载时不小于60%；②满载时不小于50%。

3）乘用车和总质量不大于3500kg的货车后轴制动力与后轴载荷之比不小于20%（表5-1）。

表5-1　乘用车制动检验台制动力检验标准

| 制动力总和与整车质量的百分比(%) | | 轴制动力与轴荷的百分比(%) | |
|---|---|---|---|
| 空载 | 满载 | 前轴 | 后轴 |
| ≥60 | ≥50 | ≥60 | — |

（2）制动力平衡要求　在制动力增长的全过程中，同时测得的左右轮制动力差的最大值，与全过程中测得的该轴左右轮最大制动力中大者之比，对于二手车：

① 前轴不大于24%；

② 对后轴（及其他轴）在轴制动力不小于该轴轴荷的60%时，不应大于30%；

③ 当后轴（及其他轴）在轴制动力小于该轴轴荷的60%时，在制动力增长的全过程中，同时测得的左右轮制动力差的最大值，不应大于该轴轴荷的19%。

（3）制动协调时间要求

① 液压制动系统：不得大于0.35s。

② 气压制动系统：不得大于 0.60s。

③ 汽车列车、铰接客车、铰接式无轨电车不得大于 0.80s。

（4）车轮阻滞率要求　在进行制动力检测时，车辆各轮的阻滞力均不应大于该轴轴荷的 10%。

（5）驻车制动性能要求

① 驻车制动力总和应不小于该车在测试状态下整车质量的 20%。

② 对质量为整备质量 1.2 倍以下的车辆，应不小于该车在测试状态下整车质量的 15%。

（6）制动踏板力要求

1）满载检验时：

① 对气压制动系统，气压表的指示气压不大于额定工作气压；

② 对液压制动系统踏板力，乘用车不大于 600N，其他机动车不大于 700N。

2）空载检验时：

① 对气压制动系统，气压表的指示气压不大于 750kPa；

② 对液压制动系统踏板力，乘用车不大于 400N，其他机动车不大于 450N。

4. 汽车前照灯的检测标准

按照 GB7285—2017 有关规定，汽车前照灯的检测标准包括以下两方面的要求。

（1）前照灯远光灯灯束发光强度检测标准　见表 5-2。

表 5-2　前照灯远光灯灯束发光强度检测标准　　　　　　　　　　（单位：cd）

| 机动车类型 | 检查项目 | | | |
|---|---|---|---|---|
| | 新注册车 | | 在用车 | |
| | 两灯制 | 四灯制 | 两灯制 | 四灯制 |
| 最高设计车速小于 70km/h 的汽车 | 10000 | 8000 | 8000 | 6000 |
| 其他汽车 | 18000 | 15000 | 15000 | 12000 |

注：四灯制是指前照灯具有四个远光灯束；采用四灯制的机动车其中两只对称的灯达到两灯制的要求时视为合格。

（2）前照灯光束偏移量检测标准

1）在检验前照灯近光光束照射位置时，前照灯照射在距离 10m 的屏幕上时，

① 乘用车前照灯近光光束明暗截止线转角或中点的高度应为 $0.7\sim0.9H$（$H$ 为前照灯基准中心高度，下同）。

② 其他机动车（拖拉机除外）应为 $0.6\sim0.8H$。

③ 机动车（只装有一只前照灯的机动车除外）前照灯近光光束水平方向的位置要求向左偏移量不容许超过 170mm，向右偏移量不容许超过 350mm。

2）轮式拖拉机运输机组装用的前照灯近光光束照射位置，按照上述方法检查时，要求在屏幕上光束中点的离地高度不容许大于 $0.7H$；水平方向的位置要求向右偏移量不容许超过 350mm，不容许向左偏移。

3）在检验前照灯远光光束及远光单光束照射位置时，前照灯照射在距离 10m 的屏幕上时，要求光束中心的离地高度，

① 乘用车为 $0.85\sim0.95H$；

② 其他机动车为 0.80~0.95$H$；

③ 机动车(只装有一只前照灯的机动车除外)前照灯远光光束水平方向的位置要求左灯向左偏移量不容许超过 170mm，向右偏移量不容许超过 350mm，右灯向左或向右偏移量均不容许超过 350mm。

5. 汽车排放污染物的检测标准

按 GB7285—2017 有关规定，汽车排放污染物的检测标准共分以下四种情况。

1) 对装配压燃式发动机的车辆自由加速试验排气可见污染物限值见表 5-3。

表 5-3　装配压燃式发动机的车辆自由加速试验排气可见污染物限值

| 车 辆 类 型 | 光吸收系数/m$^{-1}$ |
|---|---|
| 2001 年 1 月 1 日以后上牌照的在用车 | 2.5 |
| 2001 年 1 月 1 日以后上牌照且装配废气涡轮增压器的在用车 | 3.0 |

2) 对装配压燃式发动机的车辆自由加速试验烟度排放限值见表 5-4。

表 5-4　装配压燃式发动机的车辆自由加速试验烟度排放限值

| 车 辆 类 型 | 检 测 类 别 | 限　　值 |
|---|---|---|
| 1995 年 7 月 1 日以前生产的在用汽车 | 波 k 固定值($R_b$) | 4.7 |
| 1995 年 7 月 1 日以后生产的在用汽车 | 波 k 固定值($R_b$) | 4.0 |

3) 对装配点燃式发动机的车辆怠速试验排气污染物限值见表 5-5。

表 5-5　装配点燃式发动机的车辆怠速试验排气污染物限值

| 车 辆 类 别 | 轻型车 | | 重型车 | |
|---|---|---|---|---|
| | CO(%) | HC($\times 10^{-6}$)* | CO(%) | HC($\times 10^{-6}$)* |
| 1995 年 7 月 1 日以前生产的在用汽车 | 4.5 | 1200 | 5.0 | 2000 |
| 1995 年 7 月 1 日起生产的在用汽车 | 4.5 | 900 | 4.5 | 1200 |

\* HC 容积比按正己烷当量计算。

4) 对装配点燃式发动机的车辆双怠速试验排气污染物限值见表 5-6。

表 5-6　装配点燃式发动机的车辆双怠速试验排气污染物限值

| 车 辆 类 别 | 怠速 | | 高怠速 | |
|---|---|---|---|---|
| | CO(%) | HC($\times 10^{-6}$)① | CO(%) | HC($\times 10^{-6}$)① |
| 2001 年 1 月 1 日以后上牌照的 $M_1$② 类车辆 | 0.8 | 150 | 0.3 | 100 |
| 2001 年 1 月 1 日以后上牌照的 $N_1$③ 类车辆 | 1.0 | 200 | 0.5 | 150 |

① HC 容积比按正己烷当量计算。

② $M_1$ 指车辆设计乘员数(含驾驶人)不超过 6 人，且车辆的最大总质量不超过 2500kg。

③ $N_1$ 包括设计乘员数(含驾驶人)超过 6 人，或车辆的最大总质量超过 2500kg，但不超过 3500kg 的 M 类车辆。

### 6. 汽车噪声的检测标准

汽车噪声的检测包括以下四类标准规定。

1) 机动车喇叭声级限值见表 5-7。

表 5-7　机动车喇叭声级限值

| 车辆类型 | 喇叭声级/dB(A) |
|---|---|
| 最大功率≤7kW 的摩托车和轻便摩托车 | 80~112 |
| 其他机动车 | 90~115 |

2) 汽车定置噪声限值[dB(A)]见表 5-8。

表 5-8　汽车定置噪声限值　　　　　　　　　　[单位:dB(A)]

| 车辆类型 | 燃料种类或功率 | | 车辆出厂日期 | |
|---|---|---|---|---|
| | | | 1998 年 1 月 1 日以前 | 1998 年 1 月 1 日以后 |
| 轿车 | 汽油 | | 87 | 85 |
| 微型客车、货车 | 汽油 | | 90 | 88 |
| 轻型客车、货车、越野车 | 汽油 | $n_r$≤4300r/min | 94 | 92 |
| | | $n_r$>4300r/min | 97 | 95 |
| | 柴油 | | 100 | 98 |
| 中型客车、货车、大型客车 | 汽油 | | 97 | 95 |
| | 柴油 | | 103 | 101 |
| 重型货车 | $N$≤147kW | | 101 | 99 |
| | $N$>147kW | | 105 | 103 |

注：$N$—汽车发动机额定功率；$n_r$—发动机额定转速。

3) 关于客车车内噪声的检测标准规定：当客车以 50km/h 行驶时，客车车内噪声不应大于 79dB(A)。

4) 关于驾驶人耳旁噪声的检测标准规定：汽车(三轮汽车和低速货车除外)驾驶人耳旁噪声不应大于 90dB(A)。

### 7. 汽车动力性检测标准

汽车动力性检测标准，根据功率测定的方式不同包括以下两种情况的规定。

1) 采用底盘测功机检测汽车驱动轮输出功率时：规定乘用车若能达到发动机输出功率的 70%，即表明传动系统技术状况良好。

2) 采用发动机综合测试仪检测无负荷功率时：规定无负荷功率值不得小于额定功率的 80%。

## 第二节　对二手车鉴定人员掌握仪器检测程度的要求

### 一、了解汽车性能检测所包括的项目内容及其主要检测设备

1. 汽车性能检测项目与检测设备

汽车性能检测项目与检测设备见表 5-9。

车辆性能检测项目包括整车、发动机、底盘、行驶系统、电子设备以及空调等共六大类。

表 5-9 全面展示了汽车性能检测项目与主要常用检测设备。

表 5-9　汽车性能检测项目与检测设备

| 检测项目 | | | 检测仪器设备 |
|---|---|---|---|
| 发动机部分 | 发动机功率 | | 无负荷测功仪、发动机综合测试仪 |
| | 气缸密封性 | 气缸压力 | 气缸压力表 |
| | | 曲轴箱窜气量 | 曲轴箱窜气量检测仪 |
| | | 气缸漏气率 | 气缸漏气量检测仪 |
| | | 进气管真空度 | 真空表 |
| | 起动系统 | 起动电流<br>蓄电池起动电压<br>起动转速 | 发动机综合测试仪<br>汽车电气万能试验台 |
| | 点火系统 | 点火波形<br>点火提前角 | 汽车专用示波器<br>发动机综合测试仪 |
| | 燃油系统 | 燃油压力 | 燃油压力表 |
| | 润滑系统 | 机油压力润滑油品质 | 机油压力表<br>机油品质检测仪 |
| | 异响 | | 发动机异响诊断仪 |
| 整车性能 | 动力性 | 底盘输出功率 | 底盘测功机 |
| | | 汽车直接加速时间 | 底盘测功机(装有模拟质量) |
| | | 滑行性能 | 底盘测功机 |
| | 燃料经济性 | 等速百公里油耗 | 底盘测功机、油耗仪 |
| | 制动性 | 制动力 | 制动检测台、轮重仪 |
| | | 制动力平衡 | 制动检测台、轮重仪 |
| | | 制动协调时间 | 制动检测台、轮重仪 |
| | | 车轮阻滞力 | 制动检测台、轮重仪 |
| | | 驻车制动力 | 制动检测台、轮重仪 |

(续)

| 检测项目 | | | 检测仪器设备 |
|---|---|---|---|
| 整车性能 | 转向操作性 | 转向轮横向侧滑量 | 侧滑试验台 |
| | | 转向盘最大自由转动量 | 转向力—角仪 |
| | | 转向操纵力 | 转向力—角仪 |
| | | 悬架特性 | 底盘测功机 |
| | 前照灯 | 发光强度 | 前照灯检测仪 |
| | | 光束照射位置 | 前照灯检测仪 |
| | 排放污染物 | 汽油车怠速污染物排放 | 废气分析仪 |
| | | 汽油车双怠速污染物排放 | 废气分析仪 |
| | | 柴油车排气可污染物 | 不透光仪 |
| | | 柴油车排气自由加速烟度 | 烟度计 |
| | 喇叭声级 | | 声级仪 |
| | 车辆防雨密封性 | | 淋雨试验台 |
| | 车辆表示值误差 | | 车速表试验台 |
| 底盘部分 | 离合器打滑 | | 离合器打滑测定仪 |
| | 传动系统游动角度 | | 游动角度检验仪 |
| 行驶系统 | 车轮定位 | | 四轮定位仪 |
| | 车轮不平衡 | | 车轮平衡仪 |
| 空调系统 | | 系统压力 | 空调压力表 |
| | | 空调密封性 | 卤素检漏灯 |
| 电子设备 | | | 微机故障检测仪 |

**2. 检测汽车性能指标的主要设备**

检测汽车性能指标的主要仪器与设备如图 5-2 所示。

主要的性能检测设备有底盘测功机、制动检验台、油耗仪、侧滑试验台、前照灯检测仪、发动机综合测试仪、车速表试验台、示波器、四轮定位仪、车轮平衡仪等。这些设备主要用于汽车安全检测站和汽车综合性能检测中心以及大型修理厂。其操作技术性强、难度较大，故仅要求一般的了解，而不要求二手车评估人员掌握其使用方法。

但二手车评估人员必须熟悉与掌握一些最常规使用的小型检测设备，如气缸压力表、真空表、万用表、正时枪、汽车故障诊断仪（即解码器）、燃油压力表、废气分析仪、烟度计、声级计以及油漆厚度检测仪等，以便快速判断与处理常见的汽车故障。

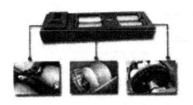
a) 底盘测功机

b) 制动检验台

c) 油耗仪

d) 侧滑试验台

e) 前照灯检测仪

f) 车速表试验台

g) 发动机综合测试仪

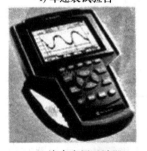
h) 汽车专用示波器

i) 四轮定位仪

j) 车轮平衡仪

图 5-2　检测汽车性能指标的主要仪器与设备

## 二、熟悉汽车电控系统专用检测工具与检测仪器的功能与使用方法

汽车电控系统常用的专用工具和检测设备有：跨接线、测试灯、手提式真空泵、压力表、真空表、喷油器清洗器、万用表、解码器、发光二极管、示波器、扫描仪、专用诊断仪和发动机综合性能检测仪等。

1. 跨接线

跨接线也称为维修专用线，它能起旁通电路的作用。简单的跨接线一般是一段多股导线，两端分别接有鳄鱼夹或不同形式的插头，如图5-3所示。

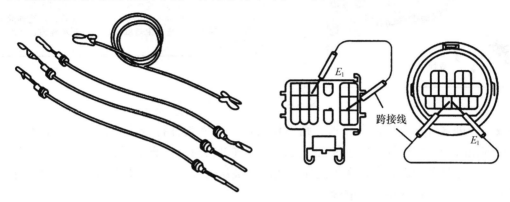

图5-3 跨接线（右图为对两个端子进行短路）

2. 测试灯

测试灯分为不带电源测试灯（12V测试灯）和自带电源测试灯两种，如图5-4所示。

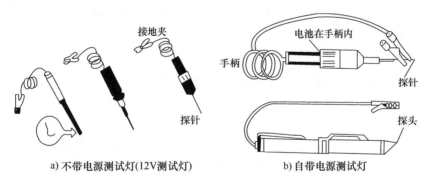

a) 不带电源测试灯(12V测试灯)　　b) 自带电源测试灯

图5-4 测试灯

不带电源测试灯（12V测试灯），该种测试灯以汽车电源作为电源，由12V测试灯、导线和各种不同的端头组成，主要用来检查系统内电源电路是否给电气部件供电。

3. 手提式真空泵

手提式真空泵一般由吸气筒、真空表和软管等组成，如图5-5所示。

4. 真空表

汽车真空表由表头和软管组成，主要用于气缸密封性检测。真空表软管的一头固定在表头上，另一头连接在节气门后方的进气管专用接头上。进气管真空度是一项综合性很强的诊

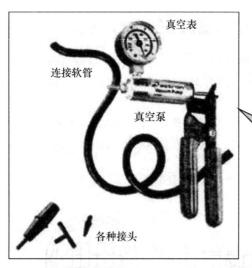

图 5-5 手提式真空泵

断参数。若进气管真空度符合要求,则不仅表明气缸密封性符合要求,而且也表明点火正时、配气正时和空燃比等各项也都符合要求。在气缸密封性检测中,真空表能检测诊断的故障比较多,而且无须拆卸火花塞等机件,在国外被认为是最重要、最实际和最快速的不解体诊断方法之一,并且现在仍在继续广泛使用。

5. 压力表

压力表一般由表头、导管和接头等组成,可用来检测管路、部件内部的液体压力或气体压力。汽车压力表中配备有各种不同量程的表头和接头,以满足发动机和底盘各部检测的需要。其中,气缸压力表可检测气缸压缩终了的压力,以表征气缸密封性;汽油压力表可检测发动机供油系统的汽油压力,以检查汽油压力是否符合要求。在电控汽油喷射发动机供油系统供油总管上,有些车设有专用的油压检测口,用于与汽油压力表连接;有些车虽没有专用的油压检测口,但可通过冷起动喷油器管路接头或汽油滤清器管路接头,连接汽油压力表进行压力检测。

6. 喷油器清洗器

喷油器清洗器用来对电控汽油喷射发动机的喷油器进行清洗和对喷油量进行测量,以恢复喷油器喷油量和喷射形状。喷油器清洗器可分为就车式和离车式两种形式。

就车式喷油器清洗器:该种喷油器清洗器内部装有除炭剂和一个电动汽油泵,用于就车(无须将喷油器拆下)清洗喷油器,如图 5-6a 所示。

7. 万用表

(1) 通用万用表  万用表可用来检测电阻(Ω)、电流(A)和交、直流电压(V)。汽车检测中常用万用表测量电阻、直流电压和直流电压降,以判断线路的通、断和电器设备的技术状况。数字式万用表在汽车电控系统的检测中获得了广泛应用。

(2) 汽车专用万用表  汽车专用万用表(图 5-7)承袭了数字式万用表的一切优点,并使其扩展到汽车检测领域。除了具有一般数字式万用表的特点外,还具有自动断电、自动量程变换、图形显示、峰值保留和数据锁定等功能。具有图形显示的汽车万用表,也称为图形汽车万用表。它不仅具有一般汽车万用表的所有功能,而且能将信号以图形的方式显示出来。

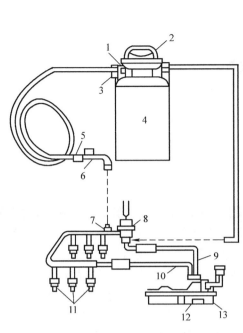

a) 就车式喷油器清洗器　　　　　b) 离车式喷油器清洗器

图 5-6　喷油器清洗器

1—汽油压力表　2—除炭剂电动泵　3—检测阀　4—喷油器清洗器　5—滤清器　6—阀　7—油压检测口
8—油压调节器　9—回油管　10—供油管　11—喷油器　12—电动汽油泵　13—汽油箱

汽车专用万用表的种类很多，虽然面板形式不同，但功能相近。

8. 发光二极管

发光二极管可用于显示诊断码和检测脉冲信号（如喷油信号、点火信号、点火反馈信号、步进电动机信号等）。发光二极管具有体积小、重量轻、工作电压低、响应速度快、分辨能力强和使用寿命长等优点。

9. 红外线测温仪

（1）红外线测温仪的类型

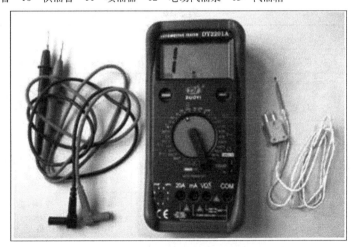

图 5-7　汽车专用万用表外形

红外线测温仪分为接触式与非接触式两种。当采用接触式测温仪测量时，应先在被测量的零件上选择一个最合适的测量位置，然后将仪器紧抵此位置进行测量。由于发动机的铸造缸体会造成部分热量散失，故红外线测温仪的测量结果会比实际温度要低 5~8℃。

（2）红外线测温仪最适宜进行的检查项目　红外线测温仪最适宜进行的检查项目有下列十种：

1）检测节温器是否发生泄漏。
2）检测发动机散热器。
3）检测三元催化转化器是否发生堵塞。
4）检测发动机各缸的工作情况。
5）检测点火线圈和点火模块是否发生短路或断路。
6）检测 EGR 系统的工作状况。
7）检测发动机水套内是否水垢过多。
8）检测发动机冷却液的温度。
9）检测各处轴承的预紧力。
10）验证数据流是否正确。

10. 汽车故障诊断仪

（1）汽车故障诊断仪的特点与品牌　汽车专用故障诊断仪是汽车生产厂家专门配备给其特约维修站的专用诊断仪器，具有专业性强、测试功能完善等优点。汽车故障诊断仪又称为检测仪、解码器、读码器、诊断计算机等。目前世界各大汽车制造厂都推出了专用的故障诊断仪（表5-10），这些故障诊断仪具有强大的功能，包括整体测试、读取故障码、删除故障码、读取车辆运行参数、执行器激活检测、电控单元编码、电控单元升级、远程援助、电控单元列表确认、万用表功能、示波器功能、诊断指引、电路图查询、技术资料查询等。有的故障诊断仪还能够与 PC（个人计算机）配合，被称为汽车故障的"PC 诊断"。

汽车维修人员不能把故障诊断仪仅作为读取故障码的工具，因为这只是它的基本功能之一，真正强大而实用的功能是数据流读取以及元件驱动试验。如果汽车故障诊断仪的潜在功能不能得到充分利用，则是一种资源浪费。

表 5-10　世界著名汽车品牌专用故障诊断仪

| 汽车品牌 | 车系代号 | 手持式诊断仪或 PC 型故障诊断仪 |
| --- | --- | --- |
| 大众/奥迪（德） | VW/AUDI | V. A. G1551、V. A. G1552、V. A. S5051、V. A. S5052、V. A. S5053 |
| 奔驰（德） | BENZ | HHT、STAR2000 |
| 宝马（德） | BMW | MODIC-Ⅲ、GT-1、GT-ONE |
| 法国车系 |  | PROXIA |
| 沃尔沃（瑞典） | VOLVO | SCAN TOOL、VTC2000、VADIS |
| 通用（美） | GM | TECH-1、TECH-2 |
| 福特（美） | FORD | WDS、IDS、STAR-Ⅱ、NGS 自试自动读出器 |
| 克莱斯勒（美） | CHRYSLER | DRB-Ⅱ、DRB-Ⅲ |
| 丰田（日） | TOYOTA | INTELVIGENT、IT-Ⅱ、TESTER-Ⅰ、TESTER-Ⅱ |
| 本田（日） | HONDA | HDS、PGM |
| 日产（日） | NISSAN | CONSULT-Ⅱ |
| 三菱（日） | MITSUBISHI | MUT-Ⅱ、MUT-Ⅲ |
| 现代（韩） | HYUNDAI | MVT、HI-DS SCANNER |

第五章　汽车技术状况的仪器检测与综合评定

（2）博世金德 KT600 智能诊断仪简介　详见图 5-8 及其注解。

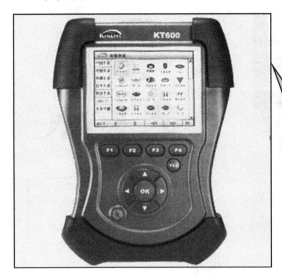

1) 手持博世金德 KT600 智能诊断仪是集多种功能于一体的新型诊断设备。包含了原厂通信协议及控制器局域网 (CAN) 的通信协议，可扩充性强。配备超大容量的 CF 卡，可随意扩充升级程序，实时保存诊断结果。带有精密的微型打印机，可实时打印诊断报告。彩色大屏幕（图 5-9），触摸屏操作，非常直观明了。

2) 实时检测点火系统、传感器、执行器等波形，CAN-BUS 信号精确扫描，为准确判断汽车故障提供有力的支持。可以随心所欲地把强大的诊断、示波、存储、升级方式等功能按照自己的需要任意组合。例如可以选择配置五通道示波器，也可以选配"钥匙诊断盒"对汽车智能钥匙进行检测和诊断。可直接访问汽车电控单元数据，并对汽车电控单元数据进行分析，实现对汽车电控单元的高级访问与控制功能。

3) KT660 智能诊断仪在保留了原金德产品 KT600 诸多技术优势的基础上，新增了汽车保养；数据流数值、波形、控件多种显示模式；数据流记录及对比功能；先进阵列技术，一个接头测试所有 16 针车辆等功能，内置一键升级功能。

图 5-8　博世金德 KT600 智能诊断仪

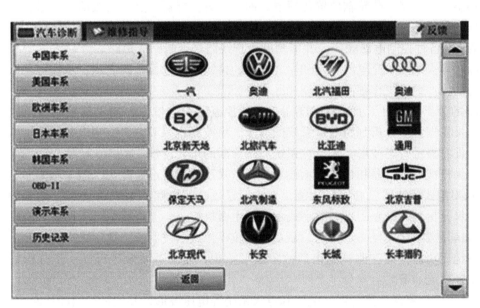

图 5-9　博世金德 KT600 智能诊断仪的彩色大屏幕

扫一扫

故障诊断仪的使用方法和技巧

**11. 示波器**

示波器的外形与示波器结构组成如图 5-10 所示。

（1）示波器的功能　示波器是一种多用途的汽车检测设备。可用来显示点火系统波形、电子元器件波形、柴油机供油压力波形和针阀升程波形、发动机异响波形等。示波器的基本功用是显示电压随时间的变化，除用于观察状态变化外，还可以检测电压、频率和脉冲宽度等项目。

示波器可用于检测空气流量传感器、进气歧管绝对压力传感器、喷油器、车速传感器、轮速传感器、进气温度传感器、发动机冷却液温度传感器、自动变速器油温传感器、燃油温

99

 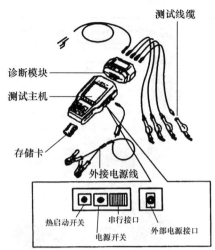

图 5-10 示波器外形与示波器结构组成

度传感器、机油温度传感器、凸轮轴位置传感器、曲轴位置传感器、点火初级信号波形、点火次级信号波形、怠速步进电动机、发动机涡轮增压系统、炭罐系统，以及自动变速器、ABS、ASR 等系统的各种控制电磁阀等，并可辅助检查线路是否断路或短路。

示波器可以对点火线圈的充电闭合角和燃烧电压的持续时间进行精确显示。示波器还可以计算电器部件的脉冲数、工作频率、周期和脉宽等。

（2）示波器的分类与作用 示波器主要用来显示控制系统中输入、输出信号的电压波形，以供维修人员根据波形分析判断电控系统的故障。示波器比一般电子检测设备的显示信号速度快，并能即时显示瞬态波形，是电控系统故障诊断的重要设备。

示波器可分为模拟式示波器和数字式示波器。模拟式示波器显示速度快，但显示波形不稳定（抖动），且模拟式示波器没有记忆功能，无法记录、打印电路状态或将波形存储于数据库，给故障波形分析判断带来困难。数字式示波器由微机控制，能将模拟电压信号转换成数字信号，但因信号数字化需耗一定时间，显示速度较模拟式示波器慢。数字式示波器显示波形稳定，且有记忆功能，可在测试结束后故障波形重现，便于对波形进行进一步分析判断。示波器的主要功能如下。

① 可测试发动机传感器、执行器、电路和点火系统等电压波形，并能进行故障诊断。

② 具有汽车万用表功能，可测试电压、电阻、闭合角、周期、正负峰值、峰值电压、喷油脉冲、喷油时间、点火电压和燃烧时间等。有的示波器内部还存储有汽车数据库和标准波形，使故障判断更为方便。

③ 能提供在线帮助，包括系统工作原理、测试连接方法、接线颜色等，并有图形辅助显示。

④ 有对测试内容进行记录、回放的功能，可捕捉到瞬间出现的故障。

示波器的控制，主要指对 $Y$ 轴电压和 $X$ 轴时间的控制。模拟式示波器一般采用开关、按键和旋钮等实现对波形垂直幅度、水平幅度、垂直位置、水平位置和亮度等的调整。数字式示波器多采用菜单式操作，只需在各级菜单上选择测试项目，无须任何设定和调整，可直接观测波形,使用非常方便。

(3) 示波器的设定内容

① 设定电压:设定屏幕上每一格刻度表示多少伏电压,与万用表电压最大量程选择相似,主要是为了波形垂直长度合适,波形显示清楚。1为通道1(CH1),2为通道2(CH2)。

② 时间设定:主要是指屏幕横坐标方向可显示时间间隔长短的设定。时间设定用来反映电压随时间变化的过程。时间设定主要考虑水平方向宽窄要合适。

③ 触发设定:主要指选择被测波形在显示屏垂直高度和水平位置上的定位。

(4) 示波器的其他功能键

① 光标键(CURSOR):启动光标功能时,可移动两条垂直光标至波形的任意位置,测量所需数据。

② 自动量程(AUTO RANGE):启动自动量程,自动设定最佳的时机和量程,同时在屏幕右上方显示 AUTO 字样。关闭此功能,则必须手动设定量程。

③ 主菜单(MENU):按此键可显示主菜单。在测试中要改变功能时,均需先按此键。

④ 锁定屏幕(SAVE RECALL):接此键时锁定目前所显示的屏幕(屏幕右上方显示 HOLD 字样),显示存储、调用及打印菜单。

(5) 示波器的使用操作方法

① 通过自身的无损探针在被测线路上直接测量。

② 利用和控制单元连接检测盒的多孔诊断插座的接口进行分析后计算出波形。这类波形的致命缺点是:如果读取数据流在模块内部计算错误,或者检测仪自身存在问题,均会导致波形错误,使之做出误诊断。

扫一扫

示波器检测实例

12. 扫描仪

扫描仪一般是在解码器的基础上增加了电控系统数据扫描、显示及其他一些功能的检测仪器。它不仅具有读码、解码、清码功能,而且能对电控系统进行动态分析,并能方便地指示出与诊断代码有关的电路或元件的实际运行参数,以便快速诊断出故障原因和部位。

13. 发动机综合性能检测仪

发动机综合性能检测仪是发动机检测设备中检测项目最多、功能最全、结构最复杂、技术含量最高和涉及面最广的一种综合性能检测仪器。它不仅适用于化油器式发动机检测,也适用于电控汽油喷射发动机检测(具有读码、解码、清码和读取数据流等功能)。该检测仪以示波器为核心,当配备多种传感器时,能实现对多种电量、非电量参数的检测、分析和判断,因此该检测仪在汽车综合性能检测中发挥的作用已经越来越大。

### 三、需要熟练掌握的汽车检测设备

下面将介绍汽车故障诊断仪(解码器)、气缸压力表、废气分析仪、车身电子测量系统以及涂层厚度检测仪五种需要熟练掌握的最常用汽车检测设备的工作原理、结构特点以及使用方法。

1. 解码器

(1) 解码器的功能　几种常见的汽车故障诊断仪(解码器)如图5-11所示。

a) 修车王SY280T

b) 元征X431-GX3

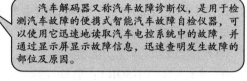
汽车解码器又称汽车故障诊断仪，是用于检测汽车故障的便携式智能汽车故障自检仪器，可以使用它迅速地读取汽车电控系统中的故障，并通过显示屏显示故障信息，迅速查明发生故障的部位及原因。

c) 金奔腾538D-SI

d) 朗仁PS90

图 5-11 几种常见的汽车故障诊断仪

（2）解码器的基本原理　用解码器读取故障码、数据流与测试执行元件实况如图 5-12 所示。解码器工作原理（与汽车控制单元通信）示意图如图 5-13 所示。

（3）解码器的具体操作方法

**2. 气缸压力表**

（1）气缸压力表结构与原理　详见图 5-14、图 5-15。

（2）检测方法　气缸压缩终了的压力与发动机的热效率和平均指示压力密切相关。影响气缸压缩终了的压力的因素有气缸活塞组的密封性、气门与气门座的密封性以及气缸垫的密封性等。故通过气缸压缩终了压力的测量，可以间接地判断上述各种密封部位的密封技术状况。

图 5-12　用解码器读取故障码、数据流与测试执行元件实况

（3）技术标准　必须同时达到以下两项规定　①任何气缸压力读数不得低于 690kPa；②任何气缸的最小压力不得低于最大压力气缸的 70%。

（4）检测结果分析　当气缸压力测量值低于标准值时，为了确定密封不良的原因，可由火花塞孔注入 20~30mL 机油，再次检测气缸压缩压力，并进行以下比较分析。

1）若第二次测量结果高于第一次（且接近标准值），则表明可能是活塞组磨损过大或活塞环有问题（对口、卡死或断裂）或气缸壁拉伤等原因引起气缸密封不良。

2）若第二次测量结果与第一次接近，则表明引起气缸密封不良的原因可能是气门问题或气缸垫密封问题（因注入的机油难以达到这些部位）。

扫一扫

检测气缸压缩终了压力的具体方法

# 第五章 汽车技术状况的仪器检测与综合评定

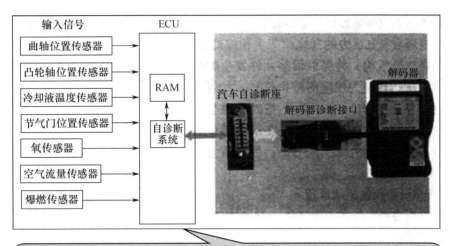

**汽车解码器的工作原理**

1) 汽车电控系统的自诊断原理　任何汽车的电控系统均由各种检测汽车转速、转矩、温度、压力等工作状况的传感器和完成汽车部件功能的执行器以及ECU所组成，且具备自诊断功能。当汽车正常运行时，这些传感器、执行器与ECU之间输入与输出信号的电压值都在一定的范围内变化。而当某一信号的电压超出这一正常范围时，且这一现象在一段时间内不消失时，ECU便会判断此部分信号电路已经发生故障，并将其以故障码形式存入系统内部的随机存储器。故维修人员通过读出的故障代码与数据流，就很容易查到故障的根原所在。

2) 汽车解码器的结构原理　解码器本身就是一个配备各种专用检测插头的电子计算机，且存储有各类汽车ECU的检测程序软件与数据资料。因此它是唯一能够与汽车的ECU直接通信交流的故障诊断仪。

图示为解码器在一定协议支持下，通过诊断接口与汽车自诊断座连接进行信息交流并获取汽车自诊断系统内重要工作参数与故障码的原理示意图。

图5-13　解码器工作原理(与汽车控制单元通信)示意图

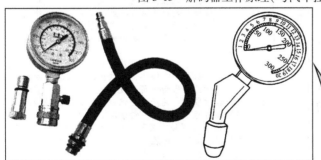

**气缸压力表工作原理**

① 气缸压力表内部有一根弹簧管，它将随着气缸压力的变化而产生成正比关系的弹性变形。

② 压力表内由齿轮传动放大机构和连杆机构组成的结构，将弹簧管的微小变形放大并转换为相应的转角位移，再传给压力表的指针，使其获得与气缸压力成正比的转角。

③ 指针最终在指示刻度盘上指示出被测气缸压力值。

图5-14　气缸压力表

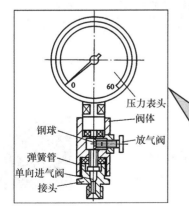

**气缸压力表的结构**

① 气缸压力表由表头、阀体、弹簧管和接头等组成。接头分螺纹管接头与锥形或阶梯形橡胶接头两种。螺纹管接头可拧在火花塞或喷油器的螺纹孔中。

② 当单向阀打开时，压力表指针回零，以用于下次测量。

③ 当单向阀处于关闭位置时，可保持测得的气缸压缩压力读数，即保持压力表的指针位置。

图5-15　气缸压力表的结构

3)若两次测量结果均表明某相邻两缸压力偏低,则说明可能是两缸相邻处的气缸垫烧损窜气。

(5)注意事项 测试过程中严禁起动发动机,以防损坏气缸压力表。为此,可先拔下分电器中央的高压线,或拔下燃油泵的继电器;对于柴油机则可旋松喷油器的高压油管。

3. 废气分析仪

(1)废气分析仪的基本原理

1)废气分析仪分为两气体(检测 CO、HC)、四气体(检测 CO、HC、$CO_2$、$O_2$)、五气体(检测 CO、HC、$CO_2$、$O_2$、$NO_x$)三种。

2)CO、HC、$CO_2$ 采用不分光红外线分析法(NDIR)检测,$O_2$、$NO_x$ 采用电化学分析法检测。

废气分析检测方法分为怠速尾气排放检测和双怠速尾气排放检测两种。

废气分析仪基本原理详见图5-16及其注解。

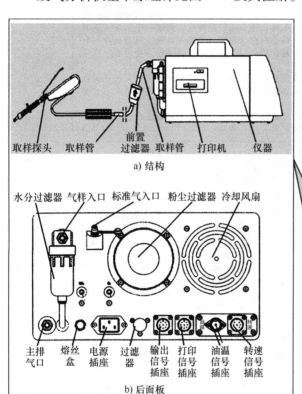

图5-16 废气分析仪

(2)尾气排放检测方法

(3)检测结果分析

1)对于2001年前生产的在用车:其排放标准仅规定了CO体积分数不大于$4500\times10^{-6}$与HC体积分数不大于$900\times10^{-6}$。现在看来此项规定过于宽松。

扫一扫

尾气排放检测方法

2）对于 2001 年后上牌照的车辆

① 通常是指配备了电子燃油喷射加三元催化系统的轻型车。

② 此类车辆排放超标的特点往往是 CO 或 HC 轻微超标。

③ 当诊断此类车辆故障时，往往发现其发动机控制系统无故障，其氧传感器也正常，故表明其主要问题出在三元催化系统上。包括三元催化系统老化、效率下降，三元催化转换器本身的质量差，以及三元催化转换器安装位置不合理，以致当正常工作时，三元催化转换器不能达到合适的工作温度等。

④ 当此类车辆若出现排放严重超标故障时，一般是发动机管理系统存在严重问题，需要通过诊断仪进一步分析与寻找发动机管理系统中的故障零部件。

4. 车身电子测量系统

（1）了解车身电子测量系统工作原理与操作方法　详见图 5-17。

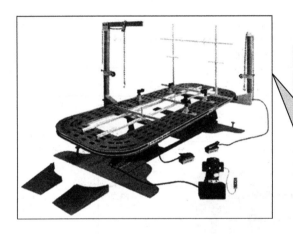

1）工作原理：利用超声波定位技术测量车身每个测量点的三维坐标数据，然后通过与原厂出厂数据对比，以分析车身与大梁变形情况与修复情况。

2）系统组成：系统由控制台、举升机和横梁三部分组成。控制台包括计算机、各类测量头及测量头转接器、超声波发生器存放车等。横梁两侧各有6对传感器、24个超声波接收器接口，是主要测量部件。

3）测量过程：①将被测车驶入举升机并固定好；②将发射器、测量头、测量头转换器等安装在车身的被测点上；③将接收器安装在横梁上；④发射器发送超声波，接收器能快速精确测量声波在不同基准点间的传播时间，计算机根据每个接收器的接收时间自动计算出每个被测点的三维坐标数据。

图 5-17　全自动车身电子测量系统

（2）手工检测　利用手工方法进行车身几何尺寸检测，判断车身变形与修复情况。通过测量各车门对角线、行李箱对角线、发动机舱对角线等处的尺寸，判断整车是否发生过重大事故而导致车身变形。

5. 涂层厚度检测仪

（1）涂层厚度检测仪的基本原理与操作方法详见图 5-18 和图 5-19。

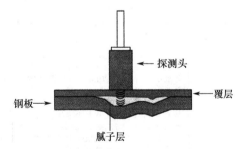

图 5-18　涂层厚度检测仪检测示意图

（2）车身检测部位的选择　详见表 5-11 测量位置栏。

表 5-11　用涂层厚度检测仪检测车身油漆厚度记录表

| 测量位置 | 测量结果/μm | | | 平均值/μm |
| --- | --- | --- | --- | --- |
| | 第1次 | 第2次 | 第3次 | |
| 发动机舱盖 | | | | |
| 左前翼子板 | | | | |

（续）

| 测量位置 | 测量结果/μm | | | 平均值/μm |
|---|---|---|---|---|
| | 第1次 | 第2次 | 第3次 | |
| 右前翼子板 | | | | |
| 左后翼子板 | | | | |
| 右后翼子板 | | | | |
| 左前车门 | | | | |
| 右前车门 | | | | |
| 左后车门 | | | | |
| 右后车门 | | | | |
| 行李箱盖 | | | | |
| 车顶 | | | | |

1) 涂层厚度检测仪基本原理：涂层厚度检测仪能快速、无损、精确地测量出车辆涂层厚度，其最小分辨率为0.1μm。能满足《磁性、电涡流式覆层厚度测量仪》的技术要求。通过测量结果与原厂数据对比，即可准确判断车辆涂层实际情况。只要是事故车，无论是局部划伤、喷涂还是整车做漆都能准确还原。其测定方法有两种：①磁感应测量法，通过检测从检测仪测头流入涂层与车身钢板的磁通量大小来测定覆层厚度；②电涡流测量法，测量时高频交流信号在测头线圈中产生电磁场，当测头靠近钢板时，就在其中形成涡流，涡流大小与覆层厚度成正比。

2) 涂层厚度检测仪操作方法：①先给测量仪装上电池，按下"ON/OFF"按键开机，一阵蜂鸣声后液晶显示屏显示"0"，仪器自动进入测量状态；②直接将测头垂直快速紧压车身覆层，仪器通过测头自动测量并显示车身覆层厚度；③每处测量三次，取平均值，将结果填入表5-13。

图 5-19　用涂层厚度检测仪检测车身涂层厚度的方法与检测位置

## 四、能对机动车综合性能检测报告结果进行分析与利用

**1. 机动车综合性能检测报告分析(实例1)**

对某桑塔纳 SVW 7160 FHI 型轿车进行了综合性能检测，检测报告见表5-12。

## 第五章 汽车技术状况的仪器检测与综合评定

表 5-12 机动车综合性能检测报告（桑塔纳 SVW7160FHI 型轿车）

车牌号码：×××××（蓝）
检测日期：2015 年 4 月 8 日

| 车主 | ××××× | 厂牌型号 | 桑塔纳SVW7160FHI | 车辆类型 | 轿车 | 总质量/t | 1.49 | 载质量/t | 0.42 | 启用日期 | 2002—90—01 |
|---|---|---|---|---|---|---|---|---|---|---|---|
| 送检单位 | ××××× | 营运证号 | ×××××× | 发动机型号 | AFE | 发动机号 | AYF0017979 | 车架号 | 0338220799766 | 燃料种类 | 汽油 |
| 项目 | 序号 | 参数及说明 | | 检测结果 | | | | 评价 | 序号 | 参数及说明 | | 检测结果 | | 评价 |

| 项目 | 序号 | 参数及说明 | | 检测结果 | | 评价 | 序号 | 参数及说明 | | 检测结果 | | 评价 |
|---|---|---|---|---|---|---|---|---|---|---|---|---|
| 动力性 | 1 | (1) $\eta_{VM}$(%) | | // | | // | 16 | 座位数/座 | | 5 | | // |
| | | (2) $\eta_{VP}$(%) | | // | | // | | | | | | |
| | | (3) 发动机无负荷功率/额定功率 | | 92.8% | | 一级 | | | | | | |
| 油耗 | 2 | 等速百公里燃料消耗量/(L/100km) | | // | | // | 17 | 滑行性能 | (1) 滑行距离/m | 左 255 | 右 353 | ○ |
| | | | | | | | | | (2) 滑行阻力/N | | | // |
| 制动性 | 3 | 轴荷/10N | 一轴 | 左轮 367 | 右轮 347 | // | 18 | 前照灯 | 远光发光强度/×10²cd | 外侧 左 0.95H | 右 1.20H | ○ |
| | | | | | 指标值 714 | | | | | 内侧 左 | 右 | // |
| | | | 二轴 | 264 | 261 | | 19 | | 近光光束中点高度 | 左 +101 | 右 +1 | // |
| | | | | | 525 | | | | | | | |
| | | | 三轴 | | | | 20 | | 远光光束中点高度 | 左 1.00H | 右 1.01H | ○ |
| | | | 四轴 | | | | | | | | | |
| | | | 整车 | 1239 | 指标值 | | 21 | | 远光光束水平偏移量/mm | 左 +2 | 右 +1 | // |
| 4 | 行车制动力/10N | 一轴 | 左轮 260 | 右轮 242 | 70.3% | ○ | 22 | 汽油车急速工况排气污染物浓度 | ASM5025工况 | HC 35×10⁻⁶ | ○ |
| | | 二轴 | 190 | 179 | 70.3% | // | | | | CO 0.05% | ○ |
| | | 三轴 | | | | // | 23 | 汽油车高速工况排气污染物浓度 | ASM2540工况 | HC 56×10⁻⁶ | ○ |
| | | 四轴 | | | | // | | | | CO 0.08% | ○ |
| | | 整车 | 871 | 108 | 70.3% | ○ | | | | HC 10⁻⁶ | // |
| 5 | 行车制动力平衡/10N | 一轴 | 159 | | 19.6% | // | | | | CO % | // |
| | | 二轴 | 134 | 178 | 23.2% | // | | | | NO 10⁻⁶ | // |
| | | 三轴 | | | | // | | | | HC 10⁻⁶ | // |
| | | 四轴 | | | | // | | | | CO % | // |
| | | | | | | | | | | NO 10⁻⁶ | // |

说明：制动性
6 车轮阻滑率(%)：一轴 左轮 2.2 右轮 2.2；二轴 2.5 2.5；三轴；四轴
7 制动协调时间/s 第一轴 //
8 最大制动踏板力/N 198 178
9 驻车制动力/10N 30.3% ○

转向操纵性
10 转向轮横向侧滑量/(m/km) 外 2.9 //
11 方向盘自由转动量/(°) 7 ○
12 转向盘操纵力/N // //
13 转向轮最大转角/(°) 左转 内 外 //；右转 内 外 //

悬架特性
14 悬架吸收率或效率(%) 前轴 左 右 ○；后轴 左 右 //
15 同轴左右差值(%) 前 后 //

(续)

| 项目 | 序号 | 参数及说明 | 检测结果 | | 评价 | 项目 | 序号 | 参数及说明 | 检测结果 | | 评价 |
|---|---|---|---|---|---|---|---|---|---|---|---|
| 排放 | 24 | 柴油车自由加速实验 烟度值/Rb | 光吸收系数/m⁻¹ | | // | 发动机 | 36 | 起动电压/V | | | // |
| | 25 | | | | // | | 37 | 起动电流/A | | | // |
| 噪声 | 26 | 客车车内噪声/dB(A) | 1. 2. 均: 3. | | // | | 38 | 怠速稳定转速/(r/min) | | | // |
| | 27 | 喇叭声级/dB(A) | 95.7 | | ○ | | 39 | 最小相对气缸压力(%) | | | // |
| 制动力曲线 | | 一轴 二轴 | | | | | 40 | 最小单缸压力差(%) | | | // |
| | | | | | | | 41 | 最小单缸转速降/(r/min) | | | // |
| | | | | | | | 42 | 最小点火电压值/kV | | | // |
| | | 注：左轮用实线，右轮用虚线 | | | | | 43 | 供油或火提前角/(°) | | | // |
| 其他 | 28 | 客车防雨密封性 | | | // | | 44 | 发动机异响 | | | // |
| | 29 | 车速表测试值/(km/h) | 41.1 | | ○ | | 45 | 机油污染指数 | | | // |
| | 30 | 离合器踏板自由行程/N | | | // | 整车装备外观 | 46 | 所检项目全部合格 | | | ○ |
| | 31 | 离合器踏板自由行程/mm | | | | | | | | | |
| | 32 | 制动踏板自由行程/mm | | | // | | | | | | |
| | 33 | 车轮不平衡量/g | 前轴 左 右 | | // | | | 项次合格率 | 1 次 | 100% | |
| | 34 | | 后轴 左 右 | | // | | | 检测次数 | | | |
| | 35 | 左右轴距差/mm | | | // | | | 复检情况 | | | |

检测结论：

经检测，该车有关技术要求，该车二级维护竣工质量符合 GB/T 18344—2001 有关技术要求，技术状况符合 JT/T 198—2004 关于一级车的有关技术要求。

技术负责人（签章）：

检测单位（检测专用章）：

签发日期：2015 年 4 月 8 日

注：○表示合格项目；×表示不合格项目；// 表示该项目本次未检或不做评价。

对某桑塔纳 SVW7160FHI 型轿车进行了综合性能检测,并根据各项检测数据结果(表 5-13)与相应标准逐项进行对照比较,进行分析,判定该项是否合格。在全面比较分析的基础上,最后进行综合,从而判定整车是否合格。

1) 动力性。该车动力性评价方法采用发动机综合分析仪检测无负荷功率,测得无负荷功率值与额定功率的百分比为 92.8%,大于 80% 的限值。所以该车动力性应判断为合格。

2) 制动性。按照标准对该车制动检测数据进行分析。
前轴制动力指标值:(260+242)/714×100% = 70.3%  (合格)
前轴制动力平衡指标值:(159-108)/260×100% = 19.6%  (合格)
后轴制动力指标值:(190+179)/525×100% = 70.3%  (不判定)
后轴制动力平衡指标值:(178-134)/190×100% = 23.2%  (合格)
驻车制动力指标值:(198+178)/1239×100% = 30.3%  (合格)
整车制动力指标值:(260+242+190+179)/1239×100% = 70.3%  (合格)
四个车轮的阻滞率分别为 2.2%、2.2%、2.5%、2.5%,均未超出限值,合格。
综合判定,该车制动性能合格。

3) 转向操纵性。该车转向轮横向侧滑量为外 2.9m/km,即 -2.9m/km,应判定为合格。
转向盘的最大自由转动量:该车最大设计车速大于 100km/h,最大自由转动量为 7°,应判定为合格。

4) 前照灯。该车前照灯采用两灯制,所以参照标准判定如下:
发光强度,左灯为 25500cd,右灯为 35300cd,合格。
其他参数仅作参考,所以该车前照灯应判定为合格。

5) 排放。该车装配点燃式发动机(燃油类型为汽油),为 2001 年之后上牌照的 $M_1$ 类在用车辆,应采用双怠速试验方法测量排气污染物情况。测量情况见表 5-13。将测量的各项数据与限值相比较,所有参数均合格,所以该车尾气应判定为合格。

6) 噪声。该车喇叭声级测试为 95.7dB(A),应判定为合格。

7) 车速表。该车在车速试验台上测得的车速值为 41.1km/h,应判定为合格。

8) 整车装备外观。该车外检项目全部合格,所以判定为外检合格。

9) 结论。综合该车各项检测参数,该车最终的评判应为合格。

表 5-13  桑塔纳 SVW7160FHI 型轿车双怠速试验排气污染物测量值与标准值比较

| 排放污染物 | 怠速 | | 高怠速 | |
| --- | --- | --- | --- | --- |
|  | 测量值 | 标准值 | 测量值 | 标准值 |
| CO(%) | 0.05 | 0.8 | 0.08 | 0.3 |
| HC($10^{-6}$) | 35 | 150 | 56 | 100 |

2. 机动车综合性能检测报告分析(实例2)
对某福田 BJ1036V3AB3 轻型柴油货车进行综合性能检测,检测报告见表 5-14。

## 表 5-14 机动车综合性能检测报告（福田 BJ1036V3AB3 轻型普通货车）

| 车主 | ××××××× | 车牌号码：××××××× | | | 检测日期：2015 年 3 月 31 日 | | |
|---|---|---|---|---|---|---|---|
| 送检单位 | ××××××× | 车牌号：×××××××（蓝） | | | | | |
| | | 营运证号：××××××× | | | | | |
| 车辆类型 | 轻型普通货车 | 厂牌型号 福田 BJ1036V3AB3 | 发动机型号 N485QA | 总质量/t 3.5 | 载质量/t | 发动机号 30406819Z | 车架号 6 | 座位数 6 | 参数代码 023096 | 燃料种类 柴油 | 启用日期 2003—04—01 |
| 检测类别：二维检测 | | | | | | | | | | | |
| 报告编号：××××××××××× | | | | | | | | | | | |

| 项目 | 序号 | 参数及说明 | 检测结果 | | | | 评价 | 项目 | 序号 | 参数及说明 | 检测结果 | 评价 |
|---|---|---|---|---|---|---|---|---|---|---|---|---|
| 动力性 | 1 | (1) $\eta_{VM}$(%) | | | | | // | 发动机 | 36 | 起动电压/V | | // |
| | | (2) $\eta_{VP}$(%) | 86.1% | | | | 一级 | | 37 | 起动电流/A | | // |
| | | (3) 发动机无负荷功率/额定功率 | | | | | ○ | | 38 | 急速稳定转速/(r/min) | | ○ |
| 油耗 | 2 | 等速百公里燃料消耗量/(L/100km) | | | | | // | | 39 | 最小相对气缸压力(%) 最大气缸差(%) | 左 1.10H 右 0.90H | ○ |
| | 3 | 轴荷/10N | | 左轮 | 右轮 | 指标值 | // | | 40 | 最小单缸压力降(%) | 左 0 右+3 | ○ |
| | | 一轴 | | 670 | 600 | 1270 | | | 41 | 最小点火转速(r/min) | 左 1.0H 右 0.99H | ○ |
| | | 二轴 | | 500 | 439 | 939 | | | 42 | 最小点火电压值/kV | 左 0 右+3 | // |
| | | 三轴 | | | | | | | 43 | 供油或点火提前角/(°) | | // |
| | | 四轴 | | | | | | | 44 | 发动机异响 | | // |
| | | 整车 | | | 2209 | | | | 45 | 机油污染指数 | | // |
| | 4 | 行车制动力/10N | | 左轮 | 右轮 | 指标值 | // | 整车装备外观 | 46 | 所检项目全部合格 | | ○ |
| | | 一轴 | | 398 | 451 | 66.9% | ○ | | | | | |
| | | 二轴 | | 300 | 283 | 62.1% | ○ | | | | | |
| | | 三轴 | | | | | // | | | | | |
| | | 四轴 | | | | | // | | | | | |
| | | 整车 | | 1432 | | 64.8% | ○ | | | | | |
| 制动性 | 5 | 行车制动力平衡/10N | | | | | | 排放 | 16 | 滑行距离/m (1) 滑行阻力/N (2) | | // |
| | | 一轴 | | 348 | 428 | 17.7% | ○ | | 17 | 远光发光强度/×10⁻² cd 外侧 内侧 | 左 537 右 524 | ○ |
| | | 二轴 | | 185 | 236 | 17.0% | ○ | | 18 | 远光光束中点高度 | | |
| | | 三轴 | | | | | // | | 19 | 近光光束偏移量/mm | | |
| | | 四轴 | | | | | // | | 20 | 近光光束中点高度 | | |
| | | | | | | | | | 21 | 远光光束偏移量/mm | | |
| | | | | | | | | | 22 | 汽油车怠速工况 排气污染物浓度 | HC 10⁻⁶ CO % | ○ |
| | | | | | | | | | | 汽油车高怠速工况 排气污染物浓度 | HC 10⁻⁶ CO % | |
| | | | | | | | | | 23 | 汽油车 ASM5025 工况 排气污染物浓度 | HC 10⁻⁶ CO 10⁻⁶ NO 10⁻⁶ | // |
| | | | | | | | | | | 汽油车 ASM2540 工况 排气污染物浓度 | HC 10⁻⁶ CO 10⁻⁶ NO 10⁻⁶ | // |

# 第五章 汽车技术状况的仪器检测与综合评定

| | | | | | | 检测次数 | 1次 | 项次合格率 | 96.0% |
|---|---|---|---|---|---|---|---|---|---|
| | | | | | | 复检情况 | // | | |

| 6 | 车轮阻滞率(%) | 一轴 | 左轮 1.8 | 右轮 2.8 | 指标值 | ○ | 24 | 柴油车自由加速实验 | 光吸收系数/m⁻¹ | 1.72 | // |
| | | 二轴 | 1.9 | 2.1 | | ○ | | | 烟度值/Rb | 2. | // |
| | | 三轴 | // | | | | 25 | | 1. 3. 均: | | |
| | | 四轴 | // | | | | 26 | 客车车内噪声级/dB(A) | | // |
| 7 | 制动协调时间/s | | | | | // | 27 | 喇叭声级/dB(A) | 85.0 | × |
| 8 | 最大制动踏板力/N | 第一轴 | | | | // | | 一轴 二轴 | | |
| 9 | 驻车制动力/10N | 380 | 347 | 32.9% | | ○ | | 注：左轮用实线，右轮用虚线 | | |
| 10 | 转向轮横向侧滑量/(m/km) | 外 3.7 | | | | ○ | 28 | 客车防雨密封性 | | // |
| 11 | 方向盘自由转动量/(°) | 14 | | | | ○ | 29 | 车速表测试值/(km/h) | 38.3 | ○ |
| 12 | 方向盘操纵力/N | | | | | // | 30 | 离合器踏板自由行程/mm | | // |
| 13 | 转向轮最大转角/(°) | 左转 内 | 右转 外 | | | // | 31 | 离合器踏板自由行程/mm | | // |
| 14 | 悬架吸收率或悬架效率(%) | 前轴 左 | 后轴 右 | | | // | 32 | 制动踏板自由行程/mm | | // |
| 15 | 同轴左右差值(%) | 前轴 左 | 后轴 右 | | | // | 33 | 车轮不平衡量/g | 左 右 | // |
| | | | | | | | 34 | 前轴 后轴 | 左 右 | // |
| | | | | | | | 35 | 左右轴距差/mm | | // |

检测结论：

经检测，该车二级维护竣工质量符合 GB/T 18344—2001 有关技术要求，技术状况符合 JT/T 198—2004 关于二级车的有关技术要求。

技术负责人（签章）：

检测单位（检测专用章）：

签发日期：2015 年 3 月 31 日

注：○表示合格项目；×表示不合格项目；//表示该项目本次未检或未做评价。

将某福田 BJ1036V3AB3 型轻型柴油货车的综合性能检测报告,与相关标准对照分析,判定该车是否合格。

1)动力性。该车动力性评价方法采用发动机综合分析仪检测无负荷功率,测得无负荷功率值与额定功率的百分比为 86.1%,大于 80% 的限值。所以该车动力性应判断为合格。

2)制动性。按照标准对该车制动检测数据进行分析。

前轴制动力指标值:(398+451)/1270×100% = 66.9%  (合格)

前轴制动力平衡指标值:(428-348)/451×100% = 17.7%  (合格)

后轴制动力指标值:(300+283)/939×100% = 62.1%  (不判定)

后轴制动力平衡指标值:(236-185)/300×100% = 17.0%  (合格)

驻车制动力指标值:(380+347)/2209×100% = 32.9%  (合格)

整车制动力指标值:(398+451+300+283)/2209×100% = 64.8%  (合格)

四个车轮的阻滞率分别为 1.8%、2.8%、1.9%、2.1%,均未超过 5% 的限值,合格。

综合判定,该车制动性能合格。

3)转向操纵性。该车转向轮横向侧滑量:外 3.7m/km,即 -3.7m/km,应判定为合格。

转向盘的最大自由转动量:该车最大设计车速大于 100km/h,最大自由转动量为 14°,应判定为合格。

4)前照灯。该车前照灯采用两灯制,所以参照标准判定如下。

发光强度,左灯为 53700cd,右灯为 52400cd,合格。

水平偏差:远光单光束(左)为 0mm,(右)为 3mm,合格。

垂直偏差:远光单光束(左)为 $1.0H$,(右)为 $0.99H$,合格。

根据车辆前照灯实际使用情况,多数地区综合性能检测站一般只将前照灯发光强度作为考核项目,其他作为参考项,该车发光强度数据达标,应判定为合格。

5)排放。该车装配压燃式发动机(燃油类型为柴油),为 2001 年之后上牌的在用车,应采用自由加速试验测排气污染物方式测量排放情况。

表中测得的光吸收系数值为 $1.72m^{-1}$,所以应判定为合格。

6)噪声。该车喇叭声级测试为 85.0dB(A),应判定为不合格。

7)车速表。该车在车速试验台上测得的值为 38.3km/h,应判定为合格。

8)整车装备外观。该车外检项目全部合格,所以判定为外检合格。

9)结论。综合该车各项检测参数,虽有"喇叭声级"一项不合格,但综合性能检测站一般将此项当作非关键项,仅作参考,所以该检测报告最终的评判为合格。

## 第三节  对汽车技术状况的综合评定

### 一、二手车技术状况的分级标准

1. 二手车各级车的定义

国标 GB/T 30323—2013《二手车鉴定评估技术规范》按照汽车技术状况的不同,将二手车划分为五个等级,即一级车、二级车、三级车、四级车和五级车。各级车的定义如下。

1) 一级车是指被鉴定车辆的技术状况为优秀。
2) 二级车是指被鉴定车辆的技术状况为良好。
3) 三级车是指被鉴定车辆的技术状况为一般。
4) 四级车是指被鉴定车辆的技术状况为较差。
5) 五级车是指被鉴定车辆的技术状况为存在重大碰撞事故、泡水痕迹的车辆。

2. 二手车技术鉴定各部分检查项目计分的办法

(1) 技术鉴定检查项目的分类办法　首先根据二手车技术鉴定检查项目所在部位与项目性质将其划分为车身外观、发动机舱、驾驶舱、发动机起动、路试检查、底部检查和功能性部件检查七大类。

(2) 各类检查项目的数量与满分值
1) 车身外观检查项目有 26 项,共计分数 20 分。
2) 发动机舱检查项目有 10 项,共计分数 20 分。
3) 驾驶舱检查项目有 15 项,共计分数 10 分。
4) 发动机起动检查项目有 10 项,共计分数 20 分。
5) 路试检查项目有 10 项,共计分数 15 分。
6) 底盘检查项目有 8 项,共计分数 15 分。
7) 功能性零部件检查项目 21 项(可根据汽车配置不同进行增减),只进行缺陷描述,不计分。

(3) 车辆技术鉴定总分的计算办法
1) 依次对以上七大类各个分项进行技术鉴定与检查,并确定每个分项的分值。
2) 然后将各个项目的分值累加,即求得二手车整车的鉴定总分,总分的满分为 100 分。
3) 最后按照被鉴定车辆实得鉴定总分对其进行等级划分。

3. 二手车分级标准

二手车各级车技术状况等级的分值区间对应(即车辆技术等级与技术鉴定总分的对应关系)见表 5-15。

表 5-15　各级车技术状况等级的分值区间对应表

| 技术状况等级 | 分 值 区 间 | 技术状况等级 | 分 值 区 间 |
| --- | --- | --- | --- |
| 一级车 | 鉴定总分≥90 | 四级车 | 鉴定总分<20 |
| 二级车 | 60≤鉴定总分<90 | 五级车 | 重大事故车 |
| 三级车 | 20≤鉴定总分<60 | | |

## 二、二手车六大分项技术鉴定分值的具体分布

1. 车身外观检查项目与扣分标准

车身外观检查项目与扣分标准详见图 5-20 及其注解以及表 5-16。

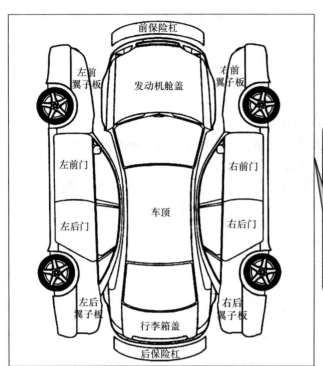

1) 车身外观检查共设发动机舱盖表面、左前翼子板等26个检查项目,每出现一个程度为1的扣0.5分,程度为2的扣1分,程度为3的扣1.5分,程度为4的扣2分。轮胎部分须符合程度4的标准,不符合的扣1分。

2) 车身外观检查共计20分,扣完为止。若扣分总和大于20分,则以后项目得分以0计,车身外观检查项目与扣分标准见表5-18。

3) 车身外观项目的定义描述为车身检查部位代号+缺陷状态代号+缺陷程度代号
例如:18XS3 表示
右后翼子板有锈斑,面积大于200mm×300mm。

图 5-20  车身外观展开示意图

**表 5-16  车身外观检查项目与扣分标准**

| 序号 | 检查部位 | 部位代码 | 缺陷状态与代号 | | | | | | 缺陷程度代号与扣分标准 | | | | 扣分 | 得分 |
|---|---|---|---|---|---|---|---|---|---|---|---|---|---|---|
| | | | 划痕 | 变形 | 锈蚀 | 裂纹 | 凹陷 | 修复痕迹 | 1 | 2 | 3 | 4 | | |
| | | | HH | BX | XS | LW | AX | XF | 扣0.5分 | 扣1分 | 扣1.5分 | 扣2分 | | |
| 1 | 发动机舱盖表面 | 14 | | | | | | | | | | | | |
| 2 | 左前翼子板 | 15 | | | | | | | | | | | | |
| 3 | 左后翼子板 | 16 | | | | | | | | | | | | |
| 4 | 右前翼子板 | 17 | | | | | | | | | | | | |
| 5 | 右后翼子板 | 18 | | | | | | | | | | | | |
| 6 | 左前车门 | 19 | | | | | | | | | | | | |
| 7 | 右前车门 | 20 | | | | | | | | | | | | |
| 8 | 左后车门 | 21 | | | | | | | | | | | | |
| 9 | 右后车门 | 22 | | | | | | | | | | | | |
| 10 | 行李箱盖 | 23 | | | | | | | | | | | | |
| 11 | 行李箱内侧 | 24 | | | | | | | | | | | | |
| 12 | 车顶 | 25 | | | | | | | | | | | | |
| 13 | 前保险杠 | 26 | | | | | | | | | | | | |

# 第五章 汽车技术状况的仪器检测与综合评定

（续）

| 序号 | 检查部位 | 部位代码 | 缺陷状态与代号 | | | | | | 缺陷程度代号与扣分标准 | | | | 扣分 | 得分 |
|---|---|---|---|---|---|---|---|---|---|---|---|---|---|---|
| | | | 划痕 | 变形 | 锈蚀 | 裂纹 | 凹陷 | 修复痕迹 | 1 | 2 | 3 | 4 | | |
| | | | HH | BX | XS | LW | AX | XF | 扣0.5分 | 扣1分 | 扣1.5分 | 扣2分 | | |
| 14 | 后保险杠 | 27 | | | | | | | | | | | | |
| 15 | 左前轮 | 28 | | | | | | | | | | | | |
| 16 | 左后轮 | 29 | | | | | | | | | | | | |
| 17 | 右前轮 | 30 | | | | | | | | | | | | |
| 18 | 右后轮 | 31 | | | | | | | | | | | | |
| 19 | 前照灯 | 32 | | | | | | | | | | | | |
| 20 | 后尾灯 | 33 | | | | | | | | | | | | |
| 21 | 前风窗玻璃 | 34 | | | | | | | | | | | | |
| 22 | 后风窗玻璃 | 35 | | | | | | | | | | | | |
| 23 | 四门风窗玻璃 | 36 | | | | | | | | | | | | |
| 24 | 左后视镜 | 37 | | | | | | | | | | | | |
| 25 | 右后视镜 | 38 | | | | | | | | | | | | |
| 26 | 轮胎 | 39 | | | | | | | | | | | | |
| | 总计 | | | | | | | | | | | | | |

注：缺陷程度代号的含义如下

1 表示缺陷面积小于或等于100mm×100mm。

2 表示缺陷面积大于100mm×100mm且小于或等于200mm×300mm。

3 表示缺陷面积大于200mm×300mm。

4 表示轮胎花纹深度小于1.6mm。

## 2. 发动机舱检查项目与扣分标准

发动机舱检查项目与扣分标准见表5-17。

表5-17 发动机舱检查项目与扣分标准

| 序号 | 检查项目 | 部位代码 | 选择项与扣分标准 | | | | | | 扣分 | 得分 |
|---|---|---|---|---|---|---|---|---|---|---|
| | | | A项 | 扣分标准 | B项 | 扣分标准 | C项 | 扣分标准 | | |
| 1 | 机油有无冷却液混入 | 40 | 无 | 0 | 轻微 | 15 | 严重 | 15 | | |
| 2 | 气缸盖外是否有机油渗漏 | 41 | 无 | 0 | 轻微 | 5 | 严重 | 5 | | |
| 3 | 前翼子板内缘、散热器框架、横拉梁有无凹凸或修复痕迹 | 42 | 无 | 0 | 轻微 | 1.5 | 严重 | 3 | | |
| 4 | 散热器格栅有无破损 | 43 | 无 | 0 | 轻微 | 1.5 | 严重 | 3 | | |
| 5 | 蓄电池电极桩柱有无腐蚀 | 44 | 无 | 0 | 轻微 | 2 | 严重 | 4 | | |
| 6 | 蓄电池电解液有无渗漏、缺少 | 45 | 无 | 0 | 轻微 | 1.5 | 严重 | 3 | | |

(续)

| 序号 | 检查项目 | 部位代码 | 选择项与扣分标准 ||||| 扣分 | 得分 |
|---|---|---|---|---|---|---|---|---|---|
| | | | A项 | 扣分标准 | B项 | 扣分标准 | C项 | 扣分标准 | | |
| 7 | 发动机传动带有无老化 | 46 | 无 | 0 | 轻微 | 1.5 | 严重 | 3 | | |
| 8 | 油管、水管有无老化、裂痕 | 47 | 无 | 0 | 轻微 | 1.5 | 严重 | 3 | | |
| 9 | 线束有无老化、破损 | 48 | 无 | 0 | 轻微 | 1.5 | 严重 | 3 | | |
| 10 | 其他 | 49 | 只描述缺陷，不扣分 ||||| | |
| | 总计 | ||||||| | |

1) 发动机舱检查项目共设10项（"其他"不计入描述项目），每项检查为3分，选择A不扣分。
2) 第40项选择B或C扣15分；第41项选择B或C扣5分。第44项选择B扣2分；选择C扣4分；其余各项选择B扣1.5分；选择C扣3分。
3) 如检查第40项时发现机油有冷却液混入，检查第41项时发现气缸盖外有机油渗漏，则应在二手车鉴定评估报告或二手车技术状况表的技术状况缺陷描述中分别予以注明，并提示修复前不宜使用。
4) 发动机舱检查共计20分，扣完为止。若扣分总和大于20分，则以后的项目得分以0计。

3. 驾驶舱检查项目与扣分标准

驾驶舱检查项目与扣分标准见表5-18。

表5-18 驾驶舱检查项目与扣分标准

| 序号 | 检查项目 | 部位代码 | 选择项与扣分标准 |||| 扣分 | 得分 |
|---|---|---|---|---|---|---|---|---|
| | | | A项 | 扣分标准 | C项 | 扣分标准 | | |
| 1 | 车内是否无水泡痕迹 | 50 | 是 | 0 | 否 | 1.5 | | |
| 2 | 车内后视镜、座椅是否完整、无破损、功能正常 | 51 | 是 | 0 | 否 | 0.5 | | |
| 3 | 车内是否整洁、无异味 | 52 | 是 | 0 | 否 | 0.5 | | |
| 4 | 转向盘自由行程转角是否小于15° | 53 | 是 | 0 | 否 | 1 | | |
| 5 | 车顶及周边内饰是否无破损、松动及裂缝和污迹 | 54 | 是 | 0 | 否 | 1 | | |
| 6 | 仪表板是否无划痕，配件是否无缺失 | 55 | 是 | 0 | 否 | 1 | | |
| 7 | 变速杆及护罩是否完好、无破损 | 56 | 是 | 0 | 否 | 1 | | |
| 8 | 储物盒是否无裂痕，配件是否无缺失 | 57 | 是 | 0 | 否 | 1 | | |
| 9 | 天窗是否移动灵活、关闭正常 | 58 | 是 | 0 | 否 | 1 | | |
| 10 | 门窗密封条是否良好、无老化 | 59 | 是 | 0 | 否 | 1 | | |
| 11 | 安全带结构是否完整、功能是否正常 | 60 | 是 | 0 | 否 | 1 | | |
| 12 | 驻车制动系统是否灵活有效 | 61 | 是 | 0 | 否 | 1 | | |
| 13 | 玻璃窗升降器、门窗工作是否正常 | 62 | 是 | 0 | 否 | 1 | | |
| 14 | 左、右后视镜折叠装置工作是否正常 | 63 | 是 | 0 | 否 | 1 | | |

(续)

| 序号 | 检查项目 | 部位代码 | 选择项与扣分标准 | | | | 扣分 | 得分 |
|---|---|---|---|---|---|---|---|---|
| | | | A项 | 扣分标准 | C项 | 扣分标准 | | |
| 15 | 其他 | 64 | 只描述缺陷,不扣分 | | | | | |
| | 总计 | | | | | | | |

> 1) 驾驶舱检查项目共有15项("其他"不计入描述项目),每项检查设有A和C两个选项,选择A不扣分。
> 2) 第50项选择C扣1.5分;第51、52项选择C扣0.5分;其余各项选择C扣1分。
> 3) 如检查第60项时发现安全带结构不完整或功能不正常,则应在二手车鉴定评估报告或二手车技术状况鉴定书的技术状况缺陷描述中予以注明,并提示修复或更换前不宜使用。
> 4) 驾驶舱检查共计10分,扣完为止。若扣分总和大于10分,则以后项目得分以0分计。

4. 发动机起动检查项目与扣分标准

发动机起动检查项目与扣分标准见表5-19。

表5-19 发动机起动检查项目与扣分标准

| 序号 | 检查项目 | 部位代码 | 选择项与扣分标准 | | | | 扣分 | 得分 |
|---|---|---|---|---|---|---|---|---|
| | | | A项 | 扣分标准 | C项 | 扣分标准 | | |
| 1 | 车辆起动是否顺畅(时间少于5s,或一次起动) | 65 | 是 | 0 | 否 | 2 | | |
| 2 | 仪表板指示灯显示是否正常,无故障报警 | 66 | 是 | 0 | 否 | 2 | | |
| 3 | 各类灯光和调节功能是否正常 | 67 | 是 | 0 | 否 | 1 | | |
| 4 | 泊车辅助系统工作是否正常 | 68 | 是 | 0 | 否 | 0.5 | | |
| 5 | 制动防抱死系统(ABS)工作是否正常 | 69 | 是 | 0 | 否 | 0.5 | | |
| 6 | 空调系统风量、方向调节、分区控制、自动控制、制冷工作是否正常 | 70 | 是 | 0 | 否 | 0.5 | | |
| 7 | 发动机在冷、热车条件下急速运转是否稳定 | 71 | 是 | 0 | 否 | 0.5 | | |
| 8 | 急速运转时发动机是否无异响;空档状态下逐渐增加发动机转速,发动机声音过渡是否无异响 | 72 | 是 | 0 | 否 | 10 | | |
| 9 | 车辆排气是否无异常 | 73 | 是 | 0 | 否 | 10 | | |
| 10 | 其他 | 74 | 只描述缺陷,不扣分 | | | | | |
| | 总计 | | | | | | | |

> 1) 发动机起动检查项目共有10项("其他"不计入描述项目),每项检查设有A和C两个选项,选择A不扣分。
> 2) 第65、66项选择C扣2分;第67项选择C扣1分;第68至71项选择C扣0.5分;第72、73项选择C扣10分。
> 3) 如检查第66项时发现仪表板指示灯显示异常或出现故障报警,则应查明原因,并在二手车鉴定评估报告或二手车技术状况鉴定书的技术状况缺陷描述中予以注明。
> 4) 发动机起动检查共计20分,扣完为止。若扣分总和大于20分,则以后项目得分以0分计。

### 5. 路试检查项目与扣分标准

路试检查项目与扣分标准见表5-20。

**表5-20 路试检查项目与扣分标准**

| 序号 | 检查项目 | 部位代码 | 选择项与扣分标准 | | | | 扣分 | 得分 |
|---|---|---|---|---|---|---|---|---|
| | | | A项 | 扣分标准 | C项 | 扣分标准 | | |
| 1 | 发动机运转、加速是否正常 | 75 | 是 | 0 | 否 | 2 | | |
| 2 | 车辆起动前踩下制动踏板,保持5~10s,踏板无向下移动的现象 | 76 | 是 | 0 | 否 | 2 | | |
| 3 | 踩住制动踏板起动发动机,踏板是否向下移动 | 77 | 是 | 0 | 否 | 2 | | |
| 4 | 行车制动系统最大制动效能在踏板全行程的4/5以内达到 | 78 | 是 | 0 | 否 | 2 | | |
| 5 | 行驶是否无跑偏 | 79 | 是 | 0 | 否 | 2 | | |
| 6 | 制动系统工作是否正常有效、制动不跑偏 | 80 | 是 | 0 | 否 | 2 | | |
| 7 | 变速器工作是否正常、无异响 | 81 | 是 | 0 | 否 | 2 | | |
| 8 | 行驶过程中车辆底盘部位是否无异响 | 82 | 是 | 0 | 否 | 2 | | |
| 9 | 行驶过程中车辆转向部位是否无异响 | 83 | 是 | 0 | 否 | 2 | | |
| 10 | 其他 | 84 | 只描述缺陷,不扣分 | | | | | |
| 总计 | | | | | | | | |

1) 路试检查项目共有10项("其他"不计入描述项目),每项检查设有A和C两个选项,选择A不扣分,选择C扣2分。
2) 如检查第80项时发现制动系统出现制动距离长、跑偏等不正常现象,则应在二手车鉴定评估报告或二手车技术状况鉴定书的技术状况缺陷描述中予以注明,并提示修复或更换前不宜使用。
3) 路试检查共计15分,扣完为止。若扣分总和大于15分,则以后项目得分以0分计。

### 6. 底盘检查项目与扣分标准

底盘检查项目与扣分标准见表5-21。

**表5-21 底盘检查项目与扣分标准**

| 序号 | 检查项目 | 部位代码 | 选择项与扣分标准 | | | | 扣分 | 得分 |
|---|---|---|---|---|---|---|---|---|
| | | | A项 | 扣分标准 | C项 | 扣分标准 | | |
| 1 | 发动机油底壳是否无渗漏 | 85 | 是 | 0 | 否 | 4 | | |
| 2 | 变速器箱体是否无渗漏 | 86 | 是 | 0 | 否 | 4 | | |
| 3 | 转向节臂球销是否无松动 | 87 | 是 | 0 | 否 | 3 | | |
| 4 | 三角臂球销是否无松动 | 88 | 是 | 0 | 否 | 3 | | |
| 5 | 传动轴十字轴是否无松旷 | 89 | 是 | 0 | 否 | 2 | | |
| 6 | 减振器是否无渗漏 | 90 | 是 | 0 | 否 | 2 | | |
| 7 | 减振弹簧是否无损坏 | 91 | 是 | 0 | 否 | 2 | | |

(续)

| 序号 | 检查项目 | 部位代码 | 选择项与扣分标准 ||||  扣分 | 得分 |
|---|---|---|---|---|---|---|---|---|
| | | | A项 | 扣分标准 | C项 | 扣分标准 | | |
| 8 | 其他 | 92 | 只描述缺陷，不扣分 |||| | |
| | 总计 ||||||| |

> 1) 底盘检查项目共有8项("其他"不计入描述项目)，每项检查设有A和C两个选项，选择A不扣分。第85、86项选择C扣4分；第87、88项选择C扣3分；第89至91项选择C扣2分。
> 2) 底盘检查项目共计15分，扣完为止。

7. 功能性零部件检查项目

功能性零部件检查项目见表5-22。

表5-22 功能性零部件检查项目

| 序号 | 检查项目 || 部位代码 | 结构、功能是否坏损描述 |
|---|---|---|---|---|
| 1 | 车身外部件 | 发动机舱盖锁止 | 93 | |
| 2 | | 发动机舱盖液压撑杆 | 94 | |
| 3 | | 后门/行李箱液压支撑杆 | 95 | |
| 4 | | 各车门锁止 | 96 | |
| 5 | | 前后刮水器 | 97 | |
| 6 | | 立柱密封胶条 | 98 | |
| 7 | | 排气管及消声器 | 99 | |
| 8 | | 车轮轮毂 | 100 | |
| 9 | 驾驶舱内部件 | 车内后视镜 | 101 | |
| 10 | | 座椅调节及加热 | 102 | |
| 11 | | 仪表板出风管道 | 103 | |
| 12 | | 中央集控 | 104 | |
| 13 | 随车附件 | 备胎 | 105 | |
| 14 | | 千斤顶 | 106 | |
| 15 | | 轮胎扳手及随车工具 | 107 | |
| 16 | | 三角警示牌 | 108 | |
| 17 | | 灭火器 | 109 | |
| 18 | 其他 | 全套钥匙 | 110 | |
| 19 | | 遥控器及功能 | 111 | |
| 20 | | 音响高低音色 | 112 | |
| 21 | | 玻璃加热功能 | 113 | |

> 功能性零部件检查项目共有21项(可根据汽车配置不同进行增减)，只需对每个功能性零部件的结构、功能是否损坏进行检查，直接进行缺陷描述，不计分。

### 三、事故车(五级车)的确定

1) 检查汽车车身的 13 个部位，即车体左右对称性、左 A 柱、左 B 柱、左 C 柱、右 A 柱、右 B 柱、右 C 柱、左前纵梁、右前纵梁、左前减振器悬架部位、右前减振器悬架部位、左后减振器悬架部位、右后减振器悬架部位。

2) 观察上述 13 个部位有无事故痕迹 若任一部位有变形、扭曲、更换、烧焊、褶皱五大缺陷之一的事故痕迹，便可确定该车为事故车。

### 四、填写二手车技术状况鉴定表

二手车技术状况鉴定表包括以下四项内容。

1. 车辆基本信息

（1）内容 包括车牌号码、品牌型号、登记日期等与车辆基本属性有关的信息。此部分信息可从车辆登记的相关资料（如行驶证、机动车登记证书等）获得，如被检查车辆缺少资料或资料与实车不符，则表上信息以实车为准填写。

（2）填写规范 英文字母用大写；日期用数字表示；年份必须用 4 位，例如"2016.10.18"；表征行驶里程用数字并精确到个位数，例如"88568km"。

2. 车体表面图

车辆外表所有损伤均用检查标识系统中符号表示，无须准确定位的损伤直接写于车体相关部位的表面，须准确定位的损伤用直线一端从缺陷位置引出车体图外，然后于另一端标明损伤符号。

3. 技术状况记录

车体骨架检查部分根据检查结果直接填写缺陷描述，并根据结果在"事故车"与"正常车"选择前的方框中打"√"选择；车身检查部分根据展开图标注的缺陷直接计算扣分值后填入相应项；发动机舱检查部分在"无""轻微""严重"三项程度的选项上以画圈选择，并在相应项中填写扣分值；起动、驾驶舱、底盘、路试部分的检查在"是"与"否"两项中以画圈选择，并在相应项中填写扣分值；车辆功能性部件检查部分根据检查结果在相应项目后用打"√"或"×"表示正常或非正常的结果。

4. 鉴定评估人员报告

包括总得分、技术等级、估价方法、参考价格、评估师及审核人员签章和鉴定评估结论。总得分等于 100 分减去六部分扣分项目累计扣分，并根据事故情况和总分确定技术等级。鉴定评估结论中填写车辆总体评价或需特别说明或提示的事项。

## 本 章 小 结

1. 汽车技术状况仪器检测的特点是客观化、定量化与精确化，准确性高、能定量分析、可实现快速诊断等，并能自动分析、判断、存储、打印出汽车各项性能检测结果，故可对二手车技术鉴定评估做出详细而准确的结论。汽车仪器检测的主要内容包括发动机动力性和经济性检测、整车动力性和经济性检测、制动技术状况检测、转向轮侧滑检测、车速表校核以及汽车排放和噪声检测等。本章全面讲述了上述检测项目的检测标准、所需仪器设备以及综合性能检测报告的识读方法。

2. 为适应现代汽车电子控制系统迅猛发展的需要，本章还系统讲述了有关汽车电控系统常用检测工具与设备的结构原理与使用方法，以帮助二手车鉴定人员迅速掌握这些仪器。

3. 本章核心内容是关于汽车故障诊断仪、气缸压力表、废气分析仪、油漆厚度检测仪以及车身电子测量系统等五种最常用仪器的结构原理与使用方法，要求二手车鉴定人员熟练掌握这些仪器，正确进行二手车相应项目的技术状况检测与鉴定。

4. 二手车技术状况定量评定方法是，首先按照二手车技术状况不同将其划分为五个等级（即一级车、二级车、三级车、四级车和五级车），各级车分别定义为优秀、良好、一般、较差和事故车。其次将二手车技术鉴定检查项目划分为车身外观、发动机舱、驾驶舱、发动机起动、路试检查、底盘检查和功能性零部件检查七个大类，并规定各项目满分值分别为20分、20分、10分、20分、15分、15分（累计为100分）。最后将各个技术鉴定项目的实际鉴定得分值累加，即可求得二手车整车鉴定总分。二手车技术等级与技术鉴定总分的对应关系如下表所示。

| 技术状况等级 | 分值区间 | 技术状况等级 | 分值区间 |
| --- | --- | --- | --- |
| 一级车 | 鉴定总分≥90 | 四级车 | 鉴定总分<20 |
| 二级车 | 60≤鉴定总分<90 | 五级车 | 重大事故车 |
| 三级车 | 20≤鉴定总分<60 | | |

## 思考训练题

### 一、填空题

1. 要求二手车鉴定人员熟练掌握的五种仪器是（    ）、（    ）、（    ）、（    ）、（    ）。

2. 汽车仪器检测的主要内容除了发动机动力性和经济性检测、整车动力性和经济性检测之外，还有（    ）、（    ）、（    ）、（    ）、（    ）。

3. 二手车技术状况不同将其划分为5个等级（即一级车、二级车、三级车、四级车和五级车），各级车分别定义为（    ）、（    ）、（    ）、（    ）、（    ）。

4. 二手车技术鉴定检查项目划分为车身外观、（    ）、（    ）、（    ）、（    ）、（    ）和功能性零部件检查七个大类。

5. 一级车、二级车、三级车、四级车的分值区间分别为（    ）、（    ）、（    ）、（    ）。

6. 检查汽车车身的13个部位有无事故痕迹，若任一部位有（    ）、（    ）、（    ）、（    ）、（    ）五大缺陷之一的事故痕迹，便可确定该车为事故车。

### 二、名词解释题

1. 车身外观缺陷状态
2. 汽车故障自诊断系统
3. 汽车故障诊断仪（解码器）
4. 废气分析仪的浓度指示装置

### 三、简答题

1. 汽车技术状况仪器检测的主要特点有哪些？
2. 检测汽车电控系统常用的专用检测工具与检测仪器有哪些？
3. 汽车故障诊断仪有哪些功能？
4. 气缸压力表如何使用？
5. 涂层厚度检测仪的操作方法是什么？
6. 二手车技术状况定量评定办法是如何规定的？

# 下篇　汽车价值评估与二手车交易篇

# 第六章　二手车鉴定评估

### 学习目标：

1. 熟悉二手车鉴定评估作业总流程，掌握二手车识伪检查项目和方法，能正确识别"水货车"。

2. 掌握识别事故车辆的技巧，能够判断出事故车辆。

3. 掌握鉴定发动机舱各个部件的技巧与方法。

4. 掌握鉴定驾驶舱各个部件的技巧与方法。

5. 掌握鉴定行李箱的技巧与方法。

6. 掌握鉴定汽车底盘的技巧与方法。

7. 掌握路试前准备工作的内容与方法，能够正确做好路试前准备工作。

8. 掌握发动机性能检查方法，能正确评价发动机启动性能、怠速性能、加速性能和排放性能。

9. 掌握汽车路试检查的方法和技巧，能够正确评价汽车的动力性、制动性、行驶稳定性和平顺性等，能够判断汽车常见故障的症状和原因。

10. 掌握自动变速箱的路试检查方法，能够正确评价其性能。

11. 通过实例学习，掌握重置成本的构成与重置成本的确定方法，掌握车辆实体性贬值、功能性贬值以及经济性贬值的估算方法，能够运用重置成本法对二手车进行价值评估。

12. 通过实例学习，掌握各种确定成新率的方法（如年限法、行驶里程法、技术鉴定法、整车观测法以及部件鉴定法等），掌握成新率调整系数的构成和各类系数的选取技巧。

13. 通过实例学习，掌握现行市价法的基本原理、应用前提与特点，掌握现行市价法中的直接比较法、类比调整法和成本比率估价法。熟悉市场价格比较法基本程序，能运用市价法进行二手车价值评估。

14. 通过实例学习，掌握清算价格法原理、应用前提和使用范围，掌握清算价格法中现行市价折扣法、意向询价法和拍卖法。熟悉清算价格法的评估步骤，能够运用清算价格法对二手车进行价值评估。

15. 通过实例学习，掌握收益现值法的原理、应用前提、特点和计算方法，掌握收益现值法中各评估参数的确定,能运用收益现值法对二手车进行价值评估。

16. 通过实例学习,掌握二手车鉴定评估报告的作用、类型、基本要求、基本内容以及编写技术要点和书写格式,能够正确编写二手车鉴定评估报告。

# 第一节 二手车鉴定评估作业总流程与鉴定评估前期准备工作

## 一、二手车鉴定评估作业总流程

二手车鉴定评估作业总流程如图6-1所示。

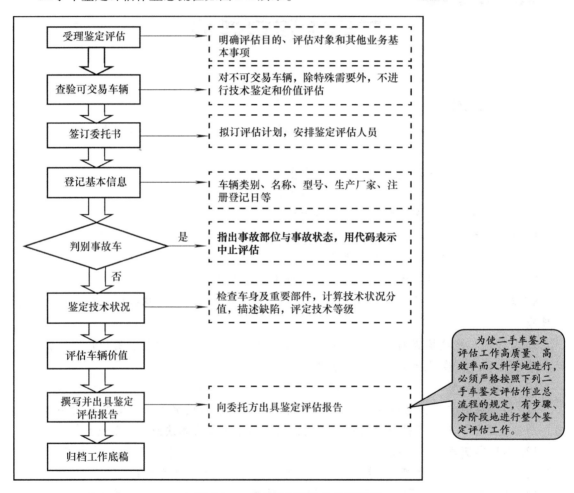

图 6-1 二手车鉴定评估作业总流程

## 二、二手车鉴定评估前期准备工作

评估前期准备工作包括业务洽谈、受理评估并签订二手车鉴定评估委托书、查验可交易车辆、登记车辆基本信息与车辆拍照等项工作。

1. 二手车业务洽谈的主要内容

(1)车主个人或单位的基本情况 车主系指车辆所有权个人或单位。应了解其名称、隶属关系和所在地等。委托人是否有车辆的处置权。

（2）车主要求的评估目的　评估目的是指评估所服务的经济行为的具体类型。它包括二手车的交易、置换、拍卖、转让、并购、投资、抵债和捐赠，以及保险、抵押贷款、担保、典当、纳税评估和司法鉴定等。一般需根据评估目的选择评估方法。

（3）评估车辆的基本情况

1）车辆类别：是乘用车还是商用车。

2）车辆名称、型号、生产厂家、燃料种类以及出厂日期。

3）车辆初次注册登记日期、已使用年限与行驶里程。

4）车辆的来历：是从市场上购买的，还是走私罚没车或是捐赠免税车。

5）车辆的车籍：即车辆牌证的发放地。

6）使用性质：是私用车、商用车，还是公务用车。

7）各种证件和手续是否齐全，是否办理保险和年检。

8）事故情况：有无发生过事故、事故的具体位置以及更换的主要零部件。

9）现时技术状况：包括发动机的排气、异响以及行驶中的转向、制动和悬架的情况等。

10）修理情况：有无大修以及修理次数等。

11）主要配置情况：与基本配置的差异，是否加装各类电控系统、音响、桃木内饰以及真皮座椅等。

通过洽谈与实地考察，摸清上述基本情况之后，就应决定是否接受委托。如接受委托，就要签订二手车鉴定评估委托书；否则应说明原因。

2. 受理评估、签订二手车鉴定评估委托书

委托书的内容与示范文本详见表6-1。

3. 拟定鉴定评估方案和下达二手车鉴定评估作业表

在签订二手车鉴定评估委托书的同时，应拟定鉴定评估方案和下达二手车鉴定评估作业表。

（1）拟定鉴定评估方案　鉴定评估方案是开展鉴定评估工作的规划和具体安排。其内容包括评估目的、评估对象和范围、评估基准日、评估程序、拟采用的评估方法与具体步骤、评估工作的具体时间安排、现场工作计划，以及协助评估人员工作的其他人员的安排等。

（2）下达二手车鉴定评估作业表　二手车鉴定评估作业表的示范文本详见表6-2。

表6-1　二手车鉴定评估委托书

```
           二手车鉴定评估委托书(示范文本)
委托书编号：_____
委托方名称(姓名)：           鉴定评估机构名称：
法人代码证(身份证)：         法人代码证：
委托方地址：                 鉴定评估机构地址：
联系人：                     联系人：
电话：                       电话：
   因  □交易 □典当 □拍卖 □置换 □抵押 □担保 □咨询 □司法裁决
□其他（须明注）需要，委托人与受托人达成委托关系，号牌号码
为_____，车辆类型为_____，车辆识别代号（VIN
码)/车架号为_____的车辆进行技术状况鉴定并出具评估报告书，
____年____月____日前完成。
```

① 二手车鉴定评估委托书是一项经济合同性质的契约，是受托方与委托方对各自权利、责任和业务的规定。
② 凡国有资产占有单位申请立项的二手车评估业务，应由委托方提供其主管部门的批复文件，并经核实后，才能签署委托书。

(续)

| 委托评估车辆基本信息 | | | | | |
|---|---|---|---|---|---|
| 车辆情况 | 厂牌型号 | | 使用用途 | 营运 □<br>非营运 □ | |
| | 总质量/座位/排量 | | 燃料种类 | | |
| | 注册登记日期 | 年 月 日 | 车身颜色 | | |
| | 已使用年限 | 年 个月 | 累计行驶里程(万 km) | | |
| | 大修次数 | 发动机(次) | 整车(次) | | |
| | 维修情况 | | | | |
| | 事故情况 | | | | |
| 价值反映 | 购置日期 | 年 月 日 | 原始价格(元) | | |
| 备注: | | | | | |

委托方:(签字、盖章)　　　　受托方:(签字、盖章)
　　　年 月 日　　　　　　　　　年 月 日

1. 委托方保证所提供的资料客观真实,并负法律责任。
2. 仅对车辆进行鉴定评估。
3. 评估依据:《机动车运行安全技术条件》(GB 7258)、《二手车鉴定评估技术规范》(GB/T 30323)等。
4. 评估结论仅对本次委托有效,不可用作其他用途。
5. 鉴定评估人员与有关当事人没有利害关系。
6. 委托方如对评估结论有异议,可于收到《二手车鉴定评估报告》之日起10日内向受托方提出,受托方应给予解释。

**表 6-2　二手车鉴定评估作业表**

二手车鉴定评估作业表(示范文本)

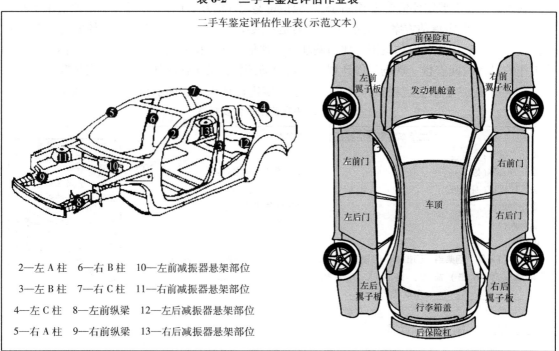

2—左 A 柱　6—右 B 柱　10—左前减振器悬架部位
3—左 B 柱　7—右 C 柱　11—左前减振器悬架部位
4—左 C 柱　8—左前纵梁　12—左后减振器悬架部位
5—右 A 柱　9—右前纵梁　13—右后减振器悬架部位

# 第六章 二手车鉴定评估

(续)

| 流水号： | | | | 鉴定评估日 | 年 月 日 | |
|---|---|---|---|---|---|---|
| 厂牌型号 | | | | 行驶里程 | 仪表 | km |
| 牌照号码 | | | | | 推定 | km |
| VIN码 | | | | 车身颜色 | | |
| 发动机号 | | | | 车主姓名/名称 | | |
| 法人代码/身份证号码 | | 首次登记日期 | | 使用性质 | | |
| | | 年 月 日 | | | | |
| 年检证明 | | □有(至___年___月) □无 | | 车船税证明 | □有(至___年___月) □无 | |
| 交强险 | | □有(至___年___月) □无 | | 购置税证书 | □有 □无 | |
| 其他法定凭证、证明 | | | □号牌 □行驶证 □登记证书 □保险单 □其他 | | | |
| 是否为事故车 | | □否 □是 | 损伤位置及损伤状况 | | | |
| 车辆主要技术缺陷描述 | | | | | | |
| 总得分 | | | | | | |
| 技术等级 | | | | | | |
| 估价方法 | | | | | | |
| 参考价值 | | | | | | |
| 评估师(签章) | | | | | | |
| 评估师证号 | | | | | | |
| 审核人(签章) | | | | | | |
| 二手车鉴定评估结论 | | | | | | |
| | | | | | 评估单位名称(盖章) | |

| | 车体骨架检查项目 | | | 驾驶舱检查 | | | 扣分 |
|---|---|---|---|---|---|---|---|
| 1 | | 车体左右对称性 | | 储物盒是否无裂痕，配件是否无缺失 | 是 | 否 | |
| 2 | 左A柱 | 8 | 左前纵梁 | 天窗是否滑动灵活、关闭正常 | 是 | 否 | |
| 3 | 左B柱 | 9 | 右前纵梁 | 门窗密封条是否良好、无老化 | 是 | 否 | |
| 4 | 左C柱 | 10 | 左前减振器悬架部位 | 安全带结构是否完整、功能是否正常 | 是 | 否 | |
| 5 | 右A柱 | 11 | 右前减振器悬架部位 | 驻车制动系统是否灵活有效 | 是 | 否 | |
| 6 | 右B柱 | 12 | 左后减振器悬架部位 | 玻璃窗升降器、门窗工作是否正常 | 是 | 否 | |
| 7 | 右C柱 | 13 | 右后减振器悬架部位 | 左后视镜折叠装置工作是否正常 | 是 | 否 | |
| 代表字母 | BX | NQ | GH | SH | ZZ | 其他 | |
| 描述 | 变形 | 扭曲 | 更换 | 烧焊 | 褶皱 | 合计扣分 | |

(续)

| 缺陷描述 | | | | 起动检查 | | 扣分 |
|---|---|---|---|---|---|---|
| 事故判定 | | □事故车 □正常车 | | 车辆起动是否顺畅(时间少于5s,或一次起动) | 是 否 | |
| 代码 | 车身检查 | 扣分 | 缺陷描述 | 仪表板指示灯显示是否正常、无故障报警 | 是 否 | |
| 14 | 发动机舱盖表面 | | 划痕 HH | 各类灯光和调节功能是否正常 | 是 否 | |
| 15 | 左前翼子板 | | 变形 BX | 泊车辅助系统工作是否正常 | 是 否 | |
| 16 | 左后翼子板 | | 锈蚀 XS | 制动防抱死系统(ABS)工作是否正常 | 是 否 | |
| 17 | 右前翼子板 | | 裂纹 LW | 空调系统风量、方向调节、分区控制、自动控制、制冷工作是否正常 | 是 否 | |
| 18 | 右后翼子板 | | 凹陷 AX | | | |
| 19 | 左前车门 | | 修复痕迹 XF | 发动机在冷、热车条件下怠速运转是否稳定 | 是 否 | |
| 20 | 右前车门 | | 缺陷程度 | 怠速运转时发动机是否无异响;空档状态下逐渐增加发动机转速,发动机声音过渡是否无异响 | 是 否 | |
| 21 | 左后车门 | | 1—面积≤(100×100)mm | | | |
| 22 | 右后车门 | | | | | |
| 23 | 行李箱盖 | | 2—(100×100)mm<面积≤(200×300)mm | 车辆排气是否无异常 | 是 否 | |
| 24 | 行李箱内侧 | | | 驻车制动系统结构是否完整 | 是 否 | |
| 25 | 车顶 | | 3—面积>(200×300)mm | 其他 | | |
| 26 | 前保险杠 | | | 合计扣分 | | |
| 27 | 后保险杠 | | 4—轮胎花纹深度<1.6mm | 路试检查 | | 扣分 |
| 28 | 左前轮 | | 缺陷描述 | 发动机运转、加速是否正常 | 是 否 | |
| 29 | 左后轮 | | | 车辆起动前踩下制动踏板,保持5~10s,踏板无向下移动的现象 | 是 否 | |
| 30 | 右前轮 | | | | | |
| 31 | 右后轮 | | | 踩住制动踏板起动发动机,踏板是否向下移动 | 是 否 | |
| 32 | 前照灯 | | | 行车制动系统最大制动效能在踏板全行程的4/5以内达到 | 是 否 | |
| 33 | 后尾灯 | | | | | |
| 34 | 前风窗玻璃 | | | 行驶是否无跑偏 | 是 否 | |
| 35 | 后风窗玻璃 | | | 制动系统工作是否正常有效、制动不跑偏 | 是 否 | |
| 36 | 四门车窗玻璃 | | | 变速器工作是否正常、无异响 | 是 否 | |
| 37 | 左后视镜 | | | 行驶过程中车辆底盘部位是否无异响 | 是 否 | |
| 38 | 右后视镜 | | | 行驶过程中车辆转向系统是否无异响 | 是 否 | |
| 39 | 轮胎 | | | 其他 | | |
| | 其他项目 | | | 合计扣分 | | |
| | 合计扣分 | | | 底盘检查 | | 扣分 |
| 发动机舱检查 | | 程度 | 扣分 | 发动机油底壳是否无渗漏 | 是 否 | |
| 机油有无冷却液混入 | | 无 轻微 严重 | | 变速器体是否无渗漏 | 是 否 | |
| 缸盖外是否有机油渗漏 | | 无 轻微 严重 | | 转向节臂球销是否无松动 | 是 否 | |
| 前翼子板内缘、散热器框架、横拉梁有无凹凸或修复痕迹 | | 无 轻微 严重 | | 三角臂球销是否无松动 | 是 否 | |
| | | | | 传动轴十字轴是否无松旷 | 是 否 | |
| 散热器格栅有无破损 | | 无 轻微 渗漏 | | 减振器是否无渗漏 | 是 否 | |

(续)

| 发动机舱检查 | 程度 | | | 扣分 | 底盘检查 | | 扣分 |
|---|---|---|---|---|---|---|---|
| 蓄电池电极桩柱有无腐蚀 | 无 | 轻微 | 严重 | | 减振弹簧是否无损坏 | 是 否 | |
| 蓄电池电解液有无渗漏、缺少 | 无 | 轻微 | 严重 | | 其他 | | |
| 发动机传动带有无老化 | 无 | 轻微 | 严重 | | 合计扣分 | | |
| 油管、水管有无老化、裂痕 | 无 | 轻微 | 裂痕 | | 车辆功能性零部件列表 | | |
| 线束有无老化、破损 | 无 | 轻微 | 破损 | | 发动机舱盖锁止 | 仪表板出风管道 | |
| 其他 | | | | | 发动机舱盖液压撑杆 | 中央集控 | |
| 合计扣分 | | | | | 后门液压支撑杆 | 备胎 | |
| 驾驶舱检查 | | | | 扣分 | 行李箱液压支撑 | 千斤顶 | |
| 车内是否无水泡痕迹 | | | 是 | 否 | 各车门锁止 | 轮胎扳手及随车工具 | |
| 车内后视镜、座椅是否完整、无破损、功能正常 | | | 是 | 否 | 前刮水器 | 三角警示牌 | |
| 车内是否整洁、无异味 | | | 是 | 否 | 后刮水器 | 灭火器 | |
| 转向盘自由行程转角是否小于20° | | | 是 | 否 | 立柱密封胶条 | 全套钥匙 | |
| 车顶及周边内饰是否无破损、松动及裂缝和污迹 | | | 是 | 否 | 排气管及消声器 | 遥控器及功能 | |
| | | | | | 车轮轮毂 | 喇叭高低音色 | |
| 仪表板是否无划痕,配件是否无缺失 | | | 是 | 否 | 车内后视镜 | 玻璃加热功能 | |
| 变速杆及护罩是否完好、无破损 | | | 是 | 否 | 座椅调节与加热 | | |

**4. 查验可交易车辆**

主要内容包括查验机动车的七种法定证件与查验四类机动车应纳税费凭证。

（1）查验机动车来历凭证 主要包括以下八个方面的内容。

1）凡在国内购买的机动车，其来历凭证为全国统一的新机动车销售发票（图6-2），或是二手车交易发票（图6-3）。而在国外购买的机动车来历证明为该车销售单位开具的销售发票及其翻译文本，但海关监管的机动车则不需要提供来历证明。

2）经人民法院调解、裁定或判决转移的机动车，其来历凭证为人民法院出具的已经生效的《调解书》《裁定书》或《判决书》，以及相应的《协助执行通知书》。

3）经仲裁机构仲裁裁决转移的机动车，其来历凭证为《仲裁裁决书》和人民法院出具的《协助执行通知书》。

4）继承、赠予、中奖、协议离婚和协议抵偿债务的机动车，其来历凭证为继承、赠予、中奖、协议离婚和协议抵偿债务的相关文书和公证机关出具的《公证书》。

5）资产重组或资产整体买卖中所包含的机动车，其来历凭证为资产主管部门的批准文件。

6）机关、企业、事业单位和社会团体统一采购并调拨到下属单位未注册登记的机动车，其来历凭证为全国统一的机动车销售发票和该部门出具的调拨证明。

7）机关、企业、事业单位和社会团体已经注册登记并调拨到下属单位的机动车，其来历凭证为该单位出具的调拨证明。被上级单位调回或调拨到其他下属单位的机动车，其来历

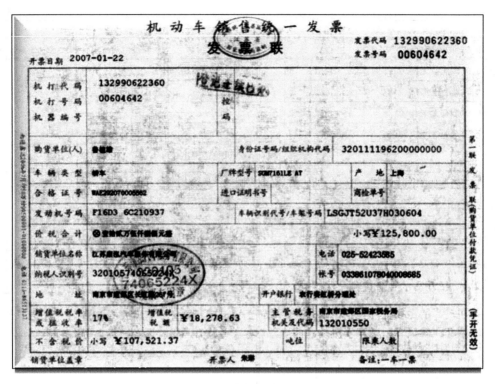

图 6-2　新车销售统一发票

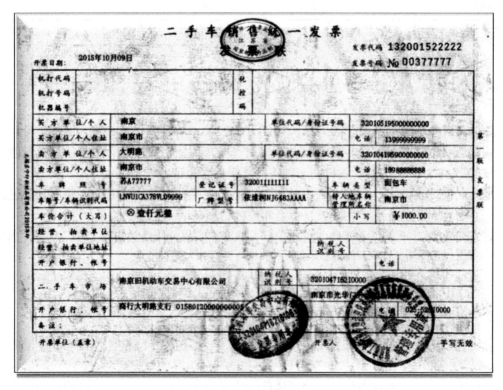

图 6-3　二手车销售统一发票

凭证为上级单位出具的调拨证明。

8) 经公安机关破案发还的被盗抢且已向原机动车所有人理赔完毕的机动车, 其来历凭证为保险公司开具的《权益转移证明书》。

(2) 查验机动车行驶证 《中华人民共和国机动车登记管理办法》规定机动车行驶证是二手车过户、转籍必不可少的证件。《中华人民共和国机动车行驶证》(GA37—2008)规定了机动车行驶证的样式, 如图6-4所示。

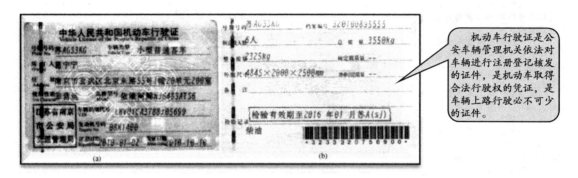

图6-4 机动车行驶证

《中华人民共和国道路交通安全法》第十一条规定: 驾驶机动车上路行驶, 应当悬挂机动车号牌, 放置检验合格标志和保险标志, 并随车携带机动车行驶证。未随车携带机动车行驶证的, 根据《中华人民共和国道路交通安全法》第95条规定, 罚款20~200元, 并扣1分, 扣车, 违法代码1110。使用伪造、变造机动车行驶证的, 根据《中华人民共和国道路交通安全法》第96条规定, 罚款200~2000元, 并扣12分, 扣车, 违法代码5702。使用其他车辆行驶证的, 根据《中华人民共和国道路交通安全法》第96条规定, 罚款200~2000元, 并扣12分, 扣车, 违法代码5705。

(3) 查验机动车登记证书 根据《中华人民共和国机动车登记管理办法》(2001年10月1日起实施) 规定, 凡在我国境内道路上行驶的机动车, 应当按照规定到公安车辆管理部门办理登记, 并核发机动车牌号、《机动车行驶证》和《机动车登记证书》(图6-5)。

(4) 查验机动车号牌 小型汽车的号牌如图6-6所示。

1) 机动车号牌的类型与规格: 机动车号牌应按照GA36—2014公共安全行业标准《中华人民共和国机动车号牌》制作。关于机动车号牌的检查与识伪详见图6-7。

2) 机动车号牌的检查与识伪。

① 机动车号牌的检查: 首先检查号牌的固封是否完好, 有无被敲过的痕迹。因为号牌的固封装置国家明文规定由发牌机关统一负责装、换, 任何单位与个人均无权拆卸, 并作为车辆检验的一项内容。其封帽上是否打有标志, 例如凡北京的车辆应有"京"字、上海应有"沪"字等。检查号牌有无凹凸不平或折痕。号牌的字体大小一致、间隔均匀, 应清楚且富有立体质感, 无补洞。其字体上的荧光漆光滑、平整、清洁。

② 机动车号牌的识伪: 首先看号牌的识伪标记; 其次看号牌底漆颜色的深浅; 三看号牌的白底色或白字体是否涂以反光材料; 四是看字体是否清晰, 是否按规格冲压边框。对于号牌的固封有被破坏痕迹的车辆, 必须引起高度重视, 并查明原因, 以确认号牌的真伪。

①《机动车登记证书》犹如机动车的"户口本",它记载了机动车与机动车所有人的详细资料。一些评估参数,如机动车使用性质的确定等必须从其获取。

② 同时,它还可以作为到银行办理抵押贷款的有效资产证明。

③ 当机动车所有人申请办理机动车各项登记业务时均应出具《机动车登记证书》。

④ 当登记信息发生变动时,机动车所有人应当及时到车辆管理所办理更改手续。

⑤ 当机动车所有权发生转移时,原机动车所有人应当将《机动车登记证书》随车交给现机动车所有人。

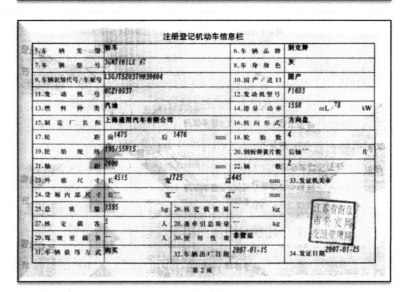

图 6-5　机动车登记证书

图 6-6　小型汽车号牌(蓝底白字白线框)

3) 关于特殊车辆号牌的特殊规定。

① 凡驻华使馆或领事馆车辆,需分别悬挂"使"字、或"领"字车牌。

② 凡属挂车、警车或教练车,需分别悬挂"挂"字、"警"字或"学"字车牌。

③ 凡属中国香港或澳门特别行政区出入内地车辆,需分别悬挂"港"字或"澳"字

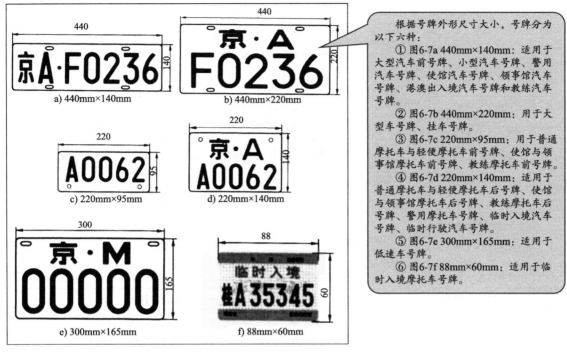

图 6-7　机动车号牌的尺寸规格

根据号牌外形尺寸大小，号牌分为以下六种：

① 图6-7a 440mm×140mm：适用于大型汽车前号牌、小型汽车号牌、警用汽车号牌、使馆汽车号牌、领事馆汽车号牌、港澳出入境汽车号牌和教练汽车号牌。

② 图6-7b 440mm×220mm：用于大型车号牌、挂车号牌。

③ 图6-7c 220mm×95mm：用于普通摩托车与轻便摩托车前号牌、使馆与领事馆摩托车前号牌、教练摩托车前号牌。

④ 图6-7d 220mm×140mm：适用于普通摩托车与轻便摩托车后号牌、使馆与领事馆摩托车后号牌、教练摩托车后号牌、警用摩托车号牌、临时入境汽车号牌、临时行驶汽车号牌。

⑤ 图6-7e 300mm×165mm：适用于低速车号牌。

⑥ 图6-7f 88mm×60mm：适用于临时入境摩托车号牌。

车牌。

4) 关于机动车号牌的位置规定与安装要求。

① 机动车号牌应当悬挂在车前与车后的指定位置，并保持清晰、完整。

② 凡重型、中型载货汽车及其挂车、拖拉机及其挂车的车身或者车厢后部，应当喷涂放大的牌号，字样应当端正、清晰。

③ 前号牌须安装在车辆前端中间或偏右，后号牌须安装在车辆后端中间或偏左，应不影响车辆安全行驶与号牌的识别。号牌的安装要保证无任何变形与遮盖，号牌横向保持水平、纵向基本垂直于地面，且纵向夹角不超过15°。

④ 凡使用号牌架辅助安装的，号牌架内侧边缘距离车辆登记编号字符边缘应大于5mm。

⑤ 除临时行驶车辆号牌与临时入境车辆号牌外，其他车辆号牌安装时，每面至少要用两个统一的压有发牌机关代号的专用固封装置固定。临时行驶车辆号牌与临时入境车辆号牌应放置在前风窗玻璃右侧，临时入境摩托车号牌应随身携带。机动车号牌的分类、规格、颜色与适用范围详见表6-3。

表6-3　机动车号牌分类、规格、颜色、适用范围（GA36—2014）

| 序号 | 分类 | 外廓尺寸/（mm×mm） | 颜色 | 数量 | 适用范围 |
| --- | --- | --- | --- | --- | --- |
| 1 | 大型汽车号牌 | 前：440×140<br>后：440×220 | 黄底黑字黑框线 | 2 | 中型（含）以上载客、载货汽车和专项作业车，半挂牵引车，电车 |
| 2 | 挂车号牌 | 440×220 | | 1 | 全挂车和不与牵引车固定使用的半挂车 |

(续)

| 序号 | 分类 | 外廓尺寸/(mm×mm) | 颜色 | 数量 | 适用范围 |
|---|---|---|---|---|---|
| 3 | 小型汽车号牌 | 440×140 | 蓝底白字白框线 | 2 | 中型以下的载客、载货汽车和专项作业车 |
| 4 | 使馆汽车号牌 | | 黑底白字,红"使"字白框线 | 2 | 驻华使馆的汽车 |
| 5 | 领馆汽车号牌 | | 黑底白字,红"领"字白框线 | 2 | 驻华领事馆的汽车 |
| 6 | 港澳入出境车号牌 | | 黑底白字,白"港""澳"字白框线 | 2 | 港澳地区出入内地的汽车 |
| 7 | 教练汽车号牌 | | 黄底黑字,黑"学"字黑框线 | 2 | 教练用汽车 |
| 8 | 警用汽车号牌 | | 白底黑字,红"警"字黑框线 | 2 | 汽车类警车 |
| 9 | 普通摩托车 | 前:220×95 后:220×140 | 黄底黑字黑框线 | 1 | 普通二轮摩托车和普通三轮摩托车 |
| 10 | 轻便摩托车号牌 | | 蓝底白字白框线 | 1 | 轻便摩托车 |
| 11 | 使馆摩托车号牌 | | 黑底白字,红"使"字白框线 | 1 | 驻华使馆的摩托车 |
| 12 | 领馆摩托车号牌 | | 黑底白字,红"领"字白框线 | 1 | 驻华领事馆的摩托车 |
| 13 | 教练摩托车 | | 黄底黑字,黑"学"字黑框线 | 1 | 教练用摩托车 |
| 14 | 警用摩托车号牌 | 220×140 | 白底黑字,红"警"字黑框线 | 1 | 摩托车类警车 |
| 15 | 低速汽车(原农用运输车)号牌 | 300×165 | 黄底黑字黑框线 | 2 | 三轮、四轮农用运输车,轮式自行专用机械和蓄电池车等 |
| 16 | 临时行驶车号牌 | 220×140 | 天(酞)蓝底纹,黑字黑框线 | 2 | 行政辖区内临时行驶的载客汽车 |
| | | | | 1 | 行政辖区内临时行驶的其他机动车 |
| | | | 棕黄底纹,黑字黑框线 | 2 | 跨行政辖区内临时移动的载客汽车 |
| | | | | 1 | 跨行政辖区内临时移动的其他机动车 |
| | | | 棕黄底纹,黑字黑框线,黑"试"字 | 2 | 试验用载客汽车 |
| | | | | 1 | 试验用其他机动车 |
| | | | 棕黄底纹,黑字黑框线,黑"超"字 | 1 | 特种机动车,指轴荷和总质量超限的工程专用作业车和超长、超宽、超高的运输大型不可解体物品的机动车 |
| 17 | 临时入境汽车号牌 | 220×140 | 白底棕蓝色专用底纹,黑字黑边框 | 2 | 临时入境参加旅游、比赛等活动的汽车 |
| 18 | 临时入境摩托车号牌 | 88×60 | | 1 | 临时入境参加旅游、比赛等活动的摩托车 |
| 19 | 拖拉机号牌 | 按 NY 345.1—2005 执行 | | | 上道路行驶的拖拉机 |

（5）查验机动车道路运输证　它是证明车辆合法经营的有效证件，也是记录营运车辆审验情况与对经营者奖惩的主要凭证。故道路运输证必须随车携带，在有效期内可全国通行。

道路运输证式样如图 6-8 所示。

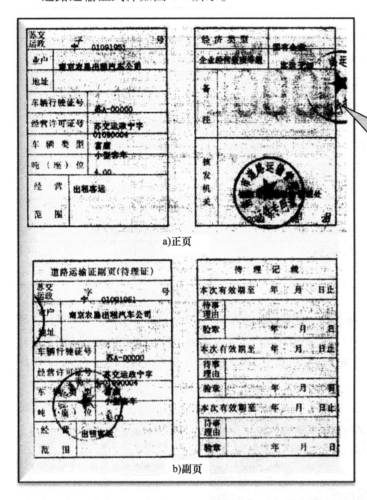

① 道路运输证由交通运输部制，分正本和副本。副本是作为查扣及处理记载依据之用。与道路运输证同时生效的还有公路运输管理费缴讫证。

② 道路运输证中营运证的主证和副页必须齐全，编号必须相同，骑缝章必须相合，填写的内容必须一致，否则视为无效证件。

③ 道路运输上有暗花数字并注明的项目应一一核对，并须验证道路运输管理证件专用章。以上字体应当清楚，规费交的类型与货车核载重量或轿车核载人数应相对应，否则视为无效证件。

图 6-8　道路运输证

（6）查验机动车安全技术检测合格标志　机动车检验合格标志如图 6-9 所示。车辆从注

机动车安全技术检测合格标志应贴在车轮前风窗玻璃右上角。应检查其有无。若无此合格标志或标志无效则该车辆不能交易。

图 6-9　机动车检验合格标志

册登记之日起，应按照表 6-4 所列期限进行安全技术检验。凡在规定检验期限之内经安全技术检验合格的车辆，不再重复检验。

表 6-4 关于机动车进行安全技术检验的规定

| 机动车类型 | | 年检次数 |
|---|---|---|
| 营运载客汽车 | 使用年限≤5 年 | 1 |
| | 使用年限>5 年 | 2(每 6 个月检验 1 次) |
| 载货汽车<br>大型非营运载客汽车<br>中型非营运载客汽车 | 使用年限≤10 年 | 1 |
| | 使用年限>10 年 | 2(每 6 个月检验 1 次) |
| 微型非营运载客汽车<br>小型非营运载客汽车 | 使用年限≤6 年 | 6 年内免上线检验 |
| | 6 年<使用年限≤15 年 | 1 |
| | 15 年<使用年限≤20 年 | 2(每 6 个月检验 1 次) |
| | 使用年限>20 年 | 4(每 3 个月检验 1 次) |
| 摩托车 | 使用年限≤4 年 | 0.5(每两年检验 1 次) |
| | 使用年限>4 年 | |
| 拖拉机和其他机动车 | | 1 |

（7）查验机动车环保检验合格标志　根据《机动车环保检验合格标志管理规定》(环发[2009]87 号)的规定：车辆环保检验合格标志按照国家新生产机动车污染物排放标准分阶段实施，分绿色环保检验合格标志和黄色环保检验合格标志两种。其式样如图 6-10 所示。

图 6-10　环保检验合格标志

凡装用点燃式发动机汽车达到国Ⅰ级及以上标准的，或装用压燃式发动机汽车达到国Ⅲ级及以上标准的，以及摩托车和轻便摩托车达到国Ⅲ级及以上标准的，核发绿色环保检验合格标志；凡未达到上述标准的机动车，核发黄色环保检验合格标志。

（8）查验机动车应纳税费凭证　主要包括以下四项内容。

1）车辆购置税完税证明：凡 2001 年以后购置的车辆均需缴纳车辆购置税，但对于某些专用车辆或某些特殊单位可减免车辆购置税，车辆购置税完税证明上均有说明。车辆购置税完税证明式样如图 6-11 所示。

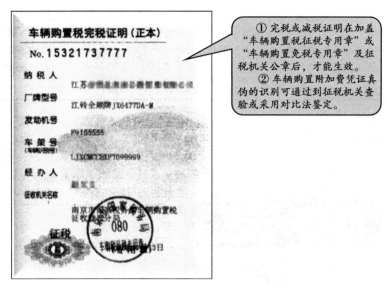

① 完税或减税证明在加盖"车辆购置税征税专用章"或"车辆购置免税专用章"及征税机关公章后，才能生效。
② 车辆购置附加费凭证真伪的识别可通过到征税机关查验或采用对比法鉴定。

图 6-11 车辆购置税完税证明

2）查验车船使用税缴付凭证：关于车船税的税目与税额详见表 6-5。车船使用税式样如图 6-12 所示。

表 6-5 关于车船税的税目与税额

| 税目 | | | 计税单位 | 年基准税额/元 | 备注 |
| --- | --- | --- | --- | --- | --- |
| 乘用车[按发动机气缸容量（排气量）分档] | <1.0L | | 每辆 | 60~360 | 核定载客人数 9 人（含）以下 |
| | >1.0~1.6L | | | 300~540 | |
| | >1.6~2.0L | | | 360~660 | |
| | >2.0~2.5L | | | 660~1200 | |
| | >2.5~3.0L | | | 1200~2400 | |
| | >3.0~4.0L | | | 2400~3600 | |
| | >4.0L | | | 3600~5400 | |
| 商用车 | 客车 | 大型 | 每辆 | 480~1440 | 核定载客人数 9 人以上，包括电车 |
| | 货车 | | 整备质量每吨 | 16~120 | 包括半挂牵引车、三轮汽车和低速载货汽车等 |
| 挂车 | | | 整备质量每吨 | 按照货车税额的 50%计算 | |
| 其他车辆 | 专用作业车 | | 整备质量每吨 | 16~120 | 不包括拖拉机 |
| | 轮式专用机械车 | | | | |
| 摩托车 | | | 每辆 | 36~180 | |

(续)

| 税目 | | 计税单位 | 年基准税额/元 | 备注 |
|---|---|---|---|---|
| 船舶 | 机动船舶 | 净吨位每吨 | 3~6 | 拖船、非机动船分别按照机动船舶税额的50%计算 |
| | 游艇 | 艇身长度每米 | 600~2000 | |

图 6-12 车船使用税式样

3）查验交强险保单和标志：其式样如图 6-13 所示。

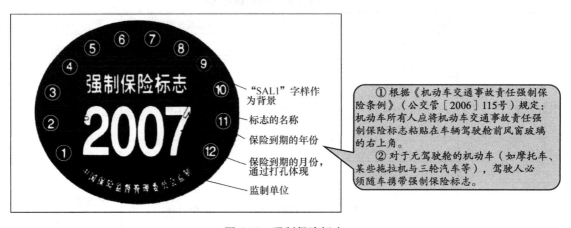

图 6-13 强制保险标志

4）查验机动车商业险保险单：商业险保险单的式样如图 6-14 所示。应检查机动车商业险保险单与机动车保险证上所保险的险种和保险期限、被保险人与车主是否一致。

**5. 车辆拍照**

（1）车辆拍照前的准备工作

1）选择场地：选择平坦、宽敞的场地，应使背景尽量简单。

2）车辆方面的准备工作：首先将车辆外观擦洗干净，机动车的号牌无遮挡，前风窗玻璃及仪表板上无杂物；然后关闭各车门，将转向盘回正并使前轮处于直线行驶状态。

（2）二手车照片实例　典型的二手车照片如图 6-15 所示。

# 第六章 二手车鉴定评估

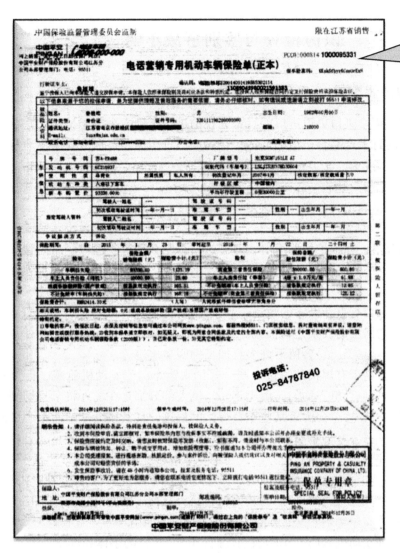

辨别机动车商业险保险单的真伪方法如下：
① 保单本身由立体的轿车和货车图案做浮雕底纹。
② 中间字母采用了光栅效果，文字隐藏在保单底色中。
③ 保监会监制字样及"限在×××销售"等部分使用红色荧光防伪油墨，在紫外线灯光下发出红色荧光。
④ 微缩文字在5~10倍以上的放大镜下清晰可辨。例如，某车辆的保险单号的开头是"PDAA"（人民财产保险公司的缩写），但其保险标志上的印章又是平安保险公司的。经核实，该保险单是伪造的。

图 6-14 商业险保险单的式样

对车辆拍照的要求
① 拍摄距离的要求：一般要求全车影像尽量充满整个相面。
② 拍摄角度的要求：拟采用平拍且与车辆左前侧呈45°方向拍摄。
③ 拍摄光照方向要求：应尽量采用正面光拍摄，以使车辆的轮廓分明、牌照号码清晰、车身颜色真实。

图 6-15 典型的二手车照片

139

# 第二节　识伪检查与鉴别事故车辆

## 一、鉴别走私车和拼装车

走私车是指未通过国家正常进口渠道进口的且未完税的进口车辆。拼装车是指某些不法厂商非法组织生产或拼装的且无产品合格证的低劣、杂牌、假冒车辆。鉴别这些车辆通常采用如下五种方法。

1. 查找车管部门的车辆档案资料

通过查找车辆的来源信息确定其合法性，这是一种最直接而有效的方法。

2. 验证产品合格证和商检标志

通过查验汽车的产品合格证和维护保养手册，对于进口车则必须查验进口产品商检证明书和商检标志。

3. 外观检查

1）主要查看车身全部是否有重新做漆的痕迹，特别是顶部的下沿部位。

2）同时查看车身的曲线部位的线条是否流畅，尤其是小曲线部位，因为如果没有专门的设备不可能冲压加工得十分完美，总会留下许多再加工的明显痕迹。

3）检查门柱和车架部分是否有焊接的痕迹，同时仔细观察车门、发动机舱盖、行李箱盖与车身的各个接缝处的间隙是否整齐均匀。由于走私车辆大部分都是在境外将车身切割后运到国内，再焊接拼凑起来的。故总会留下某些重新焊接的痕迹，且其接缝处的间隙不可能做到整齐均匀。

4. 内饰检查

仔细查看内部装饰材料是否平整，内部装饰的压条边缘是否有比较明显的手指印或某些工具碾压后留下的痕迹，尤其是要查看车顶部的装饰材料是否有被弄脏的痕迹。

5. 发动机舱内部检查

1）打开发动机舱盖核对发动机号码、车辆识别代码（车架号码）的字体和部位。

2）检查发动机或其他零部件是否有被拆卸后重新安装的痕迹，是否有旧的零部件或缺件情况。

3）查看各种线路和管路是否布置得有条理，是否安装得整齐、平顺，线路是否有修理过的痕迹。

## 二、鉴别盗抢车辆

盗抢车辆是指已经在公安机关登记上牌且在使用期内丢失并已报案的车辆。尽管车辆被盗抢的方式不同，如撬开门锁、砸坏车窗玻璃、撬转向盘锁等，但总会留下某些痕迹。鉴别盗抢车辆的方法有如下四种。

1. 防止盗抢车辆进入交易市场

要根据车辆档案资料及时掌握车辆状况，以防其进入二手车交易市场。公安车管部门从接到报案起就已经将其档案材料锁定，绝不容许其进行车辆过户、转籍等一切交易活动，直到追寻找到它们为止。

## 2. 检查车锁和锁芯

针对车辆被盗抢的一般方式进行如下各项检查。

1) 首先检查车门的锁芯是否有被更换过的痕迹、锁芯是否过新。
2) 其次检查门窗玻璃是否为原装的正品,仔细查看窗框四周的防水胶是否有因插入玻璃升降器开门而被破坏的痕迹。
3) 查看转向盘锁或点火开关是否有调换和被破坏的痕迹等。

## 3. 核对车辆识别代码、发动机号码与车牌

仔细核对车辆识别代码、发动机号码与车牌。检查钢印四周是否变形或有褶皱现象,钢印正反面是否有焊接的痕迹。当发现17位码被涂改或发动机号、车身号与行驶证不符时,应向当地公安部门举报。

## 4. 检查车辆颜色、内饰与油漆是否重做过

仔细查看内部装饰材料是否平整,内部装饰的压条边缘是否有比较明显的手指印或某些工具碾压后留下的痕迹,尤其是要查看车顶部的装饰材料是否有被弄脏的痕迹。

### 三、鉴别事故车辆

事故车是指在使用过程中曾发生过严重碰撞或撞击,或长时间泡水,或严重过火,虽经修复并再使用,但仍存在安全隐患的车辆的总称。非专业人士一般难以鉴别出事故车,必须经过训练有素的专业人士进行认真和仔细地检查与分析,才能得出正确的结论。各类事故车的鉴别方法如下。

#### 1. 鉴别碰撞事故车的步骤与方法

(1) 检查车辆的周正情况 现代汽车的车身以及部件的装配位置是由生产线上的经过严格调试的装、夹具保证的,故车辆的各个部分均对称、均衡与周正。而汽车维修企业则是依靠维修人员的目测与手工进行修复操作的,难以保证装配的精确度。检查车辆的周正情况的具体方法如图6-16~图6-18所示。

图6-16 检查车身左右两侧的高度

此外,还有以下方法。

1) 方法一,如图6-19所示。
2) 方法二,如图6-20所示。

图 6-17　检查车身左右两侧腰线的走向与弯曲度是否有维修的痕迹

图 6-18　检查 A、B 柱是否有维修的痕迹

图 6-19　检查汽车前后轮是否在同一直线上

图 6-20　测量每个车轮与轮罩间的间距

（2）检查油漆脱落情况　检查车窗四周、镶条处、轮胎以及排气管等处是否有多余的油漆。若有多余的油漆，则说明该车已经翻新或做过油漆。用手敲击车身，若声音发脆，说明未补灰做过漆；反之，敲击声沉闷，则可判断补灰做过漆。此外，还有如下比较现代化的

方法进行检查。

1）方法一，用涂层厚度测量仪进行测量，如图 6-21 所示。

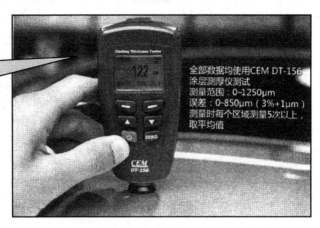

① 涂层厚度测量仪原理是，当其测头与油漆覆层接触时，测头与磁性金属机体便构成了一个闭合磁路。但因非磁性的油漆覆层的存在，磁路的磁阻产生了变化。故通过测量其磁阻的变化量，即可测得涂层的厚度。

② 如果某局部涂层过厚，便说明该处是补了灰并重新做过涂装的。

图 6-21　用涂层厚度测量仪测量车身各处的涂层厚度

2）方法二，用一块磁性足够的冰箱软性磁铁贴附于汽车车身四周移动，如果发现某处的磁力有突然减少的现象，则可推断该处是补了灰并重新做过涂装的。

（3）检查底盘线束及其连接情况　未发生事故的正常车辆，其连接部件配合良好，车身无多余焊缝，线束以及仪表部件应安装整齐、新旧程度比较接近。据此，在检查汽车底盘时，可采用下列方法判断事故车。

1）检查固定在车身上的线束是否整齐，其新旧程度是否一致。

2）查看车底各个零部件的锈蚀程度与车体上部是否相符。

3）仔细观察"三漏（即漏油、漏水、漏气）"情况。

4）检查车辆转向系统：转向节臂、横直拉杆以及球头销是否松旷、其连接是否牢靠、有无裂纹或损伤。

5）检查车架损伤情况：是否有弯曲、扭曲、开裂、断裂或锈蚀现象。

以上均可作为判断事故车的线索。

（4）检查车体缺陷部位　检查部位见表 6-2 左图及注释。

检查方法如下。

1）根据图中提供的车体部位，利用车辆检测结构尺寸测量工具或设备，检测车体左右的对称性。

2）使用涂层厚度测量仪检测车身涂层厚度，判断车身的各种缺陷（包括变形、扭曲、更换、烧焊、褶皱等），并认真填入表 6-6 中。

3）若在表 6-6 中有任一项目存在上述五种缺陷之一，则可判断该车辆为事故车。

表 6-6　车体部位缺陷状态检查表

| 序号 | 检查项目 | 缺陷状态 | | | | |
|---|---|---|---|---|---|---|
| 1 | 车体左右对称性 | □变形 | □扭曲 | □更换 | □烧焊 | □褶皱 |
| 2 | 左 A 柱 | □变形 | □扭曲 | □更换 | □烧焊 | □褶皱 |
| 3 | 左 B 柱 | □变形 | □扭曲 | □更换 | □烧焊 | □褶皱 |
| 4 | 左 C 柱 | □变形 | □扭曲 | □更换 | □烧焊 | □褶皱 |

（续）

| 序号 | 检查项目 | 缺陷状态 | | | | |
|---|---|---|---|---|---|---|
| 5 | 右A柱 | □变形 | □扭曲 | □更换 | □烧焊 | □褶皱 |
| 6 | 右B柱 | □变形 | □扭曲 | □更换 | □烧焊 | □褶皱 |
| 7 | 右C柱 | □变形 | □扭曲 | □更换 | □烧焊 | □褶皱 |
| 8 | 左前纵梁 | □变形 | □扭曲 | □更换 | □烧焊 | □褶皱 |
| 9 | 右前纵梁 | □变形 | □扭曲 | □更换 | □烧焊 | □褶皱 |
| 10 | 左前减振器悬架部位 | □变形 | □扭曲 | □更换 | □烧焊 | □褶皱 |
| 11 | 右前减振器悬架部位 | □变形 | □扭曲 | □更换 | □烧焊 | □褶皱 |
| 12 | 左后减振器悬架部位 | □变形 | □扭曲 | □更换 | □烧焊 | □褶皱 |
| 13 | 右后减振器悬架部位 | □变形 | □扭曲 | □更换 | □烧焊 | □褶皱 |

2. 鉴别泡水事故车的步骤与方法

（1）泡水车的分级　泡水车按照其水淹高度分为六级。

1级：车身地板以下，制动盘与制动鼓下沿以上。但车舱未进水。

2级：车身地板以上，车舱已进水。但水面在驾驶人座椅以下。

3级：车舱进水，且水面在驾驶人座椅以上、仪表板以下。

4级：车舱进水，且水面在仪表板中部。

5级：车舱进水，且水面在仪表板以上、顶棚以下。

6级：水面超过车顶，称为灭顶车，也称全泡车。

泡水对电气设备的危害最大，且难以清洁。气门与空滤器都会进水，造成发动机内部锈蚀，若此时起动发动机，由于气缸内部的水不可压缩将导致连杆弯曲与发动机严重损毁。轿车被水淹高度的分级详见图6-22。

图6-22　轿车被水淹高度的分级

（2）泡水车的鉴别步骤与方法　鉴别泡水事故车的步骤与方法如下。

1）从冷气出风口判断是否泡水：由于冷气出风口是难以清洗干净的地方，只要仔细检查边边角角的缝隙，便可发现泡水后残留的泥垢。同时再闻闻吹出来的冷气是否有霉味（因泡水后的管线内部很易发霉）。

2）从喇叭网判断是否泡水：由于那些密密麻麻的网状部位是很难清洗干净的。

3）从安全带插孔口判断是否泡水：只要泡水，此处必有残留的泥垢，除非将安全带全部更换。

4）从液晶面板判断是否泡水：由于泡水后的液晶面板会出现断字的情况。

5）从电缆线判断是否泡水：汽车的主电缆是一条贯穿全车的主线，其价格比较昂贵，难以更换。故可以先观察发动机舱的主电缆的接头处是否有泥垢残留在线束里面，然后继续检查驾驶人侧的车室地板边缘的主电缆，此处也是很难清理干净的地方。

6）从灯组判断是否泡水：可以仔细查看每个灯组；或打开发动机舱盖、行李箱内侧板，查看电线接头和灯板等。

7）从气囊指示灯判断是否泡水：在正常情况下，打开点火开关，气囊指示灯会在检查完毕后自行熄灭。如果发现气囊指示灯在打开点火开关后没有亮或者持续亮着，就说明气囊有问题。这也很有可能是因为发生过泡水事故。

8）从接缝处污泥判断是否泡水：如B柱的接缝、左右轮罩的接缝、后轮罩隐秘的接缝、前后车灯接缝，以及前、后风窗玻璃橡胶条等处检查是否有污泥。若存在污泥，一般就是泡水车。

9）对于使用里程较短的汽车，如发现车身地板、车门门槛、立柱、行李箱等处有锈蚀或霉味，则很可能就是泡水车，应仔细进行检查。

3. 鉴别过火事故车的步骤与方法

1）无论是自燃还是外燃，只要是在发动机舱或驾驶舱发生过严重火烧，且燃烧面积较大、机件损坏较严重的汽车，就应列为过火事故车。但对于局部过火，且仅仅是个别非主要零部件过火，并在极短时间内扑灭，其主要机件未受到影响的，经修复换件后，就不能算过火车。

2）鉴别过火事故车的方法：凡过火烧蚀比较严重的金属零部件，其颜色会变得像排气管一样的褐色。过火后经修复的车辆会留下某些印记，如喷漆、螺钉印记等。可以看出，车身油漆的新旧是有差别的。

3）凡是燃烧时间较长、过火严重的车辆，过火的金属会退火、变脆、内部金相组织改变，存在严重隐患，不能继续使用。且过火严重的车辆修复起来很困难，故应作报废处理。

## 第三节 静态检查的主要内容、方法与要求

### 一、汽车车身外观检查的项目、方法与要求

1. 车身外观部位及其对应的代码

汽车车身外观的主要部位详见车身外观展开示意图（表6-2中右图）。

将车身外观的各个部位用代码表示，便形成表6-7所示的车身外观部位的对应代码表。

表6-7 车身外观部位的对应代码表

| 代码 | 部位 | 代码 | 部位 |
| --- | --- | --- | --- |
| 14 | 发动机舱盖表面 | 18 | 右后翼子板 |
| 15 | 左前翼子板 | 19 | 左前门 |
| 16 | 右后翼子板 | 20 | 右前门 |
| 17 | 右前翼子板 | 21 | 左后门 |

(续)

| 代码 | 部位 | 代码 | 部位 |
|---|---|---|---|
| 22 | 右后门 | 31 | 右后轮 |
| 23 | 行李箱盖 | 32 | 前照灯 |
| 24 | 行李箱内侧 | 33 | 后尾灯 |
| 25 | 车顶 | 34 | 前风窗玻璃 |
| 26 | 前保险杠 | 35 | 后风窗玻璃 |
| 27 | 后保险杠 | 36 | 四门车窗玻璃 |
| 28 | 左前轮 | 37 | 左后视镜 |
| 29 | 左后轮 | 38 | 右后视镜 |
| 30 | 右前轮 | 39 | 轮胎 |

2. 车身外观状态(缺陷)描述

将车身外观六种主要缺陷用汉语拼音代表字母表示，便形成车身外观状态描述对应表(表6-8)。

表6-8 车身外观状态描述对应表

| 代表字母 | HH | BX | XS | LW | AX | XF |
|---|---|---|---|---|---|---|
| 缺陷描述 | 划痕 | 变形 | 锈蚀 | 裂纹 | 凹陷 | 修复痕迹 |

程度：1——面积小于或等于100mm×100mm；
2——面积大于100mm×100mm并小于或等于200mm×300mm；
3——面积大于200mm×300mm；
4——轮胎花纹深度小于1.6mm。

> 将车身外观缺陷的程度按照其缺陷面积的大小和轮胎花纹深度划分为四个级别。

各种缺陷的定义与具体描述如下。

（1）划痕 HH 如图6-23所示。

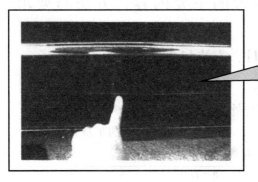

> 车辆保险条款中划痕险的界定：由于受到尖锐物体如小刀、钥匙、石子等的刮蹭，而发生的无明显碰撞痕迹的车身表面油漆的单独划伤，一般呈现线条分布。

图6-23 划痕示例

（2）变形 BX 如图6-24所示。
（3）锈蚀 XS 如图6-25所示。
（4）裂纹 LW 如图6-26所示。

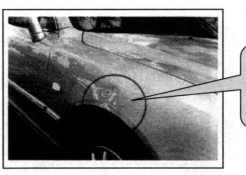

变形是指因碰撞等原因造成的车身表面形状的改变。一般通过肉眼可以看到表面的起伏不自然。当变形较小时，可通过手触摸来感觉到。

图 6-24　变形示例

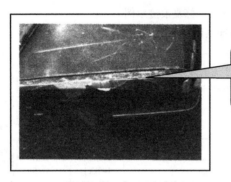

锈蚀是指由于碰撞、刮伤、日晒雨淋等原因造成的漆面损伤、钣金直接与外界接触，从而导致车身出现锈迹。

图 6-25　锈蚀示例

裂纹是指车身的铁皮或外壳出现开裂。
可能的原因包括：
① 严重过载导致结构的静强度超过许用值而开裂。
② 因动载荷引起的动态应力激增而开裂。
③ 受瞬间碰撞引起的断裂。
④ 因长期腐蚀造成的开裂，等等。

图 6-26　裂纹示例

（5）凹陷 AX　如图 6-27 所示。
（6）修复痕迹 XF　如图 6-28 所示。

3. 车身外观缺陷的程度分级

将车身外观缺陷的程度按照其缺陷面积的大小和轮胎花纹深度划分为 4 个级别。

4. 车身外观状态（缺陷）的转义描述

车身外观状态（缺陷）的转义描述是：车身部位代码+状态（缺陷）+程度。

发动机舱表面缺陷状态对应的代码描述与扣分详见表 6-9。

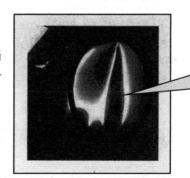

凹陷是指由于碰撞等原因造成的表面形成的周围高而中间低的外形。

图 6-27　凹陷示例

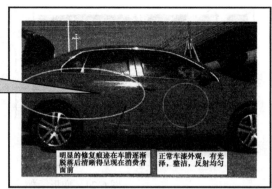

图 6-28 修复痕迹示例

表 6-9 发动机舱表面缺陷状态对应的代码描述与扣分表

| 代码 | 部位 | 状态 | 程度(面积) | 代码描述 | 扣分 |
| --- | --- | --- | --- | --- | --- |
| 14 | 发动机舱盖表面 | 划痕 | 小于或等于 100mm×100mm | 14HH1 | -0.5 |
| | | | 大于 100mm×100mm 并小于或等于 200mm×300mm | 14HH2 | -1.0 |
| | | | 大于 200mm×300mm | 14HH3 | -1.5 |
| | | 变形 | 小于或等于 100mm×100mm | 14BX1 | -0.5 |
| | | | 大于 100mm×100mm 并小于或等于 200mm×300mm | 14BX2 | -1.0 |
| | | | 大于 200mm×300mm | 14BX3 | -1.5 |
| | | 锈蚀 | 小于或等于 100mm×100mm | 14XS1 | -0.5 |
| | | | 大于 100mm×100mm 并小于或等于 200mm×300mm | 14XS2 | -1.0 |
| | | | 大于 200mm×300mm | 14XS3 | -1.5 |
| | | 裂纹 | 小于或等于 100mm×100mm | 14LW1 | -0.5 |
| | | | 大于 100mm×100mm 并小于或等于 200mm×300mm | 14LW2 | -1.0 |
| | | | 大于 200mm×300mm | 14LW3 | -1.5 |
| | | 凹陷 | 小于或等于 100mm×100mm | 14AX1 | -0.5 |
| | | | 大于 100mm×100mm 并小于或等于 200mm×300mm | 14AX2 | -1.0 |
| | | | 大于 200mm×300mm | 14AX3 | -1.5 |
| | | 修复痕迹 | 小于或等于 100mm×100mm | 14XF1 | -0.5 |
| | | | 大于 100mm×100mm 并小于或等于 200mm×300mm | 14XF2 | -1.0 |
| | | | 大于 200mm×300mm | 14XF3 | -1.5 |

例如：对于发动机舱盖表面，其车身部位代码为14，若存在划痕的缺陷，且缺陷面积大于200mm×300mm，则其缺陷的程度为3，其外观缺陷的转义描述是14HH3。此缺陷相应的扣分为1.5分。

又如：发动机舱盖表面，其车身部位代码为14，若存在变形的缺陷，且缺陷面积大于200mm×300mm，则其缺陷的程度为3，其外观缺陷的转义描述是14BX3。此缺陷相应的扣分为1.5分。

5. 车身外观缺陷检测方法

车身外观缺陷检测可以利用车辆外观缺陷测量工具（包括轮胎花纹深度尺、焊缝检测仪等）、涂层厚度仪以及目测法等进行。

## 二、汽车发动机舱检查的项目、方法与要求

1. 发动机舱清洁状况

详见图 6-29 及其注解。

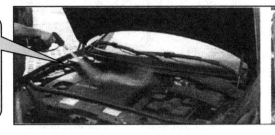

图 6-29　用蒸汽清洗发动机

2. 发动机铭牌和排放信息标牌

发动机舱的全貌详见图 6-30。

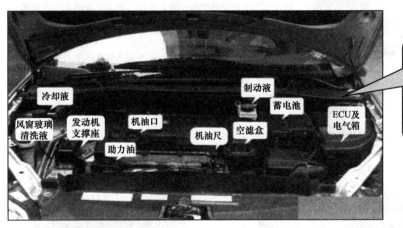

图 6-30　发动机舱全貌

3. 发动机冷却系统

检查冷却液、散热器、水管、风扇带以及冷却风扇等。典型发动机冷却系统零部件位置分布如图 6-31 所示。

（1）检查冷却液　详见图 6-32 注解。

（2）检查散热器　首先查看散热器是否被尘土、草叶、杂物等堵塞，若堵塞则加以清除。然后全面仔细检查散热器的冷却液室和芯子是否有褪色或潮湿区域。芯子上的所有散热片应为同一种颜色。如果看到芯子区域呈现浅绿色（即被腐蚀后产生的硫酸铜的颜色），则说明在此区域内有针孔泄漏。接着检查冷却液室的底部，若发现全部湿了，则必须将冷却液泄漏处查出。

散热器盖的腐蚀情况的检查详见图 6-33、图 6-34 及其注解。

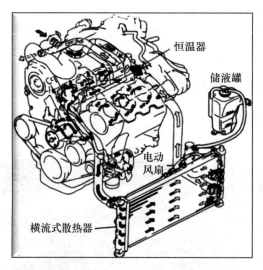

图 6-31 发动机冷却系统零部件位置分布图

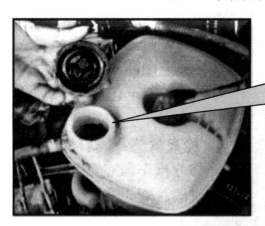

① 查看冷却液是否清洁,其液面应在"满"标记附近。
② 冷却液的颜色一般为浅绿色并有点甜味儿(也有的冷却液是红色的)。如果冷却液闻起来有汽油味或机油味儿,则表明气缸垫已经损坏而漏油。应进一步检查发动机机油与自动变速器油的质量。
③ 若冷却液中有悬浮的残渣或在储液罐底部有许多黑色的物质,说明发动机已经严重受损。
④ 若冷却液看上去像水,则可能存在泄漏,而驾驶人只知道一次又一次地加水造成的。

图 6-32 检查储液罐中的冷却液

当发动机充分冷却后拆下散热器盖观察其腐蚀与橡胶密封垫片的情况,散热器盖应无锈迹。

图 6-33 检查散热器盖的腐蚀情况

(3) 检查水管 图 6-35 是发动机冷却水管损坏的各种情况。

(4) 检查散热器风扇传动带 除了电子风扇是采用电动机来驱动的以外,多数汽车散热器风扇均通过风扇传动带驱动。风扇传动带属于易损件,其损坏类型如图 6-36 所示。

(5) 检查冷却风扇 主要查看风扇的叶片是否变形与损坏,运转是否正常。否则必须更换。

图 6-34　检查散热器内部水垢与锈蚀

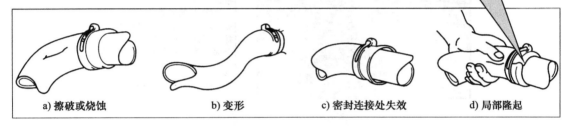

图 6-35　发动机冷却水管损坏的各种情况

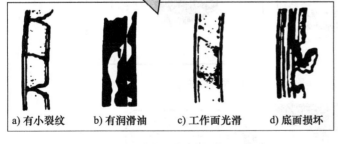

图 6-36　发动机风扇传动带损坏的类型

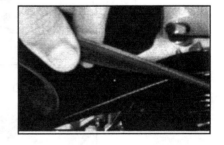

图 6-37　检查风扇传动带内侧磨损情况

**4. 发动机润滑系统**

由于机油具有润滑、冷却、密封、洗涤、防锈、卸荷、缓冲与导热等多种作用，故润滑系统是保证发动机正常工作与延长使用寿命的先决条件与基础。必须确保机油的品质与定期检查油面高度、定期更换机油与机油滤清器滤芯。润滑系统检查包括机油质量与油位、机油滤清器、PCV 阀以及机油泄漏等项内容。

(1) 检查机油　可按照如下五个步骤进行。

1) 找出机油加油口盖，详见图 6-38 及其注解。

2）检查机油口盖，详见图 6-39 及其注解。

① 对于直列多缸机，机油口盖在气门室盖上。
② 对于纵向安装的V6、V8发动机，机油口盖在其中的一个气门室盖上。
③ 对于横向安装的发动机，机油口盖在前面的一个气门室盖上。
④ 一些老式车的机油口盖上有一根曲轴箱强制通风过滤器软管，通向空滤器；而新式车加油口盖上无此软管，但有清晰的标记。
⑤ 在拧开加油口盖前，必须将其四周清理干净。

图 6-38　发动机机油口盖位置

① 将机油口盖反过来观察即可看到机油的牌号。
② 还可以看到脏油的痕迹。
③ 如果发现机油口盖底面有一层比较黏稠的浅棕色巧克力乳状物，且有与油污混合的小水滴，则说明机油已经被冷却液所污染变质，不能继续使用。

图 6-39　检查机油口盖

3）检查机油的质量情况，详见图 6-40 与图 6-41 及其注解。

① 取一张白色滤纸，滴上一滴机油，观察斑点变化情况，当机油迅速扩散，中间无沉淀物，表明机油品质正常。
② 若机油扩散慢，在机油中间有许多炭粒、金属屑和硬沥青质，说明机油滤清器已经失效。
③ 如果油呈黑褐色、均匀无颗粒，且黑点与其周围的黄色油迹界限清晰，则表明机油中的洁净分散剂已经失效，即机油已经变质。

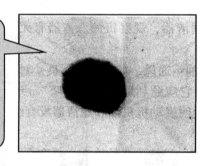

图 6-40　将机油滴在白纸上检查机油质量

也可将机油滴在手指上，观察机油的颜色与黏度，看机油是否变质。

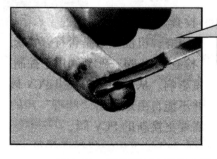

图 6-41　将机油滴在手指上检查机油质量

4）检查机油的气味，拔下机油尺，闻一下机油尺上的机油有无异味，详见图 6-42 及其注解。

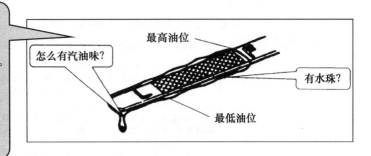

图 6-42　检查机油的气味

5）检查机油的油位，详见图 6-43 及其注解。

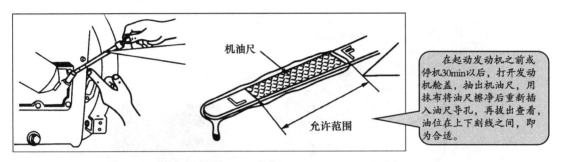

图 6-43　检查机油的油位

（2）检查机油滤清器　用棘轮扳手拆下机油滤清器，检查其密封是否良好、有无裂纹。目前大多数轿车发动机普遍使用不可拆洗的一次性的旋装式机油滤清器，其更换周期与机油更换周期相同，一般也是 5000km。

（3）检查 PCV 阀　此阀的作用是控制曲轴箱通风，当其工作不良时将严重影响发动机的润滑。检查时，先从气门室盖拔出 PCV 阀并晃动，应顺利地发出"咔嗒"声。充满油污且不能自由地发出"咔嗒"声的 PCV 阀已经失去作用，必须更换。

（4）检查机油泄漏情况　主要从以下各处检查与防止机油泄漏，详见图 6-44 及其注解。

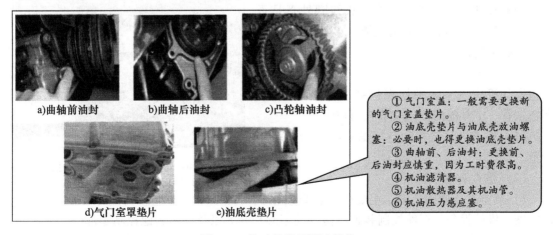

图 6-44　发动机常见漏油部位

5. 发动机点火系统

检查内容包括蓄电池、点火线圈、高压线、分电器与火花塞等。

（1）检查蓄电池  主要检查下列五项内容，详见图6-45及其注解。

①观察蓄电池外壳是否开裂，有无电解液漏出。
②检查蓄电池的压紧装置与托架(图6-46)、安装是否牢固，其导线接头与极桩的连接是否紧固。
③清除表面的油泥、尘土；擦净蓄电池盖上的电解液，仔细清除桩头与导线接头上的氧化物；并拧紧加液孔盖与疏通盖上的通气孔。
④须定期检查与调整电解液的相对密度和液面高度：可用5~6mm玻璃管插入加液口，直到抵住极板为止，然后用手指堵住管的上口提出玻璃管，此时玻璃管下端正确的液柱高度应为10~15mm。若电解液不足，可加蒸馏水。

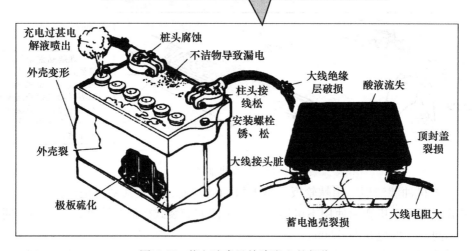

图6-45  蓄电池常见故障发生的部位

（2）检查高压线  详见图6-47及其注解。

（3）检查分电器与火花塞  详见图6-48与图6-49及其注解。

（4）检查点火线圈  检查点火线圈外壳是否有裂纹或破裂，如有则容易受潮、使得点火性能下降，必须更换。

6. 发动机进气系统

发动机进气系统的检查包括检查进气软管、真空软管、空气滤清器以及节气门拉索等。

（1）检查进气软管和空气滤清器  如图6-50所示。

图6-46  蓄电池的压紧装置与托架

（2）检查真空软管

1）真空软管使用范围：主要用于新型发动机管理系统，如连接真空源、暖风器/空调控制器、排放设备、巡航控制装置、恒温控制阀和开关以及许多其他控制零部件。

2）检查方法如下。

①检查真空软管的弹性：可用手挤压软管是否富有弹性，还是又硬又脆又开裂。若为

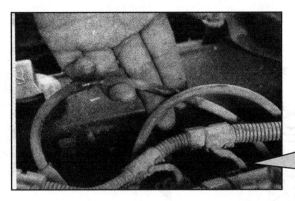

图 6-47　检查高压线

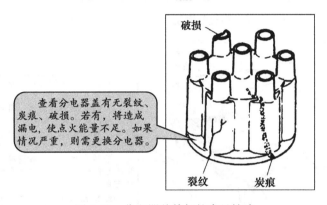

图 6-48　分电器盖外部的常见缺陷

图 6-49　拆卸火花塞

后者，则应全套更换。

② 检查真空软管的 T 形塑料接头：是否有开裂或破碎。若有则应全套更换。

③ 检查真空软管的管路布置：是否整齐有序，是否有被夹断、拔出或堵塞等现象。

（3）检查节气门拉索　是否有损伤、毛刺与阻滞现象。

7. 检查发动机供油系统

发动机供油系统零部件在汽车上的位置分布详见图 6-51。发动机供油系统的检查项目包括：检查燃油管路、检查燃油滤清器、检查喷油器安装情况、检查燃油泄漏等。

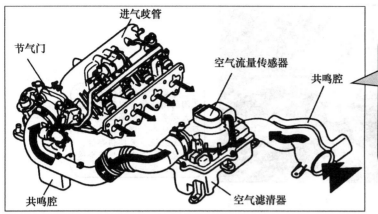

图 6-50 发动机进气系统零部件在汽车上的位置分布

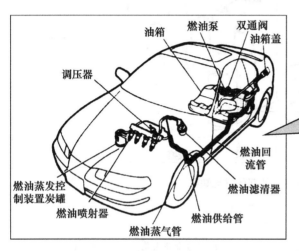

图 6-51 发动机供油系统零部件在汽车上的位置分布

8. 发动机机体附件

发动机机体附件的检查内容主要包括检查正时带、检查发动机支脚以及发动机各种传动带传动附件的支架与调节装置等。

(1) 检查正时带 详见图 6-52 及其注解。

图 6-52 检查正时带

(2) 检查发动机支脚 仔细检查支脚及其减震垫片是否有损坏或裂纹。若支脚损坏将引起发动机的强烈振动，必须更换。

（3）检查发动机各种传动带传动附件的支架与调节装置　检查是否有松动、裂纹或紧固螺栓缺失等现象。支架断裂或松动均可能引起风扇、动力转向泵、水泵、交流发电机和空调压缩机等发动机附件运转失调，甚至导致传动带的丢失与加速损坏。

9. 发动机舱内其他部件

检查项目包括制动主缸及其制动液、离合器液压操纵机构及其离合器液、继电器盒、发动机线束以及发动机减震支座等。

（1）检查制动主缸及其制动液　详见图 6-53 及其注解。

图 6-53　检查制动主缸是否锈蚀

（2）检查离合器液压操纵机构及其离合器液　对于配置手动变速器的汽车，其离合器均采用液压操纵且与制动系统使用相同的油液。

（3）检查继电器盒　汽车电气系统的总继电器盒一般在蓄电池附近，或沿着发动机舱壁区域布置。打开继电器盒的塑料盖查看内部，可按照塑料盖内侧的图表，仔细检查相应位置的元器件是否齐全和有效。

（4）检查发动机线束　是否有擦破或裸露现象，导线是否排列整齐、牢靠固定在导线夹中，有无临时外加的明线和绝缘胶带等。

### 三、汽车驾驶舱检查的项目、方法与要求

检查内容包括驾驶操纵机构的间隙检查、各类仪表与开关的检测、安全装置的检查以及座椅和内饰的检查等。

1. 驾驶操纵机构

检查内容包括转向盘、加速踏板、制动踏板、离合器踏板、变速杆与驻车制动拉杆等。

（1）检查转向盘　详见图 6-54 与图 6-55 及其注解。

（2）检查加速踏板　详见图 6-56 及其注解。

（3）检查制动踏板　详见图 6-57 及其注解。

（4）检查离合器踏板　详见图 6-58 及其注解。

（5）检查驻车制动拉杆　详见图 6-59 及其注解。

（6）检查变速杆，详见图 6-60 及其注解。

①检查转向盘的自由行程时,首先将汽车处于直线行驶位置,然后左右转动转向盘。
②从中间位置到左端(或右端)的最大游动间隙不得超过15°。否则,需要维修转向系统。

图 6-54　检查转向盘的自由行程

①检查转向盘的松旷情况:两手紧握转向盘,将其沿着上下、左右、前后三种方向摇动与推拉,均应无松旷的感觉。
②如果有松旷的感觉,说明转向机构内部轴承松旷或紧固零件松动,需要调整与紧固。

图 6-55　检查转向盘的松旷情况

①首先观察加速踏板的磨损情况,如磨损严重、过度发亮,则说明行驶里程很长。
②检查踏板的弹性:若太轻松,说明节气门拉索松弛,需要调整;反之,踩下踏板费劲,说明节气门拉索有阻滞与破损,需要润滑或更换。

图 6-56　检查加速踏板运动情况是否正常

①首先查看踏板胶皮是否过度磨损(其寿命约为3万km左右)。
②用手轻压踏板检查其自由行程,应为10~20mm。否则,应调整。
③当踩下踏板全部行程时,踏板与地板间应有一定距离。
④当踩下液压制动系统的踏板时,踏板的反应要适当,不能过软,过软说明制动系统内有空气或其他故障。

图 6-57　检查制动踏板的自由行程与运动情况是否正常

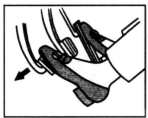 

①首先查看踏板胶皮是否过度磨损(其寿命约为3万km左右)。
②用手轻压踏板检查其自由行程,应为30~45mm。否则,应调整。
③当无自由行程或自由行程过小时,会引起离合器打滑;反之,自由行程过大会引起离合器分离不彻底,可能是分离轴承或摩擦片严重磨损而造成的,需要检修。

图 6-58　检查离合器踏板的自由行程

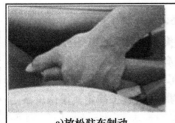

a) 放松驻车制动    b) 拉紧驻车制动

① 先放松驻车制动,再拉紧它,检查驻车制动操纵杆是否灵活,棘轮机构锁止是否正常。
② 一般在拉起驻车制动拉杆时,应在发出五、六次卡塔声后汽车可靠制动,否则,应调整。
③ 采用脚踏板操纵的驻车制动器与手拉式驻车制动器的操作要求基本相同。

图 6-59　检查驻车制动拉杆

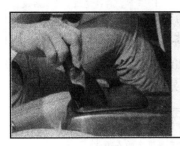

① 首先观察变速操纵机构的防护罩是否有破损,否则应予更换。
② 检查换档质量:根据档位图,逐一将变速杆拨至各个档位,检查变速操纵机构是否灵活、工作可靠。

图 6-60　检查变速杆

2. 各类开关

分别依次开启点火开关、转向灯开关、车灯总开关、变光开关、刮水器开关以及电喇叭开关等,检查这些开关是否完好、其控制元件能否正常工作。

3. 各类仪表

分别检查各类汽车仪表,包括车速里程表、机油压力表(或机油压力指示器)、燃油表、电流表、冷却液温度表以及气压表等,查看其工作是否正常,有无损坏或缺失。

4. 各类指示灯和警告灯

(1) 汽车常用指示灯和警告灯　包括制动警告灯、机油压力警告灯、充电指示灯、转向指示灯、远光指示灯、燃油警告灯、驻车制动指示灯等,应分别查看其是否正常工作。否则,应检修或更换。

(2) 电控设备及其故障指示灯　现代轿车大量采用电控设备及其故障指示灯。当某个故障指示灯点亮时,就表明该电控系统出现故障需要维修,故需特别引起注意。

(3) 常见警告灯及电控系统故障灯图标　详见图 6-61 及其注解。

5. 杂物箱和托架

详见图 6-62 及其注解。

6. 座椅及安全带

详见图 6-63 及其注解。

7. 地毯和地板

详见图 6-64 及其注解。

8. 各类电气设备

各类电气设备的检查包括刮水器和前风窗玻璃洗涤器、电动车窗、电动外后视镜、遥控门锁、点烟器、电动天线、电动天窗、除雾器、防盗报警器、空调鼓风机、电动座椅以及活顶轿车的车顶等。

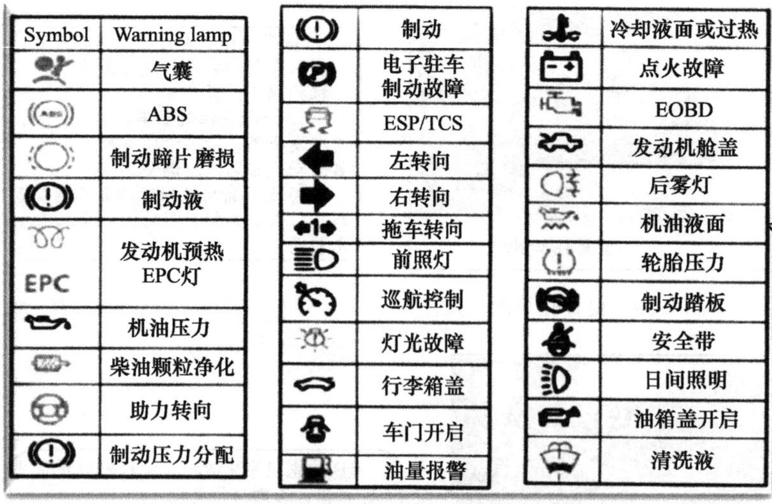

| Symbol | Warning lamp |
|---|---|
| | 气囊 |
| | ABS |
| | 制动蹄片磨损 |
| | 制动液 |
| | 发动机预热 EPC灯 |
| | 机油压力 |
| | 柴油颗粒净化 |
| | 助力转向 |
| | 制动压力分配 |

| | |
|---|---|
| | 制动 |
| | 电子驻车制动故障 |
| | ESP/TCS |
| | 左转向 |
| | 右转向 |
| | 拖车转向 |
| | 前照灯 |
| | 巡航控制 |
| | 灯光故障 |
| | 行李箱盖 |
| | 车门开启 |
| | 油量报警 |

| | |
|---|---|
| | 冷却液面或过热 |
| | 点火故障 |
| | EOBD |
| | 发动机舱盖 |
| | 后雾灯 |
| | 机油液面 |
| | 轮胎压力 |
| | 制动踏板 |
| | 安全带 |
| | 日间照明 |
| | 油箱盖开启 |
| | 清洗液 |

① 汽车主要的电控系统故障灯有发动机故障灯、自动变速器故障灯、ABS故障灯、SRS故障灯、电控悬架故障灯等。
② 汽车电控系统的故障灯设在仪表板上。其检查方法是：打开点火开关，观察这些故障灯是否是先亮3s，然后自动熄灭。若3s后自动熄灭，表明此电控设备系统正常、自检通过。若3s后没有熄灭或根本就未亮，表明此电控设备自检未通过、系统有故障，应借助专用诊断仪查明原因并排除故障。

图 6-61　各类汽车故障灯及报警灯图标

① 杂物箱或托架主要用于放置汽车维修手册、保养记录等物件，从中获取有关汽车的各项操作、油液容量、保养规范与周期等重要技术信息。
② 多数汽车车主均保留有汽车的保养项目、机油更换以及维修作业等原始记录。因此这些资料为汽车科学合理地使用提供了宝贵的信息。

图 6-62　检查杂物箱

① 首先检查安全装置：查看安全气囊的外表，过大的色差意味着已经更换过气囊组件；检查全部安全带的损伤情况，是否有开裂、变形、织物边缘割断等损伤，固定是否可靠。
② 座椅调角器检查：观察椅背角度的调节是否有效。
③ 座椅导轨的检查：座椅前后调节是否灵活与有效定位。
④ 座椅塌陷程度检查：用手掌按压座椅表面，看下陷是否过大、有无异响及弹力不足，座椅罩有否油迹、裂开等情况。

图 6-63　检查座椅和安全带

① 检查地板垫或地毯是否有锈蚀和霉味。
② 是否有水或散热器冷却液泄漏，液体通过发动机舱上的孔洞流入驾驶舱（这些孔洞是靠橡胶护孔圈密封，但因其老化、开裂或脱落而失去密封作用）。
③ 查看地板上是否有被水浸泡的痕迹，如有，将严重影响汽车的价格。

图 6-64　检查地板垫或地毯是否有锈蚀和霉味

(1) 检查刮水器和前风窗玻璃洗涤器　详见图 6-65 及其注解。

①启动刮水器和前风窗玻璃洗涤器，观察洗涤器可否喷出洗涤液；刮水器在所有模式下可否都能正常工作，运转是否平稳；当关闭刮水器时，刷片是否能够自动回位。
②刮水器一般有高、低速两个档位，新型刮水器还设有间隙位置。当间隙开关打开后，刮水器能以2~12次/s的速度自动进行停止与挂刷运动。

图 6-65　检查刮水器和前风窗玻璃洗涤器

(2) 检查电动车窗运转情况　详见图 6-66 及其注解。

①按下电动车窗开关，每个电动车窗的玻璃升降器均应平稳、无卡滞、安静地工作。
②每个车窗应能升起和降落。
③当电动车窗关闭后，应密封良好，不得漏水。

图 6-66　检查电动车窗运转情况

(3) 检查电动外后视镜工作情况　如图 6-67 及其注解。

①按下后视镜开关上的UP按钮，再按DOEN按钮，检查后视镜是否平稳地先向上移动，然后再向下移动。
②按下后视镜开关上的LEFT按钮，再按RIGHT按钮，检查后视镜是否平稳地先向左移动，然后再向右移动。

图 6-67　检查电动外后视镜工作情况

(4) 检查遥控门锁　详见图 6-68 及其注解。

(5) 检查点烟器和音响系统　详见图 6-69 和图 6-70 及其注解。

(6) 检查电动天线和电动天窗　详见图 6-71 和图 6-72 及其注解。

(7) 检查活顶轿车的车顶和除雾器　详见图 6-73、图 6-74 及其注解。

① 首先从外面检查遥控门锁，确保操纵门锁按钮从外面能够打开汽车的门锁（注意：试的时候，不要把钥匙锁在车内）。
② 同时，确保操纵门锁按钮能够使所有车门开锁。

图 6-68　检查遥控门锁是否正常

① 首先拔下点烟器，观察点烟器能否正常工作，否则应予更换。
② 点烟器插座同时也是电动剃须刀、收音机、冷却器等许多附件公用的插座。

图 6-69　检查点烟器

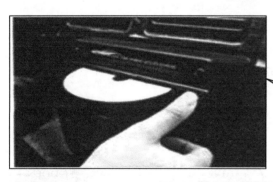

① 用一盒式录音带和一张CD盘来检查磁带机或CD机能否正常工作、音质是否清晰。
② 打开收音机开关，检查是否工作正常，且无发动机电气系统的干扰。

图 6-70　用 CD 盘检查音响系统

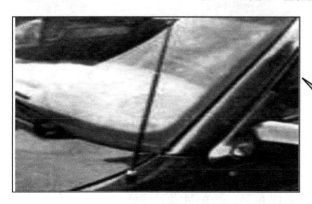

当打开点火开关并按下天线按钮时，天线应能自动升降。

图 6-71　检查电动天线

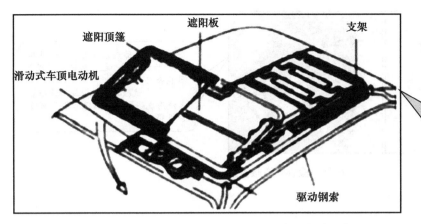

图 6-72　检查电动天窗

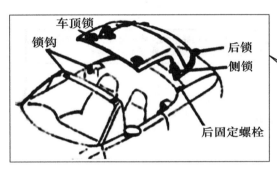

图 6-73　检查活顶轿车的车顶

图 6-74　检查除雾器

（8）检查防盗报警器　详见图 6-75 及其注解。

（9）检查空调鼓风机和电动座椅　详见图 6-76 和图 6-77 及其注解。

## 四、汽车行李箱检查的项目、方法与要求

汽车行李箱的检查项目有行李箱锁、行李箱电动开关、防水密封条、气压减振器、行李箱地板、备用轮胎、随车工具等。

### 1. 行李箱锁检查

行李箱锁只能用钥匙打开，观察其是否有损坏、锁紧可靠否，如图 6-78 所示。

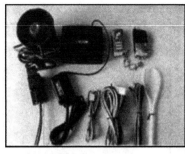

图 6-75　检查防盗报警器

①检查防盗报警器,先设置报警,然后振动翼子板,观察防盗报警器能否启动报警。
②在试验前,应仔细研读报警器使用说明书,以确保掌握如何解除报警。

图 6-76　检查空调鼓风机

打开空调鼓风机,将风速开关旋转至各个档位,依次检查鼓风机能否正常运转。

图 6-77　检查电动座椅

电动座椅调节性能检查:电动座椅是汽车常见配置,查看外观是否有缺陷,功能是否完善,是否有个别调节功能失效、骨架与导轨变形、棘轮或齿轮损坏等。

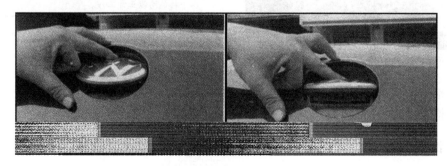

图 6-78　检查行李箱锁

2. 行李箱电动开关或开关拉索及行李箱防水密封条检查

详见图 6-79 与图 6-80 及其注解。

图 6-79　检查行李箱电动开关

（某些汽车的驾驶箱内设有行李箱的电动开关或开关拉索，应检查其是否能够可靠工作，且不太费劲地就可打开行李箱。）

图 6-80　检查防水密封条

（要仔细检查行李箱的防水密封条有无划痕、损坏或脱落，以确保行李箱的密封。）

**3. 行李箱气压减振器检查**

详见图 6-81 及其注解。

图 6-81　检查气压减振器

（① 小型面包车的行李箱一般均采用气体助力支柱（即气压减振器）。
② 必须检查气压减振器工作的可靠性，能否支撑起行李箱盖的重量。否则，当气压减振器工作失效时，不仅会引起许多麻烦，而且很不安全。）

**4. 检查行李箱内部油漆与车身外部油漆是否一致**

详见图 6-82 及其注解。

**5. 检查行李箱地板、备胎与随车工具**

详见图 6-83~图 6-85 及其注解。

**6. 检查行李箱盖控灯与行李箱盖的对中与闭合质量**

详见图 6-86 及其注解。

## 五、汽车底盘检查的项目、方法与要求

检查汽车底盘零部件时，最首要的一件事就是注意安全。要将汽车开到地沟上面，或用举升机举起汽车。切勿用千斤顶顶起汽车后进入车底进行作业。

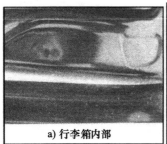 

a) 行李箱内部　　　　　b) 行李箱外部

① 打开行李箱，仔细观察内部油漆的颜色与外部油漆是否一致。这是鉴别事故车的有效方法之一。
② 因为如果某些事故车要想改变汽车外部颜色时，同时也将行李箱、发动机舱盖底部、车门柱等内部颜色与外部新的颜色完全相配是很困难且非常昂贵的，所以若发现行李箱内部颜色与外部不相配，即可断定此车已经经过某些碰撞修理。

图 6-82　检查车身内部与外部的油漆是否一致

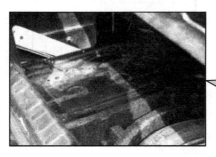

掀开行李箱中的地毯或橡胶地板垫，仔细查看是否有铁锈、焊接与其他修理的痕迹；是否有行李箱密封条泄漏而引起的发霉迹象。

图 6-83　检查行李箱地板

检查备用轮胎：检查其是否完好，气压是否正常。仔细查看轮胎花纹的新旧程度与磨损情况，从而可大致判断汽车使用时间的长短。

图 6-84　检查备用轮胎的花纹

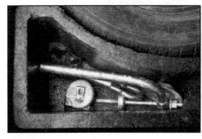 

检查随车工具及其使用说明：主要查看千斤顶及其手柄、轮胎螺母拆卸工具、灭火器、停车用三角牌等专用随车工具是否齐全有效。

图 6-85　检查随车工具

1. 各种泄漏

汽车上的工作液很多，因此泄漏是最常见的故障，也是检查的重点。检查项目包括冷却液泄漏、机油泄漏、助力转向油泄漏、变速器油泄漏、制动液泄漏以及排气泄漏等。

（1）检查冷却液泄漏　首先注意只有当发动机完全冷却后，才能拆下散热器盖检查冷却液。同时应区分冷却液泄漏与空调滴水。

图 6-86　检查行李箱盖的对中性、装配间隙和闭合质量

1）检查冷却液泄漏：一般从发动机上部最容易发现，但如果是暖风器芯或软管泄漏，液滴可能只出现在发动机底部。故应在离合器壳或发动机舱壁四周区域寻找冷却液的污迹。

2）检查空调滴水：来自空调的水滴是由水蒸气凝结而成的，无色无味；而冷却液呈绿色（即防冻液的颜色）且有一点甜味儿，不要将二者混淆。

（2）检查机油泄漏　主要检查发动机油底壳与油底壳放油塞区域是否有泄漏痕迹。行程超过 8 万 km 的汽车有少量机油污迹是一种常见现象。而当泄漏比较严重或泄漏持续很长时间时，行车气流抽吸通风装置和发动机风扇将会把机油油滴抛向发动机、变速器和发动机舱壁下部区域。

（3）检查助力转向油泄漏　通常，助力转向泵泄漏所造成的污迹主要集中于助力转向泵或齿轮齿条转向器本体附近。

（4）检查变速器油泄漏

1）自动变速器油由于需要经过冷却装置冷却，故其管道较长，难免出现泄漏。但变速器油管必须采用具有足够强度与足够耐油耐热能力的橡胶金属软管，而绝对不能使用普通的燃油软管。

2）检查变速器油泄漏的方法：首先在冷却管路与散热器底部连接处检查；然后沿着冷却管路、变速器油盘、变速器后油封周围的区域查看。

（5）检查制动液泄漏　首先诊断前、后制动器是否存在泄漏痕迹，查看制动钳、鼓式制动器的后板以及轮胎上是否有污迹；然后，沿着前、后制动管路寻找是否有损坏、扭结或凹陷等缺陷与泄漏痕迹。

（6）检查排气泄漏　详见图 6-87 及其注解。

2. 排气系统

排气系统检查详见图 6-88 及其注解。

3. 悬架系统

悬架系统检查包括减震弹簧、液压减振器和稳定杆。

（1）检查减振弹簧与液压减振器　详见图 6-89 及其注解。

（2）检查稳定杆　详见图 6-90 及其注解。

① 排气泄漏可能来自排气管、催化转化器或消声器上的针孔、裂缝或孔洞，通常呈现白色、浅灰色或黑色条纹。要特别注意查看消声器和转化器的接缝处，以及两个管或排气零件的结合处有排气垫的地方。
② 如果装有橡胶环形圈，要注意检查橡胶环形圈排气管吊架的紧固情况，以及支座有无损坏，支座损坏容易引起噪声与泄漏。对于焊接不当的排气管，应注意检查其连接处附近的棕色或黑色污迹。
③ 检查排气泄漏可以通过在路试前起动发动机且稍稍改变发动机转速，另一个人在汽车旁蹲下，仔细倾听是否有"嘶嘶"声或"隆隆"声。并注意发出声音的特定区域，从而找到泄漏处。

图 6-87　检查排气管是否有泄漏

① 检查排气管、消声器等整个排气系统的零部件是否齐全、有无破损。
② 检查排气系统的固定情况：仔细观察所有吊架是否都在原有位置，且是否是原装零部件。现代汽车大多数采用具有带耐热橡胶环形圈的排气管支撑，用以连接排气管支架与车架的支架。倘若在维修时，用普通金属取代它，那么排气系统将会承受更大的应力，并使得更多的热量和噪声传递到车身上。
③ 仔细查看排气系统的零部件是否被更换过，是否是标准的原配件。
④ 要确保制动管道远离炽热的排气系统，并防止制动钢管与排气系统的凸起部分发生干涉而被压扁。

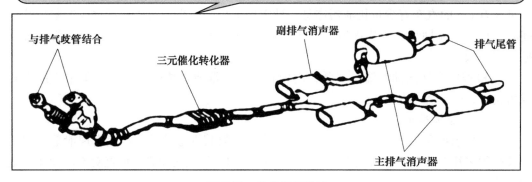

图 6-88　检查排气系统

① 检查减振弹簧：减振弹簧有螺旋弹簧与钢板弹簧之分。对于螺旋弹簧应查看其有无裂纹、折断或疲劳失效现象；其上、下弹簧支座有无损坏变形。而对于钢板弹簧主要看有无裂纹、断片与碎片现象，观察两侧的钢板弹簧的片数、长度、厚度、弧度以及新旧程度是否相同，钢板弹簧销与衬套的配合有无松旷，紧固弹簧的U形螺栓与中心螺栓是否松动。
② 要仔细检查减振器的上、下连接处有无松动，减振器是否泄漏，如有漏油则必须更换全部减振器。

图 6-89　检查减振弹簧与减振器

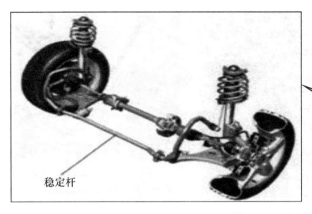

①稳定杆的主要功能是保持汽车在转弯时车身的平衡，以防止车身过度地横向倾斜。它主要用于前轮，有时也用于后轮。
②检查稳定杆是否有裂纹，与车身连接处的橡胶衬有无损坏，与左、右悬架控制臂的连接处有无松旷现象。

图 6-90　检查稳定杆

4. 转向机构

包括检查转向盘自由行程、转向系统的各个连接部位、零部件的配合与润滑以及动力转向系统等，详见图 6-91 及其注解。

①首先检查转向盘自由行程（图6-56）。
②检查转向系统的各个连接部位，包括转向盘与转向轴的连接部位、转向器垂臂轴与垂臂连接部位、纵横拉杆球头连接部位、转向节与主销连接部位等处是否松旷。
③检查零部件的配合与润滑：检查转向节与主销之间是否配合过紧或缺少润滑油，纵、横拉杆球头销连接部位配合是否过紧或缺少润滑油，转向器润滑油是否缺少。
④检查转向轴是否有弯曲现象，其套管有无凹瘪。
⑤动力转向系统检查：首先查看动力转向泵的驱动带是否松动打滑，转向油泵的安装螺栓有无松动以及动力转向系统的油管与油管接头处有无损伤或松动等。

图 6-91　检查动力转向系统

5. 传动轴总成

检查内容详见图 6-92 及其注解。

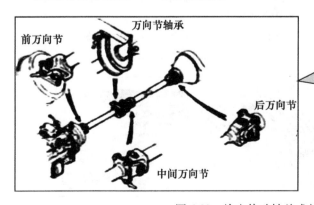

①对于后轮驱动的汽车，查看传动轴、中间传动轴、各万向节是否有裂纹或松动，传动轴有无凹陷或弯曲现象。
②要仔细检查各个万向节轴承的润滑情况，是否因磨损而出现松旷。
③检查各个万向节凸缘盘的连接螺栓有无松动等。
④检查万向节的橡胶套有无开裂（图6-93）。

图 6-92　检查传动轴总成的各个主要部位

图 6-93 检查万向节的橡胶套有无开裂

6. 车轮总成的检查

检查内容详见图 6-94 及其注解。

① 检查轮毂轴承是否松旷：首先用举升机将车轮举起，或用千斤顶支起车轮；然后用手使劲晃动车轮，如有松旷的感觉，表明轴承已经严重磨损，需要更换。
② 检查轮胎磨损情况：先检查轮胎的外侧，再检查内侧。仔细查看是否有割痕、风雨侵蚀或严重磨损。如果发现后胎内侧严重磨损，说明车主已经进行了轮胎置换，将前胎换到后面以掩饰轮胎磨损。
③ 轮胎花纹磨损程度检查：详见图 6-95。
④ 轮胎非正常磨损的表现形式以及原因详见表 6-10。

图 6-94 检查轮胎是否旷动

① 关于轮胎花纹深度的规定：轿车轮胎胎冠上的花纹的深度不得小于 1.6mm；其他转向轮的胎冠上的花纹的深度不得小于 3.2mm；其余轮胎胎冠上的花纹的深度不得小于 1.6mm。
② 应采用轮胎花纹深度尺仔细测量花纹的深度。
③ 某些汽车轮胎专门设有胎面磨损标记（或打滑标记）。当磨损量超过正常极限时，轮胎的磨损标记便会显露出来，此时必须更换轮胎。

图 6-95 检查轮胎的磨损标记与测量磨损量

表 6-10　汽车轮胎非正常磨损的表现形式及其原因

| 轮胎磨损情形 | | 原因分析 |
| --- | --- | --- |
| 正常磨损 | | — |
| 胎冠两肩磨损 | | 1. 气压不足<br>2. 超载 |
| 胎冠中部磨损 | | 1. 轮胎气压过高<br>2. 轮胎回转不足 |
| 胎冠两侧或内侧磨损 | | 1. 前轮外倾角不对<br>2. 转向节臂弯曲变形<br>3. 前轮未及时更换 |
| 胎冠锯齿状磨损 | | 1. 前束不对<br>2. 转向节臂弯曲变形 |
| 胎冠呈波浪状或碟边状磨损 | | 1. 轮胎不平衡<br>2. 轮毂轴承松旷 |

## 六、汽车功能性零部件检查的项目、方法与要求

汽车功能性零部件检查的项目详见表 6-11。

表 6-11 汽车功能性零部件检查项目表

| 序号 | 类别 | 零部件名称 | 序号 | 类别 | 零部件名称 |
|---|---|---|---|---|---|
| 93 | 车身外部件 | 发动机舱盖锁止 | 105 | 随车附件 | 备胎 |
| 94 | | 发动机舱盖液压撑杆 | 106 | | 千斤顶 |
| 95 | | 后门/行李舱液压支撑杆 | 107 | | 轮胎扳手及随车工具 |
| 96 | | 各车门锁止 | 108 | | 三角警示牌 |
| 97 | | 前后刮水器 | 109 | | 灭火器 |
| 98 | | 立柱密封胶条 | 110 | 其他 | 全套钥匙 |
| 99 | | 排气管及消声器 | 111 | | 遥控器及功能 |
| 100 | | 车轮轮毂 | 112 | | 喇叭高低音色 |
| 101 | 驾驶舱内部件 | 车内后视镜 | 113 | | 玻璃加热功能 |
| 102 | | 座椅调节与加热 | | | |
| 103 | | 仪表板出风管道 | | | |
| 104 | | 中央集控 | | | |

1)汽车功能性零部件检查的项目包括以下四类：
①车身外零部件。
②驾驶舱内部零部件。
③随车附件。
④其他类零部件。
2)对汽车功能性零部件进行检查时，凡其结构或功能损坏的，应直接进行缺陷描述，但不予计分。

## 第四节 动态检查的主要内容、方法与要求

### 一、动态检查的主要内容

汽车动态检查的主要内容详见图 6-96。

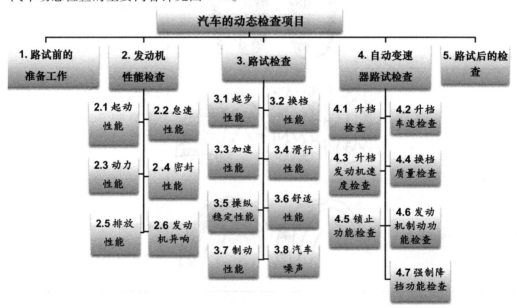

图 6-96 汽车动态检查项目

### 二、汽车的使用性能及其评价指标

汽车动态检查的主要依据是"汽车的使用性能及其评价指标"，故在动态检查之前，必

须详细了解"汽车的使用性能及其评价指标"的有关内容，详见本书表2-3。

### 三、路试前的准备工作

路试前的准备工作包括检查机油的油位、冷却液的液位、制动液的液位、离合器液压油的液位、动力转向液压油的液位、燃油箱内燃油的液位、风扇传动带的张紧度、制动踏板的行程、轮胎的气压以及各个警告灯的检查。只有当这些项目均正常后，才能起动发动机，开始路试试验。

1. 机油油位检查

详见图6-97及其注解。

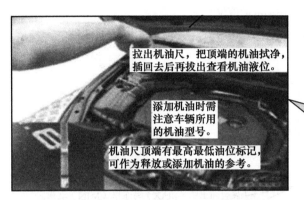

图6-97 检查机油的油位

2. 冷却液液位检查

检查方法详见图6-98及其注解。

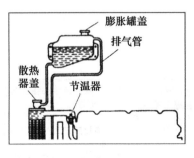 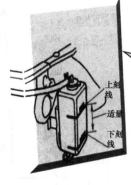

图6-98 检查冷却液的液位

3. 制动液液位检查

检查方法如图6-99所示。

4. 离合器液压油液位检查

检查方法详见图6-100及其注解。

5. 动力转向液压油液位检查

检查方法详见图6-101及其注解。

① 正常的制动液位应在储液罐的上限（MAX）与下限（MIN）之间。
② 当液位低于下限（MIN）时，应严格按照厂家规定的制动液品种和规格，将其补充到上限位置。
③ 常用的醇醚类制动液具有较强的吸湿性，故在补充制动液时，要避免长时间地打开加液口盖并应使用装于密封容器内的新制动液，以免引起"气阻"，造成制动失灵。
④ 应经常检查和防止制动系统泄漏，以防制动失灵。

图 6-99　检查制动液的液位

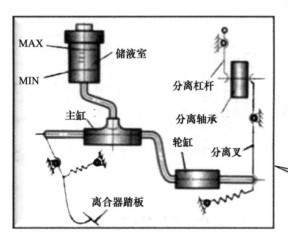

① 检查离合器液压油的液位的方法与检查制动液的方法相同。离合器液压油的液位应在储液室的上限（MAX）与下限（MIN）之间。
② 图6-99注解中的②、③、④条内容原则上也适合于离合器液压系统使用。

图 6-100　检查离合器液压油的液位

① 首先将动力转向储油罐外表擦干净，然后取下加油口盖，抽出油标尺，用抹布将其擦干净后插入油标尺导孔。再次拔出油标尺，若机油在上下刻线之间即为合适。
② 当液位低于下限（MIN）时，应严格按照厂家规定的动力转向液品种和规格，将其补充到上限位置。
③ 某些汽车的动力转向储油罐上的液位高度标记分为冷车和热车两种状态。故当发动机处于热车状态时，其油位应在HOT MAK与HOT MIM之间；而当发动机处于冷车状态时，则应在COLD MAX与COLD MIN之间。
④ 应经常检查和防止动力转向系统的油液污染与泄漏。

图 6-101　检查动力转向液压油的液位

6. 燃油箱的油量检查

检查方法如图 6-102 所示。

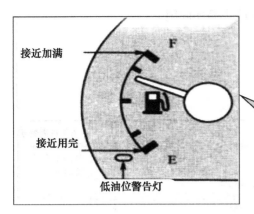

图 6-102　检查燃油箱内燃油的油量

7. 冷却风扇带的检查

检查方法详见图 6-103 及其注解。

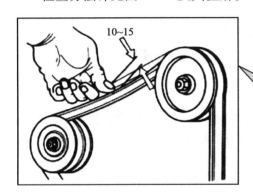

图 6-103　检查风扇带的张紧度

8. 检查制动踏板行程并确保制动灯正常工作

检查方法详见图 6-104 及其注解。

图 6-104　检查制动踏板的行程

9. 转向系统的检查

1）检查转向盘自由行程：将汽车停放在平坦的路面上，从中间位置向左或右转动转向盘时，其游动间隙不得超过 20°。否则，应检查与调整转向系统各部分的间隙。

2）转向系统传动间隙检查：紧握转向盘进行上、下、左、右方向摇动，不得有很松旷的感觉。否则，应检查与调整转向轴承，横、直拉杆球头等项间隙。

10. 轮胎气压检查

检查方法如图6-105所示。

① 拧开轮胎气门嘴的防尘帽，用轮胎气压表测量轮胎的气压。轿车轮胎气压一般为0.2~0.5MPa。不能过高或过低。若轮胎气压提高25%，轮胎寿命将降低15%~20%；若轮胎气压降低25%，轮胎寿命将缩短50%。
② 充气后可用肥皂水检测是否漏气，并拧紧气门嘴帽。
③ 随车的气压表应定期校对，保证其准确度。

图6-105 检查轮胎的气压

### 四、发动机工作性能检查的项目、方法与要求

发动机工作性能检查项目包括起动性能、怠速性能、异响、急加速性能、曲轴箱的窜气量以及排气颜色等。

1. 检查发动机的起动性能

1）用起动机起动发动机时，正常情况下应在三次内成功起动。并应注意每次起动时间不得超过5s，再次起动的时间要求间隔15s以上。如果发动机未能正常起动，表明起动机出现故障或发动机性能有问题。

2）影响发动机起动的原因很多，主要包括电路、油路、气路与机械四个方面。如蓄电池故障、点火系统漏电、供油不畅、电动油泵故障、空滤堵塞、气缸磨损使得气缸压力过低、气门关闭不严等，应进行综合分析解决。但不同因素对于车价的影响差别很大。

2. 检查发动机的怠速性能

1）当发动机正常起动后，使其怠速运转。正常情况下，怠速应平稳、发动机振动很小，怠速转速应在(800±50)r/min范围(如开空调，应在1000r/min左右)。

2）若出现怠速不稳、过高或过低、抖动严重等现象，说明怠速不良。引起怠速不良的原因多达几十种，如点火正时、气门间隙、进气系统、怠速阀、曲轴箱通风系统、废气再循环系统、活性炭罐系统、供油系统等。需要具体分析、综合施策并引起足够的重视。

3. 检查发动机的异响

1）发动机的正常运转状况：当发动机在各部件配合间隙适当、润滑良好、工作温度正常、燃料供给充分、点火正时准确等条件下运转时，无论其负荷或转速如何变化，都会发出一种平稳而有节奏、协调而又圆滑的轰鸣声，其中包括发动机的正时齿轮、机油泵齿轮、喷油泵齿轮及其传动齿轮以及气门产生的均匀而较轻微的响声。若发出一些不协调的响声，如类似金属敲击的声音、"咔嗒"声、摩擦声，这些声音统称异响。

2）让发动机怠速运转，仔细倾听有无异响及响声的大小。然后拨动节气门适当提高转速，再次倾听响声是否加大或出现新的响声。常见的发动机异响有曲轴轴承的异响、连杆轴承异响、活塞敲缸异响、气门异响等。

3) 如果发动机发出非正常的敲击声、"咔哒"声、爆燃声、"咯咯"声等非正常响声，甚至有来自发动机底部的低频隆隆声或爆燃声，则表明发动机已经严重损坏，需要大修。

4. 检查发动机的急加速性能（加速灵敏度）

检查方法详见图6-106及其注解。

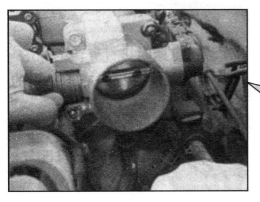

① 待发动机温度正常（达到80℃）后，用手迅速拨动节气门，使发动机由急速猛加速，观察发动机的急加速性能，能否灵活反应。在此过程中，发动机应发出强劲且有节奏的轰鸣声，应无"回火""放炮"等现象。同时检查发动机有无"敲缸"和气门噪声。
② 将节气门开到最大位置，然后迅速松开节气门，观察发动机转速能否由高速迅速降到低速，且无急速熄火。

图6-106 检查发动机的急加速性能

5. 检查发动机曲轴箱的窜气量

检查方法详见图6-107及其注解。

① 打开发动机曲轴箱通风出口，用手拨动节气门，逐渐加大发动机转速，观察曲轴箱的窜气量。
② 正常情况下，曲轴箱窜气量应较少，且无明显的油气味儿。对于四缸发动机，窜气量一般在10~20L/min。
③ 若油气味儿很重（窜气量大于20L/min），则表明气缸与活塞磨损严重，需要大修。同时表明汽车行驶里程很长。若窜气量大于60L/min，则表明通风系统严重堵塞，曲轴后油封可能漏油，需要大修。

图6-107 检查曲轴箱的窜气量

6. 检查发动机排气颜色是否正常

汽油发动机正常排出气体的颜色是无色的（因混合气体能够充分燃烧），在严寒的冬季可见白色的水汽；而柴油机排出气体一般是淡灰色的，随着负荷增加，排气颜色会逐渐变深。非正常的排气颜色分为如下几种。

1）冒黑烟：意味着混合气太浓。可能的原因是某个火花塞不点火、空滤器堵塞进气不足，或某个喷油器漏油等。此时，未能燃烧的燃油进入排气系统的催化转化器，催化反应使得催化转化器温度升高、寿命缩短，久而久之将导致催化转化器破裂或熔化。

2）冒蓝烟：表明发动机烧机油。可能的原因是机油油位过高，或气缸与活塞间隙过大、密封出了问题。如果是后者，则表明发动机气缸磨损严重，需要大修。

3）冒白烟：说明发动机燃烧冷却液。可能的原因是气缸垫烧坏或缸体出现裂纹引起冷却液进到燃烧室。还有一种可能就是自动变速器通向发动机真空管的密封垫失效,使得自动变速器液体被吸入发动机中。

7. 检查发动机排气气流是否正常

检查方法详见图6-108、图6-109及其注解。

在距排气管口10cm处,用手感觉怠速时排气气流的冲击,正常的排气气流仅有很小的脉冲感,如果排气气流出现周期性的打嗝或不平稳的喷溅,表明气门、点火或燃油系统故障而引起间断性失火。

图6-108 用手检查排气气流

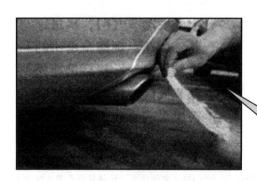

用一张白纸靠近排气管口10cm处,若白纸不断地被排气气流吹开,则说明发动机运转正常。如果白纸偶尔地被吸向排气口,则表明发动机配气机构出现了问题。

图6-109 用纸检查排气气流

## 五、手动变速器路试检查的项目、方法与要求

通过一定里程的路试(一般20km左右),动态检查汽车各项主要性能与工况。

1. 离合器工作状况的检查

1) 按正常起步方法操纵汽车,使汽车挂档平稳起步,以检查离合器的工作状况。

2) 在正常情况下,离合器应该结合平稳、分离彻底,工作中无异响、无抖动和非正常的打滑等现象。

3) 检查离合器踏板的自由行程应为30~45mm。如果自由行程过大,则说明离合器摩擦片磨损严重。

4) 检查离合器踏板力,一般应不大于300N,且应与该型号汽车的踏板力相适应。

5) 如果离合器出现发抖或有异响,表明离合器内部零部件损坏,应立即结束路试,进行检查。

2. 汽车动力性能检查

1) 衡量汽车动力性的指标:一是汽车的最高车速;二是汽车从0加速到100km/h所需要的时间。后者乃是国际流行的小轿车的动力性指标。

2) 检查加速性能:汽车起步后加速行驶,然后猛踩加速踏板进行急加速。正常情况下急加速时,发动机应发出强劲的轰鸣且车速迅速提升。通过此项路试,二手车鉴定评估人员

凭借其实际经验可以发现某车与该型号汽车正常加速性能的差距。

3）检查爬坡性能：在一定的坡度上，用相应档位行驶能够达到的最大爬坡度。

4）检查最高车速：是否能够达到原设计的最高车速，差距有多大。如果汽车提速很慢、上坡无力、其最高车速与原设计差距很大，则可以判断该车动力性能很差，相当于一辆"老爷车"。

**3. 手动变速器工作状况的检查**

检查方法详见图 6-110 及其注解。

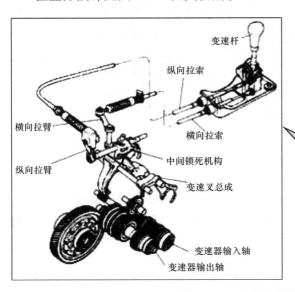

1）在路试中，操纵手动变速器的远距离操纵机构的变速杆，从起步开始加速到高速档；然后再由高速档减至低速档以检查变速器换档是否轻便灵活、有无异响，其互锁与自锁装置是否有效，有无乱档现象，加速过程中有无掉档现象。换档过程中变速杆不得与其他零部件相干涉。

2）变速器常见故障如下。

① 换档时齿轮发响：这表明换档困难。主要原因是换档联动机构失调、换档叉轨变形或锈蚀或同步器损坏。需要重新调整换档机构或更换同步器。

② 掉档：当汽车受到强烈冲击或急踩油门时，变速杆自动回到空档的现象，称为掉档。其主要原因是变速器内部磨损严重，需要更换内部磨损的零部件。

③ 变速杆抖动：主要原因是汽车使用时间过长，导致变速操纵机构各个铰链处严重磨损、间隙过大，需更换。

图 6-110　手动变速器的远距离操纵机构

**4. 汽车制动性能检查**

检查内容详见表 6-12。

表 6-12　对汽车制动距离与制动稳定性的要求

| 机动车类型 | 制动初速度/(km/h) | 制动距离/m | | 试验通道宽度/m |
|---|---|---|---|---|
| | | 空载 | 满载 | |
| 三轮汽车 | 20 | ≤5.0 | ≤5.0 | 2.5 |
| 乘用车 | 50 | ≤19.0 | ≤20.0 | 2.5 |
| 总质量≤3500kg 的低速汽车 | 30 | ≤8.0 | ≤9.0 | 2.5 |
| 其他总质量≤3500kg 的汽车 | 50 | ≤21.0 | ≤22.0 | 2.5 |
| 铰接客车、铰接式无轨电车、汽车列车 | 30 | ≤9.5 | ≤10.5 | 3.0 |
| 其他汽车 | 30 | ≤9.0 | ≤10.0 | 3.0 |
| 两轮普通摩托车 | 30 | ≤7.0 | ≤7.0 | — |
| 边三轮摩托车 | 30 | ≤8.0 | ≤8.0 | 2.5 |
| 正三轮摩托车 | 30 | ≤7.5 | ≤7.5 | 2.3 |
| 轻便摩托车 | 20 | ≤4.0 | ≤4.0 | — |
| 轮式拖拉机运输机组 | 20 | ≤6.0 | ≤6.5 | 3.0 |
| 手扶变型运输机 | 20 | ≤6.5 | ≤6.5 | 2.3 |

① 汽车起步后，先点一下制动，检查是否有制动；然后将汽车加速到20km/h，做一次紧急制动，检查制动的可靠性，有无跑偏、甩尾现象。

② 再将汽车加速到50km/h，先用点制动的方法检查汽车是否立即减速、有无跑偏，再用紧急制动的方法检查制动距离和跑偏量。

③ 汽车在规定的初速度下的制动距离和制动稳定性应符合表6-12的要求。

④ 当踩下制动踏板时，如果发生冲击声或尖叫声，则表明制动摩擦片已经严重磨损，路试后，应立即检查制动摩擦片的厚度。

⑤ 当踩下制动踏板时，若有海绵感觉，说明制动管路内存在空气或泄漏处，应立即停止路试并排除。

5. 汽车行驶稳定性检查

(1) 方向跑偏检查　关于方向跑偏以及汽车行驶稳定性检查详见图6-111及其注解。

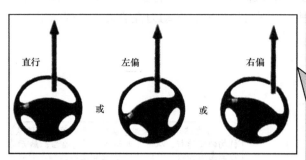

图6-111　关于方向跑偏的示意图

(2) 汽车振摆检查

1) 观察"汽车振摆"现象：使汽车以90km/h以上的高速行驶，仔细观察有无转向盘抖动和前轮左右摆动现象。

2) 若汽车发生转向盘抖动与前轮左右摇摆沿波形轨迹前进，即为"高速振摆"现象，其原因可能是转向系统轴承间隙过大或轮毂轴承松旷，或拉杆球头磨损松旷，以及前轮存在严重不平衡或前束过大等问题。汽车振摆将严重影响行驶安全、加剧轮胎磨损，必须立即停止路试、检查与排除故障。

(3) 汽车转向盘检查

1) 选择宽敞的路面，左右转动转向盘，检查转向是否轻便、灵活。

2) 检查转向盘的自由行程：其最大自由转动量不得大于20°。否则，表明转向机构磨损严重并导致转向不灵敏。

3) 若转向盘沉重，则表明可能是转向轴承缺油、转向机构各球头缺油，甚至横拉杆、前轴、车架变形，或前轮定位不准、轮胎气压过低等。

4) 带助力转向系统的汽车转向盘沉重：可能是其转向泵的车轮齿条严重磨损，油泵压力不足或漏油、油路中有空气等，需要仔细检查、修理或更换。

6. 汽车行驶平顺性检查

1) 平顺性是指汽车对不平路面的隔振特性。因此，悬架系统工作性能好坏对平顺性影响最大。此外，从人的舒适性考虑，车身的固有频率应在600~800Hz范围为佳。

2) 应选择粗糙和起伏不平路面进行路试，感觉汽车的平顺性。当汽车转弯和通过不平路面时，仔细倾听是否有从汽车前端发出的忽大忽小的嘎吱声或低沉噪声。若是，可能是悬架系统减振器与轴衬严重磨损。若汽车转弯时车身倾斜过大，则表明横向稳定杆衬套或减振器磨损严重。对于前驱动汽车，若从前面发出"咯哒"声、"嘀嗒"声或沉闷的金属声，则可能是等速万向节磨损严重。

3) 减振器的检查：如果汽车行驶过程中出现不正常的连续振动，应检查减振器是否漏油。当汽车在不平路面行驶10~15km后，用手摸减振器外壳，若无发热感觉，则表明减振器已经失去作用。减振器漏油、开裂、失效与损坏是影响平顺性的主要因素之一。减振器属于易损件,即使长期在良好路面上行驶的汽车,其减振器的使用寿命也只有 5 万 km 左右。

7. 汽车滑行能力检查

检查方法详见表 6-13 及其注解。

表 6-13 对汽车滑行距离的要求

| 汽车整备质量 $M$/kg | 双轴驱动车辆滑行距离/m | 单轴驱动车辆滑行距离/m |
| --- | --- | --- |
| $M < 1000$ | ≥104 | ≥130 |
| $1000 \leq M \leq 4000$ | ≥120 | ≥160 |
| $4000 < M \leq 5000$ | ≥144 | ≥180 |
| $5000 < M \leq 8000$ | ≥184 | ≥230 |
| $8000 < M \leq 11000$ | ≥200 | ≥250 |
| $M > 11000$ | ≥214 | ≥270 |

① 做滑行试验:选择平坦路面,将汽车加速到 30km/h 左右,踩下离合器踏板,挂上空档滑行。其滑行距离应符合表 6-13 的要求。

② 若滑行距离达不到要求,表明汽车传动系统内部阻力大、传动系统效率低、油耗大、动力不足。

③ 将汽车加速到 40~60km/h,然后迅速抬起加速踏板,如果听到明显的金属敲击声,则表明传动系统内部齿轮间隙过大,应检查调整。

8. 高速行驶时汽车风噪声的检测

1) 选择平坦宽敞路面,使汽车高速行驶,仔细倾听车外的风噪声。通过此项试验主要检查汽车车身的密封性能。

2) 通常,风噪声与车速成正比。对空气动力学性能好的汽车,其隔音与密封性能也好,故风噪声也较小。但对于那些空气动力学性能较差的汽车,或经过整形后的事故车,则其风噪声也较大。

3) 汽车的风噪声过大,说明其车门与车窗的密封条老化变质或损坏失效;或经过整形的事故车的车门变形导致密封不严。

9. 汽车驻车制动的检查

1) 选择一坡路,将汽车停在坡道上,拉上驻车制动。观察汽车能否挺稳,有无溜坡现象。

2) 手操纵的驻车制动力,对于 9 座以下的汽车应不大于 400N;其他车辆应不大于 600N。脚操纵的驻车制动力,对于 9 座以下的汽车应不大于 500N;其他车辆应不大于 700N。

3) 如果在坡路上拉紧驻车制动后出现溜坡,说明驻车制动存在故障。其原因可能是摩擦片与制动盘(鼓)接触不良、有油污,或摩擦片严重磨损、间隙过大等。必须调整或修理。

## 六、自动变速器的路试检查项目、方法与要求

自动变速器的路试检查项目包括自动变速器升档情况检查、升档时的车速情况检查、升档时的发动机转速检查、换档质量(冲击情况)检查、锁止离合器工作状况检查、发动机制动功能检查以及强制降档功能检查等。

1. 路试前自动变速器的升温准备

将汽车以中速行驶 10min 左右,以便发动机与自动变速器均达到正常温度范围。

2. 自动变速器升档情况检查

1) 检查升档情况:将变速杆拨至前进档(D)位置,踩下加速踏板,节气门保持在半开状况,使汽车起步加速,检查变速器升档情况。在升档过程中,发动机会有瞬时转速下降,

同时车身会有轻微的撞动感。正常情况下，随着车速的提高，试车人员可以感觉到档位的提升过程，即从1档升入2档，随后又由2档升入3档，最后升入超速档。

2）若在加速过程中有明显的冲击现象或换档迟滞现象，以及不能顺利升入高档（3档或超速档），则表明换档控制系统或换档执行元件出现了故障。

3. 自动变速器升档时的车速情况检查

1）将变速杆拨至前进档（D）位置，踩下加速踏板，节气门保持在某一固定开度，让汽车加速。当察觉到自动变速器升档时，立即记下升档时的车速。

2）对于四档变速器而言，当节气门保持在半开状况下，由1档升至2档的升档车速约为25~35km/h；由2档升至3档的升档车速约为55~70km/h；由3档升至4档（或超速档）的升档车速约为90~120km/h。

3）只要升档车速基本保持在上述范围内，且加速良好，无明显换档冲击，均可认为升档车速情况正常。反之，若汽车加速无力、升档车速明显低于上述范围，则表明升档车速过低（即过早升档）；如果有明显的换档冲击且升档车速明显高于上述范围，则说明升档车速过高（即过迟升档）。

4）造成升档车速过低（即过早升档）的原因一般是变速器控制系统的故障；而升档车速过高（即过迟升档）则有两种可能：一是换档元件（离合器或制动器）故障，二是控制系统故障。

4. 自动变速器升档时的发动机转速检查

1）在汽车换档过程中，发动机转速变化情况是判断自动变速器工作状况是否正常的重要依据之一。

2）若自动变速器处于普通模式或经济模式，节气门保持在小于半开范围内，在正常情况下，汽车由起步加速直至升入高速档的整个过程中，发动机转速都应低于3000r/min。且在加速至即将升档时，发动机转速可达到2500~3000r/min；而在刚刚升档后的短时间内，下降到2000r/min。

3）如果汽车由起步加速直至升入高速档的整个过程中，发动机转速始终偏低，加速至升档时仍然低于2000r/min，则说明升档时间过早或发动机动力不足。反之，如果在行驶过程中，发动机转速始终偏高，升档前后的转速在2500~3000r/min，且换档冲击明显，则表明升档时间过迟。如果在行驶过程中发动机转速经常高于3000r/min，在加速时达到4000~5000r/min，甚至更高，则说明自动变速器的换档执行元件（离合器或制动器）打滑，需要检修。

5. 自动变速器换档质量（冲击情况）检查

1）有无换档冲击是换档质量检查的主要内容。正常的自动变速器只能有不太明显的换档冲击，特别是电控自动变速器的换档冲击应很微弱。

2）如果换档冲击过大，则说明自动变速器的控制系统或换档执行元件存在故障。其原因可能是油路压力过高，或执行元件（离合器或制动器）打滑，需要检修。

6. 自动变速器的锁止离合器工作状况的检查

在路试过程中，将汽车加速至超速档，并以高于80km/h的速度行驶，且让节气门开度保持低于半开的位置，迅速使变矩器进入锁止状态。此时再快速将加速踏板踩下至2/3的开度，同时检查发动机转速变化情况。

如果此时发动机转速无明显变化，则说明锁止离合器处于正常的接合状态。反之，如果此时的发动机转速升高很多，则表明锁止离合器处于非正常的分离状态。其主要原因是锁止控制系统出现故障。

7. 自动变速器发动机制动功能的检查

先将变速杆拨至前进抵档(S、L或2、1)位置，当汽车以2档或1档行驶时，突然松开加速踏板，检查是否有发动机的制动作用。

如果当松开加速踏板后，车速立即随之下降，则情况正常，说明有发动机制动作用。否则，说明变速器的控制系统或前进强制离合器存在故障。

8. 自动变速器强制降档功能的检查

1）先将变速杆拨至前进档(D)位置，让节气门开度保持为1/3左右的位置，用2档、3档或超速档行驶时，突然将加速踏板踩到底，同时检查自动变速器是否被强制降低一个档位。

2）在强制降档时，发动机转速会突然上升至4000r/min左右，并随着加速升档，发动机转速逐渐下降。

3）如果当踩下加速踏板后未出现强制降档，则说明自动变速器的强制降档功能失效。若在强制降档时，发动机转速上升过高，达到5000~6000r/min，且在升档时出现换档冲击，则表明换档执行元件打滑，需要检修。

### 七、路试后的检查项目与方法

主要检查各部件温度情况与"四漏"现象。

1. 各部件温度情况的检查

1）检查各种油温与冷却液温度：发动机机油温度不得高于90℃，齿轮油温度不得高于85℃；冷却液温度不得高于90℃。

2）检查各类运动机件是否有过热的情况：仔细查看制动鼓、轮毂、变速器壳、驱动桥壳(特别是减速器壳)、传动轴、中间轴轴承等，均不应有过热现象。

2. "四漏"现象的检查

1）漏水情况检查：在发动机运转以及停车后，仔细检查散热器、水泵、气缸、气缸盖、暖风装置以及全部连接部位均不得有明显的渗漏现象。

2）漏油情况检查：汽车连续行驶10km以上，然后停车，待停车5min后再仔细观察汽车各种可能的漏油部位，包括发动机机油、变速器油、主减速器油、转向器油、制动液、离合器液，以及液压悬架等处均不得有泄漏。

3）漏气情况检查：主要检查进气系统与排气系统有无漏气现象。

4）漏电情况检查：主要检查点火系统与蓄电池有无漏电现象。

### 八、路试中的注意事项

1）对发动机起动次数与每次起动时间的要求：起动发动机一般不应连续超过3次，且每次起动时间不得超过10s，以免损坏起动机。

2）路试中应随时观察各项警告灯的工况，若发现故障，应立即停止路试。

3）若路试中发现发动机与传动系统发生严重异响，应立即停车检查并排除故障。

4）路试总里程不得小于20km，且其中的连续行程里程应在10km以上。

## 第五节  二手车的价值评估实例分析

从本节开始进入二手车价值评估内容，本节首先介绍价值评估的总体计算步骤，然后以大量实例分析为基础，具体剖析四种价值评估方法的基本要点与运用技巧。

### 一、价值评估的计算步骤

二手车的价值评估应按照以下三个步骤进行。

1. 确定评估方法

首先要选择与确定价值评估方法。二手车的鉴定评估，就是正确地理解与运用现行市价法、重置成本法、收益现值法与清算价格法四种基本方法，以及这四种评估方法的综合运用。

1）一般而言，对于同一被评估车辆，应该选用两种以上的评估方法进行评估。
2）有条件选用现行市价法的，应以市价法作为主要的评估方法。
3）对于营运车辆的评估，在评估资料可查并比较齐全的情况下，应优先选用收益法作为其中的第一种评估方法。
4）多数二手车鉴定评估适宜采用现行市价法与重置成本法。

2. 评估结果的评价与检查

二手车鉴定评估的第二个步骤是评价评估结果，对不同评估方法估算出的结果进行比较分析。当这些评估结果差异较大时，应查明并排除出现较大差异的基本原因，且对不同评估方法的结果进行以下检查。

1）检查计算过程是否有误。
2）采用的基础数据是否准确。
3）参数选择是否合理。
4）计算公式的选用是否恰当。
5）是否符合评估原则。
6）所选用的评估方法与评估对象是否适宜，与评估目的是否符合。

3. 确定最终评估结果

二手车鉴定评估的第三个步骤是计算出一个综合结果并确定最终评定结果。

1）在确认所选用评估方法估算出的结果无误之后，应根据具体情况计算求出一个综合结果。
2）然后在此综合结果的基础上，再进一步考虑一些不可量化的价格影响因素，对综合结果进行适当的调整，以确定最终评定结果，并在评估报告中说明调整的理由。

### 二、收益现值法实例分析

收益现值法是将被评估车辆在剩余寿命期内的预期收益用适当的折现率折现为评估基准日的现值，来确定评估价格的一种方法。主要用于营运车辆的评估。其评估步骤包括收集相关营运车辆的收入与费用资料，估算预期收入、营业费用与预期净收益，选用适当的折现率,最后用适当的公式求得收益现值。运用收益现值法的关键是正确确定各评估参数(即收益年限、预期收益额以及折现率)。

【例】 2017年1月,某汽车驾驶人计划在某地的二手车市场上购置一辆夏利TJ7100U型小轿车用于个体出租车营运。试评估该车可以接受的最大投资额是多少?

1. 基本信息

该车的基本情况以及经营情况预测如下。

1)该车系2014年1月购买的新车,并于当月完成新车登记手续,截止2017年1月,已经行驶21.6万km。目前该车的技术状况良好,能够正常运行。如用于出租车营运,预计全年可以出勤320天。

2)根据当地市场经营的一般经验数据预测:该车型出租车每天的毛收入约600元,而每天的油耗费用约为80元。其他各项支出(包括年检、保险、养路费等)平均每天约为75元。日常维护保养费用约为12000元/年;年均大修费用约为8000元/年;人员的劳务费用约为45000元/年。

3)根据目前当地银行储蓄的年利率以及当地出租车行业收益等情况,初步确定其资金预期收益率为15%,风险报酬率为5%。并假设每年的纯收入基本相同,试根据以上条件,评估该车可以接受的最大投资额是多少。

2. 评估计算步骤

1)确定评估方法:根据本实例的评估目的是要求预测收益大小,故选用收益现值法为宜。

2)确定收益年期$n$:从该车登记日(2014年1月)至评估基准日(2017年1月)止,该车已经使用了3年,根据国家《机动车强制报废标准》规定,出租车的规定营运年限为8年,故该车剩余的使用寿命为5年,即收益年期$n=5$。

3)预期收益额$A_t$的确定:

① 预期年总收入$A_0$:$A_0=600$元/天×320天/年=192000元/年。

② 预期年支出$A$:$A=80$元/天×320天/年+75元/天×320天/年+12000元/年+8000元/年+45000元/年=114600元/年。

③ 预期收益额$A_t$:$A_t=A_0-A=192000$元-114600元=77400元。

4)折现率$i$的确定:折现率$i$=无风险报酬率+风险报酬率=15%+5%=20%。

5)计算评估值$P$:$P=A_t\dfrac{(1+i)^n-1}{i(1+i)^n}=77400\times\dfrac{(1+0.2)^5-1}{0.2\times(1+0.2)^5}=231473(元)$。

### 三、现行市价法实例分析

现行市价法包括直接比较法、类比调整法和成本比率估价法。其基本原理是通过市场调查,选择与被评估车辆相同或类似的参考车辆,分析比较二者的异同(包括结构、配置、功能与性能、新旧程度、地区差别、交易条件及成交价格等),找出两者的差别及其所反映的价格差额,然成经过调整计算出二手车的评估价格。其评估步骤包括收集资料、选择参照物、分析比较与确定各个差异因素的调整系数,最后代入有关计算公式获得最终评估结果。

【例1】 为对某辆二手车在已经约定的评估基准日进行合理的评估,评估人员经过仔细的市场调研,精心选择了与评估基准日近期已经成交的且与被评估二手车的类别、结构基本相同,技术经济参数相近的三辆参照车辆(表6-14)。试采用现行市价法对该车进行评估。

表6-14 被评估二手车与其参照车辆的相关技术经济参数

| 序号 | 技术经济参数 | 参照车辆A | 参照车辆B | 参照车辆C | 被评估二手车 |
|---|---|---|---|---|---|
| 1 | 车辆交易价格/元 | 5万 | 6.5万 | 4万 | — |
| 2 | 销售条件 | 公开市场 | 公开市场 | 公开市场 | 公开市场 |
| 3 | 交易时间 | 6个月前 | 2个月前 | 10个月前 | — |
| 4 | 已使用年限/年 | 5 | 5 | 6 | 5 |
| 5 | 尚可使用年限/年 | 5 | 5 | 4 | 5 |
| 6 | 成新率(%) | 60 | 75 | 55 | 70 |
| 7 | 年平均维修费用/元 | 20000 | 18000 | 25000 | 20000 |
| 8 | 每百千米耗油量/L | 25 | 22 | 28 | 24 |

1. 首先对二者之间的差异进行量化比较

主要从销售时间、车辆性能以及成新率三个方面比较如下。

（1）销售时间的差异　由于物价指数是随着时间而变化的，故销售时间的差异将导致车辆售价的差异。从市场搜集到的物价资料表明，从评估之前到评估基准日之间的一年内，该市的物价指数大约每月上涨0.5%。据此计算出因时间差异而产生的车辆售价的差异如下。

① 被评估车与参照车A相比6个月，其价格指数上升3%，导致差额为50000×3%=1500(元)。

② 被评估车与参照车B相比2个月，其价格指数上升1%，导致差额为65000×1%=650(元)。

③ 被评估车与参照车C相比10个月，其价格指数上升5%，导致差额为40000×5%=2000(元)。

（2）车辆性能的差异　主要是因燃油消耗率的差异和维修费用的差异而引起的差额。

1）因燃油消耗率的差异而引起的差额：按照每日营运150km，每年平均出车250天，燃油价格为2.2元/L进行下列计算。

① 被评估车与参照车A相比少消耗燃料的费用为(25-24)×2.2×150/100×250=825(元)。

② 被评估车与参照车B相比多消耗燃料的费用为(24-22)×2.2×150/100×250=1650(元)。

③ 被评估车与参照车C相比少消耗燃料的费用为(28-24)×2.2×150/100×250=3300(元)。

2）因维修费用的差异而引起的差额

① 被评估车与参照车A相比多消耗的维修费用为20000-20000=0(元)。

② 被评估车与参照车B相比多消耗的维修费用为20000-18000=2000(元)。

③ 被评估车与参照车C相比少消耗的维修费用为25000-20000=5000(元)。

3）上述两项差异之和即为由于营运成本的差异所产生的差额

① 被评估车与参照车A相比少花费的营运成本为825+0=825(元)。

② 被评估车与参照车B相比多花费的营运成本为1650+2000=3650(元)。

③ 被评估车与参照车C相比少花费的营运成本为3300+5000=8300(元)。

4）将上述营运成本的差异所产生的差额换算为税后的营运成本差额(按照所得税率为33%计)

① 税后被评估车与参照车A相比少花费的营运成本为825×(1-33%)=552.75(元)。

② 税后被评估车与参照车 B 相比多花费的营运成本为 3650×(1-33%)=2445.5(元)。

③ 税后被评估车与参照车 C 相比少花费的营运成本为 8300×(1-33%)=5561(元)。

5) 最后，再将在剩余的使用年限内的营运成本按照折现率 $i=10\%$，进行营运成本的折现累加

① 被评估车与参照车 A 相比少花费营运成本折现累加为 $552.75 \times \dfrac{(1+10\%)^5-1}{10\% \times (1+10\%)^5} = 2095$(元)。

② 被评估车与参照车 B 相比多花费的营运成本折现累加为 $2445.5 \times \dfrac{(1+10\%)^5-1}{10\% \times (1+10\%)^5} = 9270$(元)。

③ 被评估车与参照车 C 相比少花费的营运成本折现累加为 $5561 \times \dfrac{(1+10\%)^5-1}{10\% \times (1+10\%)^5} = 17628$(元)。

（3）成新率的差异

① 被评估车与参照车 A 相比由于成新率的差异所产生的差额为 50000×(70%-60%)=5000(元)。

② 被评估车与参照车 B 相比由于成新率的差异所产生的差额为 65000×(70%-75%)=-3250(元)。

③ 被评估车与参照车 C 相比由于成新率的差异所产生的差额为 40000×(70%-55%)=6000(元)。

2. 最后确定车辆评估值

根据以上三项被评估车与参照车之间差异的量化比较结果，最后确定车辆评估值的步骤如下。

（1）确定被评估车辆的初步评估值

① 被评估车与参照车 A 相比，分析与调整其差额，求得初步评估结果为

车辆初步评估值 $P_a$ = 50000+1500+2095+5000 = 58595(元)

② 被评估车与参照车 B 相比，分析与调整其差额，求得初步评估结果为

车辆初步评估值 $P_b$ = 65000+650-9270-3250 = 53130(元)

③ 被评估车与参照车 C 相比，分析与调整其差额，求得初步评估结果为

车辆初步评估值 $P_c$ = 40000+2000+17628+6000 = 65628(元)

（2）定性分析并求得最终评估值　对初步评估值进行定性分析与综合，并采用加权平均法求得最终评估值。

1) 通过定性分析，确定参考车辆的加权系数：三个初步评估值的最大差值 = 65628-53130 = 12498(元)，造成差值的主要原因是三者的成新率不同；其次是技术经济参数选取中的误差。为此，决定对三者选用不同的加权系数。

① 参照车 B 的加权系数：考虑到其交易时间离评估时间更近(仅相差 2 个月)，且其已经使用年限、尚可使用年限以及成新率等都与评估车最相近，故其相似程度比参考车 A、C 均大。为此，取其加权系数为 60%。

② 参照车 A 的加权系数：其已经使用年限、尚可使用年限以及成新率等与评估车的相

似程度都比参考车 C 大,取其加权系数为 30%。

③ 参照车 C 的加权系数:余下的加权系数为 10%,分配给参照车 C。

2) 采取加权平均法求得最终评估值 $P = P_b \times 60\% + P_a \times 30\% + P_c \times 10\% = 53130 \times 60\% + 58595 \times 30\% + 65628 \times 10\% = 56019.3 \approx 56000(元)$。

(3) 评估结论 采用现行市价法对该车进行评估的最终结果是:该二手车在评估基准日的评估值为 56000 元。

【例 2】 某客户有一辆轿车,已经正常使用 5 年,欲到二手车市场出售,需要进行评估。据了解,当前同型号同款式的新车的重置成本为 26.9 万元。试用现行市价法中的成本比率估价法计算其评估值。

1. 成本比率估价法的原理与计算方法

成本比率估价法是用车辆的交易价格与重置成本之比来表示二手车的保值程度。它是通过分析大量二手车市场已有交易数据而建立的使用年限与二手车售价之间的函数关系,来确定在二手车市场上当无法找到基本相同或相似参照物情况下被评估车辆评估的一种有效方法。参照物成本比率(也称为保值率)$\alpha$ 等于其交易价格 $P_0$ 与参照物重置成本 $B_0$ 之比值,即:$\alpha = P_0/B_0 \times 100\%$,因此,若能先得知参照物的成本比率 $\alpha$,则可依据被评估对象的重置成本 $B$ 来求出被评估对象的评估值 $P$。即:$p = \alpha B$。使用年限不同,轿车类的综合成本比率 $\alpha$ 可从表 6-15 查取。

表 6-15 轿车类的综合成本比率表

| 已使用年限 | 1 | 2 | 3 | 4 | 5 | 6 |
|---|---|---|---|---|---|---|
| 成本比率 $\alpha$ | 0.7327 | 0.6618 | 0.5484 | 0.4992 | 0.4554 | 0.3676 |
| 已使用年限 | 7 | 8 | 9 | 10 | 11 | 12 |
| 成本比率 $\alpha$ | 0.3158 | 0.2733 | 0.2533 | 0.1913 | 0.1495 | 0.1510 |

2. 用成本比率估价法求解本实例的评估方法

1) 确定被评估车辆的综合成本比率:该轿车已经使用 5 年,从表 6-15 查得综合成本比率 $\alpha = 0.4554$。

2) 确定轿车的评估值 $P$:$P = \alpha B = 0.4554 \times 26.9 = 12.25(万元)$。

## 四、清算价格法实例分析

清算价格法是指根据二手车的技术状况,运用市场价格法估算其正常价格,再根据处置情况和变现要求,乘以一个折扣率而确定评估价格的方法(即被评估车辆的清算价格=评估底价×折扣率)。

【例】 某市级法院欲在近期内将其扣押的一辆轻型载货汽车拍卖。至评估基准日止,该车已经使用了 1 年 6 个月,车况与其新旧程度相符,试评估该车的清算价格。

1. 调查与分析基本情况

经调查了解本次评估的目的属于债务清偿,故应采用清算价格法进行评估。根据该车的实际情况与初步掌握的资料,打算先用重置成本法确定车辆在公平市场条件下的评估价格;然后根据市场行情,选取一个比较合适的折现率确定汽车的最终清算价格。

2. 评估步骤

1) 评估方法的选择:本次车辆评估的目的属于债务清偿,故采用重置成本法确定清算价格。

2）确定使用年限：根据调查，该车已经使用年限为 1 年 6 个月，即 18 个月；根据国家规定，被评估车辆的使用年限为 10 年，折合为 120 个月。

3）确定车辆的成新率：据调查了解，被评估车辆的价值不高，且其技术状况与其新旧程度基本相符，故拟采取使用年限法计算其成新率 $C_y$：

$$C_y = \left(1 - \frac{Y}{Y_g}\right) \times 100\% = \left(1 - \frac{18}{120}\right) \times 100\% = 85\%$$

4）确定车辆的重置成本价格：据市场调查了解，当前全新的同型车的销售价格为 8.5 万元。根据国规定，购置此型车辆时，需缴纳 10% 的车辆购置税和 3% 的货运附加费。故被评估车辆的重置成本全价 $B$ 为

$$B = 85000 \times \left(1 + \frac{1}{1+17\%} \times 10\% + 3\%\right) \approx 94815（元）$$

5）确定车辆在公平市场条件下的评估价格：据市场调查，被评估车辆的功能性损耗与经济性损耗均很小，可忽略不计。故在公平市场条件下的评估价格 $P$ 是

$$P = BC_Y = 94815 \times 85\% = 80592.75 \approx 80600（元）$$

6）确定折扣率：据市场调查，当折扣率为 75% 时，可在清算日内出售车辆，故将折扣率确定为 75%。

7）确定被评估车辆的清算价格 $P_q$：$P_q = P \times 75\% = 80600 \times 75\% = 60516 \approx 60000（元）$。

## 五、重置成本法实例分析

重置成本是指被评估车辆在评估基准日的全新价格。其评估步骤包括首先通过市场询价确定重置成本，其次确定成新率，然后确定综合调整系数，最后按照重置成本法的公式计算评估值。

【例 1】 基于使用年限法（双倍余额递减加速折旧法）确定成新率进行重置成本评估。

1. 实例基本情况

某家用车主于 2017 年 6 月在北京二手车市场欲将自用的一辆 2010 款桑塔纳 3000 豪华型轿车出售。该车系 2011 年 5 月以 16 万元购得，并于当月办理登记注册。该车发动机排量 2.0 L，行驶里程已经超过 6 万 km，经路试车况较好。该车保养一般，除车身外表有几处轻微划痕外，尚未发现有重大事故痕迹。但需进行表面修理与补漆，约需 3000 元。试用重置成本法计算评估值。

2. 评估步骤

1）确定重置成本：通过市场咨询得知，2017 年 6 月北京二手车市场上，与本车同型号同款式轿车的纯车价为 15.68 万元。故其重置成本 $B$ 应为 $B = 15.68 + \frac{15.68}{1.17} \times 10\% = 17.02（万元）$。

2）确定成新率：一般乘用车的设计使用寿命为 15 年，以此作为规定使用寿命 $G = 15$，已经使用年限 $Y = 6$，根据双倍余额递减加速折旧法，计算其成新率如下：

$$C_S = \left[1 - \frac{2}{G} \sum_{N=1}^{Y} \left(1 - \frac{2}{G}\right)^{n-1}\right] \times 100\%$$

$$= \left\{1 - \frac{2}{15}\left[\left(1 - \frac{2}{15}\right)^{1-1} + \left(1 - \frac{2}{15}\right)^{2-1} + \left(1 - \frac{2}{15}\right)^{3-1} + \left(1 - \frac{2}{15}\right)^{4-1} + \left(1 - \frac{2}{15}\right)^{5-1} + \left(1 - \frac{2}{15}\right)^{6-1}\right]\right\} \times 100\%$$

$$= \left[1-\frac{2}{15}(1+0.8667+0.7511+0.6510+0.5642+0.4890)\right] \times 100\% = 42.38\%$$

3）确定综合调整系数

① 因车况较好，故取技术状况调整系数 $K_1 = 0.9$。
② 因维护保养一般，故使用维护状况调整系数 $K_2 = 0.8$。
③ 因桑塔纳为国产名牌车，故原始制造质量调整系数 $K_3 = 0.9$。
④ 因工作性质为私用，年平均行程为 2 万 km，故工作性质调整系数 $K_4 = 1.0$。
⑤ 因该车主要在市区行驶，故工作条件调整系数 $K_5 = 1.0$。

则综合调整系数 $K$ 为

$$K = K_1 \times 30\% + K_2 \times 25\% + K_3 \times 20\% + K_4 \times 15\% + K_5 \times 10\%$$
$$= 0.9 \times 30\% + 0.8 \times 25\% + 0.9 \times 20\% + 1.0 \times 15\% + 1.0 \times 10\% = 0.9$$

4）确定评估值

$$P = BC_S K = 17.02 \times 42.38\% \times 0.9 = 6.49(万元)$$

**【例2】** 基于行驶里程法确定成新率进行重置成本评估。

1. 实例基本情况

某辆旅游大客车欲转让。据其机动车行驶证和登记证书表明，该车登记日期为 2016 年 12 月，通过现场检查，其外观与内饰良好，保养一般，经路试况较好、能够正常行驶。里程表显示的累计行驶里程已经超过 15 万 km。且从中国车网查询得知，同类生产厂家与被评估车型相类似的旅游大客车的价格为 65 万元。试用重置成本法计算其评估值。

2. 评估步骤

1）确定计算成新率的方法：考虑到一般能够正常营运的大客车，较少会人为地调整其里程表，故该车里程表可以比较真实地反应其使用强度。为此，选择行驶里程法计算其成新率。

2）计算成新率：已知该车行驶里程为 15 万 km；根据《机动车强制报废标准规定》可知，对于大型客车规定的总里程为 60 万 km。故其里程的成新率 $C_S$ 为

$$C_S = \frac{S_g - S}{S_g} \times 100\% = \left(1 - \frac{S}{S_g}\right) \times 100\% = \left(1 - \frac{15}{60}\right) \times 100\% = 75\%$$

3）计算车辆现时的重置成本 $B$ 为

$$B = 车价 \times \frac{1}{1+17\%} \times (1+10\%) = 65 \times \frac{1}{1+17\%} \times (1+10\%) = 61.1(万元)$$

4）计算最终评估值

① 考虑功能性贬值因素：$B \times 95\% = 61.1 \times 95\% = 58.045 \approx 58(万元)$。
② 确定最终评估值 $P$：$P = B \times 95\% \times C_S = 61.1 \times 95\% \times 75\% = 43.53375 \approx 43.5(万元)$。

**【例3】** 基于行驶里程法确定成新率对家用轿车进行经验简易评估。

1. 家用轿车经验简易评估法的基本思路

通常公认为，一辆家用轿车最多行驶 30 万 km 就该报废，如果超过 30 万 km 后，车辆的维修保养费可能远比轿车本身价值还高。据此，可将 30 万 km 总里程分为 5 段，每段长 6 万 km。且每段的价值依次为新车的 5/15、4/15、3/15、2/15 与 1/15。当新车开了第一段 6 万 km 后，就相当于耗去了新车价值的 5/15，而剩余的价值＝新车价值×(4+3+2+1)/15。而

开了 12 万 km 后，就相当于耗去了新车价值的(5/15+4/15)；而剩余的价值=新车价值×(3+2+1)/15。之后，以此类推，即耗去的价值依次递加、剩余的价值依次递减。

2. 计算举例

例如某家用轿车已经行驶了 12 万 km，而同型号同款式的轿车的目前市价为 20 万元，试计算该车的评估参考价值 P。解：该车的评估参考价值 P=20×(3+2+1)/15=8(万元)。

3. 附加说明

上述方法也称为"54321 法"。仅作为个人购买二手家用轿车时的一种快速估算时的参考，而不能列为正规的鉴定评估方法。

【例 4】 基于部件鉴定法确定成新率进行重置成本评估。

1. 实例基本情况

某公司于 2017 年 3 月欲出售一辆进口高档轿车，据市场调研，目前全新的同型号同款式轿车的售价为 86 万元。至评估基准日止，该车已经使用了 2 年 8 个月，累计行驶里程约 7 万 km。经现场仔细勘查发现，车身有 3 处擦伤痕迹，后悬架存在轻微漏油，前排座椅的电动装置工作不良，左侧电动车窗工作不够正常，发电机有故障，排除各项故障约需要维修费 6000 元。其他车况均与车辆新旧程度相符。试对该车进行估价。

2. 评估步骤

1) 确定重置成本 $B$：据调查了解，该车经济性损耗与功能性损耗均很小，可忽略不计。故重置成本为

$$B=89+89/1.17×10\%=96.6(万元)$$

2) 确定成新率：由于被评估车辆价值较高，故采用部件鉴定法确定其成新率。

① 根据被评估车辆上各主要部件的价值及其重要性占整车价值及重要性的比例，按百分比确定各部分的权重，详见表 6-16。

② 对车辆进行技术鉴定，确定车辆各部分的成新率及整车的成新率，详见表 6-17。

3) 确定车辆的初步评估值 $P$

$$P=96.6×75.3\%=72.74(万元)$$

4) 确定车辆的最终评估值：再减去维修费 6000 元，即为最终评估值

$$P_{最终}=72.74-0.60$$
$$=72.14(万元)$$

表 6-16 被评估车辆各个部分的权重

| 总成部件 | 发动机及其控制系统 | 变速驱动桥及控制系统 | 悬架与车桥 | 制动及转向系统 | 车身及附属装置 | 电气及仪表装置 | 轮胎 |
|---|---|---|---|---|---|---|---|
| 权重(%) | 30 | 15 | 12 | 12 | 25 | 4 | 2 |

表 6-17 被评估车辆的成新率明细表

| 总成部件 | 权分(%) | 成新率(%) | 加权成新率(%) |
|---|---|---|---|
| 发动机及其控制系统 | 30 | 80 | 24 |
| 变速驱动桥及控制系统 | 15 | 80 | 12 |
| 悬架与车桥 | 12 | 65 | 7.8 |

(续)

| 总成部件 | 权分(%) | 成新率(%) | 加权成新率(%) |
|---|---|---|---|
| 制动及转向系统 | 12 | 80 | 9.6 |
| 车身及附属装置 | 25 | 70 | 17.5 |
| 电气及仪表装置 | 4 | 70 | 2.8 |
| 轮胎 | 2 | 80 | 1.6 |
| 合计 | 100 | — | 75.3 |

**【例5】** 基于综合分析法确定成新率进行重置成本评估。

1. 实例基本情况

2017年4月，某客户驾驶其高尔夫2.0轿车到吉林省长春市的一个高尔夫轿车专卖店，欲进行二手车置换业务。该专卖店接受此项业务后立即对其进行了鉴定评估。

2. 鉴定评估前的准备工作

1) 调查车辆使用概况：该车使用性质为私家车，有专用车库，日常维护保养良好，常年行驶在市区，工作条件好，使用强度也不大。

2) 了解车辆配置：自动档变速器、ABS、EBD、双气囊、电动天窗、电动车窗、中控门锁、倒车雷达、电动后视镜、氙气灯、真皮加热座椅、前置6碟CD、车载电脑、空调、行车自动落锁等。

3) 手续检查：此车为原装德国进口，手续齐全。主要证件有行驶证、登记证书、车辆附加费本、交强险单等。初次登记时间为2013年2月。

3. 鉴定评估工作基本过程

1) 对车况的静态检查：仔细查看全车漆面，均为原漆且无碰撞事故痕迹。打开发动机舱盖，发动机内部保持崭新，且无漏油之处。查看挡泥板也没有修理过的痕迹。检查驾驶舱内部的仪表板与真皮座椅均保持崭新，无老化的痕迹。总的感觉，此车外观接近9成新。

2) 对车况的动态检查：此车在室外-26℃的气温下停了一个晚上，但在起动发动机时，仅经过三四个压缩循环便能顺利起动。冷车高怠速1200r/min时，查看尾气正常。大约5min后，怠速回到了800r/min左右，运转平稳。然后脚踩制动踏板挂入D档，自动变速器无冲击感。再松开制动踏板，车辆起步加速，因冷却液温度尚未上来，故换档转速偏高，约1800r/min左右。而当冷却液温度达到90℃后，汽车自动换档的转速约在1300r/min左右。在平整路面上将汽车加速到60km/h时，自动变速器便很顺利地跳到了4档，未发现异响与冲击。突然松开转向盘，汽车无跑偏现象。当紧急踩制动踏板时，可以感觉到ABS工作时反馈给制动踏板的回跳感。在路过铁路时，底盘没有太大的异响。前轮反馈给转向盘的路感非常精准，表明底盘转向系统各球头正常。

3) 确定重置成本：由于置换业务属于交易类，故其重置成本应取同类新车的市场价。从市场咨询得知，同类新车的市场价为15万元。

4) 确定成新率：因该车属于中档以上轿车，故采用综合分析法确定其成新率。

① 确定使用年限：从登记日至评估基准日的使用年限$Y$为50个月；规定使用年限为$Y_g$为15年（即180个月）。

② 确定综合调整系数$K$：该车技术状况良好，故技术状况调整系数$K_1=1.0$；使用维护

保养好，故维护保养调整系数 $K_2=0.9$；该车为进口车，故制造质量调整系数 $K_3=1.0$；使用性质为私人用车，故车辆用途调整系数 $K_4=0.9$；主要在市内行驶，故使用条件调整系数 $K_5=0.9$；所有综合调整系数 K 为

$$K = K_1 \times 30\% + K_2 \times 25\% + K_3 \times 20\% + K_4 \times 15\% + K_5 \times 10\%$$
$$= 1.0 \times 30\% + 0.9 \times 25\% + 1.0 \times 20\% + 0.9 \times 15\% + 0.9 \times 10\% = 0.95$$

③ 计算成新率 $C_F$：

$$C_F = (1 - Y/Y_g)K \times 100\% = (1 - 50/180) \times 0.95 \times 100\% = 0.686$$

5）确定评估值 $P$：

$$P = BC_F = 15 \times 0.686 = 10.2916667 \approx 10.3(万元)$$

【例6】 基于综合成新率法确定成新率进行重置成本评估。

1. 实例基本情况

2016 年 12 月，辽宁省沈阳市某用户委托当地一会计师事务所对其于 2010 年 11 月购置并于当月登记注册的长安福特生产的 2010 年款福克斯牌两厢 2.0AT 运动型轿车进行鉴定评估。其具体情况如下。

（1）车辆概况 车牌号：辽 A×××××；车型：×××××；发动机型号：××××××××；车身号：××××××××××××××××；成员数（包括驾驶人）：5 人；生产商：长安福特；登记日期：2011 年 1 月。

（2）主要性能参数与配置情况 发动机型号：Duratec-HE DOHC 16V；排量：1999mL；最大功率：104kW，6000r/min；最大转距：180N·m，4000r/min；气缸数：4 个；气缸排列形式：直列横置；气缸压缩比：10.8；排放标准：欧Ⅲ标准；燃油供给方式：多点电喷；冷却方式：水冷；排气系统：三元催化标准配置；悬架系统：前为麦弗逊式，后为多连杆式；驱动方式：发动机前置前轮驱动；转向系统：动力助力转向（电子液压助力）为标准配置；制动系统：盘式制动器；最高车速：185km/h；整备质量：1360kg；经济油耗：8.8L；外形尺寸：4342mm×1840mm×1500mm。

2. 价值评估计算过程

（1）确定重置成本全价

① 确定现行购置价：通过当地市场了解，2010 年款福克斯牌两厢 2.0AT 运动型轿车的沈阳市场价为 18 万元。

② 确定重置成本全价：再加上车辆购置税和证照费、检车费 600 元，即为重置成本全价 $B$：

$$B = 180000 + (180000/1.17) \times 10\% + 600 = 201384.6(元)$$

（2）确定成新率 因该车价值较高，故采用综合成新率法，以全面反映其新旧状态。

① 确定理论成新率 $C_1$：其已使用年限为 6 年，规定使用年限为 15 年，故 $C_1$ 可直接由年限法成新率 $C_Y$ 求得：

$$C_1 = C_Y = (1 - 已使用年限/规定使用年限) \times 100\% = (1 - 6/15) \times 100\% = 60\%$$

② 确定现场查勘成新率 $C_2$：通过评估人员的现场勘测，分别对车辆各个部分鉴定打分求得 $C_2 = 72\%$，详见表 6-18。

③ 计算综合成新率 $C_Z$：对 $C_1$、$C_2$ 采用加权平均法，其权重系数分别取 $\alpha_1 = 0.4$、$\alpha_2 = 0.6$，即可求得综合成新率：

$$C_Z = C_1 \alpha_1 + C_2 \alpha_2 = 60\% \times 0.4 + 72\% \times 0.6 = 67.2\%$$

（3）确定评估值 $P$

$P=$ 重置成本全价 $B×$ 综合成新率 $C_Z$ $=201384.6×67.2\%=135330.45$（元）

表 6-18 对被评估车辆各个部分的现场鉴定评分明细表

| 项目 | 鉴定标准 | 标准分 | 鉴定情况 | 评定分数 |
| --- | --- | --- | --- | --- |
| 发动机、离合器总成 | 1. 气缸压力是否符合标准<br>2. 机油是否泄漏，冷却系统是否漏水<br>3. 燃油消耗是否在正常范围内<br>4. 测量气缸内圆度不超过0.125mm<br>5. 在高中低速时没有断火现象和其他异常现象 | 35 | 燃油消耗超标，其他情况一般 | 26 |
| 前桥总成 | 工字梁应无变形和裂纹，转向系统操作轻便灵活，转向节不应有裂纹 | 8 | 操作较灵活及准确，其他均正常 | 6 |
| 后桥总成 | 主动锥齿轮轴转速在1400~1500r/min，各轴承温度不应高于60℃，差速器及半轴的齿轮符合要求的敲击声或高低变化声响，各结合部位不允许漏油 | 10 | 基本符合要求 | 8 |
| 变速器总成 | 1. 变速器在运动中，齿轮在任何档位均不应有脱档、跳档及异常声响<br>2. 变速杆不应有明显抖动，密封部位不漏油，变速杆操作灵便<br>3. 箱体各孔圆度误差不大于0.0075mm | 8 | 基本符合要求 | 6 |
| 车身总成 | 车身无碰伤变形、脱漆、锈蚀，门窗玻璃完好，各焊口应无裂纹及损伤，连接件齐全无松动，密封良好、座椅完整 | 29 | 有脱漆、锈蚀现象，车辆维护一般 | 20 |
| 轮胎 | 依磨损量确定 | 2 | 中度磨损 | 1 |
| 其他 | 1. 制动系统：气压制动的储气筒，制动管不漏气<br>2. 电气系统：电源点火、信号、照明应正常 | 8 | 工作状况一般 | 5 |
| 合计 |  | 100 |  | 72 |

# 第六节　二手车鉴定评估报告

## 一、二手车鉴定评估报告概述

1. 二手车鉴定评估报告的概念与作用

（1）二手车鉴定评估报告的概念　二手车鉴定评估机构和二手车鉴定评估人员确定了评估对象的评估额后，应将评估结论成果写成评估报告。

二手车鉴定评估报告是记述评估成果的文件，也可以看成二手车鉴定评估人员提供给委托评估者的"产品"。

二手车鉴定评估报告的质量高低，除取决于评估结论和评估方法的准确性、参数确定的合理性之外，还取决于报告的格式、文字表述水平及印刷质量等。前者是评估报告的内在质量，后者则是评估报告的外在质量，两者不可偏废。

（2）二手车鉴定评估报告的作用　二手车鉴定评估报告对管理部门及各类交易的市场

主体都是十分重要的。一份二手车鉴定评估书，特别是涉及国有资产的评估报告资料，不仅是一份评估工作的总结，也是其价格的公证性文件和资产交易双方认定资产价格的依据。由于目的不同，其作用可从两个方面进行分析。

1）委托方（客户）对二手车鉴定评估书作用的理解

① 作为产权变动交易作价的基础材料，二手车鉴定评估报告的结论可以作为车辆买卖交易谈判底价的参考依据，或作为投资比例出资价格的证明材料，特别是对涉及国有资产的二手车的客观公证的作价，可以有效地防止国有资产的流失，确保国有资产价格的客观、公正、真实。

② 作为各类企业进行会计记录的依据，按评估值对会计账目的调整必须经相关授权机关批准。

③ 作为法庭辩论和裁决时确认财产价格的举证材料。一般是指发生纠纷案时的资产评估，其评估结果可作为法庭做出裁决的证明材料。

④ 作为支付评估费用的依据。当委托方（客户）收到评估资料及报告后没有提出异议，也就是说评估的资料及结果符合委托书的条款，委托方应以此为前提和依据向受托方的评估机构付费。

⑤ 二手车鉴定评估报告是反映和体现评估工作情况，明确委托方、受托方及有关方面责任的根据。报告采用文字的形式，对受托方进行机动车评估的目的、背景、产权、依据、程序、方法等过程和评定的结果进行说明和总结，体现了评估机构的工作成果。同时，二手车鉴定评估报告也反映和体现了受托的机动车评估结果与二手车鉴定评估人员的权利和义务，并依此来明确委托方和受托方的法律责任。撰写评估结果报告赋予二手车鉴定评估人员在评估报告上签字的权利。

2）评估机构对二手车鉴定评估报告作用的理解

① 二手车鉴定评估报告是评估机构成果的体现，是一种动态管理的信息资料，体现了评估机构的工作情况和工作质量。

② 二手车鉴定评估报告是建立评估档案、归集评估档案资料的重要信息来源。

2. 二手车鉴定评估报告的类型

二手车鉴定评估报告分为定型式、自由式与混合式三种。

（1）定型式　定型式二手车鉴定评估报告又称封闭式二手车鉴定评估报告，采用固定格式、固定内容，评估人员必须按要求填写，不得随意增减。其优点是通用性好，撰写省时省力；缺点是不能根据评估对象的具体情况而深入分析某些特殊事项。如果能针对不同的评估目的和不同类型的机动车制作相应的定型式二手车鉴定评估报告，则可以在一定程度上弥补这一缺点。

（2）自由式　自由式二手车鉴定评估报告又称开放式二手车鉴定评估报告，是由评估人员根据评估对象的情况自由创作的无一定格式的二手车鉴定评估报告。其优点是可深入分析某些特殊事项，缺点是易遗漏一般事项。

（3）混合式　混合式二手车鉴定评估报告是兼取前两种二手车鉴定评估报告的格式，兼顾了定型式和自由式两种报告的优点。

一般来说，专案案件以采用自由式二手车鉴定评估报告为优，例行案件以采用定型式二手车鉴定评估报告为佳。

不论二手车鉴定评估报告的形式如何，均应客观、公正、详细地记载评估结果和过程。如果仅以结论告知，必然会使委托评估者或二手车鉴定评估报告的其他使用者心理上的信任度降低。二手车鉴定评估报告的用语要力求准确、肯定，避免模棱两可或易生误解的文字，对于难以确定的事项应在报告中说明，并描述其可能影响二手车价格的情形。

3. 二手车鉴定评估报告的基本要求与内容

二手车鉴定评估报告不管是采取自由式，还是定型式或混合式，其报告内容必须至少记载以下事项。

（1）委托评估方名称　应写明委托方、委托联系人的名称、联系电话及住址，指出车主的名称。

（2）受理评估方名称　主要是写明评估机构和评估人员的资质。

（3）评估对象概括　应简要写明纳入评估范围车辆的厂牌型号、号牌号码、发动机号、车辆识别代号/车架号、注册登记日期、年审检验合格有效日期、公路规费交至日期、购置税（附加费）证号、车辆使用税缴纳有效期。特别是对车辆的使用性质及法定使用年限有定量的结论年限。

（4）评估目的　应写明二手车是为了满足委托方的何种需要及其所对应的经济行为类型。

（5）评估基准日（时点）　应写明委托方要求的基准日，式样是：鉴定评估基准日是××××年××月××日。

（6）评估依据　一般可划分为法律法规依据、行为依据和取价依据。法律法规依据应包括车辆鉴定评估的有关条法、文件及涉及车辆评估的有关法律、法规等。行为依据主要是指二手车鉴定评估委托书及载明的委托事项。取价依据为鉴定评估机构收集的国家有关部门发布的技术资料和统计资料，以及评估机构经市场调查取得的询价资料和相关技术参数资料。

（7）评估采用的方法、技术路线和测算过程　应简要说明评估人员在评估过程中选择并使用的评估方法，并阐述选择该方法的依据或原因。如选用两种或两种以上的方法，应当说明原因，并详细说明评估计算方法的主要步骤。

（8）评估结论（即最终评估额）　评估额应同时有大小写，并且大小写数额一致。

（9）决定评估额的理由　可根据二手车市场情况、地域等因素，对所评估结论进行适当修正，并说明修正原因。

（10）评估前提及评估价额应用的说明事项　还应包括应用时应注意的问题。评估报告中陈述的特别事项是指在已确定的前提下，评估人揭示在评估过程中已发现可能影响评估结论，但非评估人员执业水平和能力评定估算的有关事项；提示评估报告使用者应注意特别事项对评估结论的影响；揭示评估人员认为需要说明的其他问题。

（11）参与评估的人员与评估对象有无利害关系的说明　若有利害关系应说明。

（12）评估作业日期　即进行评估的期间，是指从何时开始评估作业至何时完成评估作业，具体进行评估的起止年月日。

（13）若干附属资料　如评估对象的评估鉴定委托书、产权证明（机动车登记证书、车辆行驶证）、购置税（附加费）、评估人员和评估机构的资质证明等。

**4. 二手车鉴定评估报告的编写步骤**

二手车鉴定评估程序包括接受委托、验证、现场勘察、市场调查和询证、评定估算并撰写评估报告、提交报告等过程。

（1）接受委托阶段　评估人员必须了解委托方本次评估的委托目的和要求，包括明确评估基准日、车辆的大致情况等，做到心中有数。

（2）验证评估标的各种手续的合法性　包括委托方是否具有对车辆的处置权，对标的合法性是否了解。注意识别盗抢、走私、拼装车，并防止此类车辆在市场上进行交易买卖。

（3）现场勘察阶段　现场勘察阶段是十分重要的一个阶段，是体现评估人员技术水平高低的重要环节。在勘察中应仔细勘察车辆的实际技术状况，包括车辆的配置情况、受损情况等，并仔细填写二手车评估作业表。车辆的勘察按逆时针方向进行：

保险杠→发动机舱盖→前风窗玻璃→前车罩→左前减振器→左反光镜→左前翼子板→左前轮→记录里程表→起动发动机（原则上由客户起动）→左侧门及中柱→左后减振器→左后翼子板→左后轮→检查排气管烟色有无烧机油现象→打开行李箱盖检查行李箱→后保险杠→后灯→右后减振器→右后翼子板→右后轮→右侧门及中柱→右前减振器→右前翼子板→右前轮→打开发动机舱盖检查发动机等部件→关闭发动机。

将勘察情况告知委托方代表，并要求其在勘察表上签名，然后由评估人员签名。

（4）市场调查和询证阶段　在此阶段中应首先选择评估方法，然后按评估方法的要求，根据评估机构掌握的资料，决定取重置价还是选择参照物。其技术参数和资料来源于市场调查。

（5）评定估算并撰写评估报告阶段　在完成上述四个阶段后，进入二手车鉴定评估报告的编写阶段，其主要步骤可分为两步。

第1步：在完成二手车鉴定评估数据的分析和讨论、对有关部分的数据进行调整后，由具体参加评估的注册二手车鉴定评估师拟出二手车鉴定评估报告。

第2步：将二手车鉴定评估的基本情况和评估报告初稿的初步结论与委托方交换意见，听取委托方的反馈意见后，在坚持独立、客观、公正的前提下，认真分析委托方提出的问题和意见，考虑是否应该修改评估报告，对报告中存在的疏忽、遗漏和错误之处进行修正（此程序不可少，可有效减少对评估报告的复议），待修正完毕即可撰写正式的二手车鉴定评估报告。

（6）提交报告阶段　二手车鉴定评估机构撰写出正式的鉴定报告以后，经过审核无误，按以下程序进行签名盖章：先由负责该项目的注册二手车鉴定评估师签章，再送复核人审核签章，最后送评估机构负责人审定签章并加盖机构公章。

**5. 二手车鉴定评估报告的格式**

《二手车鉴定评估技术规范》（GB/T 30323—2013）推荐使用定型式二手车鉴定评估报告的规范格式，其示范文本和实例如下。

（1）【例1】　关于凯越1.6AT轿车的鉴定评估报告

××××鉴定评估机构评报字（2015年）第020号

1. 绪言

××××（鉴定评估机构）接受李××的委托，根据国家有关评估及《二手车流通管理办法》和

《二手车鉴定评估技术规范》的规定,本着客观、独立、公正、科学的原则,按照公认的评估方法,对牌号为苏 A12345 的车辆进行了鉴定。本机构鉴定评估人员按照必要的程序,对委托鉴定评估的车辆进行了实地勘察与市场调查,并对其在 2015 年 5 月 31 日所表现的市场价值做出了公允反映。现将该车辆鉴定评估结果报告如下。

2. 委托方信息

委托方:<u>李××</u>　　委托方联系人:<u>李××</u>　　联系电话:<u>×××××××</u>

车主姓名/名称:<u>李××</u>

3. 鉴定评估基准日　　<u>2015</u> 年 <u>5</u> 月 <u>31</u> 日

4. 鉴定评估车辆信息

厂牌型号:<u>凯越 1.6LE AT</u>　　牌照号码:<u>苏 A12345</u>

发动机号:<u>000012</u>　　车辆 VIN 码:<u>LSCJA52 U19 S141602</u>

车身颜色:<u>银灰</u>　　表征里程:<u>7.5 万 km</u>　　初次登记日期:<u>2013 年 11 月 20 日</u>

年审检验合格至:<u>2015 年 12 月</u>　　交强险截至日期:<u>2015 年 12 月</u>

车船税截至日期:<u>2015 年 12 月</u>

是否查封、抵押车辆:□是　☑否　　车辆购置税(费)证:☑有　□无

机动车登记证书:☑有　□无　　机动车行驶证:☑有　□无

未接受处理的交通违法记录:□有　☑无

使用性质:□公务用车　☑家庭用车　□营运用车　□出租车　□其他:_____

5. 技术鉴定结果

技术状况缺陷描述:<u>鉴定评估人员接受委托后,对评估标的凯越 1.6LE AT 轿车进行了现场勘察,并进行了试驾。该车累计行驶 7.5 万 km,维护保养较好,车况良好。车身有轻微刮擦,但不影响该车工作性能。</u>

重要配置及参数信息:<u>四速自动档,带天窗,真皮座椅</u>

技术状况鉴定等级:<u>二级</u>　等级描述:<u>技术等级分值 85 分</u>

6. 价值评估

价值估算方法:□现行市价法　☑重置成本法　□其他_____

价值估算结果:车辆鉴定评估价值为人民币 <u>76849</u> 元,金额大写:<u>柒万陆仟捌佰肆拾玖元整</u>。

评估计算过程如下:

本次评估采用重置成本法,2015 年 5 月凯越 1.6 LE AT 市场售价为 109000 元。

(1) 确定重置成本

$$B = 109000 + \frac{109000}{1.17} \times 10\% = 118316(元)$$

(2) 确定成新率

私家乘用车无报废年限限制,可按乘用车的设计寿命确定其规定使用年限,通常取 15 年,即 $G=15$,已使用 1 年零 6 个月,采用年份数求和法计算成新率。由于有不足一年的月份,成新率应分两步计算。

已使用 1 年($Y=1$)的成新率为

$$C_3 = \left[1 - \frac{2}{15 \times (15+1)} \sum_{n=1}^{1}(15+1-n)\right] \times 100\% = 87.5\%$$

已使用 2 年($Y=2$)的成新率为

$$C_4 = \left[1 - \frac{2}{15 \times (15+1)} \sum_{n=1}^{2}(15+1-n)\right] \times 100\% = 75.8\%$$

则已使用 1 年 6 个月的成新率为

$$C = \frac{C_1 + C_2}{2} = \frac{87.5\% + 75.8\%}{2} = 81.65\%$$

（3）计算成新率调整系数

车况良好，技术状况调整系数 $K_1 = 0.9$。

维护保养较好，使用与维护状态系数 $K_2 = 0.9$。

凯越 1.6 LE AT 轿车为国产名牌车，原始制造质量调整系数 $K_3 = 0.9$。

工作性质为私用消费，工作性质调整系数 $K_4 = 1.0$。

该车主要在市内使用，工作条件调整系数 $K_5 = 1.0$。

则成新率调整系数为

$$K = K_1 \times 30\% + K_2 \times 25\% + K_3 \times 20\% + K_4 \times 15\% + K_5 \times 10\%$$
$$= 0.9 \times 30\% + 0.9 \times 25\% + 0.9 \times 20\% + 1.0 \times 15\% + 1.0 \times 10\%$$
$$= 0.925$$

（4）确定二手车的变现系数

该车已使用了 18 个月，根据变现系数表，取变现系数 $\Phi$ 为 0.86。

（5）确定评估值

$$评估值 = 重置成本 \times 成新率 \times 成新率调整系数 \times 变现系数$$
$$= 118316 \times 81.65\% \times 0.925 \times 0.86$$
$$\approx 76849(元)$$

7. 特别事项说明[1]

8. 鉴定评估报告法律效力

本鉴定评估结果可以作为作价参考依据。本项鉴定评估结论有效期为 90 天，自鉴定评估基准日至 2015 年 8 月 30 日止。

9. 声明

（1）本鉴定评估机构对该鉴定评估报告承担法律责任。

（2）本报告所提供的车辆评估价值为评估基准日的价值。

（3）该鉴定评估报告的使用权归委托方所有，其鉴定评估结论仅供委托方为本项目鉴定评估目的使用和送交二手车鉴定评估主管机关审查使用，不适用于其他目的，否则本鉴定评估机构不承担相应的法律责任；因使用本报告不当而产生的任何后果与签署本报告书的鉴定评估人员无关。

（4）本鉴定评估机构承诺，未经委托方许可，不将本报告的内容向他人提供或公开，否则本鉴定评估机构将承担相应法律责任。

附件

1. 二手车鉴定评估委托书(略)
2. 二手车技术状况鉴定作业表(略)
3. 车辆行驶证、机动车登记证书证复印件(略)

4. 被鉴定评估二手车照片(要求外观清晰,车辆牌照能够辨认)(略)

二手车鉴定评估师(签字、盖章)　　　　复核人[2](签字、盖章)
(二手车鉴定评估机构盖章)

2015 年 5 月 31 日　　　　　　　　　　　　　　　　　　　2015 年 5 月 31 日

[1] 特别事项是指在已确定鉴定评估结果的前提下，鉴定评估人员认为需要说明在鉴定过程中已发现可能影响鉴定评估结论，但非鉴定评估人员执业水平和能力所能鉴定评定估算的有关事项以及其他问题。

[2] 复核人是指具有高级二手车鉴定评估师资格的人员。

备注：1. 本报告书和作业表一式三份，委托方两份，受托方一份；

　　　2. 鉴定评估基准日即为《二手车鉴定评估委托书》签订的日期。

(2)【例2】 关于奥迪 A6 2.8 轿车鉴定评估报告

案例提示：二手车评估中经常会遇到发生重大交通事故的车辆，要求评估人员能够鉴别事故的大小及车辆的技术状况和对价值的影响，经常采用的方法是说明事故的大小，在正常重置成本法和市场比较法的基础上，确定折损率加以评估。本例采用重置成本法(综合调整系数)及确定折损率评估。

## ××××鉴定评估机构评报字(2015 年)第 040 号

1. 绪言

××××(鉴定评估机构)接受南京××××公司的委托，根据国家有关评估及《二手车流通管理办法》和《二手车鉴定评估技术规范》的规定，本着客观、独立、公正、科学的原则，按照公认的评估方法，对牌号为苏×××××的车辆进行了鉴定。本机构鉴定评估人员按照必要的程序，对委托鉴定评估的车辆进行了实地勘察与市场调查，并对其在 2015 年 6 月 30 日所表现的市场价值做出了公允反映。现将该车辆鉴定评估结果报告如下。

2. 委托方信息

委托方：南京××××公司　　委托方联系人：×××　　联系电话：××××××××

车主姓名/名称：南京××××公司

3. 鉴定评估基准日　2015 年 6 月 30 日

4. 鉴定评估车辆信息

厂牌型号：奥迪 Audi A6 2.8　　牌照号码：苏 A×××××

发动机号：××××××　　车辆 VIN 码：××××××××××××××××

车身颜色：黑色　　表征里程：8.5 万 km　　初次登记日期：2013 年 5 月 30 日

年审检验合格至：2015 年 12 月　　交强险截至日期：2015 年 12 月

车船税截至日期：2015 年 12 月

是否查封、抵押车辆：□是　☑否　　车辆购置税(费)证：☑有　□无

机动车登记证书：☑有　□无　　机动车行驶证：☑有　□无

未接受处理的交通违法记录：□有　☑无

使用性质：☑公务用车　□家庭用车　□营运用车　□出租车　□其他：_____

5. 技术鉴定结果

技术状况缺陷描述：鉴定评估人员接受委托后，对评估标的奥迪A6 2.8进行现场勘察，并进行了试驾。经鉴定发现了以下问题：前减振器支架左右相差3cm，严重超出国家标准。在举升机上勘察车辆底部，发现车身有明显的碰撞后的焊痕，打开行李箱也发现有焊痕；关门时发现声音异常，判断有重大事故发生。路试过程中，车速达100km/h时，感觉车身晃动，明显与其他奥迪车相比缺少安全舒适感。

为客观公正地评估该车，鉴定评估人员经市场调查，调阅了该车的各项维修记录，发现该车曾有两次重大事故。一次追尾造成的损失约11万元；另一次被追尾造成的损失接近8万元。修理公司和保险公司提供了相关的清单。清单显示两次碰撞造成的修理换件项目大致有散热器1923元、冷凝器3144元、稳定杆1104元、前保险杠3300元、前照灯壳体3578元、左前翼子板7500元、车门骨架焊接总成2504元、安全气囊传感器7400元、防盗器传感器726元……修理项目达200多项，总计损失约19万元(修理定损清单，略)。

重要配置及参数信息：2.8L V型6缸/双顶置凸轮轴/多点电子燃油喷射/前纵置发动机、无级/手动一体式变速器、带记忆电动外后视镜、带记忆前电动座椅、APS前后驻车报警装置、定速巡航装置、自动防眩晕内后视镜、动力转向随助力调节系统。

技术状况鉴定等级：<u>二级</u>　等级描述：<u>技术等级分值75分</u>

**6. 价值评估**

价值估算方法：□现行市价法　　☑重置成本法　　□其他_____

价值估算结果：车辆鉴定评估价值为人民币<u>257128</u>元，金额大写：<u>贰拾伍万柒仟壹佰贰拾捌元整</u>。

评估计算过程如下：

本次评估采用重置成本、等速折旧、综合调整系数、变现系数法，并考虑交通事故所造成的车辆损失对车辆市场价格的影响。在2015年6月评估基准日，奥迪A6 2.8的售价为486000元。

(1) 确定重置成本

$$B = 486000 + \frac{486000}{1.17} \times 10\% = 527538(元)$$

(2) 确定成新率

规定使用年限按15年计算，即$Y=15$，已使用年限$G=2$年1个月，采用年份数求和法计算成新率：

$$C = \left(1 - \frac{25}{180}\right) \times 100\% = 86.1\%$$

(3) 计算综合调整系数

车况一般，技术状况调整系数$K_1=0.8$。

维护保养一般，使用与维护状态调整系数$K_2=0.9$。

奥迪车A6为合资名牌车，考虑地域因素，原始制造质量调整系数$K_3=0.9$。

工作性质为公务生活消费，工作性质调整系数$K_4=0.7$。

该车主要在市内使用，工作条件调整系数$K_5=0.9$。

则综合调整系数为

$$K = K_1 \times 30\% + K_2 \times 25\% + K_3 \times 20\% + K_4 \times 15\% + K_5 \times 10\%$$

$$= 0.8 \times 30\% + 0.9 \times 25\% + 0.9 \times 20\% + 0.7 \times 15\% + 1.0 \times 10\%$$
$$= 0.85$$

(4) 确定二手车的变现系数

该车已使用了 25 个月,根据变现系数表,取变现系数 $\Phi$ 为 0.90。

(5) 确定事故折损率

由于事故车修复后,对车辆的技术状况有影响,因此需确定事故折损率。根据评估人员的经验确定,该车事故折损率为 26%。

(6) 确定评估值

评估值 = 重置成本×成新率×综合调整系数×变现系数×(1−折损率)
$$= 527538 \times 86.1\% \times 0.85 \times 0.90 \times (1-26\%)$$
$$\approx 257128(元)$$

7. 特别事项说明[1]

8. 鉴定评估报告法律效力

本鉴定评估结果可以作为作价参考依据。本项鉴定评估结论有效期为 90 天,自鉴定评估基准日至 2015 年 9 月 30 日止。

9. 声明

(1) 本鉴定评估机构对该鉴定评估报告承担法律责任。

(2) 本报告所提供的车辆评估价值为评估基准日的价值。

(3) 该鉴定评估报告的使用权归委托方所有,其鉴定评估结论仅供委托方为本项目鉴定评估目的使用和送交二手车鉴定评估主管机关审查使用,不适用于其他目的,否则本鉴定评估机构不承担相应法律责任;因使用本报告不当而产生的任何后果与签署本报告书的鉴定评估人员无关。

(4) 本鉴定评估机构承诺,未经委托方许可,不将本报告的内容向他人提供或公开,否则本鉴定评估机构将承担相应法律责任。

附件

1. 二手车鉴定评估委托书(略)
2. 二手车技术状况鉴定作业表(略)
3. 车辆行驶证、机动车登记证书证复印件(略)
4. 被鉴定评估二手车照片(要求外观清晰,车辆牌照能够辨认)(略)

二手车鉴定评估师(签字、盖章)　　　　　　　　　　　　　　复核人[2](签字、盖章)
(二手车鉴定评估机构盖章)
2015 年 6 月 30 日　　　　　　　　　　　　　　　　　　　　　2015 年 6 月 30 日

[1] 特别事项是指在已确定鉴定评估结果的前提下,鉴定评估人员认为需说明在鉴定过程中已发现可能影响鉴定评估结论,但非鉴定评估人员执业水平和能力所能鉴定评定估算的有关事项以及其他问题。

[2] 复核人是指具有高级二手车鉴定评估师资格的人员。

备注:1. 本报告书和作业表一式三份,委托方两份,受托方一份;
　　　2. 鉴定评估基准日即为《二手车鉴定评估委托书》签订的日期。

(3)【例3】 关于2009年款君威2.4L轿车鉴定评估报告

××××鉴定评估机构评报字(2014年)第088号

1. 绪言

××××(鉴定评估机构)接受南京××××公司的委托，根据国家有关评估及《二手车流通管理办法》和《二手车鉴定评估技术规范》的规定，本着客观、独立、公正、科学的原则，按照公认的评估方法，对牌号为苏×××××的车辆进行了鉴定。本机构鉴定评估人员按照必要的程序，对委托鉴定评估的车辆进行了实地勘察与市场调查，并对其在 2014 年 12 月 31 日所表现的市场价值做出了公允反映。现将该车辆鉴定评估结果报告如下。

2. 委托方信息

委托方：<u>南京××××公司</u>　委托方联系人：<u>杨××</u>　联系电话：<u>×××××××</u>

车主姓名/名称：<u>南京××××公司</u>

3. 鉴定评估基准日　<u>2014 年 12 月 31 日</u>

4. 鉴定评估车辆信息

厂牌型号：<u>2009 年款君威 2.4L</u>　牌照号码：<u>苏 A×××××</u>

发动机号：<u>××××××</u>　车辆 VIN 码：<u>××××××××××××××</u>

车身颜色：<u>黑色</u>　表征里程：<u>20.5 万 km</u>　初次登记日期：<u>2009 年 12 月 30 日</u>

年审检验合格至：<u>2014 年 12 月</u>　　　交强险截至日期：<u>2014 年 12 月</u>

车船税截至日期：<u>2014 年 12 月</u>

是否查封、抵押车辆：□是　☑否　　车辆购置税(费)证：☑有　□无

机动车登记证书：　☑有　□无　　机动车行驶证：　☑有　□无

未接受处理的交通违法记录：□有　☑无

使用性质：☑公务用车　□家庭用车　□营运用车　□出租车　□其他：_____

5. 技术鉴定结果

技术状况缺陷描述：<u>鉴定评估人员接受委托后，对评估标的 2009 年款君威 2.4 进行了现场勘察，并进行了试驾。经鉴定得出：车况 72C 级，骨架部件无损伤，发动机起动正常，有轻微冒蓝烟。在举升机上勘察车辆底部，未发现事故迹痕。路试过程中，加速性能良好，升降档正常。</u>

技术状况鉴定等级：<u>二级</u>　　等级描述：<u>技术等级分值 70 分</u>

6. 价值评估

价值估算方法：□现行市价法　☑重置成本法　□其他_____

价值估算结果：车辆鉴定评估价值为人民币<u>110100</u>元，金额大写：<u>壹拾壹万零壹佰元整</u>。评估计算过程如下。

本次评估采用重置成本、加速折旧、综合调整系数、变现系数法和市场比较法加权平均确定市场价格。

(1) 确定重置成本

对该车进行现场技术鉴定，发现该车状况较好，维护保养好，无重大事故。经市场调查，2014 年 12 月，2009 年款上海别克君威 2.4 L 精英版已不再生产，取而代之的是 2014 年款上海别克君威 2.4 L 精英版，其市场价为 230900 元。两者配置差异见表 6-19。

表 6-19　2009 年款与 2014 年款上海别克君威 2.4L 的配置差异

| 车　型 | 车型配置 |
| --- | --- |
| 2009 年款上海别克君威 2.4 L 精英版 | 发动机：2.4L ECOTEC<br>变速器：手自一体<br>车身配置：全铝发动机普通前照灯，转向盘不可调节，无人机交互系统，有 GPS 导航系统，无车身稳定控制系统，后排头部气囊 |
| 2014 年款上海别克君威 2.4 L 精英版 | 发动机：LAF 缸内直喷发动机<br>变速器：手自一体<br>车身配置：随动前照灯，转向盘可调节，带人机交互系统，无 GPS 导航系统，有车身稳定控制系统，后排头部气囊(气帘) |

由表 6-19 可以看出，2009 年款与 2014 年款的配置基本相同，主要区别是发动机不同，2009 年款采用缸外喷射，2014 年款采用缸内喷射，较为先进。两款车一次性功能贬值相差约 5000 元。因此，2009 年款上海别克君威 2.4 L 的市场价应为 230900−5000＝225900(元)，则重置成本为

$$225900+\frac{225900}{1.17}\times 10\% = 245207(元)$$

（2）确定成新率

该车于 2009 年 12 月上牌，至基准日已使用 5 年，即 $Y=5$，规定使用年限按 15 年计算，即 $G=15$，采用加速折旧中的双倍余额递减法计算其成新率：

$$C=\left(1-\frac{2}{G}\right)^{Y}\times 100\% =\left(1-\frac{2}{15}\right)^{5}=49.89\%$$

（3）计算综合调整系数

车况较好，技术状况调整系数 $K_1=0.9$。

维护保养好，使用与维护状态调整系数 $K_2=1.0$。

别克君威轿车为合资名牌车，考虑地域因素，原始制造质量调整系数 $K_3=0.9$。

工作性质为公务生活消费，工作性质调整系数 $K_4=0.7$。

该车主要在市内使用，工作条件调整系数 $K_5=1.0$。

则综合调整系数为

$$\begin{aligned}K &= K_1\times 30\% +K_2\times 25\% +K_3\times 20\% +K_4\times 15\% +K_5\times 10\%\\ &= 0.9\times 30\% +1.0\times 25\% +0.9\times 20\% +0.7\times 15\% +1.0\times 10\%\\ &= 0.9\end{aligned}$$

（4）确定二手车的变现系数

该车已使用了 5 年，不考虑其变现系数。

（5）确定评估值

$$\begin{aligned}评估值 &= 重置成本\times 成新率\times 综合调整系数\times 变现系数\\ &= 245207\times 49.89\%\times 0.9\\ &= 110100(元)\end{aligned}$$

7. 特别事项说明[1]

8. 鉴定评估报告法律效力

本鉴定评估结果可以作为作价参考依据。本项鉴定评估结论有效期为90天,自鉴定评估基准日至2015年3月31日止。

9. 声明

(1) 本鉴定评估机构对该鉴定评估报告承担法律责任。

(2) 本报告所提供的车辆评估价值为评估基准日的价值。

(3) 该鉴定评估报告的使用权归委托方所有,其鉴定评估结论仅供委托方为本项目鉴定评估目的使用和送交二手车鉴定评估主管机关审查使用,不适用于其他目的,否则本鉴定评估机构不承担相应的法律责任;因使用本报告不当而产生的任何后果与签署本报告书的鉴定评估人员无关。

(4) 本鉴定评估机构承诺,未经委托方许可,不将本报告的内容向他人提供或公开,否则本鉴定评估机构将承担相应法律责任。

附件

1. 二手车鉴定评估委托书(略)

2. 二手车技术状况鉴定作业表(略)

3. 车辆行驶证、机动车登记证书证复印件(略)

4. 被鉴定评估二手车照片(要求外观清晰,车辆牌照能够辨认)(略)


二手车鉴定评估师(签字、盖章)          复核人[2](签字、盖章)

(二手车鉴定评估机构盖章)

2014年12月30日                2014年12月30日

[1] 特别事项是指在已确定鉴定评估结果的前提下,鉴定评估人员认为需要说明在鉴定过程中已发现可能影响鉴定评估结论,但非鉴定评估人员执业水平和能力所能鉴定评定估算的有关事项以及其他问题。

[2] 复核人是指具有高级二手车鉴定评估师资格的人员。

备注:1. 本报告书和作业表一式三份,委托方两份,受托方一份;

    2. 鉴定评估基准日即为《二手车鉴定评估委托书》签订的日期。

## 二、二手车鉴定评估报告的管理制度

二手车鉴定评估报告制度是规定二手车鉴定评估机构在完成机动车鉴定评估工作后应向委托方出具鉴定评估报告的一系列有关规定的制度,包括二手车鉴定评估报告的编制、二手车鉴定评估报告的确认和复议、二手车鉴定评估报告的档案管理等相关内容。

1. 编制和签发二手车鉴定评估报告

编制评估报告是完成评估工作的最后一道工序,也是评估工作中的一个很重要的环节。评估人员通过评估报告不仅要真实准确地反映评估工作情况,而且表明评估者在今后一段时期里对评估的结果和有关的全部附件资料承担相应的法律责任。二手车鉴定评估报告是记述鉴定评估成果的文件,是鉴定评估机构向委托评估者和二手车鉴定评估管理部门提交的主要成果。鉴定评估报告的质量高低,不仅反映评估人员的水平,而且直接关系到有关各方的利益。这就要求评估人员编制的报告要思路清晰、文字简练准确、格式规范、有关的取证与调查材料和数据真实可靠。为了达到这些要求,评估人员应按下列步骤进行评估报告的编制。

(1) 评估资料的分类整理  掌握大量真实的评估工作记录,包括被评估二手车的有关背景资料、技术鉴定情况资料及其他可供参考的数据记录等，是编制评估报告的基础。一个较复杂的评估项目是由两个或两个以上评估人员合作完成的，评估人员将评估资料进行分类整理，包括评估鉴定作业表的审核、评估依据的说明，最后形成评估的文字材料。

（2）鉴定评估资料的分析讨论　在整理资料工作完成后，应召集参与评估工作过程的有关人员，对评估的情况和初步结论进行分析讨论。如果发现其中有提法不妥、计算错误、作价不合理等方面的问题，特别是涉及机动车的配置、维护保养情况与技术状况及品牌在市场中的影响力等，要进行必要的调整。尤其采用两种不同方法评估并得出两个结论的，需要在充分讨论的基础上得出一个正确的结论。

（3）评估报告的编写　评估报告的负责人应根据评估资料讨论后的修正意见，进行资料的汇总编排和评估结果报告的编写工作，然后将机动车鉴定评估的基本情况和评估报告初稿的初步结论与委托方交换意见，听取委托方的反馈意见后，在坚持独立、客观、公正的前提下，认真分析委托方提出的问题和意见，考虑是否应该修改评估报告，对报告中存在的疏忽、遗漏和错误之处进行修正，待修正完毕即可撰写出正式的二手车鉴定评估报告。

（4）评估报告的审核与签发　评估报告先由项目负责人审核，再报评估机构经理审核签发，同时要评估人员盖章并加盖评估机构公章。送达客户签收时，必须要求客户在收到评估书后，按送达回执上的要求认真填写并要求收件人签字确认。

2．确认二手车鉴定评估报告

二手车鉴定评估报告一般情况下由委托方确认，涉及国有资产的除资产占有方确认外还必须由上级主管部门认可。

二手车鉴定评估报告的确认因委托方和委托目的的不同，大致可以分成以下几种情况。

1）交易类的二手车鉴定评估是由买卖双方和二手车交易机构确认。

2）抵押类的二手车鉴定评估是由抵押人和银行共同确认。

3）司法鉴定的二手车鉴定评估是经法庭质证后写入判决书或调解书即为确认，其中刑事案件中的二手车鉴定评估须经公安机关、检察机关的确认后再经审判程序法庭质证即为确认，同时有些二手车鉴定评估报告还要经过二审程序的考验。有时评估人员按国家法律规定要求作为鉴定人，详细叙述鉴定过程和鉴定结论并回答法官、律师、原被告的提问。因此司法鉴定的二手车鉴定评估是最为复杂的一种，要求极高。

4）置换类的二手车鉴定评估是由车主和汽车经销商共同确认。

5）拍卖类二手车鉴定评估是要求确定委托拍卖底价，因此，其确认是由拍卖企业和委托拍卖人共同确认。

6）企业合并、分设等资产重组类的二手车鉴定评估是由董事会或管理层确认。

3．复议二手车鉴定评估报告

二手车鉴定评估机构出具二手车鉴定评估报告后，由于各种原因委托方对评估结论即评估报告有异议，通常是在复议的有效期内可以委托原评估机构对原出具的二手车鉴定评估报告进行复议。也可以委托另一家资质较高的评估机构进行复议或重新评估。

4．归档二手车鉴定评估报告

二手车鉴定评估报告的档案管理包括二手车鉴定评估报告的归档制度、保管制度、保密制度、借阅利用档案制度。

二手车鉴定评估报告文书是记录、描述或反映整个二手车鉴定评估过程和结果的各类文件的统称，它属于专门的业务文书，主要有以下三种。

（1）二手车鉴定评估委托书　委托书是一种合同契约文件，由委托方与受托方共同签字。委托书应如实提供标的详细资料，如机动车登记证书、机动车行驶证、附加税完税凭证、道路运输证、养路费缴纳凭证等，作为委托书的附件。

（2）二手车鉴定评估的调查资料

1）以国家有关法律、法规中与该项业务直接或间接相关的条款作为二手车鉴定评估的法律依据。

2）委托标的的详细资料及有关证明材料，重要标的应附有照片、图像资料（特别是机动车受损较为严重的部位），必要时要有汽车修理企业或保险公司的修理清单。

3）与二手车鉴定评估有关的其他资料，如相关机动车的价格行情、价格指数、汇率、利率、参照物等。

（3）二手车鉴定评估报告　二手车鉴定评估报告是反映价格过程和成果的综合性文件，是二手车鉴定评估的成果形态。

二手车鉴定评估报告一般根据委托方的要求和二手车鉴定评估业务的具体情况来确定基本内容，包括结论书正文和附件两部分。其主要内容是阐述鉴定评估的基本结论，二手车鉴定评估报告成立的前提条件，得出结论的主要过程、方法和依据，并附录必要的文件资料。

5. 保管二手车鉴定评估报告

二手车鉴定评估机构应由专人负责管理二手车鉴定评估报告，形成完整的评估档案。评估档案应保留到评估车辆达到法定报废年限为止，还要建立、健全二手车评估报告档案的保密、安全等事项的工作制度，并严格贯彻执行。同时还要及时准确、真实地进行统计，并按规定向有关机关报送统计报表。

《二手车鉴定评估技术规范》（GB/T 30323—2013）规定：二手车鉴定评估报告及其附件与工作底稿应独立汇编成册，存档备查。档案保存时间一般不少于5年；鉴定评估目的涉及财产纠纷的，其档案至少应当保存10年；法律法规另有规定的，从其规定。

6. 注意事项

1）在编写二手车鉴定评估报告时，对有关背景材料、技术鉴定材料等可供参考的数据记录等，都要有详细的依据作为编制评估报告的基础，并要在评估底档上留存。

2）评估资料的分析计算中，评估方法要选用适当并匹配，可以用两个或两个以上的方法计算，经充分讨论得出结论。评估金额的数值要大小写，并且一致。

3）初稿完成后，要在坚持独立、客观、公正、公开的前提下，听取委托方的反馈意见，可有效地减少复议，提高评估的质量。

4）二手车鉴定评估报告的确认一般是委托方或相关权益人或行政机关或司法机构的工作，它反映对评估机构、评估质量的肯定与否。因此，评估机构和评估人员要密切关注，对于涉案评估、评估机构和评估人员要按法律规定，以鉴定人身份出庭，准备上庭接受质证。

5）二手车鉴定评估报告及底档资料应分类保管，一般可分为交易类和专案类，并按年度分类装订，并由专人保管。在保管过程中，要防火、防潮、防虫、防盗，同时还要建立健全二手车评估档案的安全、保密等项工作制度，并严格执行。

6）实事求是，切忌出具虚假报告。报告必须建立在真实、客观的基础上，不能脱离实际情况，更不能无中生有。报告拟定人应是参与鉴定评估并全面了解被评估车辆的主要鉴定评估人员。

## 本 章 小 结

1. 为科学与高效地进行二手车鉴定评估工作，必须严格按照"二手车鉴定评估作业总流程"规定的工作步骤，即受理鉴定评估、查验可交易车辆、签订委托书、登记基本信息、判别事故车、鉴定技术状况、评估车辆价值、撰写鉴定评估报告等有序地进行。

2. 鉴别走私车和拼装车的方法包括查找车管部门的车辆档案资料，验证产品合格证和商检标志，外观检查、内饰检查和发动机舱、驾驶舱内部检查以及核对发动机号码、车辆识别代码(或车架号码)的字体和部位等。

3. 鉴别盗抢车辆的方法有检查车门锁芯是否有被更换过的痕迹、锁芯是否过新，其次检查门窗玻璃是否为原配正品，查看窗框四周的防水胶是否有因插入玻璃升降器开门而被破坏的痕迹。查看转向盘锁或点火开关是否有被调换和破坏的痕迹，以及核对车辆识别代码、发动机号码与车牌，检查钢印四周是否变形或有褶皱现象，钢印正反面是否有焊接痕迹等。

4. 鉴别碰撞事故车的方法有检查车辆的周正情况，用油漆厚度检测仪测量或用磁铁检测磁力变化情况来检查油漆脱落情况，检查底盘线束及其连接情况，以及检查车体缺陷部位等。

5. 鉴别泡水事故车的方法可从冷气出风口、喇叭网、从安全带插孔口、液晶面板、电缆线、灯组、气囊指示灯、接缝处污泥等判断是否进水，以及检查车身地板、车门门槛、立柱、行李箱等处有无锈蚀或霉味等。

6. 鉴别过火事故车的方法包括查看火烧蚀比较严重的金属零部件的颜色是否变得像排气管一样的褐色，检查过火后经修复的车辆留下的某些印记，如喷漆、螺钉印记，以及辨别车身新旧油漆的差别等。

7. 车身外观状态缺陷的转义描述是：车身部位代码+缺陷+程度(其中，车身部位代码包括25个代码，缺陷包括划痕HH、变形BX、锈蚀XS、裂纹LW、凹陷AX以及修复痕迹XF六种，程度按照其缺陷面积的大小和轮胎花纹深度划分为四个级别)。车身外观缺陷检测方法是利用车辆外观缺陷测量工具如油漆厚度仪、轮胎花纹深度尺、焊缝检测仪等，以及目测法进行检测。

8. 发动机舱检查内容包括发动机舱清洁状况，查看发动机铭牌和排放信息标牌；发动机冷却系统检查包括冷却液、散热器、水管、风扇传动带以及冷却风扇等；发动机润滑系统检查包括机油质量、油位、气味、泄漏以及机油滤清器和PCV阀的检查等；发动机点火系统检查，包括蓄电池、点火线圈、高压线、分电器与火花塞等；进气系统检查，包括检查进气软管、真空软管、空气滤清器以及节气门拉索等；发动机供油系统检查，包括燃油管路、燃油滤清器、喷油器安装情况以及燃油泄漏情况等；发动机机体附件检查，包括正时带、发动机支脚以及发动机各种带传动附件支架与调节装置等；发动机舱内其他部件检查，包括制动主缸及其制动液、离合器液压操纵机构及其离合器液、继电器盒、发动机线束以及发动机减振支座等。

9. 汽车驾驶舱检查内容包括驾驶操纵机构的间隙检查(含转向盘、加速踏板、制动踏板、离合器踏板、变速杆与驻车制动操纵杆等)、各类仪表与开关的检测(分别开启点火开关、转向灯开关、车灯总开关、变光开关、刮水器开关，以及电喇叭开关等，检查这些开关是否完好、其控制元件能否正常工作)、安全装置的检查(包括车速里程表、机油压力表、燃油表、电流表、冷却液温度表以及气压表等,查看其工作是否正常、有无损坏或缺失),以及座椅和内饰的检查等。

10. 行李箱的检查有行李箱锁、行李箱电动开关、防水密封条、气压减振器、行李箱地板、备用轮胎、随车工具等。

11. 汽车底盘的检查包括各种泄漏(冷却液泄漏、机油泄漏、助力转向油泄漏、变速器油泄漏、制动液泄漏以及排气泄漏等)的检查、排气系统检查、悬架系统检查(减振弹簧、液压减振器和稳定杆)、转向机构检查(检查转向盘自由行程、转向系统各个连接部位、零部件的配合与润滑以及动力转向系统等)、传动轴总成的检查,以及车轮总成的检查。

12. 汽车功能性零部件检查包括车身外零部件、驾驶舱内部零部件、随车附件及其他零部件四类。对汽车功能性零部件进行检查时,凡其结构或功能损坏的应直接进行缺陷描述,但不予计分。

13. 汽车动态检查的主要内容包括路试前的准备工作、发动机工作性能检查、路试检查、自动变速器的路试检查和路试后的检查。

14. 路试前的准备工作包括各项液位(机油的油位、冷却液液位、制动液液位、离合器液压油液位、动力转向液压油液位、燃油液位等)检查、风扇传动带张紧度、制动踏板行程、轮胎气压以及各个警告灯检查。

15. 发动机性能检查包括起动性能、怠速性能、异响、急加速性能、曲轴箱窜气量以及排气颜色等。

16. 离合器踏板的自由行程一般应为 30~45mm,离合器踏板力一般应不大于 300N,离合器工作应该结合平稳、分离彻底、工作中无异响、无抖动和非正常的打滑等现象。

17. 手动变速器换档检查项目包括是否轻便灵活、有无异响,其互锁与自锁装置是否有效,有无乱档与掉档现象,换档过程中变速杆不得与其他零部件相干涉等。

18. 自动变速器的检查项目包括升档情况检查、升档时的车速情况检查、升档时的发动机转速检查、换档质量(冲击情况)检查、自动变速器锁止离合器工作状况检查、自动变速器的发动机制动功能检查以及自动变速器强制降档功能的检查等。

19. 收益现值法是将被评估车辆在剩余寿命期内的预期收益用适当的折现率折现为评估基准日的现值,来确定评估价格的一种方法。主要用于营运车辆的评估。其评估步骤包括收集相关营运车辆的收入与费用资料,估算预期收入、营业费用与预期净收益,选用适当的折现率,最后用适当的公式求得收益现值。运用收益现值法的关键是正确确定各评估参数(即收益年限、预期收益额以及折现率)。

20. 现行市价法包括直接比较法、类比调整法和成本比率估价法。其基本原理是通过市场调查,选择与被评估车辆相同或类似的参考车辆,分析比较二者的异同(包括结构、配置、功能与性能、新旧程度、地区差别、交易条件及成交价格等),找出两者的差别及其所反映的价格差额,然后经过调整计算出二手车的评估价格。其评估步骤包括收集资料、选择参照物、分析比较与确定各个差异因素的调整系数,最后代入有关计算公式获得最终评估结果。

21. 清算价格法是指根据二手车的技术状况,运用市场价格法估算其正常价格,再根据处置情况和变现要求,乘以一个折扣率而确定评估价格的方法(即被评估车辆的清算价格=评估底价×折扣率)。

22. 重置成本是指被评估车辆在评估基准日的全新价格。其评估步骤包括首先通过市场询价确定重置成本，其次确定成新率，然后确定综合调整系数，最后按照重置成本法的公式计算评估值。

23. 二手车鉴定评估报告是记述评估成果的法定文件。其结论可以作为车辆买卖双方交易谈判底价的参考依据，可以作为企业进行会计记录的依据，也可以作为法庭辩论与裁决时确认财产价格的举证材料等。它分为定型式、自由式与混合式三种，其内容至少应包括委托评估方与受理评估方名称、被评估对象概况、评估目的与评估基准日、评估依据与评估方法、评估结论与决定评估额的理由、评估作业日期以及参评人员与评估对象有无利害关系的说明等。

## 思考训练题

### 一、填空题

1. "二手车鉴定评估作业总流程"规定的工作步骤包括受理鉴定评估、查验可交易车辆、签订委托书、（　）、（　）、（　）、（　）、（　）等。

2. 鉴别碰撞事故车的方法有（　）、（　）、（　）、（　）、（　）等。

3. 鉴别泡水事故车的方法可从（　）、（　）、（　）、（　）、（　）、灯组、气囊指示灯、接缝处污泥等判断是否进水，以及检查车身地板、车门门槛、立柱、行李箱等处有无锈蚀或霉味等。

4. 车身外观缺陷检测方法是利用车辆外观缺陷测量工具如（　）、（　）、（　）、（　）进行检测。

5. 汽车底盘的检查包括各种泄漏的检查：（　）、（　）、（　）、（　），以及（　）的检查。

6. 汽车动态检查的主要内容包括路试前的准备工作、发动机工作性能检查、路试动态检查、自动变速器检查和路试后检查。其中汽车各项主要性能检查包括（　）、（　）、（　）、（　）等是否正常。

7. 路试前的准备工作包括各项液位检查，包括（　）、（　）、（　）、（　）、（　），风扇传动带张紧度、制动踏板行程、轮胎气压以及各个警告灯检查。

8. 手动变速器换档检查项目包括（　）、（　）、（　）、（　）、（　）等。

9. 自动变速器的检查项目包括（　）、（　）、（　）、（　）、（　）、自动变速器的发动机制动功能检查以及自动变速器强制降档功能的检查等。

10. 动力性主要检查汽车的（　）、（　）是否达到设计要求。制动性主要检查（　）、（　）以及坡道的驻车性能等。稳定性主要检查汽车转向系统在中速时是否能够维持直线行驶（无跑偏、无转向沉重、能自动回正），在高速时有无振摆现象等。平顺性主要检查在不平道路上汽车悬架系统的抗振性能。滑行性主要检查汽车传动系统的传动效率。高速行驶时汽车风噪声检测的目的在于检查车身系统的密封性能。

### 二、名词解释题

1. 车身外观状态缺陷的转义描述
2. 车身的六种缺陷
3. 发动机润滑系统检查内容

4. 驾驶操纵机构的间隙检查项目
5. 行李箱检查的主要内容
6. 二手车鉴定评估报告

### 三、简答题

1. 怎样才能科学与高效地进行二手车鉴定评估工作？
2. 鉴别走私车和拼装车有哪些方法？
3. 汽车底盘中各种泄漏的检查包括哪些内容？
4. 汽车功能性零部件检查包括哪些内容？
5. 汽车动态检查包括哪些主要内容？
6. 路试前的准备工作包括哪些主要内容？
7. 现行市价法包括哪些评估步骤？
8. 重置成本法的评估步骤有哪些？
9. 二手车鉴定评估报告有哪些作用？

# 第七章 二手车交易实务

**学习目标：**

1. 掌握二手车交易的基本流程和工作程序。
2. 掌握二手车交易所需提供的材料。
3. 掌握二手车标示的目的和主要内容。
4. 掌握订立二手车交易合同的基本准则、主要内容和纠纷处理方式。
5. 了解二手车质量担保的意义、方法和适用范围。

## 第一节 二手车交易的法定依据、交易类型与交易相关规定

### 一、二手车交易的法定依据

二手车交易的法定依据主要有以下三项文件：《二手车流通管理办法》(商务部、公安部、工商行政管理总局、税务总局令 2005 年第 2 号。商务部令 2017 年第 3 号，删去本办法的第九条、第十条和第十一条)、《二手车交易规范》(商务部公告 2006 年第 22 号)、《工商总局办公厅关于印发〈汽车买卖合同(示范文本)和新版〈二手车买卖合同(示范文本)〉的通知》(办字 2015 年第 155 号)。

### 二、二手车交易的类型

根据《二手车流通管理办法》规定，二手车交易有以下几种类型。

（1）直接交易 是指二手车所有人不通过经销企业、拍卖企业和经纪机构，而将车辆直接出售给买方的交易行为。交易可以在二手车交易市场内进行，也可以在场外进行。

（2）中介经营 是指二手车买卖双方通过中介方的帮助而实现交易，由中介方收取约定佣金的一种交易行为。它包括二手车经纪和二手车拍卖等。

1）二手车经纪：是指二手车经纪机构以收取约定佣金为目的，为促成他人交易二手车而从事居间、经纪或者代理等项经营活动。

2）二手车拍卖：是指二手车拍卖企业以公开竞价的形式将二手车转让给最高应价者的经营活动。

（3）二手车销售 是指二手车销售企业收购、销售或置换二手车的经营活动。二手车典当不赎回的情况也可以算作一种二手车销售方式。

(4)二手车典当 是指二手车所有人将其拥有的、具有合法手续的车辆押给典当公司,典当公司支付典当当金,并封存质押车辆,且双方约定在一定期限内由出典人(二手车所有人)结清典当本息、赎回车辆的一种贷款行为。

典当时,二手车所有人需持合法有效的手续到典当行办理典当手续,由典当行工作人员和车主当面查验车辆,并填写《机动车抵押/注销抵押登记申请表》(表 7-1)。此申请表必须交到车辆管理所备案。然后将车辆封入典当公司的专业车辆库房。如果到约定的赎回期限,二手车所有人不能赎回车辆,则典当行就可以依据协议自行处理车辆,如出售等。

表 7-1 机动车抵押/注销抵押登记申请表

| 机动车登记证书编号 | | | 车牌号码 | |
|---|---|---|---|---|
| 申请登记种类 | | □抵押登记 □注销抵押登记 | | |
| 抵押人 | 姓名/名称 | | 抵押人签章:<br>(个人签字/单位盖章)<br>年 月 日 | |
| | 住所地址 | | | |
| | 身份证明名称 | 号码 | | |
| | 联系电话 | | | |
| | 邮政编码 | | | |
| 抵押权人 | 姓名/名称 | | 抵押权人签章:<br>(个人签字/单位盖章)<br>年 月 日 | |
| | 住所地址 | | | |
| | 身份证明名称 | 号码 | | |
| | 联系电话 | | | |
| | 邮政编码 | | | |
| 相关资料 | | □主合同 合同编号:_____ □抵押合同 合同编号:_____ | | |
| 申请方式 | | 抵押人<br>□本人申请<br>□委托_____代理申请 | 抵押权人<br>□本人申请<br>□委托_____代理申请 | |
| 抵押人的代理人 | 姓名/名称 | | 联系电话 | |
| | 住所地址 | | | |
| | 身份证明名称 | 号码 | | |
| | 经办人 | 姓名 | | 抵押人的<br>代理人签章:<br>(个人签字/单位盖章)<br>年 月 日 |
| | | 身份证明名称 | 号码 | |
| | | 住所地址 | | |
| | | 签字 | | |

(续)

| 抵押权人的代理人 | 姓名/名称 | | | | 联系电话 | |
|---|---|---|---|---|---|---|
| | 住所地址 | | | | | |
| | 身份证明名称 | | 号码 | | 抵押权人的代理人签章：<br>（个人签字/单位盖章）<br>年　月　日 | |
| | 经办人 | 姓名 | | | | |
| | | 身份证明名称 | | 号码 | | |
| | | 住所地址 | | | | |
| | | 签字 | | | | |

填表说明：

① 填写时使用黑色、蓝色墨水笔，字体工整。
② 标注有"□"符号的为选择项目，选择后在"□"中画"√"。
③ 抵押人、抵押权人的住所地址栏，属于个人的，填写实际居住的地址；属于单位的，填写组织机构代码证书上签注的地址。
④ 申请方式栏，属于由抵押人、抵押权人委托代理单位或者代理人代为申请的，除在"□"中画"√"外，还应当在下画线处填写代理单位或者代理人的全称。
⑤ 抵押人或抵押权人的签字/盖章栏，属于个人的，由抵押人或抵押权人签字；属于单位的，盖单位公章。
⑥ 抵押人的代理人栏和抵押权人的代理人栏，属于个人代理的，填写代理人的姓名、住所地址、身份证明名称、号码，在代理人栏内签名，不必填写经办人姓名等项目；属于单位代理的，应填写代理人栏的所有内容，代理单位应盖单位公章，经办人应签字。

### 三、二手车交易者的类型

根据二手车买卖双方身份的不同，二手车交易者可有以下四种类型：个人对个人交易、个人对单位交易、单位对个人交易、单位对单位交易。

### 四、二手车交易的相关规定

二手车交易的相关规定如下。

（1）二手车交易地点　二手车必须在车辆注册登记所在地交易，即不允许二手车在异地交易。

（2）二手车办理转移登记手续地点　二手车转移登记手续应按照公安部门有关规定在原车辆注册登记所在地公安机关交通管理部门办理。需进行异地转移登记的，由车辆原属地公安机关交通管理部门办理车辆转出手续，在接受地公安机关交通管理部门办理车辆转入手续。

（3）关于建立二手车交易档案　交易后，二手车交易市场经营者、经销企业、拍卖公司均应建立交易档案，其保留期限不得少于三年。交易档案主要包括以下内容。

1）法定证明、凭证复印件（主要包括车辆车牌、机动车登记证书、机动车行驶证、机动车安全技术检验合格标志）。

2）购车原始发票或最近一次交易发票复印件。

3）买卖双方身份证明，或组织机构代码证书复印件。

4）委托人及授权代理人身份证或组织机构代码证书以及授权委托书复印件。

5）交易合同原件。

6）二手车经销企业《车辆信息表》、二手车拍卖公司《拍卖车辆信息》和《二手车拍卖成交确认书》。

7）其他需要存档的有关资料。

## 第二节　二手车交易流程

### 一、二手车交易流程概述

二手车交易的基本流程如图7-1所示。

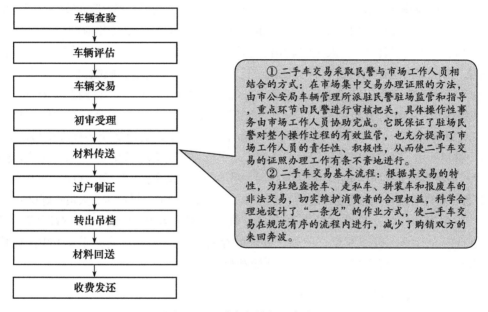

图7-1　二手车交易的基本流程

流程中的每个步骤的内容要点详细说明如下。

（1）车辆查验　在驻场民警的监管下，由交易市场委派经过验车培训的工作人员，协助民警展开交易车辆的查验工作，在车辆年检期有效的时段内，检查车辆识别代码(发动机号、车架号)的钢印是否做过凿改，与其拓印是否一致；查验车辆颜色及车身装置是否与行驶证一致。同时按交易类别对车辆安全行驶性进行检测，确保交易车辆的正常安全性能。若一切正常，则在机动车登记业务流程记录单上盖章，并在发动机号、车架号的拓印上加盖骑缝章。

（2）车辆评估　由专业评估机构参与，其专业车辆评估人员，根据车辆的使用年限(已使用年限)、行驶里程数、总体车况和事故记录等进行系统的勘查和评估，折算车辆的成新率，再按照该车的市场销售状况等，提出基本参考价格。通过计算机系统的运算，并打印车辆评估书。评估书由评估机构的评估人员签章后生效，作为车辆交易的参考和依法纳税的依据之一。

（3）车辆交易　二手车经过检验和评估后，其车辆的真实性和基本价格都有一个基本保障。同时，需要原车主对其车辆的一些其他事宜(使用年限、行驶里程数、安全隐患、有无违章记录等)做出书面承诺。经营(经纪)公司可以对该车进行出售或寄售。与客户谈妥后，收取相应的证件和材料,开具相应的发票,签署经营(经纪)合同,整理后送办证初审窗口。

(4) 初审受理　由二手车交易市场派驻各交易市场的专业业务受理人员,对各经营(经纪)公司或客户送达的车辆牌证和手续材料,初审其真实性、有效性,以及单据填写的准确性。合格后,打印操作流水号和代办单,经工商行政管理部门验证盖章,将有关材料整理装袋,准备送达相应的办证地点。

(5) 材料传送　由二手车交易市场指定的专业跑(送)单人员,经核对材料的份量合格后,贴上封条,签署《材料交接表》,并签章,将办证材料及时、安全地送达相应的办证地点。

(6) 过户制证　由驻场民警,对送达的办证材料,根据计算机车辆档案库进行对比查询,并对纸质材料进行复核,确认无误后在机动车登记业务流程记录单上录入复核人员的姓名,签注机动车登记证书。由市场工作人员按岗位的程序进行机动车行驶证的打印、切割、塑封,并录入相应操作岗位的人员姓名。纸质材料整理、装订后,与机动车行驶证、机动车注册/转入登记表(副表)等相关证件材料一起,由跑(送)单人员回送相应的代理交易市场。

(7) 转出吊档　跑(送)单人员将转出(转籍)的有关证件、材料和号牌送达车辆管理所档案部门,由民警对送达的转出材料和证件进行复核。确认无误后,收缴机动车号牌,并在相应的机动车登记业务流程记录单上录入姓名,并签注机动车登记证书,将档案室内的纸质材料整理后装袋封口,并在计算机网络中录入"转出"状态,传递至全国公安交通管理信息系统中。其"机动车档案"和"机动车临时号牌"将由跑(送)单人员返送至各代理交易市场内。

(8) 材料回送　经驻场民警复核后,换发机动车行驶证及机动车注册/转入登记表(副表)和有关证件;或经车辆管理所档案部门民警复核后,吊出的"机动车档案"和"机动车临时号牌"及相关的证件,整理后送各代理交易市场的办证窗口,并经驻场牌证、材料接收人员签好材料交接表。

(9) 收费发还　各交易市场的办证窗口,收到材料并经核对无误后,对所需支付的费用逐一进行汇总计算,打印发票,向委托办理的经营(经纪)公司和客户收取费用(凭代办单上的流水号),核对"代办单"后,发还证照和材料。

## 二、二手车交易的四类工作程序

1. 关于直接交易与中介交易的工作程序

直接交易与中介交易的工作程序如图 7-2 所示。

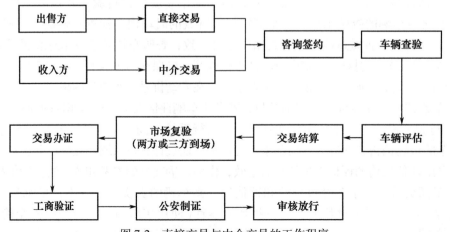

图 7-2　直接交易与中介交易的工作程序

**2. 关于经销类的工作程序**

经销类的工作程序如图 7-3 所示。

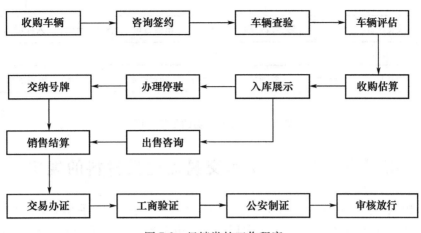

图 7-3　经销类的工作程序

**3. 关于退牌与上牌类的工作程序**

退牌与上牌类的工作程序如图 7-4 所示。

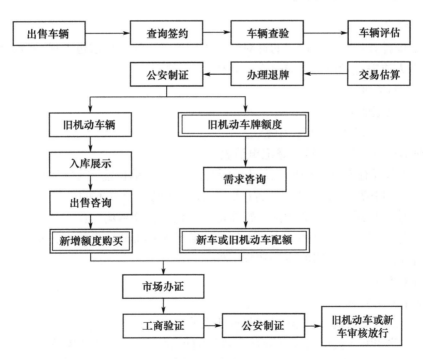

图 7-4　退牌与上牌类的工作程序

**4. 关于寄售与拍卖的工作程序**

寄售与拍卖的工作程序如图 7-5 所示。

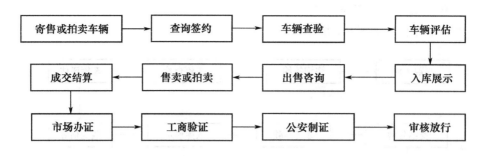

图 7-5　寄售与拍卖的工作程序

## 第三节　关于二手车交易需提供材料的规定

《中华人民共和国机动车登记规定》(公安部 72 号令)规范了二手车交易过户、转籍登记行为,全国车辆管理机关在执行这一法定程序时,由于各地区情况不一,在执行时根据实际情况略有变化。对二手车评估人员来说,除了掌握二手车交易过户、转籍的办理程序以外,也有必要熟悉新机动车牌号、行驶证的核发程序。

### 一、过户类交易需提供的材料

1. 提交的证件和材料

所提交的证件和材料需有很强的针对性,不同产权归属,要求也不尽一致,因此,它要求二手车所有人或委托代理人,应递交下列证件和材料。

1) 机动车行驶证。

2) 机动车登记证书。

3) 机动车注册/转入登记表(副表)。

4) 机动车过户、转入、转出登记申请表。

5) 现机动车所有人身份证明原件和复印件(企事业单位需提供组织机构代码证和 IC 卡,个人需提供户口簿和身份证);外省(市)居民凭住满一年以上的暂住证,外籍人士凭居留证,香港、澳门特别行政区的居民凭暂住证,台湾居民凭台湾居民来往大陆通行证等的原件和复印件;军人凭中国人民解放军或中国人民武装警察部队核发的军人身份证件及团以上单位出具的本人所住地址证明的原件和复印件。

6) 机动车照片。

7) 机动车来历凭证

① 二手车销售发票或二手车中介/服务业发票。

② 人民法院调解、裁定或裁决所有权转移的车辆,应出具已经生效的调解书、裁定书或裁决书及相应的协助执行通知书原件和复印件。

③ 仲裁机构裁决的所有权转移的车辆,应出具已经生效的仲裁裁决书和人民法院出具的协助执行通知书原件和复印件。

④ 继承、赠予、协议抵债的车辆,应提供相应文件和公证机关的公证书原件和复印件。

⑤ 国家机关已注册登记并调拨到下属单位的车辆,应出具该部门的调拨证明。

⑥ 资产重组或者资产整体买卖中包含的机动车，其来历凭证是资产主管部门的批准文件。

⑦ 过入方为机关、事业单位还须提供车辆编制证。

8）已封袋的机动车登记业务流程记录单。

9）出让方填写的机动车基本情况"承诺书"。

10）二手车评估报告。

2. *材料受理时的注意事项*

1）香港、澳门特别行政区居民的"Z"字号牌和外国人的外籍号牌及领事馆号牌转入，需提供中华人民共和国海关监管车辆解除监管证明书或车辆管理所出具的联系单。

2）使用性质为工程抢险车、救护车、消防车、警备车、施工车、邮电车、环卫车须改变使用性质方可过户。

3）公务车自初次登记之日起满3年方可办理过户；未满3年办理过户的，计算日期按机动车行驶证初次登记日期计算。

4）留学回国人员和特批的自备车、摩托车，自初次登记之日起满5年方可办理过户，未满5年办理过户手续的，须由过入方提供上牌额度，计算日期按机动车行驶证初次登记日期计算。

5）企事业单位的车辆自初次登记之日起满两年方可过户给个人，未满两年的，须由过入方提供上牌额度，计算日期按机动车行驶证初次登记日期计算。

6）公安系统"警"字号牌车辆过户，须经市公安局后保部装备处批准。

## 二、转籍（转出）类交易需提供的材料

1. *提交的证件和材料*

所递交的证件、牌证和材料，应严格按照《中华人民共和国机动车登记规定》进行办理。因为全国有统一的车辆和车辆档案的接收标准，否则，有可能退档。按要求，机动车所有人或委托代理人，应递交下列材料。

1）机动车行驶证。

2）机动车登记证书。

3）机动车注册/转入登记表（副表）。

4）机动车过户、转入、转出登记申请表。

5）机动车转籍更新申请表、机动车退牌更新申请表、机动车置换（过户、转籍）联系单。

6）机动车号牌（退牌、置换车辆除外）。

7）机动车照片。

8）海关监管车辆，应出具中华人民共和国海关车辆解除监管证明书或车管所出具的联系单。

9）现机动车所有人身份证明原件和复印件［个人凭外省（市）居民身份证、企事业单位凭外省（市）组织机构代码证和介绍信］。

10）机动车来历凭证。

① 二手车销售发票或二手车中介/服务业发票。

② 人民法院调解、裁定或裁决所有权转移的车辆，应出具已经生效的调解书、裁定书

或裁决书及相应的协助执行通知书原件和复印件。

③ 仲裁机构裁决的所有权转移的车辆，应出具已经生效的仲裁裁决书和人民法院出具的协助执行通知书原件和复印件。

④ 继承、赠予、协议抵偿债务的机动车，应出具继承、赠予、协议抵偿债务的相关文件和公证机关的公证书原件和复印件。

⑤ 资产重组或者资产整体买卖中包含的机动车，应出具资产主管部门的批准文件。

⑥ 国家机关已注册登记并调拨到下属单位的车辆，应出具该部门的调拨证明。

11）处级以上机关、事业单位，还需提供车辆编制证。

12）已封袋的机动车登记业务流程记录单。

13）出让方填写的机动车基本情况"承诺书"。

2. 注意事项

1）非标准改装的机动车且没有机动车登记证书的，不得受理。

2）对转入地的车辆管理部门有特殊要求的，如欧Ⅱ排放标准、禁止退役营运车或使用年限超过 5 年的不准上牌的外省（市），不得受理。

3）超过使用年限的，或者有其他约定的，不得受理。

4）定期检验期失效的（人民法院调解、裁定或裁决，仲裁机构裁决的除外，但须检验合格后办理），不得受理。

5）品牌、型号、规格、结构不符合国家颁布的公告、目录的，不得受理。

6）抵押、查封或司法保全的车辆，在计算机系统和纸质档案中注明"不准过户"的，不得受理。

7）海关监管，且未解除监管的车辆，不得受理。

### 三、机动车退牌需提供的材料

机动车退牌业务应递交下列材料：

1）机动车登记证书。

2）机动车行驶证。

3）机动车注册/转入登记表（副表）。

4）机动车退牌更新申请表。

5）机动车号牌。

6）机动车照片。

7）原机动车所有人身份证明原件和复印件。

8）经驻场民警查验确认的车辆识别代码、发动机号码无凿改嫌疑并在拓印骑缝处签章的机动车登记业务流程记录单（装入专用纸袋并密封）。

9）海关监管车辆，应出具中华人民共和国海关车辆解除监管证明书或车管所出具的联系单。

10）代理人身份证明。

### 四、新车上牌需提供的材料

机动车上牌（新车）是指在二手车交易市场内通过收旧供新的车辆，或经车辆管理所授权的汽车销售公司出售的新车，范围是那些厂牌型号经认定获免检资质的新车。需递交材料如下：

1）机动车来历凭证：经市公安局车辆管理所档案科备案，可在二手车交易市场上牌的全国统一机动车销售发票。

2）整车出厂合格证。

3）机动车注册/登记申请表。

4）机动车所有人的身份证明(企事业单位凭组织机构代码证和IC卡，个人凭户口簿、身份证等)。

5）车辆购置税纳税证明。

6）由代理申请注册登记的，须提供代理人的身份证明原件和复印件。

7）经驻场民警查验确认的车辆识别代码(发动机号、车架号)与其拓印相一致，并已在机动车登记业务流程记录单拓印骑缝处盖章生效。

8）第三者责任险凭证。

### 五、二手车上牌需提供的材料

机动车上牌(二手车)是指在二手车交易市场内，被经营公司退牌停搁的二手车，落实客户后需上牌的车辆。需递交材料如下：

1）二手车经营公司开具的销售发票。

2）机动车注册/登记申请表。

3）现机动车所有人的身份证明(企事业单位凭组织机构代码证和IC卡，个人凭户口簿、身份证等)。

4）经驻场民警查验确认的车牌识别代码(发动机号、车架号)无凿改嫌疑，并与其拓印相一致，在机动车登记业务流程记录单的拓印骑缝处盖章生效(并装袋密封)。

5）经驻场警官签章的机动车退牌更新申请表。

6）旧车车辆附加购置税确认单。

## 第四节　二手车标示

### 一、关于出示二手车标示的目的

二手车标示的目的是为顾客提供待出售二手车的基本信息，供顾客了解二手车的来源及技术状况等内容。二手车标示应规范、正确、内容要真实，不得弄虚作假，否则会引起交易对方之间的矛盾。二手车标示信息应粘贴在车辆前风窗玻璃左上方，并填写完整、正确。

### 二、二手车标示的主要内容

二手车标示信息是指二手车技术状况表，每辆车均应有此表，并在二手车车辆展卖期间放置在驾驶舱前风窗玻璃左下方，供消费者参阅。二手车标示的主要内容如下。

1. 出售车辆展示单位及联系方式

扫一扫

二手车技术状况表示范文本

1) 收购后出售的车辆标示该经营单位名称、委托寄售的车辆标示接受代理单位名称。

2) 联系方式：该单位固定电话、手机号码。

2. 车辆型号、车号及装备

1) 车辆型号按车管部门核发的车辆行驶证上的标准标示。

2) 车辆的牌号按车管部门核发的车辆行驶证上的号码标示(退牌车辆按原号码标示)。

3) 车辆装备按如下所示：①供油方式标示为缸外喷射或缸内直喷；②变速方式标示为手动或自动；③电控门锁标示为有(效)或无(效)；④ABS 标示为有(效)或无(效)；⑤安全气囊标示为有(效)或无(效)；⑥定速巡航系统标示为有(效)或无(效)；⑦转向助力系统标示为有或无；⑧空调系统标示为有(效)或无(效)。

3. 车辆的初次注册登记日期及使用年限

1) 车辆初次注册登记日期按车辆行驶证上的登记日期标示。

2) 车辆使用年限按公安部门规定的该车型使用年限标示。

4. 车辆的使用性质及检验有效日期

1) 车辆的使用性质按营运或非营运标示。

2) 车辆的验检有效日期按车辆行驶证上的有效日期标示。

5. 车辆出售总价及包含费用项目

1) 车辆出售价格应标示其交付顾客使用时的现金价格(人民币)。

2) 应标明出售总价中是否包含牌照价格、交易手续费、购置附加税、保险金等项目。

6. 车辆行驶里程

车辆行驶里程标示行驶里程表上所显示的千米数，需注意下列事项：①里程标示精确到千千米，不满一千千米时应四舍五入；②若对行驶里程数有疑问，有根据能进行推定时，应标示"?"号及"推测千米数"，无根据不能推定时，应标示"?"及"不明"；③若有明显更改里程表的情况，应标示"已更改里程表"或"已更换里程表"；④如果里程表不能正常工作，应标示"里程表已损坏"。

7. 车辆质量保用条件

1) 若该车符合保用条件，贴标示保用行驶里程数或保用时间月数。

2) 若该车符合回收条件，则标示"承诺回购"；若不符合回购条件，则标示"不回购"。

8. 车辆事故、瑕疵

1) 若该车曾发生事故并有维修履历的情况，应将维修过的部位，如车架[车架纵梁、车架横梁、(车身)前内外板、车身支柱内板(前上、中部、后下)、发动机挡板、顶板、底板、行李箱底、散热器芯固定等处]，标示清楚，并标示"已修复"或"已更换"。

2) 若该车还存在尚未修复的瑕疵，应将瑕疵标示清楚。

3) 对该车是否发生过事故或是否存在瑕疵不了解时，应标示"?"号及"不明"。

4) 如果里程表不能正常工作，应标示"里程表已损坏"。

9. 随车备件

1) 千斤顶标示为有或无。

2) 备用轮胎标示为有或无。

3) 轮胎扳手标示为有或无。

4）车辆使用说明书标示为有或无。

## 第五节　二手车交易合同

二手车交易合同是指二手车经营公司、经纪公司与法人、其他组织和自然人相互之间为实现二手车交易的目的，明确相互权利义务关系所订立的协议。

### 一、订立二手车交易合同的基本原则

订立交易合同的基本原则如下。

（1）合法原则　订立二手车交易合同，必须遵守法律和行政法规。法律法规集中体现了人民的利益和要求，合同的内容及订立合同的程序、形式只有与法律法规相符合，才能得到国家的认可，才具有法律效力，当事人的合法权益才可得到保护。任何单位和个人都不得利用经济合同进行违法活动，扰乱市场秩序，损害国家利益和社会利益，牟取非法收入。

（2）平等互利、协商一致　订立合同的当事人法律地位一律平等，任何一方不得以大欺小、以强凌弱，把自己的意志强加给对方，双方都必须在完全平等的地位上签订二手车交易合同。二手车交易合同应当在当事人之间充分协商、意思表示一致的基础上订立，采取胁迫、乘人之危、违背当事人真实意志而订立的合同都是无效的，也不允许任何单位和个人进行非法干预。

### 二、交易合同的主体

二手车交易合同主体是指为了实现二手车交易的目的，以自己的名义签订交易合同，享有合同权利、承担合同义务的组织和个人。根据《中华人民共和国合同法》的规定，我国合同当事人从其法律地位来划分，可分为以下几种。

1. 法人

法人指具有民事权利能力和民事行为能力，依法独立享有民事权利和承担民事义务的组织。它必须具备以下条件：

1）依法成立。
2）有必要的财产或经费。
3）有自己的名称、场所和组织机构。
4）能够独立承担民事责任，它包括企业法人、机关法人、事业单位法人和社会团体法人。

2. 其他组织

其他组织指依法成立、有一定的组织机构和财产，但又不具备法人资格的组织，如私营独资企业、合伙组织、个体工商户。

3. 自然人

自然人是指具有完全民事行为能力，可以独立进行民事活动的人。

### 三、交易合同的内容

1. 主要条款

1）标的。标的指合同当事人双方权利义务共同指向的对象。标的可以是物也可以是行为。

2）数量。

3）质量。质量是标的内在因素和外观形态优劣的标志，是标的满足人们一定需要的具体特征。

4）履行期限、地点和方式。

5）违约责任。

6）根据法律规定的或按合同性质必须具备的条款及当事人一方要求必须规定的条款。

2. 其他条款

其他条款包括合同的包装要求、某种特定的行业规则、当事人之间交易的惯有规则。

### 四、交易合同的变更和解除

1. 交易合同的变更

交易合同的变更通常指依法成立的交易合同尚未履行或未完全履行之前，当事人就其内容进行修改和补充而达成的协议。

交易合同的变更必须以有效成立的合同为对象，凡未成立或无效的合同，不存在变更问题。交易合同的变更是在原合同的基础上，达成一个或几个新的合同作为修正，以新协议代替原协议。因此，变更作为一种法律行为，使原合同的权利义务关系消灭，新权利义务关系产生。

2. 交易合同的解除

交易合同的解除指交易合同订立后，没有履行或没有完全履行以前，当事人依法提前终止合同。

3. 交易合同变更或解除的条件

《中华人民共和国合同法》规定，凡发生下列情况之一，允许变更或解除合同。

1）当事人双方经协商同意，并且不因此损害国家利益和社会公共利益。

2）由于不可抗力致使合同的全部义务不能履行。

3）由于另一方在合同约定的期限内没有履行合同。

### 五、违约责任

违约责任指交易合同一方或双方当事人由于自己的过错造成合同不能履行或不能完全履行，依照法律或合同约定必须承受的法律制裁。

1. 违约责任的性质

1）等价补偿。凡是已给对方当事人造成财产损失的，就应当承担补偿责任。

2）违约惩罚。合同当事人违反合同的，无论这种违约是否已经给对方当事人造成财产损失，都要依据法律规定或合同约定，承担相应的违约责任。

2. 承担违约责任的条件

1）要有违约行为。要追究违约责任，必须有合同当事人不履行或不完全履行的违约行为。它可分为作为违约和不作为违约两种情况。

2）行为人要有过错。过错是指当事人违约行为主观上表现出的故意或过失。故意是指当事人应当预见自己的行为会产生一定的不良后果,但仍用积极的不作为或者消极的不作为希望或放任这种后果的发生。过失是指当事人对自己行为的不良后果应当预见或能够预见到,而由于疏忽大意没有预见到或虽已预见到但轻信可以避免,以致产生的不良后果。

3. 承担违约责任的方式

1）违约金。违约金指合同当事人因过错不履行或不适当履行合同,依据法律规定或合同约定,支付给对方一定数额的货币。根据《中华人民共和国合同法》及有关条例或实施细则的规定,违约金分为法定违约金和约定违约金两种。

2）赔偿金。赔偿金指合同当事人一方过错违约给另一方当事人造成损失超过违约金数额时,由违约方当事人支付给对方当事人的一定数额的补偿货币。

3）继续履行。继续履行指合同违约方支付违约金、赔偿金后,应对方的要求,在对方指定或双方约定的期限内,继续完成没有履行的那部分合同义务。

违约方在支付了违约金、赔偿金后,合同关系尚未终止,违约方有义务继续按约履行,最终实现合同目的。

## 六、合同纠纷处理方式

合同纠纷指合同当事人之间因对合同的履行状况及不履行的后果所发生的争议。根据《中华人民共和国合同法》及有关条例的规定,我国合同纠纷的解决方式一般有协商解决、调解解决、仲裁和诉讼四种方式。

1. 协商解决

协商解决指合同当事人之间直接磋商,自行解决彼此间发生的合同纠纷。这是合同当事人在自愿、互谅互让基础上,按照法律、法规的规定和合同的约定,解决合同纠纷的一种方式。

2. 调解解决

调解解决指由合同当事人以外的第三人(交易市场管理部门或二手车交易管理协会)出面调解,使争议双方在互谅互让基础上自愿达成解决纠纷的协议。

3. 仲裁

仲裁指合同当事人将合同纠纷提交国家规定的仲裁机关,由仲裁机关对合同纠纷做出裁决的一种活动。

4. 诉讼

诉讼指合同当事人之间发生争议而合同中未规定仲裁条款或发生争议后也未达成仲裁协议的情况下,由当事人一方将争议提交有管辖权的法院按诉讼程序审理作出判决的活动。

## 七、二手车交易合同的种类

二手车交易合同按当事人在合同中处于出让、受让或居间中介的不同情况,可分为二手车买卖合同和二手车居间合同两种。

1. 二手车买卖合同

1）出让人(出售方):有意向出让二手车合法产权的法人或其他组织、自然人。

扫一扫

典型的二手车买卖合同

2) 受让人（购车方）：有意向受让二手车合法产权的法人或其他组织、自然人。

2. 二手车居间合同

1) 出让人（出售方）：有意向出让二手车合法产权的法人或其他组织、自然人。

2) 受让人（购车方）：有意向受让二手车合法产权的法人或其他组织、自然人。

3) 中介人（居间方）：合法拥有二手车中介交易资质的二手车经纪公司。

扫一扫

典型的二手车居间合同

## 第六节　二手车的质量担保

二手车的质量担保就是在二手车销售的同时，销售商承诺对车辆进行有条件、有范围、有限期的质量担保，并切实履行承诺的责任和义务。

二手车的质量担保是二手车销售环节中的一个不可或缺的重要一环。没有质量担保的二手车销售是不完整的销售。

### 一、二手车质量担保的意义

1. 保护消费者权益

从二手车消费者（包括现实的和潜在的）的心理调查反映，最难以把握的，即最担心的就是车辆的技术状况。尤其是车辆买到手，各种故障便在短时间内连连发生，使消费者对二手车的质量可靠性心存疑虑。因此，二手车消费者普遍希望二手车销售商能提供质量担保。

为二手车消费者提供质量担保，是销售商保护消费者权益的具体体现，同时也是一种社会责任。

2. 促进二手车行业的规范发展

以前，二手车买卖成交后，销售商的责任即告结束，对此后车辆出现的各种故障全不负责。这一方面使得消费者的权益得不到充分保障；另一方面，一些不法销售商又有恃无恐地干着坑蒙拐骗的勾当。事实上，二手车交易中大多数纠纷都是由于售后发现质量问题而引起的。

随着社会的发展和人们生活水平的提高，为了扩大生活半径和追求时间效率而购买二手车的人越来越多，二手车交易也日益兴旺。但二手车青睐者的购车热情往往被对车况难以把握的畏惧心理中和。实行二手车质量担保可以从根本上消除这种畏惧心理，从而激发这些潜在的购车能量。这样既规范了行业的交易行为，又促进了市场的发展，是个一举多得的措施。

二手车的质量担保是二手车行业规范发展的一个重要内涵，量的发展要与质的规范同步提升。行业的发展对二手车经营企业提出了更高的要求，在鼓励、扶持那些诚实守信、规范运作的经营企业的同时，行业管理部门还将规范、监督和约束那些不讲信誉、不讲服务的销售行为，逐步净化二手车的消费环境，提升行业的社会形象。

3. 有利于经营品牌的创立

二手车交易是一个与服务密切相关的经营行为。就二手车的质量范畴而言，如实展示并介绍车辆的客观现状、存在的缺陷，让购车者买明白车，这是其一。其二，销售商向购车者做出质量担保承诺，让购车者买放心车。前者是销售商诚信的体现，当然对购车者也有能看得懂车辆情况的专业知识要求。而后者则是销售商信誉的保证，对销售商的要求更高。相对而言，后者更重要。为保护购车者的利益，二手车经营企业对自己出售的二手车的质量隐蔽故障的突发而造成购车者的利益损害，销售商给予经济赔偿是十分必要的。这也可以作为鉴别二手车经营企业之间诚信差异、品牌优劣的重要标志。

二手车经营企业实行二手车质量担保，将服务延伸到售后，切实履行保护消费者利益的责任，有利于经营品牌的创立。这方面的工作谁做得好，谁就将赢得市场。

4. 有利于开辟新的交易方式

目前，在二手车交易中，通常采用到有形市场现场看车的方式来确定车辆状况。这种方式对买卖双方均耗时、费力、效率低，是一种较原始的方式，随着社会车辆的逐渐增多、二手车交易的日趋活跃，这种低效率的交易方式对提高交易量的制约影响将日益凸显。

因此，致力于交易方式的拓展将是一个现实的课题。如开展网上交易形式等，将有形市场与无形市场相结合，以利于日后集中交易模式的形成。这其中一个重要的前提是经营企业诚信体系的建立、二手车质量担保的承诺及社会和消费者对此承诺的高度认同。达到这种程度，二手车交易将会又一次由质变引起量变，必将会对活跃交易方式、提高交易能力、促进行业发展起到相当大的推动作用。

5. 有利于二手车消费信贷

尽管近两年有些银行开发了二手车的消费贷款，但从总体来看，此项业务开展得并不顺利。原因之一是银行对车辆质量状况把握不了。于是，纷纷抬高贷款门槛或干脆暂停此项业务。而在购买二手车的消费者中，暂时不想花大钱即可拥有一辆汽车的人不在少数，他们更希望能得到银行贷款，以解决手头一时之拮据。因此，实行二手车质量担保既解除了银行的后顾之忧，又可帮助消费者实现购车愿望，可起到一石多鸟之效果。尤其是《汽车金融公司管理办法》的出台，对二手车的消费信贷也将起到推动作用。

## 二、待售二手车的基本技术条件

尽管二手车存在故障的突发性、零件寿命的差异性等因素，给二手车的质量担保工作带来一定的困难，但从方便购车者挑选查验、现场试车及道路行驶的安全性、环保性和车辆配置的完整性等方面考虑，必须制定出待售二手车的基本技术条件。这是二手车销售和质量担保的前置条件。

1. 车辆清洁

1）车辆外表无油渍，无泥土。

2）发动机舱内无污垢，散热器、冷凝器外表无积土。发动机各部件应达到"铁见黑，铜见黄，铝见白"。车架号和发动机号应清晰可辨。

3）驾驶舱、行李箱内清洁无杂物。

2. 车身

1）车身饰条饰板应齐全，门窗防水防尘橡胶条应齐全有效。

2）前后保险杠、前后车牌、轮盖、消声器等应安装牢固，不松旷。

3）车门启闭自如无碰刮，门锁、行李箱锁、油箱盖锁、门销应齐全有效。

4) 车身玻璃、后视镜应完整清晰不耀眼,门窗玻璃升降平顺无卡滞。

5) 车身外表应无大于 $100\sim200cm^2$ 的凹陷变形,烂穿面积总和不大于 $50\sim100cm^2$ (客车取上限,货车取下限)。

6) 轿车车身面漆应无明显色差,露底划痕总长不大于 50cm,面漆脱落或起泡面积总和不大于 $100cm^2$。

7) 车体周正,对称高度差小于 4cm。前纵梁应无明显的弯曲、折皱变形。

3. 发动机

1) 发动机各种罩、盖、传动带、管件等附件应齐全有效,机脚安装牢固。

2) 发动机应无点滴状漏油、漏水、漏电、漏气(俗称四漏)。

3) 发动机应能在 3 次内依靠起动机顺利起动。各缸均能正常工作,不得缺缸。

4) 各缸气缸压力不小于原厂标准的 75%。

5) 发动机在各种状况下,应无明显异响。

6) 发动机怠速时应无放炮或回火现象,怠速运转应平稳,转速差不应高于原厂标准的 15%。

7) 润滑油、冷却液(冬天应为防冻液)液面应达规定限度。

8) 废气排放符合要求。汽油车 CO 不大于 0.8%(怠速),CO 不大于 0.3%(高怠速);HC 不大于 $150\times10^{-6}$(怠速),HC 不大于 $100\times10^{-6}$(高怠速)。柴油车排气吸收系数不大于 $2.5m^{-1}$(自由吸气式),排气吸收系数不大于 $3.0m^{-1}$(涡轮增压式)。

4. 转向系统

1) 转向盘的自由转动量不大于 15°,转动时无卡阻现象。

2) 横、直拉杆球销无裂纹、无明显松旷,连接牢固,锁止有效。

3) 转向助力泵运转正常无异响,助力泵油无滴漏,液面正常。

4) 路试中,各速度段应无方向摆振及明显跑偏。

5. 制动系统

1) 制动总泵、分泵及管接头连接处应无明显漏油,制动液面正常。严禁采用不同牌号的制动液添加补充。

2) 真空助力泵能正常工作,真空管连接良好不漏气。

3) 制动蹄片间隙应符合原厂要求。回位应迅速,无明显涨鼓夹盘现象。

4) 路试方法检验制动减速度和制动稳定性时,应符合见表 7-2 要求。

表 7-2 汽车制动减速度和制动稳定性的检验标准

| 车辆类型 | 制动初速度/(km/h) | 空载制动距离/m | 满载制动距离/m | 制动稳定性要求,汽车任何部位不得超出试车道宽度/m |
| --- | --- | --- | --- | --- |
| 乘用车(车座位数不大于 9 的载客汽车) | 50 | ≤19 | ≤20 | 2.5 |
| 三轮汽车 | 20 | ≤5 | ≤5 | 2.5 |
| 总质量不大于 3500kg 的低速汽车 | 30 | ≤8 | ≤9 | 2.5 |
| 其他总质量不大于 3500kg 的汽车 | 50 | ≤21 | ≤22 | 2.5 |
| 铰接客车、铰接式无轨电车、汽车列车 | 30 | ≤9.5 | ≤10.5 | 3.0 |
| 其他汽车 | 30 | ≤9 | ≤10 | 3.0 |

5）驻车制动的最大效能应产生在全行程的 3/4 以内。车辆空载时，在 20% 的坡道上采用驻车制动时，5min 内车辆不应发生溜坡，或在发生最大驻车制动效能时，车辆挂二档应不能起步。

6. 传动系统

1）离合器应结合平稳，分离彻底，起步时无异响、抖动和打滑现象。离合器踏板的自由行程和工作高度应符合要求。

2）离合器总泵、分泵及管路连接处应无点滴状漏油，液面高度符合要求。

3）手动变速器应档位清晰，路试时应无异响，不跳档，不乱档。

4）自动变速器应档位显示准确，无明显漏油现象，油液高度符合要求。车辆挂档后应有起步蠕动感。路试时换档平顺，无明显冲击。

5）传动轴应连接牢固，十字节无明显松旷。路试中，左右打足方向，球笼应无异响。

7. 行驶系统

1）轮胎螺钉紧固，轮胎气压符合要求。

2）轮胎花纹深度：轿车不小于 1.6mm，其他车前轮不小于 3.2mm。轮胎上不得有 25mm 以上的割伤，帘布层不外露。

3）两前轮应配置同品牌、同型号、同花纹且花纹深度相近的轮胎。

4）轮胎应无异常偏磨，前束符合原厂要求。

8. 悬架系统

1）减振器应无明显松旷、漏油，减振弹簧或钢板完好。

2）托架及球销等连接牢固，不松旷。

3）两边前后轴距离差不大于 5mm。

9. 电气、仪表

1）各种灯光应完好，能正常工作，并安装牢固。

2）刮水器、喇叭工作正常。

3）车速表、里程表、发动机转速表、冷却液温度表、汽油表等仪表工作正常。机油灯、充电灯、冷却液温度灯等状态指示灯应工作正常。ABS（制动防抱死系统）、SBS（安全气囊系统）、发动机故障指示灯等在打开点火开关时应显亮，经数秒（或发动机起动）自检后自动熄灭。

4）电线不裸露，电路静态漏电量小于 15mA。

10. 备件

1）备有完好备胎、千斤顶和轮胎螺钉扳手。

2）备有有效灭火器。

对于汽车品牌 4S 店的二手车质量认证，另有各自的标准，例如，上海通用二手车需进行 7 大类、106 项测试，才能得到上海通用汽车的认证，成为可以销售的二手车。

## 三、二手车质量担保的基础工作

1. 售前车辆检测

二手车售前车辆检测是二手车质量担保的一项重要的基础工作。二手车质量担保的潜在风险可以通过周密的售前检测加以规避。因此，经营企业应按待售二手车基本技术条件全面、认真、细致地检测待售二手车，做到知根知底，充分把握车辆现状，并做好详细记录，建立单车档案。

2. 先行维修

对制动系统、转向系统、起动系统、传动系统、灯光系统等检测出的严重的缺陷和故障，经营企业应先行修复，以使车辆具备基本的试车条件。

3. 客观展示，如实介绍

待售二手车应客观展示，既不应油迹斑斑、灰头垢面，也不提倡采用外表翻新的手段掩人耳目，使人辨不清其新旧成色。展示证上应标明车辆的详细情况，除了厂牌车型、初证日期、使用年限、行驶里程、销售价格等基本信息外，还应标明该车辆存在的明显的或已知的但内在的缺陷，贯彻《中华人民共和国消费者权益保护法》第三章第二十二条的规定："经营者应当保证在正常使用商品或者接受服务的情况下其提供的商品或者服务应当具有的质量、性能、用途和有效期限；但消费者在购买该商品或者接受该服务前已经知道其存在瑕疵的除外。经营者的广告、产品说明、实物样品或者其他方式表明商品或者服务的质量状况的，应当保证其提供的商品或者服务的实际质量与表明的质量状况相符。"因此，经营企业应在销售过程中，客观介绍车辆情况，将大大降低二手车的质量纠纷。对于一些不严重的缺陷和故障，可采用售后提供维修服务的方法给予修复。

4. 公示、告知制度

经营企业应向社会公开二手车质量担保承诺，一来有利于提升企业自身的品牌形象，二来有利于净化二手车市场的消费环境，展示证上应标明该车辆企业是否承诺质量担保及质量担保的范围、期限等具体内容。在企业的经营场所，应将企业的质量担保条例公示上墙，告知用户。

5. 报送统计资料，配合行业管理

行业兴则企业兴，中国的二手车行业是一个新兴行业，同时也是一个朝阳行业。企业应服从并服务于行业发展与规范大计，主动、如实统计并上报有关二手车质量担保工作的各项数据，为行业管理积累经验。同时行业也将据此作为评定和授予企业信用等级的参考条件之一。

### 四、二手车质量担保的适用范围

二手车的质量担保既可参照新车质量担保，但又绝对不同于新车质量担保。就行业的发展情况而言，目前不可能制定一套适合所有车型的比较全面的整车质量担保标准。但作为基本要求，提出有条件、有范围地进行有限的质量担保是切实可行的。各企业可根据自身特点、品牌集中度系数等，在基本要求的基础上，再进行有选择的扩充担保，形成企业的经营特色。下面以上海二手车交易管理协会制定的二手车质量担保条例为例，介绍二手车质量担保的主要内容。

1. 适用对象

以5年以内或已行驶里程在8万km以内（两项应同时满足）的非营运性车辆为对象，出租车、租赁车、专业货运车辆、特种机械车辆等暂不列入担保范围。

2. 品牌选择

可对交易量大、交易频次高、维修方便、维修成本较低的品牌车型进行担保，如上海大众生产的桑塔纳品牌汽车等。

**3. 担保期限**

担保期限一般为30天和3000km(两项应同时满足),任一项超出,担保期限即结束。

对于汽车品牌4S店出售的二手车,其质量担保期限一般较长,如经过上海通用汽车认证的别克诚新二手车,其质量保证期限为6个月或10000km。

**4. 应列入质量担保的零部件**

从消除购车者对隐蔽性故障的担忧这一角度出发,下列零部件或总成应给予质量担保。

1)发动机冷却系统中的水泵、冷却液温度表及散热器等。
2)发动机润滑系统中的机油泵、机油压力表(灯)等。
3)发动机供油系统中的汽油泵、汽油表等。
4)发动机点火系统中的点火线圈、分电器等。
5)发动机起动系统中的点火开关、起动机等。
6)传动系统中的离合器压板、传动轴十字节、球笼等。
7)制动系统中的真空助力泵、制动鼓(盘)、制动总泵、制动分泵的工作效能等。
8)转向系统中的转向助力泵、横直拉杆球销等。
9)空调系统中的冷媒、风机等。

系统中各零部件工作状况的好坏以使该系统能正常工作为原则。如果由于某一零部件损坏而致使该系统无法正常工作(如水泵漏水致使发动机冷却液减少而导致冷却液温度过高),则该零部件必须及时修复或更换。

**5. 不列入质量担保的零部件**

与新车质量担保中的非保件相同,有些零部件因在使用中存在突变性,不能列入质保范围。

1)易磨损件,如制动片、离合器片等。
2)易爆件,如轮胎、灯泡、玻璃等。
3)电化学件,如蓄电池等。

**6. 合约补充**

以上仅作为二手车质量担保的基本形式和条件,企业可在此基础上,根据企业和车辆的具体情况,有选择地进行扩充,并以合约形式表明。

**7. 免责情形**

1)由于使用不当、保养不当或不规范操作引起的零部件损坏。
2)隐匿了实际使用里程的车辆。
3)缺油少水(润滑油、制动液、冷却液)引起的零部件损坏或故障。
4)质量担保期内用于营运、教练等用途的车辆。
5)肇事、冰冻、浸水车辆所涉及的零部件损坏。
6)在质量担保期内经其他修理厂或自行修理过的零部件及该系统。

有以上情形之一的车辆,销售企业可免除质量担保责任。但以上免责情形应事先告知购车者。

## 五、二手车质量担保条例

目前,国内没有统一的二手车质量担保条例,但一些汽车品牌公司的二手车部门相继出台了各自公司的认证二手车质量担保条例，其中大众品牌认证二手车质量担保条例的主要内容请扫二维码查看。

扫一扫

大众品牌认证二手车质量担保条例

## 六、二手车质量认证书

经过质量认证的二手车，应有质量认证书，各个二手车公司的质量认证书可能不一致，但其基本内容相同。别克诚新二手车质量认证书如图 7-6 所示。

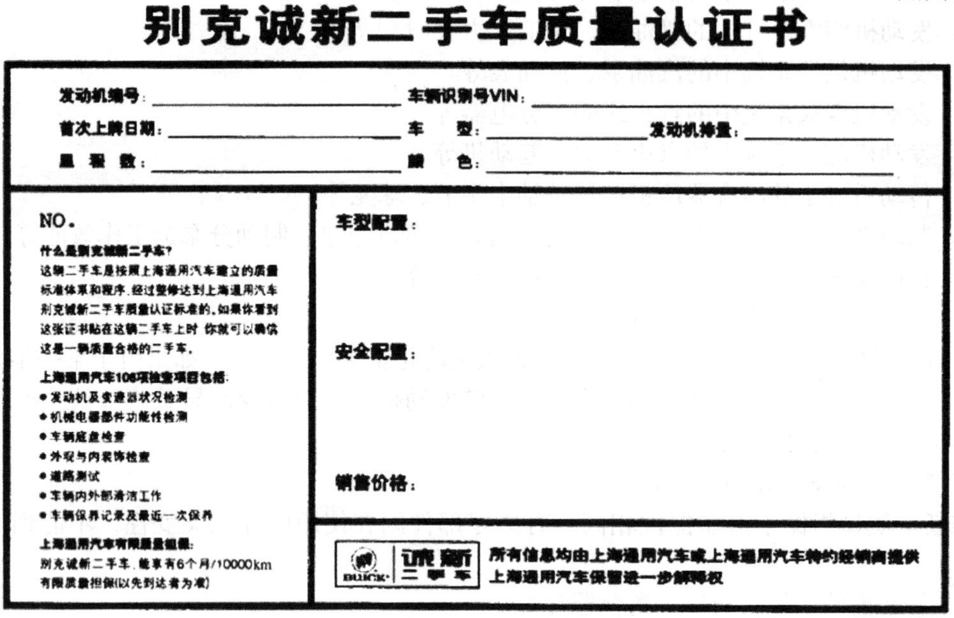
别克诚新二手车质量认证书

发动机编号：______ 车辆识别号VIN：______
首次上牌日期：______ 车 型：______ 发动机排量：______
里 程 数：______ 颜 色：______

NO.

什么是别克诚新二手车？
这辆二手车是按照上海通用汽车建立的质量标准体系和程序，经过整修达到上海通用汽车别克诚新二手车质量认证标准的。如果你看到这张证书贴在这辆二手车上时，你就可以确信这是一辆质量合格的二手车。

上海通用汽车106项检查项目包括：
- 发动机及变速器状况检测
- 机械电器部件功能性检测
- 车辆底盘检查
- 外观与内装饰检查
- 道路测试
- 车辆内外部清洁工作
- 车辆保养记录及最近一次保养

上海通用汽车有限质量担保：
别克诚新二手车，能享有6个月/10000km有限质量担保(以先到达者为准)

车型配置：

安全配置：

销售价格：

BUICK 诚新二手车

所有信息均由上海通用汽车或上海通用汽车特约经销商提供
上海通用汽车保留进一步解释权

图 7-6 别克诚新二手车质量认证书

# 第七节 二手车收购定价

## 一、影响二手车收购定价的因素

影响二手车收购定价的主要因素有如下六项。

1. 车辆的总体价值

它包括车辆实体价值和各项手续的价值两项。

（1）汽车实体价值 确定汽车实体价值的方法：在鉴定评估的基础上，充分考虑市场供求关系，对评估价格做快速变现处理。主要包括以下评估项目。

1）静态检查类项目：如车身外观整齐程度、漆面质量等。

2）动态检查类项目：如发动机怠速情况、尾气排放情况等。

3）配置类项目：包括有无 ABS、转向助力、真皮座椅、电动车窗、中控防盗锁、CD 音响等。

4）改装类项目：如动力改装、悬架改装、音响改装、座椅及内饰改装等。

（2）各项手续的价值　如果手续不全，再补办不但要增加成本，而且会带来许多后续问题和麻烦。因此各项手续的价值不可忽视。主要手续包括车辆登记证、原始购车发票或交易过户票、行驶证、购置税凭证、车船使用费凭证、车辆保险合同等。

2. 二手车收购后应支出的费用

它是指从收购到售出时限内，还要支出的费用。主要包括车辆日常维护费、停车费、为收购而支出的货币的利息、车辆保险费、其他管理费。

3. 市场宏观环境变化的影响

宏观的影响即国家宏观政策和地方法规变化而导致的车辆经济性贬值。如国家实行"征收燃油附加税的政策"以取代原来"征收公路养路费的政策"。此种宏观政策的改变，对于那些油耗率高的二手车而言，相对于那些油耗率低的车辆则销售难度要大很多，因此会影响其收购价。

4. 市场微观环境变化的影响

微观影响即市场微观环境变化而导致的车辆经济性贬值。如新车型的上市、新车价格的波动等，使老车型的价格受到挤压而贬值。

5. 品牌与售后服务知名度的影响

如一汽、上汽、东风、丰田、广州本田等品牌知名度高，售后服务体系很健全，故其的收购价亦可适当提高。

6. 市场经营的需要

如某公司本期的桑塔纳二手车库存销售一空，则该公司马上会提高桑塔纳二手车的收购价；反之，库存大量积压，则会降低收购价。

## 二、二手车收购定价的基本方法

主要有重置成本收购法、清算价格收购法和快速折旧收购法三种。

1. 以现行市价法或重置成本法的思路确定收购价格

计算公式：收购价格＝重置成本全价×（1-折扣率）。

例如：首先运用重置成本法估算出某旧车价值为8万元，再根据市场销售形势调查，估定折扣率为20%可售出，则该车的收购价格可定为6.4万元。

2. 清算价格收购法

先根据二手车技术状况，运用现行市价法估算其正常价值，再根据处置情况和变现要求，乘以折扣率，最后确定收购价格。

3. 快速折旧收购法

快速折旧收购法是应用最广泛、最主要的收购定价方法。其基本原理与基本计算方法如下。

（1）汽车评估折旧法的基本原理　折旧是指某固定资产在预计使用年限内由于磨损和消耗而逐渐转移的价值。汽车折旧额是汽车所有者已经得到的价值的补偿。而汽车剩余的价值（重置成本减去汽车已经使用年限的累计折旧额）才是汽车现有的价值。在二手车价值评估中，应以此价值作为评估值。如该二手车还存在某些故障需要维修换件的，则应扣减相应的维修费用。

（2）汽车评估折旧法的基本方法　汽车折旧评估法的基本公式为

评估值=重置成本全价-(累计折旧额+维修费)

二手车累计折旧额的计算分为等速折旧法和快速折旧法,计算方法见第二章汽车折旧。用快速折旧法计算收购价格的计算公式为

收购价格=重置成本全价-累计折旧额-维修费用

式中,重置成本全价一律采用现行市场价格;折旧额,先求年折旧额,再将已使用年限内的各年折旧额汇总累加,即可得累计折旧额;维修费用,指汽车现时状态下,某个功能完全丧失需维修或换件的费用总支出。机动车原值的选取,一般取重置成本全价,不取原值。

### 三、二手车收购定价计算实例

【例1】 某车主急于转让一辆捷达轿车,经与旧车交易中心洽谈,中心同意收购。基本车况汇总于表7-3,试用快速折旧法计算收购价格。

表7-3 二手车鉴定估价登记表 2014年2月9日

| 车主 | | 李某 | 所有权性质 | 私车 | 联系电话 | 1234567 |
|---|---|---|---|---|---|---|
| 住址 | | 某某大学居民区 | | 经办人 | 杨某 | |
| 原始情况 | 车辆名称 | 一汽捷达 | 型号 | 167GOD | 生产厂家 | 一汽-大众 |
| | 结构特点 | 普通 | 发动机号 | ARCO1207 | 车架号 | PU007679 |
| | 载重量/座位数/排量 | | 1.6L | | 燃料种类 | 汽油 |
| 使用情况 | 初次登记日期 | 2010年8月 | 牌照号 | 鄂A.Q5188 | 车籍 | 合肥 |
| | 已使用年限 | 3年6个月 | 累计行驶里程 | 8.1万km | 工作性质 | 家用车 |
| | 大修次数 | 发动机 | 0(次) | 工作条件 | 好(主要在市内公路行驶) | |
| | | 整车 | 0(次) | | | |
| | 维护情况 | 较好 | | 现时状态 | 在用 | |
| | 事故情况 | 无 | | | | |
| | 现时车辆技术状况 | 离合器有打滑现象;变速器挂档有异响;转向系统有"振摆"现象,转向不灵敏 | | | | |
| 手续情况 | 证件 | 证件齐全有效 | | | | |
| | 税费 | 齐全、有效 | | | | |
| 价值反映 | 购置日期 | 2010年7月 | 账面原值/元 | 142000 | 账面净值/元 | |
| | 车主报价/元 | 74000 | 重置价格/元 | 120000 | 初评价格/元 | 71000 |

1. 已知参数

由登记表(表7-3)可得:

1) 该型号同类车的现行市场购置价为120000元,即 $K_0 = 120000$ 元

2) 该车规定使用年限 $N=15$ 年,其残值忽略不计。

2. 用年份数求和法计算收购价格

(1) 用年份数求和法计算累计折旧额 $\sum D_t$

1) 求年折旧率:求当 $t=4$ 时的年折旧率

$$\frac{N+1-t}{N(N+1)/2} = \frac{15+1-4}{15(15+1)/2} = \frac{12}{120}$$

2）求年折旧额：求当 $t=4$ 时的年折旧额

$$D_t = (K_0 - S_v) \times \frac{N+1-t}{N(N+1)/2} = (120000-0) \times \frac{12}{120} = 12000(元)$$

3）求累计年折旧额 $\sum D_t$：用年份数求和法计算累计折旧额的计算过程见表 7-4。求当 $t=4$ 时的年折旧额为

$$\sum D_t = 15000+14000+13000+12000 = 54000(元)$$

表 7-4　用年份数求和法计算累计折旧额的计算过程

| 年数 $t$ | 年折价率 | 年折旧额/元 | 累计年折旧额/元 |
|---|---|---|---|
| 2010 年 8 月—2011 年 7 月（$t=1$） | 15/120 | 15000 | 15000 |
| 2011 年 8 月—2012 年 7 月（$t=2$） | 14/120 | 14000 | 29000 |
| 2012 年 8 月—2013 年 7 月（$t=3$） | 13/120 | 13000 | 42000 |
| 2013 年 8 月—2014 年 7 月（$t=4$） | 12/120 | 12000 | 54000 |

4）折算为 3 年 6 个月的累计年折旧额：即求当 $t=3.5$ 时的累计年折旧额

$$\sum_{t=1}^{t=3.5} D_t = 42000 + 12000/2 = 48000(元)$$

（2）求维修费用　根据技术状况鉴定结果，分别计算各项修理费用，再累加可得总维修费用。

1）离合器打滑与变速器挂档异响，需维修费 700 元。
2）转向系统"低速振摆"且转向不灵敏，需维修费 1500 元。
3）黄牌标识遗失，需登报申明补办费用 100 元。
4）故维修费用 = 700+1500+100 = 2350(元)。

（3）计算收购价格　计算如下：

收购价格 = 重置成本全价 - 累计折旧额 - 维修费用
= 120000 - 48000 - 2350 = 69650(元)

3．用双倍余额递减折旧法计算收购价格

（1）用双倍余额递减折旧法计算累计折旧额 $\sum D_t$

1）求年折旧率：求当 $b=2$ 时的年折旧率 $a_1$

$$a_1 = b \times \frac{1}{N} = 2 \times \frac{1}{15} = \frac{2}{15}$$

2）求年折旧额：求当 $t=1$ 时的年折旧额 $D_t$

$$D_t = K_0 a(1-a)^{t-1} = 120000 \times \frac{2}{15}\left(1-\frac{2}{15}\right)^{1-1}$$

$$= 120000 \times \frac{2}{15} \times \left(1 - \frac{2}{15}\right)^0$$

$$= 120000 \times \frac{2}{15} \times 1 = 16000(元)$$

3）求累计年折旧额 $\sum D_t$：用双倍余额递减折旧法计算累计折旧额的计算过程见表7-5。求当 $t=4$ 时的年折旧额

$$\sum D_t = 16000 + 13867 + 12018 + 10415 = 52300(元)$$

表7-5　用双倍余额递减折旧法计算累计折旧额的计算过程

| 年数 $t$ | 年折旧额/元 | 累计年折旧额/元 |
| --- | --- | --- |
| 2010年8月—2011年7月（$t=1$） | 16000 | 16000 |
| 2011年8月—2012年7月（$t=2$） | 13867 | 29867 |
| 2012年8月—2013年7月（$t=3$） | 12018 | 41885 |
| 2013年8月—2014年7月（$t=4$） | 10415 | 52300 |

4）折算为3年6个月的累计年折旧额：即求当 $t=3.5$ 时的累计年折旧额

$$\sum_{t=1}^{t=3.5} D_t = 41885 + 10415/2 = 47093(元)$$

（2）求维修费用　根据技术状况鉴定结果分别计算各项修理费用，然后累加。

1）离合器打滑与变速器挂档异响，需维修费700元。

2）转向系统"低速振摆"且转向不灵敏，需维修费1500元。

3）维修费用 = 700 + 1500 = 2250（元）。

（3）求收购价格

$$收购价格 = 重置成本全价 - 累计折旧额 - 维修费用$$
$$= 120000 - 47093 - 2250 = 70457(元)$$

【例2】　二手车经销企业收购二手车的简易定价方法。

目前，二手车经销企业大多并不严格按照上述程序来详细地计算二手车的收购价格，而采用了一些比较简单粗略的确定价格方法。通常需考虑的因素包括：车辆年份的远近，车辆的行驶里程，车辆机械状态的好坏，车辆的外观有无修理过的痕迹，车辆配置的高低，车辆排量的大小，车辆颜色是否符合该品牌客户的普遍喜好，车辆手续是否齐全，车辆是否属于知名品牌，是否符合当地的车辆环保政策，同类车辆在二手车市场库存多少，同品牌新车价格波动幅度大小。

以下为某4S店2009年2月3日收购一辆2007年10月20日注册登记的福美来二代手动舒适版私有二手车时的价格确定实例。

根据二手车价格变化特点，一般在三年内的二手车折价幅度是最大的，大约在新车价格的20%~30%，而该车当时的新车价格为7.98万元，故可初步确定该车能够交易的价格在5.5万元左右，但考虑到上述影响价格的因素后，经过对标的车辆的现场鉴定结果，得出各影响因素的修正情况如表7-6、表7-7所示。

表 7-6  影响价格的主要因素

| 序号 | 因素 | 实际状况 | 折旧比例(%) |
|---|---|---|---|
| 1 | 年份 | 2007 年 | 4 |
| 2 | 车辆状况 | 发动机、变速器性能优良 | 4 |
| 3 | 车辆外观 | 无肇事、无刮碰、外表内饰均较新，无修理的痕迹 | 7 |
| 4 | 车辆颜色 | 灰色 | 2 |
|  | 总计 |  | 17 |

表 7-7  影响价格的次要因素

| 序号 | 因素 | 折旧比例(%) |
|---|---|---|
| 1 | 车辆属于知名品牌 | 2 |
| 2 | 车辆配置：在同系列中属于标配 | 1 |
| 3 | 维护情况：在 4S 店维修保养有记录，其各项年缴税费、保险均未过期 | 1 |
| 4 | 车辆排量：该车属于经济型轿车，1.6L 黄金排量。目前二手车交易仍以中低档车为主，小排量是消费者的最爱，此排量占优势 | 1 |
| 5 | 行驶里程：该车行驶里程为 3.6 万 km，符合私有车行驶里程与使用年限的统计规律 | 1 |
| 6 | 该车符合当地的环保政策 | 1 |
| 7 | 该车同品牌新车价格没有变化 | 1 |
| 8 | 该车在本市二手车市场中保有量较大，目前在二手车市场库存较少 | 1 |
|  | 总计 | 9 |

二手车收购价格＝车辆现价×(1-折旧系数)×购车年限折旧(一年车 80%，二年车 70%，三年车……)

公式中的"折旧系数"在当时行业中普遍取 5%，相当于当时的行业风险报酬率。"购车年限折旧"由表 7-5 和表 7-6 中的"折旧比例"累加后求得，即

$$购车年限折旧 = (1-17\%-9\%) \times 100\% = 74\%$$

$$二手车收购价格 = 7.98 \times (1-5\%) \times 74\% = 5.61(万元)$$

## 四、汽车置换中二手车回收价格的计算

在汽车置换中二手车回收的价格应如何计算？表 7-8 给出了某合资企业对二手车回收价格的计算方法，可供参考。

表 7-8  某合资企业汽车置换中二手车回收价格的计算方法

| 私人用车每年最大行驶里程数≤25000km ||||||||
|---|---|---|---|---|---|---|---|
| 使用1年的车 | 使用2年的车 | 使用3年的车 | 使用4年的车 | 使用5年的车 | 使用6年的车 | 使用7年的车 | 使用8年的车 |
| 买价×70%-维修数-超出里程数 | 买价×60%-维修数-超出里程数 | 买价×50%-维修数-超出里程数 | 买价×40%-维修数-超出里程数 | 买价×35%-维修数-超出里程数 | 买价×30%-维修数-超出里程数 | 买价×20%-维修数-超出里程数 | 买价×10%-维修数-超出里程数 |

注：前 3 年，每超过 5000km，减去买价的 2%；以后几年，每超过 5000km，减去买价的 1%

(续)

| 公司用车每年最大行驶里程数≤40000km | | | | | | |
|---|---|---|---|---|---|---|
| 使用1年的车 | 使用2年的车 | 使用3年的车 | 使用4年的车 | 使用5年的车 | 使用6年的车 | 使用7年的车 |
| 买价×65%-维修数-超出里程数 | 买价×50%-维修数-超出里程数 | 买价×38%-维修数-超出里程数 | 买价×28%-维修数-超出里程数 | 买价×18%-维修数-超出里程数 | 买价×10%-维修数-超出里程数 | 买价×5%-维修数-超出里程数 |

注：前3年，每超过1000km，减去买价的3%；以后几年，每超过5000km，减去买价的2%

| 出租用车每年最大行驶里程数≤120000km | | | | |
|---|---|---|---|---|
| 使用1年的车 | 使用2年的车 | 使用3年的车 | 使用4年的车 | 使用5年的车 |
| 买价×55%-维修数-超出里程数 | 买价×40%-维修数-超出里程数 | 买价×25%-维修数-超出里程数 | 买价×10%-维修数-超出里程数 | 买价×5%-维修数-超出里程数 |

注：每超过1000km，减去买价的5%

### 五、二手车收购估价与二手车鉴定估价的区别

二手车收购估价与二手车鉴定估价虽然两者估价的实质都是对二手车进行"现时价格的评估"，但它们在以下四个方面存在本质的区别，详见表7-9。

表7-9　二手车收购估价与二手车鉴定估价的区别

| 比较项目 | 二手车收购估价 | 二手车鉴定估价 |
|---|---|---|
| 估价主体 | 购买当事人 | 买卖中间人 |
| 估价目的 | 购买当事人以经营为目的，摸清汽车底细，估算车价，并以此向卖主讨价还价 | 评估师以服务为目的，受托为买卖双方提供二手车的价值依据，供交易双方参考 |
| 估价方法 | 根据估价目的，参照评估标准和方法，接受评估法规指导，具有一定灵活性 | 根据特定目的，选择评估标准和方法，严格按照评估法规，具有约束性 |
| 价值内涵 | 因受"快速折旧原则"的作用，其价格大大低于市场价格 | 具有公平市场的交易价值 |

## 第八节　二手车销售定价

### 一、影响二手车销售定价的因素

影响二手车销售定价的因素主要有成本因素、供求关系以及竞争状况等。

1. 成本因素

二手车销售定价时首先应考虑的因素是该车的总成本费用(等于固定成本费用与变动成本费用之和)。

1) 固定成本费用：是指在既定的经营目标内，不随收购车辆的变化而变动的成本费用。如分摊在这一经营项目的固定资产折旧、管理人员的工资等支出。

2) 单位固定成本费用摊销率：是指单位收购价值所包含的固定成本费用。即固定成本

费用与收购车辆总价值之比。如某企业根据经营目标，预计某年度收购 100 万元的车辆价值，分摊的固定成本费用为 1 万元，单位固定成本费用摊销率为 1%。若花费 5 万元收购一辆桑塔纳二手车，则应计入 500 元的固定成本费用。

3）变动成本费用：是指收购车辆随着收购价格和其他费用的变动而相应变动的费用。主要包括车辆实体的价格、运输费、保险费、日常维护费、修理费、资金占用的利息等。

4）二手车的总成本费用，其计算公式为

二手车的总成本费用=收购价格×单位固定成本费用摊销率+变动成本费用

2. 供求关系

二手车销售定价一方面必须补偿所消耗的成本费用并保证适当的利润；另一方面也必须适应市场对于该产品的供求变化，能够为购买者所接受，即遵循供求价值规律。

1）需求与价格的规律：在其他因素不变的情况下，价格上升，则需求量就会减少。即需求量与价格呈反比例的关系。

2）供给与价格的规律：在其他因素不变的情况下，价格上升，则刺激供给量增加。即供给量与价格呈正比例的关系。

3）供求与均衡价格：当同时考虑供求两个方面时，可以得出以下结论：

① 买卖双方的界限是绝对的：是指在大多数情况下，经济力量的直接影响都只能指向某一方，而不是同时指向供求双方。例如当消费者收入水平下降，是指向需求方；而生产成本提高，则是指向供给方。

② 均衡价格：是指市场上某种商品的供给量与需求量相等时的价格。

③ 价格机制的基本原理：在完全竞争的市场上，通过价格可以调节市场的供求，使供需达到均衡。当供求达到均衡，价格也会趋于稳定。这就是价格机制的基本原理，也是市场变化的基本规律。

④ 只有当商品自身价格之外某一因素发生变化时，该商品的需求曲线和供给曲线本身才发生移动。

4）需求价格弹性 $E$：衡量当某种商品的价格变化时，其需求量变化的大小。

$$E=需求量变动的百分比/价格变动的百分比$$

当 $|E|>1$ 时，需求是富有弹性的。当 $|E|<1$ 时，需求是缺乏弹性的。当 $|E|=1$ 时，称为单位弹性需求。

3. 竞争状况

二手车的销售定价要考虑本地区同行业竞争对手的价格状况，并根据自己的市场地位和定价目标，确定自己的价格水准。

## 二、二手车销售定价的目标类型

1. 以追求利润最大化为定价目标

该项目标是建立在对于市场需求与成本充分了解的基础上，从而能够制定出确保当期利润最大化的定价目标。

2. 以获取适度利润（满意利润）为定价目标

1）指"利润"既不太低，也不太高，且能使企业经营者和股东都感到比较满意的中间利润目标。

2）满意利润目标适用于以下几种情况：
① 在竞争中，为保全自己、减少风险而抛弃高利企图而选择平均利润。
② 根据企业实力而追求适度利润，以达到合情、合理与合法的结果。
③ 若将"满意利润目标"改为其他利润目标，则难以实现企业的营销目标。

3. 以取得预期投资收益为定价目标

该目标也称目标投资的利润目标，是指企业首先确定一个投资收益率，然后采取在产品成本的基础上，再加上企业的预期收益而确定产品定价的方法。采取该定价目标，只要实现预期的销售量，企业的预期收益也就实现了。

4. 以保持或扩大市场占有率为定价目标

市场占有率是指二手车的销售量或销售额占同行业市场销售量或销售额的比例。它是企业经营状况和竞争力的反映。

采用本定价目标，主要方法是以较长时间的低价策略来保持和扩大市场占有率，而最终获得最优的利润。因此，它属于一种迂回的策略。

### 三、二手车销售定价方法

二手车销售定价方法主要有成本加成定价法、需求导向定价法以及竞争导向定价法等。

1. 成本加成定价法

它是按照单位成本加上一定比例的成本加成而构成产品销售价。其计算公式为

$$二手车销售价 = 单位完全成本 \times (1 + 成本加成率)$$

该定价方法的关键在于确定成本加成率。由于二手车的需求弹性较大，应该将价格定得低一些。即宜采用较低的加成率，通过薄利多销达到经营目标。

1）成本加成率计算：一般用进货成本来衡量其加成率。即

$$成本加成率 = 毛利(加成)/进货成本$$

2）单位完全成本：即二手车的总成本费用。它包括这辆车应摊销的固定成本和变动成本之和。

2. 需求导向定价法

它也称顾客导向定价法、市场导向定价法，是根据市场需求状况和消费者对产品的感觉差异来确定价格的方法。其特点是：产品的销售价格随需求的变化而频繁变化。

3. 竞争导向定价法

它是指根据企业自身的竞争力，并参考成本与供求情况，将价格定得高于（等于或低于）竞争者的价格，以实现企业总体战略目标。

在上述诸定价目标中，以成本加成定价法最受欢迎。其主要原因如下：

1）因成本的不确定性一般比需求的不确定性小，故将价格盯住单位成本，可大为简化定价程序，不必根据需求的瞬息万变而频繁调整价格。

2）只要行业都采用此种方法，价格竞争可以减至最低。

3）买卖双方都感到比较公平。当买方需求强烈时，只要卖方不企图谋求额外利益，仍能获得比较公平的利润。

因此，目前主要采用成本加成定价法来进行二手车的销售定价。

## 四、二手车销售定价的策略

1. 二手车销售定价的策略依据

主要是依据市场环境的各种因素,对于基本价格而进行权衡、调整和修改,使之更加适应市场的变化。

2. 常用的二手车销售定价的策略

主要有心理定价策略、阶段性定价策略和折扣定价策略等。

(1) 心理定价策略　就是在补偿成本的基础上,按不同的需求心理(有的注重经济实惠、价廉物美,有的注重名牌产品,有的注重产品的文化情感内涵,有的追赶消费潮流等)来确定价格水平和变价幅度。如尾数定价策略就是具有强烈刺激作用的一种心理策略。价格尾数的微小差异,会给消费者一种经过精确计算的、最低价格的心理感觉。如某二手车产品标价59998元,给人认为只要不到6万元就能够买到一辆品质不错而又便宜的车。

(2) 阶段性定价策略　根据产品的生命周期各个阶段的市场特征采取不同的定价目标。在产品投入期以打开市场为主,成长期以获取目标利润为主,成熟期以保持市场份额和利润总量最大为主,衰退期以回笼资金为主。同时兼顾市场行情对销售价格做出相应修改。

(3) 折扣定价策略　为了促销而灵活运用价格折扣策略,往往可以刺激购买、鼓励需求,提高经济效益与有利于企业经营的搞活。

## 五、二手车最终销售价格的确定

二手车流通企业通过以上程序制定的价格只是一种基本价格,仅仅确定了价格的范围和变化的途径。为了实现定价目标。还需要考虑国家的价格政策、用户的要求、产品的性价比、品牌价值以及服务水平等对基本价格进行调整,以确定产品的具体最终价格。

## 六、二手车销售定价计算实例

【例3】　某二手车最终销售价格的确定方法。

品牌型号:一汽-大众捷达CIF;号牌:辽A×××××;发动机号:EK5678;车辆识别代码/车架号:LFV2A11G8A3××××××;注册登记日期:2011年10月18日;年审检验合格至2016年5月;有车辆购置税完税证明。某4S店于2016年3月收购的价格为4.4万元。该车欲于2016年9月销售。

其销售价格的确定方法如下。

1. 固定成本费用摊销率的确定

按该4S店的固定成本构成情况分析,分摊在二手车销售的固定成本费用摊销率约为1%。

2. 变动成本费用的确定

1) 该车实体价格,即为收购价格4.4万元。

2) 收购该车时的运输费用为65元。

3) 从收购日起到预计的销售日,分摊在该车上的日常维护费用约400元。

4) 该车收购后,维修翻新费用合计3200元。

5) 车辆存放期间，银行的活期存款年利率为 0.36%。

该二手车的变动成本 =（收购价格+运输费用+维护费用+维修翻新费用）×（1+利率）

$$= (44000+65+400+3200) \times [1+(10-4)/12 \times 0.36\%] = 47751（元）$$

该二手车的总成本费用 = 收购价格×固定成本费用摊销率+变动成本

$$= 44000 \times 1\% + 47751 = 48191（元）$$

**3. 确定销售价格**

按成本加成定价法，本车型属于大众车型，市场保有量较大，且销售情况平稳。根据销售时日的市场行情，一般成本加成率在 6% 左右。因此该车的销售价格为

二手车销售价格 = 该车总成本×（1+成本加成率）

$$= 48191 \times (1+6\%) = 51082（元）$$

**4. 确定最终价格**

1) 该 4S 店目前处于比较稳定的经营时期，二手车经销状况也比较稳定，故应以获取合理利润为目标，所以成本加成率不做调整，即仍取 6%。

2) 该车不准备采用折扣定价策略，而上述计算结果中有精确的尾数，即采用尾数定价策略，也不再做调整。

故该二手车的最终销售价格确定为 51082 元。

## 本 章 小 结

1. 二手车交易基本流程的工作步骤包括车辆查验、车辆评估、车辆交易、初审受理、材料传送、过户制证、转出调档、材料回送以及收费发还。二手车交易的具体工作程序分为四类：直接交易、中介交易类的工作程序；经销类的工作程序；退牌、上牌类的工作程序；寄售或拍卖类的工作程序。

2. 二手车交易所需提供的材料根据二手车交易的具体工作程序的不同分为五类：过户类交易、转出（转籍）类交易、机动车退牌、新车上牌以及二手车上牌。各类交易所需提供的材料大同小异，需仔细查阅有关规定。

3. 二手车标示的目的是为顾客提供待出售二手车的基本信息，供顾客了解二手车的来源及技术状况等内容。故需填写完整、正确、规范、内容真实，不得弄虚作假。此表应粘贴在车辆前风窗玻璃的左下方。

4. 二手车交易合同是指二手车经营公司、经纪公司与法人、其他组织和自然人相互之间为实现二手车交易目的、明确相互权利义务关系所订立的协议。订立交易合同的基本原则是合法原则和平等互利、协商一致原则。其主要内容包括标的、数量、质量、履行期限、地点和方式、违约责任等。合同纠纷处理方式有协商解决、调解解决、仲裁以及诉讼等。二手车交易合同的种类有二手车买卖合同与二手车居间合同两种。

5. 二手车质量担保有五项意义：保护消费者权益、促进二手车行业的规范发展、有利于经营品牌的创立、有利于开辟新的交易方式以及有利于二手车的消费信贷。二手车质量担保的方法包括规定待售二手车的基本技术条件、做好二手车质量担保的基础工作、明确二手车质量担保的适用范围以及制定二手车质量担保条例。

## 思考训练题

**一、填空题**

1. 二手车交易基本流程的工作步骤包括（　　）、（　　）、（　　）、（　　）、（　　）、（　　）、（　　）、（　　）以及收费发还。

2. 二手车交易的具体工作程序分为四类：（　　）、（　　）、（　　）、（　　）。

3. 二手车交易所需提供的材料根据二手车交易的具体工作程序的不同分为五类：（　　）、（　　）、（　　）、（　　）、（　　）。各类交易所需提供的材料大同小异，需仔细查阅有关规定。

4. 二手车交易合同是指二手车经营公司、经纪公司与法人、其他组织和自然人相互之间为实现二手车交易目的、明确相互权利义务关系所订立的协议。其主要内容包括（　　）、（　　）、（　　）、（　　）、（　　）、（　　）等。

5. 二手车标示的目的是（　　），故需填写完整、正确、规范、内容真实。

**二、名词解释题**

1. 直接交易、中介交易类的工作程序（用方框图绘出）
2. 经销类的工作程序（用方框图绘出）
3. 退牌或上牌类的工作程序（用方框图绘出）
4. 二手车质量担保
5. 二手车交易合同

**三、简答题**

1. 二手车交易合同的主要内容包括哪些？
2. 二手车质量担保的五项意义是什么？
3. 二手车过户类交易所需提供的材料有哪些？
4. 二手车交易合同的种类有哪些？
5. 二手车交易合同纠纷处理方式有哪些？

# 第八章
# 电动汽车结构特点、工作原理与性能测试

### 学习目标：

1. 了解电动汽车常用技术术语、电动汽车工作原理、电动汽车基本结构组成和结构类型及纯电动汽车的驱动系统布置形式。

2. 了解动力电池系统的功能及锂离子电池的特点、工作原理与充放电过程，熟悉磷酸铁锂动力电池的组成部件与功能，熟悉三元锂动力电池的组成部件与相关功能。

3. 掌握拆卸与安装动力电池包的方法、更换动力电池最小单体的方法、更换动力电池BMS的方法。

4. 了解电动汽车对驱动电机性能的要求、驱动电机的种类与主要性能参数、电机的结构特点与基本性能，熟悉电机控制器的功能与结构，熟悉电动汽车高压系统的构成及其功能。

5. 熟悉电子控制电动助力转向系统(EPS)的工作原理与优点，熟悉电动汽车的电动真空助力制动系统的工作原理与组成，了解电子机械式线控制动系统组成与工作过程，了解电动汽车的电机再生制动，了解电控悬架系统的功能与分类、全主动式电控悬架系统的优点与控制原理。

6. 熟悉整车控制系统的组成、结构、功能与控制分级。

7. 掌握电动汽车整车日常维护保养方法，掌握电动汽车关键零部件(包括动力电池、驱动电机、整车控制器、动力转向系统、制动系统等)维护保养的主要内容。

## 第一节 电动汽车知识基础

### 一、国内外电动汽车产品简介与技术术语

1. 国内常见的电动汽车

国内常见的电动汽车如图 8-1~图 8-4 所示。

纯电动汽车按照用途分类如下：

1) 纯电动轿车：是目前最常见的一种纯电动汽车，已经中、小批量生产，且已经进入市场。

2) 纯电动客车：是一种以载客为目的的纯电动汽车，目前主要用于公共汽车。

3) 纯电动货车：主要在矿山、建筑工地以及某些特殊场地使用，且早已出现一些大吨位的纯电动载货车。

图 8-1 北汽 EV200 型纯电动轿车

图 8-2 比亚迪 E6 纯电动轿车

图 8-3 纯电动大客车

图 8-4 纯电动货车

2. 国外某些电动汽车产品

国外某些电动汽车产品如图 8-5~图 8-7 所示。

图 8-5 宝马 i3 纯电动轿车

图 8-6 法国图瑞公司推出的昂贵的电动汽车

3. 电动汽车技术术语

1) 新能源汽车：是指采用非常规的车用燃料作为动力源，且综合运用车辆动力控制与驱动方面的先进技术，形成的技术原理先进、具有新技术、新结构的汽车。它包括气体燃料汽车、氢燃料汽车、生物燃料汽车以及电动汽车四大类。

2) 电动汽车：电动汽车（Electric Vehicle，EV）是全部电动汽车的总称，它以车载电源为动力，用电机驱动车轮

图 8-7 国外电动货车

行驶。电动汽车又可分为纯电动汽车、燃料电池电动汽车与混合动力电动汽车三类。

3) 纯电动汽车：纯电动汽车(Battery Electric Vehicle,BEV)是指由蓄电池或其他储能装置作为电源,用电机驱动车轮行驶,且符合道路交通法规的车辆。

4) 燃料电池汽车：燃料电池汽车(Fuel Cell Electric Vehicle,FCEV)是指以燃料电池作为动力电源的纯电动汽车。

5) 混合动力汽车：混合动力汽车(Hybrid Electric Vehicle,HEV)是指同时装备两种动力源(内燃机与电机)的汽车。

6) 插电式混合动力汽车：插电式混合动力汽车(Plug-In Hybrid Electric Vehicle,PHEV)是一种混合动力汽车,其充电电池可以使用外部电源充电。

7) 电动汽车车载能源：电动汽车车载能源(On-board Energy Source)是指变换器和储能设备的组合。

8) 电动汽车动力系统：是指电机与传动系统的组合。

9) 电动汽车驱动系统：是指车载能源和动力系统的组合。

## 二、电动汽车的工作原理

**1. 以蓄电池为动力源的纯电动汽车原理**

以蓄电池为动力源的纯电动汽车的电力与动力传输系统原理详见图 8-8。

纯电动汽车的蓄电池相当于传统汽车的油箱,电机相当于传统的内燃机,它通过传动系统驱动车轮使电动汽车行驶。而电能属于二次能源,可以来源于热能、水能、风能、太阳能等。

纯电动汽车可分为用单一蓄电池为动力源的纯电动汽车与装有辅助动力源的纯电动汽车两大类。用单一蓄电池作动力源的纯电动汽车的工作原理是蓄电池的电能经过电池转换器进行交、直流转换与电压升高后传输给电机,再通过机械传动系统驱动车轮行驶。

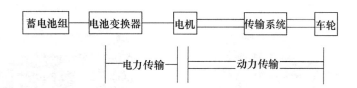

图 8-8　以蓄电池为动力源的纯电动汽车的电力与动力传输系统原理框图

**2. 装有辅助动力源的纯电动汽车原理**

装有辅助动力源的纯电动汽车的电力与动力传输系统原理详见图 8-9。

装有辅助动力源的纯电动汽车与单一蓄电池为动力源的纯电动汽车的主要区别在于,为了克服单一蓄电池比能量和比功率较低与重量、体积大的缺点而增加了超级电容等辅助动力源,以增加续驶里程和提高起动性能。

**3. 纯电动汽车工作原理**

纯电动汽车工作原理详见图 8-10。

纯电动汽车可分为电力驱动主模块、车载电源模块和辅助模块三大部分。重点部分是电力驱动主模块,其驱动控制器在中央控制单元的控制下,将来自蓄电池的电能经过功率转换后输送给电机,然后带动机械传动装置驱动车轮行驶;同时,驾驶人通过中央控制单元操作电动汽车的制动踏板和加速踏板。

# 第八章 电动汽车结构特点、工作原理与性能测试

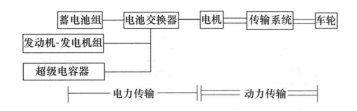

图8-9 装有辅助动力源的纯电动汽车的电力与动力传输系统原理框图

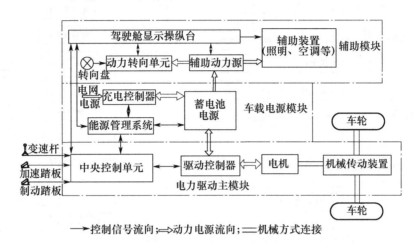

图8-10 纯电动汽车工作原理示意图

辅助模块主要功能是进行动力转向控制、温度控制及电控系统等的控制。

车载电源模块为电机提供电能。

## 三、电动汽车的基本结构

电动汽车的基本结构分为四个子系统，即动力系统、电气系统、车身系统和底盘系统，如图8-11所示。

1. 电动汽车动力系统的基本结构

动力系统由电池系统、电机系统、电控系统等组成。

1）电池系统：由储能装置（例如各类蓄电池、超级电容、燃料电池、高速飞轮等）、电池箱、冷却系统以及温度传感器等组成。

2）电机系统：由电机（例如永磁电机、直流电机、交流电机、磁阻电机等）、温度传感器、电机冷却系统以及变速机构等部分组成。

3）电控系统：主要由整车控制系统、电池管理系统、电机控制器、功率转化器以及各种辅助系统等组成。

2. 电动汽车与传统汽车的主要区别

主要区别在于其动力系统；其次，在于电动汽车的制动系统可以进行制动能量的回收（即制动回馈），而传统汽车无法实现制动回馈。

## 四、电动汽车的类型

电动汽车一般按照其驱动结构、能源类型和车辆速度分类如下。

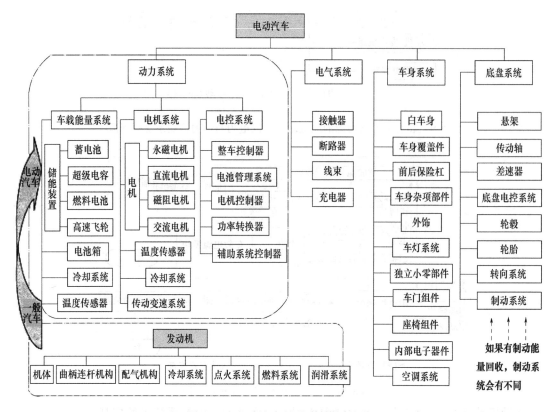

图 8-11　电动汽车的基本结构框图

1. 电动汽车电力驱动系统的结构类型

电力驱动系统的结构类型详见图 8-12 和图 8-13。

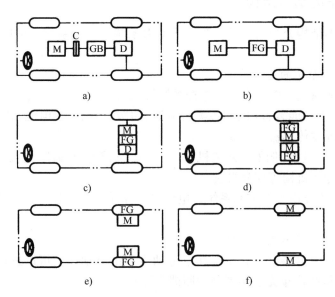

图 8-12　电力驱动的六种结构形式

M—驱动电机　FG—（固定速比）减速器　D—差速器　C—离合器　GB—变速器

1)图8-12a 所示为用驱动电机 M 取代内燃机类型:对于高档电动汽车一般采用自动变速器,其主要优点是可以避免因电机输出转矩不足而影响汽车加速性能不足的问题。

2)图8-12b 所示为在图8-12a 的基础上采用固定速比减速器 FG 并去掉离合器类型:其优点是通过控制电机的转速来控制车速,可省去离合器。缺点是为提高爬坡能力而选择大速比减速器,故车辆高速行驶性能较差。

3)图8-12c 所示为将电机、减速器和差速器集成为一个整体类型:其优点是结构紧凑、重量轻,有利于降低成本,适用于大批量生产的小型车。

4)图8-12d 所示为电子差速模式类型:即采用两个电机分别与两个相同固定速比的减速器连成一个整体,然后用半轴和直接连接的方式分别驱动两个车轮。由于每个电机均可独立控制调节,从而省略了差速器。电子差速器的体积更小、质量更轻,可以实现更精确的转弯控制,提高电动汽车性能。此外,其整车布置简单,且易于实现驱动防滑、制动力分配、防侧滑等多种功能,适用于中型或大型客车。

5)图8-12e 所示为轮毂电机类型:其减速器采用固定大速比的行星齿轮减速器,空间紧凑、质量较轻。

6)图8-12f 所示为低速外转子电机类型:其电机的外转子直接与车轮的轮毂设计为一体,故完全省去了机械减速器。其主要优点是车辆的布置不受限制,并可以方便地实现四轮驱动。唯一的缺点是车辆的驱动力完全取决于电机转矩的大小,故目前仅适用于质量较轻的小型电动汽车。

> 双电机驱动桥,电机置于两侧,分别控制驱动两侧车轮。
> 主要优点:由于在驱动桥中间省去了一个巨大的差速器桥包,有利降低汽车重心和重量。特别适合于大型电动公交车采用。

图 8-13 双电机驱动桥

2. 电动汽车储能装置的结构类型

电动汽车储能装置的十种结构类型详见图 8-14。

1)单一蓄电池供电型(图8-14a):也称纯电池电动汽车(BEV),其动力电池种类繁多,有铅酸电池、镍氢电池、镍镉电池、硅电池、锌空气电池等。要求采用较高的比能量和比功率的电池,以分别满足续驶里程和加速性能的需要。

2)两种蓄电池混合供电型(图8-14b):其中,一种蓄电池提供高比能量,另一种蓄电池提供高比功率,故不仅解决了比能量和比功率的矛盾,而且比功率电池还可为制动能量的回收起到显著的作用。

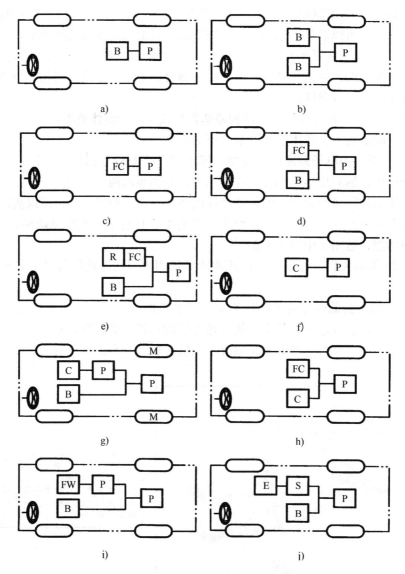

图 8-14 电动汽车储能装置的结构形式
B—动力电池 C—超级电容 FC—燃料电池 FW—高速飞轮
P—功率转换器 R—重整器 E—发动机 S—发电机

3) 燃料电池供电型(图 8-14c)：氢燃料电池是最常见的燃料电池，其原理是在特定的介质和工况下，氢与氧结合产生水与电能。由于氢气很难液化，目前一般是以气态储存在高压车载气罐中；氧气可直接从空气获得。燃料电池相当于一个小型发电机，可提供非常高的比能量，但却无法回收制动产生的再生能量。

4) 燃料电池与纯电池混合供电型(图 8-14d)：为解决燃料电池无法回收制动再生能量的问题，将其与蓄电池一同使用。

5) 燃料电池带重整器与纯电池混合供电型(图 8-14e)：燃料电池所需氢气还可由常温的液态燃料(如甲醇、乙醇或汽油)随车产生。重整器即为一种可随时分解液态燃料而产生氢气的小型装置。

6) 超级电容供电型(图8-14f)：超级电容是以物理方式储存电能的装置。其优点是可以不受温度影响而大倍率地充分放电，维护简单、使用寿命长，且对制动再生能量的吸收非常好。最大缺点则是比能量低、续驶里程短、占用空间大，故多用于公交车。

7) 超级电容与蓄电池组合供电型(图8-14g)：为解决超级电容比能量低的问题，增加一个能够提供高比能量的蓄电池；同时还需要在二者之间采用一个DC/DC(直流/直流)功率转换器，以解决超级电容的使用电压比较低的问题。

8) 超级电容与燃料电池组合供电型(图8-14h)：此种方案可取二者之长，既取燃料电池的高比能量与高比功率，又取超级电容优良的制动再生能量回收性能。

9) 高速飞轮与蓄电池组合供电型(图8-14i)：高速飞轮也是一种高比功率和高制动性能的物理储能器，一般在一个高真空的密闭容器内高速旋转。它既是一个发电机，又是一个电动机，可以实现电能与机械能的双向转换。此外，还需要在二者之间增加一个AC/DC(交流/直流)转换器。

10) 蓄电池与汽油机带动的发电机组组合供电型(图8-14j)：正常情况下以电力驱动；而当蓄电池供电不足时，才起动发动机带动发电机给蓄电池充电，以获得更长的续驶里程。

3. 电动汽车按行驶速度的分级

1) 低速电动汽车：最高车速低于30km/h的电动汽车，称为低速电动汽车。例如各种电动工具车、电动平板车等。

2) 中速电动汽车：最高车速在30~60km/h的电动汽车，称为中速电动汽车。例如电动观光车、电动高尔夫车等。

3) 高速电动汽车：最高车速在60~180km/h的电动汽车，称为高速电动汽车。主要是一些乘用车，例如电动轿车或电动大客车等。

4) 极速电动汽车：最高车速在200~300km/h的电动汽车，称为极速电动汽车。例如某些国外造型特殊的概念车和试验车。

## 五、纯电动汽车的驱动系统布置形式

纯电动汽车的驱动系统布置形式可分为集中驱动系统与轮毂分散驱动系统两大类。

1. 集中驱动系统

集中驱动系统包括传统驱动方式与电机驱动桥组合方式，如图8-15所示。

(1) 传统驱动方式 如图8-15a所示，它仍然使用内燃机汽车的传动系统，仅仅用电机替代发动机，故其结构复杂、效率低下，且不能充分发挥电机的性能。因此，它缺乏生命力，只能是一种电动汽车的过渡形式。

(2) 电机驱动桥组合方式 包括平行式电机-驱动桥组合式、同轴式电机-驱动桥组合式和双联式电机-驱动桥组合式三种类型。

1) 平行式电机-驱动桥组合式，详见图8-16及其注解。
2) 同轴式电机-驱动桥组合式，详见8-17及其注解。
3) 双联式电机-驱动桥组合式，详见图8-15c与图8-18注解。

2. 轮毂分散驱动系统

轮毂分散驱动系统如图8-15d、图8-19与图8-20所示。

1) 轮毂分散驱动系统可分为双前轮驱动、双后轮驱动与四轮驱动三种驱动方式。且可

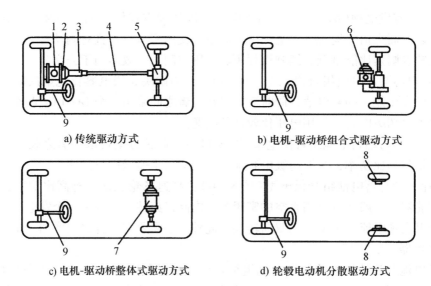

a) 传统驱动方式　　　　　　　　b) 电机-驱动桥组合式驱动方式

c) 电机-驱动桥整体式驱动方式　　d) 轮毂电动机分散驱动方式

图 8-15　纯电动汽车的四种典型驱动结构方式

1—电机　2—离合器　3—变速器　4—传动轴　5—驱动桥　6—电机—驱动桥组合式驱动系统　7—电机—驱动桥整体式驱动系统　8—轮毂电机　9—转向器

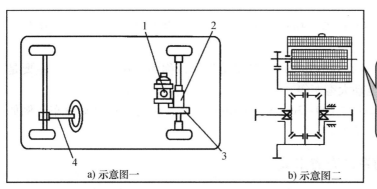

a) 示意图一　　　　　　　　b) 示意图二

它是在电机输出轴的下部配置齿轮减速器,然后通过差速器与半轴驱动车轮。其优点是结构紧凑,安装、使用和维护十分方便。它包括电机前置前轮驱动与电机后置后轮驱动两种驱动形式。

图 8-16　平行式电机-驱动桥组合式集中驱动系统

1—电机　2—差速器　3—减速齿轮　4—转向装置

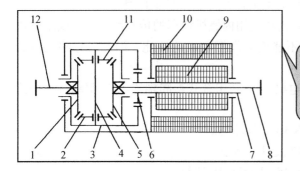

它利用一种特殊的空心轴电机,在电机一端的外壳中安装一对内外齿轮的减速器,然后通过差速器带动半轴驱动车轮。电机与传动装置组合成为"机电一体化"的驱动桥。

其特点是传动系统结构更为紧凑、簧载质量大大减轻,故有利于改善车辆的平顺性能。

图 8-17　同轴式电机-驱动桥组合式集中驱动系统

1、5—半轴齿轮　2、11—行星轮　3—差速器壳　4—行星轮支架　6—减速齿轮　7—空心电机轴　8、12—传动半轴　9—电机转子　10—电机定子

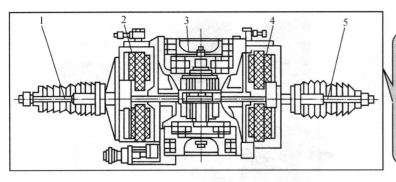

图 8-18 双联式电机-驱动桥组合式集中驱动系统
1—左半轴 2—左驱动电机 3—电控差速器 4—右驱动电机 5—右半轴

> 它通过左右两个永磁电机直接带动左右半轴,然后驱动车轮。而左右两个电机由中央控制器的电控差速模块控制,形成一种新式的"完全取消了齿轮传动的电控差速器"。它不仅简化了结构、显著减轻了重量,而且与相同功率的单电机驱动桥相比其电机直径要小得多,故可将驱动桥布置在汽车地板下面,有利于降低汽车重心。

对每台电机的转速进行单独调节控制,故可实现电子差速。不仅完全省去了机械差速器,而且可以改善转弯时的操纵性。

2) 轮毂分散驱动系统包括两种结构:内定子外转子结构、内转子外定子结构,如图8-19 所示。前者采用低速外转子电机,无减速装置,车轮的转速与电机相同。后者则采用高速内转子电机,配备固定传动比的减速器。

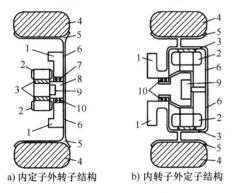

图 8-19 轮毂分散驱动系统的基本结构
1—制动鼓 2—电机绕组 3—摩擦片 4—轮胎
5—轮辐 6—车轮 7、10—轴承 8—行星轮 9—编码器

图 8-20 轮毂电机的实物图

## 第二节 电动汽车的动力电池

### 一、动力电池的种类

电动汽车的动力储能装置包括动力蓄电池、超级电容、飞轮电池、燃料电池等储能元件及其各类电池的组合。它是影响电动汽车发展的关键技术和目前普及电动汽车的瓶颈。电动汽车的动力电池种类如图 8-21 所示。

1. 物理电池

1) 超级电容:其优点是可不受温度影响而大倍率地充放电、维护简单、使用寿命长,且对制动再生能量吸收很好。

2）高速飞轮：它一般是在一个高真空的密闭容器内高速旋转来储存动能。它既是一个发电机，又是一个电动机，可以实现电能与机械能的双向转换。

2. 化学电池

（1）按电池的功能分类

1）一次电池：不能再充电的原电池。

2）二次电池：可充电的蓄电池。

此外还有燃料电池和储能电池。

储能电池又称"激活电池"，在使用前才注入电解液使其激活，如锌银电池、镁银电池。其正负极活性物质在储存期不直接接触。

（2）按电池的电解液种类分类

图8-21 电动汽车动力电池的种类

1）碱性电池：如碱性锌锰电池、镍镉电池、镍氢电池等，其电解质以氢氧化钾水溶液为主。

2）酸性电池：以硫酸溶液为电解质，如铅酸电池。

3）中性电池：以盐溶液为电解质，如锌锰干电池。

4）有机电解液电池：以有机溶液为介质，如锂电池、锂离子电池等。

（3）按电池的正负极材料分类

1）锌系列电池：有锌锰电池、锌银电池等。

2）镍系列电池：有镍镉电池、镍锌电池等。

3）铅系列电池：有铅酸电池等。

4）锂系列电池：锂离子电池、锂锰电池、聚合物锂电池、磷酸铁锂电池等。

5）二氧化锰系列电池：有锌锰电池、碱锰电池等。

6）空气系列电池：锌空气电池、铝空气电池等。

## 二、动力电池的功能

1）为整车提供持续稳定的电能。

2）计算整车的剩余电能与进行充电提醒。

3）对电池进行温度、电压、湿度的检测。

4）进行电池系统的漏电检测与异常情况报警。

5）进行充放电控制与预充电控制。

6）进行电池一致性的检测。

7）进行电池系统的自检。

## 三、各类动力电池的性能比较

电动汽车各类动力电池的性能比较详见表8-1。

电动汽车未来的发展在很大程度上取决于动力电池的各项性能的优劣。对电动汽车动力电源的主要要求包括比功率高(在大电流工况下能够平稳放电,以提高加速性能与爬坡性能)、比能量大(以延长续驶里程)、能量转换效率高、循环寿命长、安全可靠、成本低、对使用环境温度要求低、对环境污染小等。

表8-1 电动汽车各类动力电池的性能比较

| 电池类别 | 单体电池电压/V | 比能量/(W·h/kg) | 比功率/(W/kg) | 寿命/次 | 优点 | 缺点 |
| --- | --- | --- | --- | --- | --- | --- |
| 铅酸蓄电池 | 2.0 | 35~40 | 50 | 400~1000 | 技术成熟、原料丰富、价格低、温度特性好 | 比能量和比功率较低、寿命短、铅有污染 |
| 锂离子电池 | 3.6 | 110 | 300 | >1000 | 比能量大、寿命长 | 成本高 |
| 聚合物锂电池 | 3.8 | 150 | 315 | >300 | 比能量大、电压高、自放电小、超薄 | 成本高 |
| 磷酸铁锂电池 | 3.2 | 100 | — | 2000 | 寿命长、安全性好 | 体积大 |
| 镍氢蓄电池 | 1.2 | 55~70 | 160~500 | 600 | 放电倍率高、免维护 | 自放电高、单体电压低 |
| 钠硫蓄电池 | 约2.4 | 109 | 150 | 1000 | 比能量高、转换效率高、寿命长 | 工作温度高、性能不够稳定、使用不安全 |
| 钠氯化镍电池 | 约2.58 | 100 | 150 | 1000 | 优点同钠硫蓄电池,但比钠硫蓄电池安全 | 工作温度较高 |
| 锌空气电池 | — | 180~230 | 小 | 短 | 比能量大 | 比功率低 |
| 铝空气电池 | — | 350 | 小 | 短 | 比能量大、成本低 | 比功率低 |
| 超级电容 | — | 小 | 1000 | >10000 | 比功率大、寿命超长 | 比能量小 |
| 飞轮电池 | — | 小 | 大 | 长 | 比功率大、寿命长 | 比能量小 |
| 燃料电池 | — | — | — | — | 寿命长、效率高、污染小、噪声低、可快速补充能源和连续工作 | 存在制氢、储氢的成本和安全等问题 |

## 四、锂离子电池

1. 锂离子电池的特点与分类

(1) 锂离子电池的特点 它是采用一种液态有机电解质的充电电池。具有能量密度高和大功率放电能力强等优势,故迅速发展成为目前电动汽车动力电池的首选。

(2) 锂离子电池的分类

① 按照正极材料分类有镍-钴-锰三元锂电池、钴酸锂电池、锰酸锂电池、磷酸铁锂电池等(图8-22)。

② 按照外形分类有圆柱形和方形。

特斯拉Roadster 18650型钴酸锂电池　　EV200 三元锂电池　　EV150、EV160使用磷酸铁锂电池

图8-22　特斯拉和北汽新能源电动汽车的动力电池

2. 锂离子电池的工作原理、结构和正负极材料

（1）锂离子电池的工作原理　它是通过锂离子在正负极之间的运动，实现化学能与电能之间的直接转换的。

（2）锂离子电池的结构　它由正极材料、负极材料、电解质以及外壳等组成（图8-23）。

（3）锂离子电池的正负极材料　正极由含有锂离子的金属氧化物组成；负极则由石墨构成晶格，其中有很多微孔。

3. 锂离子电池的充、放电过程

详见图8-24与图8-25及其注解。

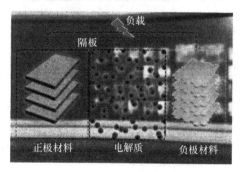

图8-23　锂离子电池的单体结构

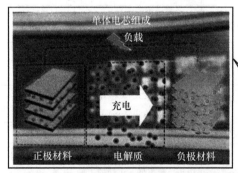

充电过程：当充电时，在电池正极上有锂离子产生，它穿过电解液运动到负极，并嵌入到负极碳晶格的微孔中，而嵌入的锂离子越多，则表明电池的充电容量越高。

图8-24　锂离子电池的充电过程

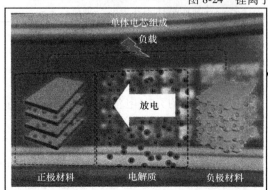

放电过程：当电池放电时，嵌入到负极微孔中的锂离子脱出，又穿过电解液回到正极。而当回到正极的锂离子越多，则表明电池的放电容量越高。所谓电池容量就是指的放电容量。

图8-25　锂离子电池的放电过程

#### 4. 锂离子电池不能过充与过放

1) 锂离子电池不能过放。放电时,不能使锂离子全部移向正极,必须保留一部分锂离子留在负极,以确保下一次充电时锂离子能够畅通地嵌入通道。否则,电池的寿命会很短。

2) 锂离子电池也不能过充,应限制其最高的充电电压。否则,会由于正极材料中的锂离子过少而造成晶格坍塌从而导致电池寿命终结。

因此,必须严格控制充放电的百分比,既不能过充,也不能过放。

### 五、动力电池系统及其组成部件

1. 动力电池系统的组成部件、主要性能指标与两类动力电池的性能参数比较

(1) 动力电池系统的组成部件　动力电池系统主要由动力电池箱、动力电池模组、电池管理系统(Battery Management System, BMS)以及辅助元器件四部分组成,如图8-26所示。

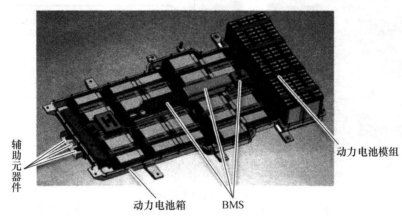

图 8-26　动力电池系统

(2) 动力电池系统的四项主要性能指标

1) 动力电池系统的额定电压(V)

　　动力电池系统的额定电压=单体电芯额定电压×单体电芯的串联数量

2) 动力电池系统的容量(A·h)

　　动力电池系统的容量=单体电芯容量×单体电芯的并联数量

3) 动力电池的总能量(W·h)

　　动力电池的总能量=动力电池系统的额定电压×动力电池系统的容量

4) 动力电池系统的能量密度(W·h/kg)

　　动力电池系统的能量密度=动力电池的总能量÷动力电池系统的总质量

(3) 两类动力电池的参数比较　下面以北京电控爱思开科技有限公司(SK)生产的三元锂电池和北京普莱德新能源电池科技有限公司(PPST)生产的磷酸铁锂电池为例,对两类动力电池的参数进行比较,详见表8-2。

表 8-2　SK 三元锂电池与普莱德 PPST 的磷酸铁锂电池的参数比较

| 项目 | SK 三元锂电池 | 普莱德 PPST 磷酸铁锂电池 |
|---|---|---|
| 额定电压 | 332V | 320V |
| 电芯容量 | 91.5A·h | 80A·h |
| 额定能量 | 30.4kW·h | 25.6kW·h |
| 连接方式 | 3P91S | 1P100S |

(续)

| 项目 | SK 三元锂电池 | 普莱德 PPST 磷酸铁锂电池 |
|---|---|---|
| 总质量 | 291kg | 295kg |
| 总体积 | 240L | 240L |
| 工作电压范围 | 250~382V | 250~365V |
| 比能量 | 104W·h/kg | 86W·h/kg |
| 体积比能量 | 127W·h/L | 107W·h/L |

2. 磷酸铁锂电池的组成部件与功能

磷酸铁锂电池的组成部件包括动力电池箱、动力电池模组和辅助元器件三部分。

(1) 动力电池箱 详见图 8-27 及其注解。

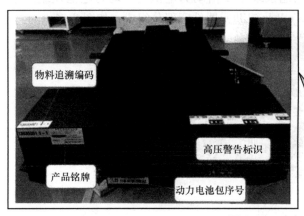

① 动力电池箱：动力电池箱体安装在底盘的下方，起着承载与保护动力电池组及其电气元件的作用。
② 动力电池箱体的材料一般为铸铝或玻璃钢，其防护等级为2IP67，固定螺栓的拧紧力矩为80~100N·m。对动力电池箱的散热、防水、绝缘和安全等项性能要求非常高，以适应复杂多变的运行环境。
③ 动力电池箱的外表面贴有产品铭牌、动力电池包的序号、检验标签、物料追溯编码以及高压警告标识等。

图 8-27 动力电池箱

(2) 动力电池模组 北汽 EV150 电动汽车采用的是普莱德电池，它是由 100 个单体电池串联而成，其内部布置如图 8-28 所示。

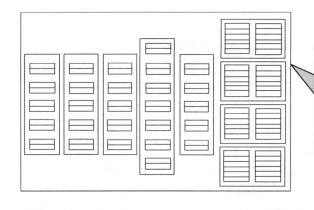

① 动力电池单体：是指构成动力电池模块的最小单元，也称单体。其额定电压一般为3.2V。
② 动力电池模块：是指一组并联的电池单体的组合。
③ 动力电池模组：是指由数百只甚至数千只单体通过串联或并联组合而成的能够输出高电压与大电流的供电源。
例如特斯拉Roadster电动汽车的电池组是由6831节18650型锂离子电池组成的。其中每69节并联为一组，再将9组串联为一层，最后串联堆叠11层构成。

图 8-28 北汽 EV150 电池的内部布置

(3) 辅助元器件 包括主继电器、预充继电器与预充电阻、加热继电器与加热熔断器、电流传感器、熔断器、高低压插接器、高低压线束等。

1) 主继电器，详见图 8-29 及其注解。
2) 预充继电器、预充电阻与预充电回路详见图 8-30 和图 8-31 及其注解。
3) 加热继电器与加热熔断器详见图 8-32 及其注解。
4) 磷酸铁锂电池在不同单体温度下的充电性能详见表 8-3。

第八章　电动汽车结构特点、工作原理与性能测试

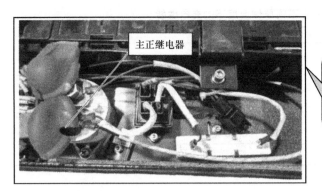

图 8-29　主正继电器

主继电器主要包含主正继电器和主负继电器。主正继电器如图所示。

在普莱德电池中，主正继电器由BMS控制，主负继电器则由整车控制器控制，其作用是控制回路的通断。

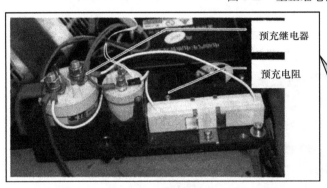

图 8-30　预充继电器和预充电阻

① 预充继电器与预充电阻的闭合与断开由BMS控制。
② 在电池充放电的初期，必须闭合预充继电器对各个单体进行预充电，并确定它有无短路。同时在放电初期需要以低压和小电流对各个控制器的电容充电，而当电容的两端电压接近电池总电压时，即预充电完成后才能断开预充电继电器，闭合总正继电器。

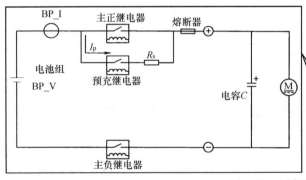

图 8-31　预充电回路

为什么要进行预充电？在电路中的各个控制器以及空调压缩机的控制器都包含有电容器，如果不进行预充电，则主正、主负继电器会直接与电容器闭合，而此时的电池组电压为300V以上的高压，而电容器C两端的电压却为0，即相当于电容器发生了瞬时短路，使得主正、主负继电器很容易被烧坏。

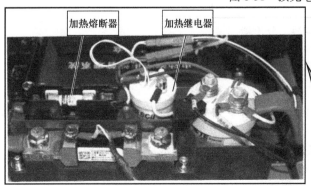

图 8-32　加热继电器和加热熔断器

① 动力电池的单体必须在一定的温度范围才可以充电（一般是在0~55℃范围）。
② 当温度范围低于0℃或高于55℃时，BMS会自动切断充电回路，故此时将无法充电。
③ 在充电过程中，单体的温度低于0℃时，BMS将会控制加热继电器闭合，通过加热熔断器接通加热膜回路，启动加热模式，即闭合加热片，进行加热内循环。而当所有的单体温度高于5℃时，停止加热，启动充电程序。

表 8-3 磷酸铁锂电池在不同单体温度下的充电性能

| 电芯温度/℃ | 标准充电 | 快速充电 | 猛烈充电 |
| --- | --- | --- | --- |
| <0 | 不允许充电 | 不允许充电 | 不允许充电 |
| 0~5 | 充电电流 0.1C | 不允许充电 | 不允许充电 |
| 5~10 | 充电电流 0.1C | 充电电流 0.2C | 不允许充电 |
| 10~25 | 充电电流 0.2C | 充电电流 0.3C | 不允许充电 |
| 25~45 | 充电电流 0.5C | 充电电流 0.75C | 允许电压低于 3.65V 时 1.0C 充电 |
| 45~50 | 0.1C 充电 | | |
| >50 | 不允许充电 | | |

磷酸铁锂电池的优点：磷酸铁锂电池的额定电压为 3.2~3.3V，具有很高的安全性能及良好的循环寿命，其高温性能较好。

磷酸铁锂电池的缺点：低温充放电性能较差。在低温时充电对磷酸铁锂电池的寿命有极大的影响，低温时的放电容量与功率均有所下降，导致电动汽车的低温动力性与续驶里程下降。为改善磷酸铁锂电池的低温性能，额外增加了加热继电器、加热电阻和加热片。

5）电流传感器如图 8-33 所示。

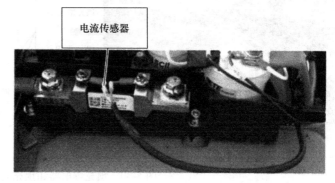

图 8-33 电流传感器

6）分流器及其工作原理详见图 8-34 及其注解。

图 8-34 分流器

① 分流器的原理：分流器其实就是一个阻值很小的电阻，用来测量直流电流的大小。
② 无感分流器是指分流器的电感非常小，在特定频率范围内可以忽略。它广泛用于扩大仪表测量电流的范围。

7）熔断器如图 8-35 所示。

8）高低压插接器详见图 8-36 及其注解。

9）高低压线束如图 8-37 所示。

（4）BMS

1）BMS 的功能如下（图 8-38）。

① 检测电压与电流：通过电压、电流传感器采集动力电池组的串联模块电压、总电压与总电流。控制动力电池组的充放电，监测其状态，防止电池出现过充、过放电，延长电池使用寿命。

② 检测动力电池系统基本性能参数：向整车控制器报告电池系统的基本参数、剩

余电量以及故障信息。

③ 检测高压回路绝缘：检测电池组与箱体、车体等之间的绝缘情况。

④ 温度检测：通过温度检测实现对动力电池的温度保护，以及控制动力电池的加热功能。

2）普莱德动力电池系统的 BMS 分类方法如下。

① 普莱德动力电池系统的 BMS 组成按功能可分为数据采集单元和控制单元。

② BMS 组成按性质可分为硬件和软件。软件包括监测电池的电压、电流、SOC 值、绝缘电阻值、温度值的软件，通过与整车控制器和充电机的通信来控制动力电池系统充放电的软件等。硬件主要包括高压盒、从动盒、主控盒，还包括采集电压、电流与温度等数据的电子器件。

图 8-35 串联在电池组中间的熔断器

插接器功能：动力电池系统通过使用可靠的高压插接器"总正""总负"与高压控制盒相连。而低压插接器则连接总线与整车控制器或车载充电机之间的通信。

H1P　　　　H1P　　　　T17

| 器件名称 | 插接器名称 | 端子号 | 功能定义 | 线束走向 | 对应插接器 |
|---|---|---|---|---|---|
| 动力电池 | H1P | A | 电机控制器输入"-" | 高压控制盒 | HT2/A |
| | H1P | B | 电机控制器输入"+" | | HT2/B |
| | T17 | A | 12V 正极供电 BAT | 低压熔丝盒 | |
| | | B | 12V 负极搭铁 GND | 搭铁点 100 | |
| | | C | — | | |
| | | D | 12V 正极供电 BAT | 低压熔丝盒 | |
| | | E | 12V 负极搭铁 GND | 低压熔丝盒 | |
| | | F | 快充口接连确认 | 快充接口 | CC2 |
| | | G | 12V 正极供电 IG | 低压熔丝盒 | |
| | | H | 12V 正极供电 | 快充接口 | A+ |
| | | J | — | | |
| | | K | GAN H | CAN 1 | 电动机控制器 |
| | | L | GAN 屏蔽线 | | |
| | | M | GAN H | CAN 2 | 快充口 |
| | | N | GAN L | CAN 2 | |
| | | P | GAN 屏蔽线 | | |
| | | T | CAN L | CAN 1 | 电动机控制器 |
| | | R | CAN H | CAN 3 | |
| | | S | CAN L | CAN 3 | |

图 8-36 动力电池的高低压插接器的端子定义

图 8-37 高低压线束

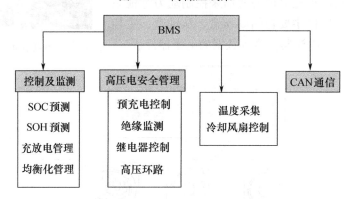

图 8-38 BMS 的功能

3) 普莱德动力电池系统的 BMS 结构组成：主要包括高压盒、从控盒、主控盒等。

① 高压盒外观如图 8-39 所示。图 8-40 所示为动力电池的内部监测点与电池外部监测点。监控电池的总电压，包括主继电器的内外四个监测点。

图 8-39 高压盒外观

② 从控盒外观如图 8-41 所示，其功能详见图 8-42 及其注解。

③ 主控盒外观如图 8-43 所示，其功能详见图 8-44 及其注解。

3. 三元锂动力电池的组成部件与功能

(1) 动力电池箱体 外观如图 8-45 所示。

## 第八章　电动汽车结构特点、工作原理与性能测试

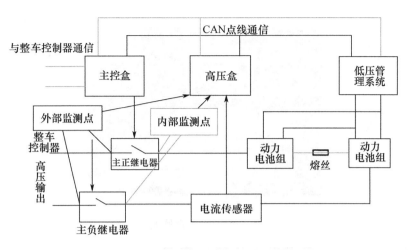

图 8-40　动力电池的外部监测点与内部监测点

图 8-41　从控盒外观

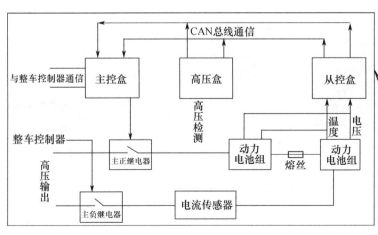

图 8-42　从控盒功能

从控盒：主要用于监控动力电池的单体电压和动力电池组的温度，故又称"电压温度采集单元"。

从控盒的功能包括：①监控每个单体电池的电压；②监控每个动力电池组的温度；③电量值(整车剩余电量SOC)监测；④将以上各项的监测值反馈给主控盒。

（2）动力电池模组　详见图 8-45 注解③。

（3）辅助元器件　包括继电器集成器（PRA）、电流传感器、维修开关和熔断器、高压互锁信号、高低压插接器以及高低压线束等。

263

图 8-43 主控盒外观

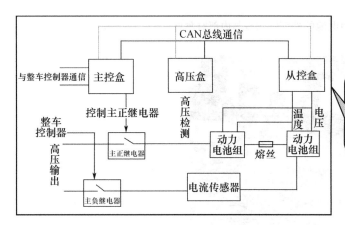

① 主控盒是连接外部通信和内部通信的平台。主控盒的功能包括：①接收从控盒反馈来的实时温度和单体电压(并计算其最大值和最小值)；②接收高压盒反馈的总电压和电路情况；③控制与整车控制器的通信；④控制主正继电器；⑤控制电池加热；⑥控制充放电电流。

图 8-44 主控盒功能

① 本图所示为SK的动力电池箱体。其上盖板为玻璃钢(是优良的绝缘材料)，而下盖板为钢材，以增加硬度与耐磨性。
② SK的动力电池箱体与普莱德电池箱体在防护等级、安装方式和螺栓的拧紧力矩上均相同。
③ 北汽EV200型电动汽车所用SK动力电池的连接方式为3P91S，即三个单体并联成一个独立的单体电池，然后再将91个独立电池模块相串联(三元锂电池的单体额定电压为3.7V左右)。

图 8-45 动力电池箱体

1) 继电器集成器(PRA)，详见图 8-46 及其注解。
2) 电流传感器，详见图 8-47 注解。
3) 维修开关及其操作步骤见图 8-48 及其注解。
4) 熔断器详见图 8-49 及其注解。

所示为安装于维修开关内部的 250A 熔断器。在电动汽车高压系统出现短路的危险情况下，维修开关内置的熔断器将熔断，从而起到保护高压系统安全的作用。并且还内置有两套

## 第八章　电动汽车结构特点、工作原理与性能测试

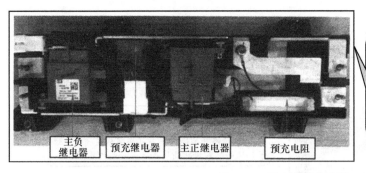

①本图所示为SK动力电池的继电器集成器，它将主正继电器、主负继电器、预充继电器和预充电阻进行了集成。其各自的功能与磷酸铁锂电池相同。
②由于三元锂电池的低温性能比磷酸铁锂电池更好，密度更大，故无须加热，因而减少了加热片、加热继电器和加热熔断器。

图 8-46　继电器的集成器

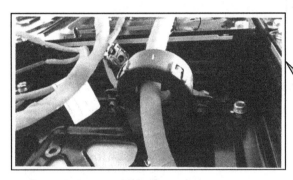

SK动力电池的电流传感器与普莱德电池的电流传感器功能相同，且采用了霍尔式电流传感器。它通过测量霍尔电动势的大小来间接测量截流导体电流的大小，因而实现了电—磁—电的隔离转换。

图 8-47　电流传感器

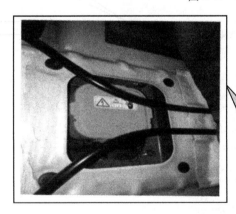

维修开关的操作步骤：
①拔下点火钥匙，且必须将钥匙移出智能充电钥匙系统的探测范围。
②断开低压蓄电池的负极端子。
③确认绝缘手套不漏气，然后戴上绝缘手套。
④断开紧急维修开关(在EV200电动汽车后排座椅脚下找到维修开关)。
⑤将维修开关保存于自己的口袋内。

图 8-48　维修开关

熔断器

图 8-49　熔断器

265

高压互锁信号。

5）高低压互锁端子如图 8-50 所示。

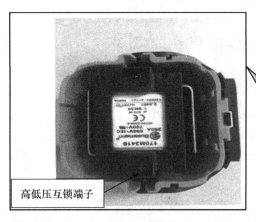

①高低压互锁信号：指当低压断电时，通过低压信号的控制能够同时将高压回路切断。
②维修开关还内置有两套高压互锁信号端子，从而起到保护高压系统安全的作用。

图 8-50 高低压互锁端子

6）高低压插接器详见图 8-51。

SK动力电池的高压插接器和低压插接器，其端子的定义如本图所示。

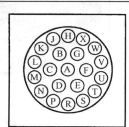

电池低压线束线端21芯插件T21
A-未使用
B-BMS供电正极
C-唤醒
D-未使用
E-未使用
F-负极继电器控制
G-BMS供电负极
H-继电器供电正极
J-继电器供电负极
K-未使用
L-高低压互锁信号
M-未使用
N-新能源CAN屏蔽
P-新能源CANH
R-新能源CANL
S-动力电池内部CANH
T-动力电池内部CANL
U-快充CANH
V-快充CANH
W-动力电池CAN屏蔽
X-未使用

接动力电池端：
1脚：电源负极
2脚：电源正极
中间互锁端子

a）高压插接器　　　　　　　b）低压插接器

图 8-51 高低压插接器

7）高低压线束如图 8-52 所示。

（4）BMS

1）BMS 的功能详见图 8-53 及其注解。

2）电压采集板压装在模组上，它是用来采集单体电压的，如图 8-54 所示。

3）温度采集板压装在模组上，它是用来采集单位温度的，如图 8-55 所示。

图 8-52　高低压线束

1) 图示为SK三元锂动力电池的BMS外观。与普莱德电池相比，SK动力电池的BMS采用了高压盒、从控盒和主控盒集成的方式。
2) SK三元锂动力电池BMS的主要功能如下。
① 与外部通信：包括整车控制器、充电机、快充桩等。
② 控制负极继电器。
③ 检测内、外部总电压。
④ 检测充放电电流。
⑤ 监测单体电压与电芯温度。
⑥ 保护动力电池安全与延长其寿命。
⑦ 控制预充继电器等。

图 8-53　SK 三元锂电池 BMS 的外观

图 8-54　电压采集板

图 8-55　温度采集板

## 第三节　电动汽车的驱动电机系统

### 一、电动汽车对驱动电机性能的要求

电动汽车对电机性能的要求主要体现在图 8-56 所示的八个方面。
① 体积小、重量轻；应尽可能减小体积，有效冷却系统的重量也要尽可能轻，同时控

图 8-56 对电动汽车电机的八项要求

制装置的各元器件布置应尽可能集中,以节省空间。

② 效率高:即电机在整个运行范围内效率高。一次充电的续驶里程长,特别是当路况复杂以及行驶方式频繁改变时,处于低负荷运行时也应具有较高的效率。

③ 具有低速大转矩特性和较宽范围内的恒功率特性:在无变速器情况下,仅凭电机本身也能满足所需要的转矩特性,以获得起动、加速、减速、制动等所需要的功率及转矩。电机具有自动调速功能,故能减轻驾驶人的操纵强度与提高舒适度,且能够达到与内燃机汽车加速踏板同样的控制响应。

④ 可靠性高:即在任何情况下均能确保高安全性。

⑤ 高电压:即在允许的范围内应尽可能采用高电压,以减少电机尺寸和导线等装备的尺寸,特别是能够降低逆变器的成本。

⑥ 高安全性的电气系统:由于各种动力电池和电机的工作电压均可到达 300V 以上,故要求电气系统与控制系统的安全性都必须符合相关标准的规定。此外,还要求电机耐高温与耐潮湿性强,噪声低,能够在比较恶劣的环境下长时间工作,结构简单,适合于大批量生产且维修方便。

## 二、电动汽车驱动电机的种类与主要性能参数

1. 电动汽车驱动电机的种类

电动汽车用电机的基本类型详见图 8-57 和图 8-58。

2. 驱动电机的主要性能参数

电机八项主要性能参数如下。

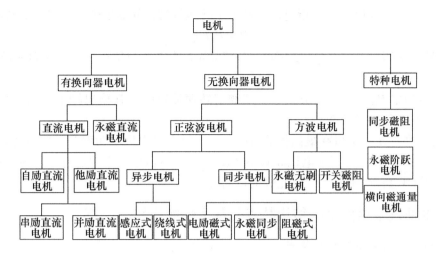

图 8-57　电动汽车用电机的基本类型

图 8-58　电动汽车用各类电机实物

1) 额定电压 $U_e(V)$：是指电机在额定情况运行时，电机定子绕组应输入的线电压值。通常小型直流电机为 36~48V，单相交流电机为 220V，三相交流电机为 380V，特种电机可达 500V。

2) 额定电流 $I_e(A)$：是指电机在额定电压下，其输出轴上输出的机械功率为额定功率时，电机定子绕组通过的线电流值。

3) 频率 $f(Hz)$：三相交流电的频率。我国为 50Hz；国外多采用 60Hz。

4) 额定转速 (r/min)：是指电机在指定的频率时，电机在额定电压下，其输出轴上输出的机械功率是额定功率时，电机的转速。通常电机的转速有：低速电机，3000~6000r/min；中速电机，6000~10000r/min；高速电机，10000~15000r/min。

5）额定功率 $P_e$（kW）：是指电机在额定工况运行时，其输出轴上输出的机械功率。

$$P_e = U_e I_e \eta_e$$

式中：$\eta_e$ 是效率（%）。轿车电机功率为 30~50kW，大客车与货车的功率为 50~150kW，ISG 电机功率为 5~15kW。

6）峰值功率 $P_{max}$（kW）：是指电机在额定转速运行时，其输出轴上输出的最大机械功率。一般为 2~3 倍额定功率。

7）机械效率 $\eta_e$：电机在最高值运行时其输出轴上输出机械功率与此时电源输入到电机定子绕组上功率的比值。要求电机高效率区（大于85%）占电机全部运行区间50%以上。

8）温升（℃）：电机在运行时允许的最高温度。

### 三、电动汽车用电机的结构特点与基本性能比较

1. 车用电机的类型与结构特点

车用电机主要包括以下五种类型。

（1）无刷直流电机　详见图8-59及其注解。

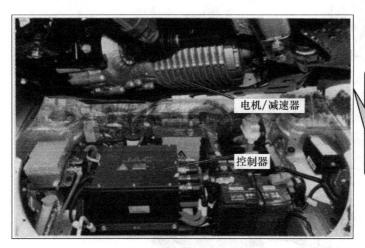

图 8-59　江淮某型号电动汽车使用的直流电机结构组成

（2）异步电机　详见图8-60~图8-62。

三相笼型交流异步电机的工作原理、结构和性能特点

1）工作原理：给三相笼型交流异步电机的定子绕组通入三相交流电后，将产生一个旋转磁场，它切割转子绕组，使其产生感应电流。而载流的转子导体在定子旋转磁场作用下将产生电磁力与电磁转矩，并驱动电机转子与定子旋转磁场同向旋转。

2）结构特点：一般采用四磁极具有良好磁性的硅钢板制造，水冷全封闭式结构。

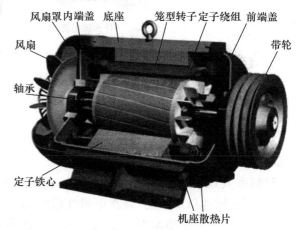

图 8-60　三相笼型交流异步电机的典型结构

图 8-61　异步电机的外形与性能特点

图 8-62　由特斯拉推出的异步电机所构成的后驱动桥

3）性能特点：①小型轻量化；②高转速（可超过 10000r/min）且具有变频调速与正反转能力；③在高速低转矩时的运转效率高；④在低速时有高转矩，且其速度范围宽广；⑤结构简单可靠；⑥制造工艺性好、成本低；⑦控制装置简单可靠。故异步电机广泛用于大型高速电动汽车。

（3）永磁同步电机　详见图 8-63~图 8-65 及其注解。

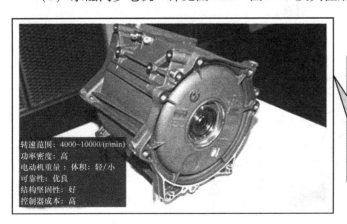

图 8-63　永磁同步电机的外形与性能特点

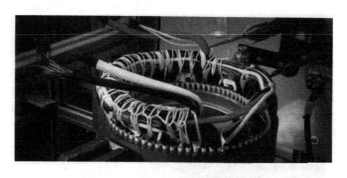

图 8-64　永磁同步电机的内部结构

图 8-65　奥迪混合动力系统永磁同步电机的结构分解

（4）开关磁阻电机　其结构原理与性能特点详见图 8-66~图 8-68 及其注解。

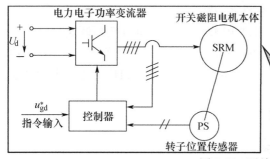

1) 组成：开关磁阻电机是一种典型的机电一体化的新型电机，又称开关磁阻电机驱动系统(SRD)。它由开关磁阻电机本体、转子位置传感器、电力电子功率变流器以及控制器四部分组成。
2) 优点：结构简单、转子无绕组转动惯量小、动态响应快、控制灵活、调速范围宽广(最高转速可达15000r/min)；效率高，其运行效率与可靠性均优于感应电机与同步电机；可在高温、强振、化学污染的恶劣环境下运行；制造维修方便。

图 8-66　开关磁阻电机驱动系统

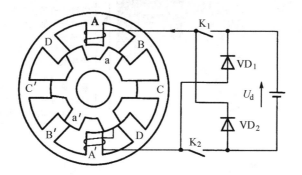

图 8-67　四相 8/6 级开关磁阻电机结构原理

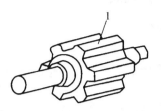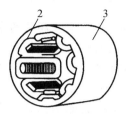

图 8-68　开关磁阻电机的定子和转子结构

1—转子凸极　2—定子凸极绕组　3—定子

（5）轮毂电机　详见图 8-69、图 8-70 及其注解。

图 8-69　某轮毂电机的结构

**轮毂电机结构特点**
①轮毂驱动系统可分为双前轮驱动、双后轮驱动与四轮驱动三种驱动方式。同时可对每台电机的转速进行单独调节控制，故可实现电子差速，不仅完全省去了机械差速器，而且可以改善转弯时的操纵性。
②轮毂驱动系统有两种结构：内定子外转子结构、内转子外定子结构。前者要求采用低转速大转矩的电机；后者通过行星齿轮减速机构可提供较大减速比来放大转矩。

图 8-70　米其林电动汽车的轮毂电机

2. 车用电机的基本性能比较

电动汽车用电机的基本性能比较详见表 8-4。

表 8-4　电动汽车用电机的基本性能比较

| 项目 | 直流电机 | 交流异步电机 | 永磁电机 | 开关磁阻电机 |
| --- | --- | --- | --- | --- |
| 功率密度 | 低 | 中 | 高 | 较高 |
| 过载能力（%） | 200 | 300~500 | 300 | 300~500 |
| 峰值效率（%） | 85~89 | 94~95 | 95~97 | 90 |
| 负荷效率（%） | 80~87 | 90~92 | 85~97 | 78~86 |
| 功率因数（%） | — | 82~85 | 90~93 | 60~65 |
| 恒功率区 | — | 1∶5 | 1∶2.25 | 1∶3 |

## 四、驱动电机系统的工作条件与工作模式

1. 驱动电机系统正常工作需要满足的条件

驱动电机系统由驱动电机、电机控制器与冷却系统等组成，如图 8-71 所示。它通过高低压线束和冷却管路与整车的其他系统连接。

驱动电机系统正常工作需要满足的八项条件如下。

① 高压电源输入正常：其绝缘性能要求绝缘电阻大于 20MΩ。

② 低压电源（12V）供电正常：要求其电源电压范围为 9~12V。

③ 驱动电机系统与整车控制器通信正常。

④ 驱动电机系统内部的电容放电正常。

⑤ 测量电机转速的旋变传感器的信号正常。

⑥ 三相交流输出电路正常。

⑦ 电机与电机控制器的温度正常。

⑧ 开盖保持开关的信号正常。

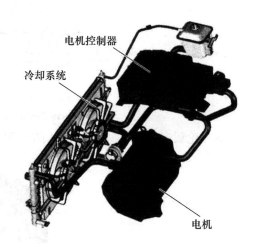

图 8-71 驱动电机系统结构

2. 驱动电机系统的工作模式

整车控制器根据加速踏板、制动踏板、档位开关等信号通过 CAN 网络向电机控制器发送指令，实时调节驱动电机的转矩输出，以实现整车的怠速、加速、停车以及能量回收等功能。

电机控制器同时能够对自身温度、电机的运行温度以及转子位置等进行实时监测，且将相关信息传送给整车控制器，从而调节水泵与冷却电子风扇工作，使电机保持在理想状态下工作。

驱动电机系统的工作模式分述如下。

（1）D 位加速行车　当驾驶人挂 D 位并踩加速踏板时，档位信息与加速信息通过信号线路送给整车控制器，整车控制器又将驾驶人操作意图通过 CAN 总线传递给电机控制器。电机控制器结合旋变传感器的转子位置信息，向永磁同步电机的定子通入三相交流电。三相交流电的电流在定子绕组的电阻上产生电压降并建立旋转的电枢磁场，以其磁场转矩拖动转子以同步转速正向旋转。随着加速踏板行程不断加大，电机控制器控制 TGBT 导通频率上升，因而电机的转矩随着电流的增加而增加。随着电机转速的增加，电机的功率也增加，同时电压也增加。因而整车随着加速踏板行程不断加大而不断地加速前进。

（2）R 位加速行车　当驾驶人挂 R 位时，R 位请求信号送给整车控制器，整车控制器又将驾驶人 R 位操作意图通过 CAN 总线传递给电机控制器。此时电机控制器结合旋变传感器当前的转子位置信息，通过改变 TGBT 模块的通电顺序，控制电机反转，从而实现倒车。

（3）制动时的能量回收与 E 位行驶　当驾驶人松开加速踏板时，电机在惯性作用下继续旋转，但随着电机转速的下降，当车轮转速 $v_1K$ 大于 $v_d$（$K$ 为车轮与电机的传动比，$v_d$ 为车轮速度）时，电机被车轮反拖旋转，变成发电机。并在电机控制器的调节下，将发出的电量全部输送到蓄电池。同时，因发电机的负荷较大，对车轮形成阻力矩，使车辆减速加快。故

E 位行驶的滑行距离比 D 位要短些。E 位与 D 位的主要区别在于整车控制器的控制策略不同，E 位更注意能量回收。

## 五、电机控制器的功能与结构

1. 电机控制器的功能

电机控制器的功能详见图 8-72 注解。

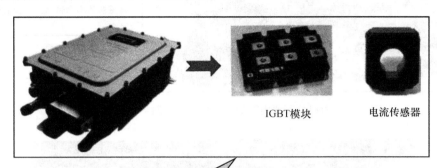

电机控制器的定义和功能
1) 电机控制器的定义：电机控制器就是控制主牵引电源与电机之间能量传输的装置。它一般由电机控制电路、电机驱动电路和由外界控制的接口电路等组成。
2) 电机控制器的功能：电机控制器主要功能包括①车辆的怠速控制(爬行)；②电机正转(前进)控制；③电机反转(倒车)控制；④驻坡(防溜车)控制；⑤能量回收(将交流电转换为直流电)控制；⑥驱动电机系统保护功能(实时进行状态与故障检测)；⑦通信功能(故障反馈)等。
3) 电机控制器的传感器：电流传感器、电压传感器、温度传感器。

图 8-72 某电动汽车电机控制器的核心元件

2. 电机控制器的结构

电机控制器的结构详见图 8-73~图 8-77 及其注解。

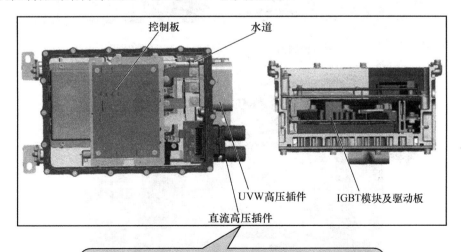

电机控制器的结构：电机控制器主要由控制主板、IGBT驱动模块、超级电容、放电电阻、电流传感器、接口电路与插件、冷却水道以及壳体等组成。

图 8-73 某电动汽车电机控制器的结构

图 8-74 电机控制器内部的超级电容、控制主板和接口电路

控制主板的功能：①车与整车控制器通信；②检测直流母线电流；③控制IGBT模块；④监控高压线束连接情况；⑤反馈IGBT模块温度；⑥为旋变传感器的励磁供电；⑦旋变信号分析等。

图 8-75 某电机控制器内部的三相输出和直流高低压输入母线

图 8-76 电机控制器内部的 IGBT 模块和电流感应器

3. 电机控制器中的传感器

电机控制器中的传感器主要有电机温度传感器和旋转变压器。

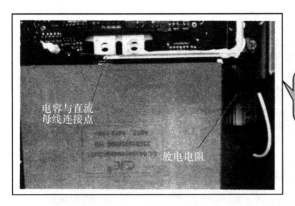

图 8-77　电机控制器内部的电容与直流母线的连接和放电电阻

（1）电机温度传感器　电机温度传感器详见图 8-78 注解。

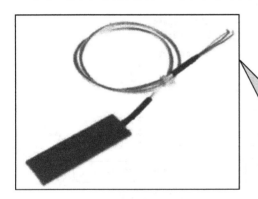

图 8-78　电机温度传感器

（2）旋转变压器

1）旋转变压器的功能：旋转变压器是安装在驱动电机上的一种电磁式传感器，又称"同步分解器"，用来测量旋转物体转轴的角位移和角速度。在电动汽车上的旋转变压器是作为测量驱动电机的转速元件，并将转速信号送给电机控制器。

2）旋转变压器的结构：图 8-79、图 8-80 是旋转变压器的实物结构。图 8-81 是旋转变压器的结构示意图，一次侧为转子，二次侧为定子，随着两者相对角度的变化，在输出侧便可得到幅值变化的波型（但其频率不变）。

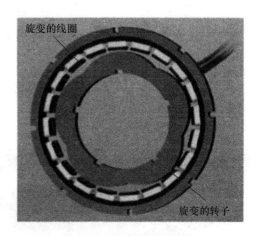

图 8-79　旋转变压器的结构

3）旋转变压器的工作原理：旋转变压器的一次、二次绕组随转子的角位移发生相对位置的改变，因而其输出电压的大小也随转子的角位移而发生变化，且输出绕组的电压幅值与转子转角成正弦、余弦函数关系。其中，定子绕组作为变压器的一次侧，并接收励磁电压；转子绕组作为变压器的二次侧，通过电磁耦合得到感应电压。

图 8-80 旋转变压器的转子和定子实物

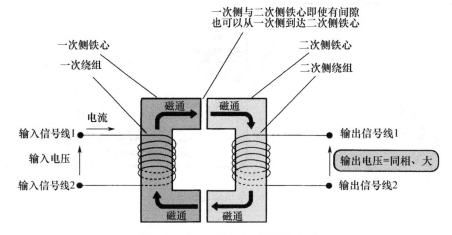

图 8-81 旋转变压器的结构示意图

## 六、电动汽车高压系统的构成及其功能

电动汽车高压系统的结构主要包括动力电池系统、驱动电机、电机控制器、集成式控制器、车载充电机、DC/DC 转换器、高压控制盒以及电动空调系统等。

1. 电动汽车高压系统的结构实例

典型的电动汽车机舱高压电器布置如图 8-82 所示。

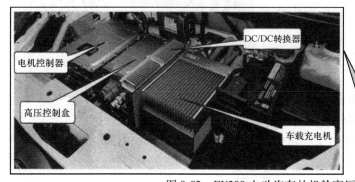

1) 本图提供了一个电动汽车高压系统结构组成典型实例,即EV200电动汽车的机舱高压电器布置。
2) 电动汽车高压系统由高压动力电池系统和高压电器部件组成。而高压电器除高压电机之外,还包括整车控制器、电机控制器、高压控制盒、DC/DC转换器及车载充电机等高压部件。

图 8-82 EV200 电动汽车的机舱高压电器布置

## 2. 集成式控制器

图 8-83 是电动汽车集成式控制器的典型结构。

> 集成式控制器的组成：AC/DC转换器（即车载交流/直流充电机）、DC/DC转换器（直流/直流充电机，其功能是为小蓄电池充电）和电机控制器等模块均集成在一个壳体内，如图8-105所示。如比亚迪EV300等很多品牌电动汽车均采用集成式控制器。

图 8-83　集成式控制器的结构

## 3. 动力电池系统

典型的动力电池系统如图 8-84 所示。

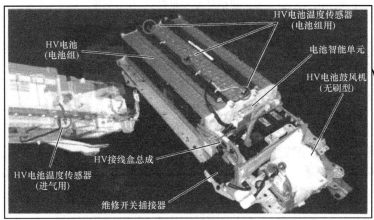

> ① 动力电池系统主要由动力电池箱、动力电池模组、BMS以及辅助元器件四部分组成。
> ② 由于动力电池受到电压与温度的限制，故在动力电池系统中必须有电压和温度传感器进行数据采集，并将数据传给BMS进行控制。

图 8-84　某电动汽车的动力电池系统结构

## 4. 驱动电机

驱动电机的主要功能：驱动电机是电动汽车取代内燃机汽车的能量转换关键装置。它通过电机控制器将电能转化为机械能，驱动电动汽车的车轮行驶。

同时它还具有能量回收功能：当电动汽车滑行或制动时，电动汽车的车轮反拖电机转动发电，并将电能回收到电池中，以此延长电动汽车的续驶里程。

## 5. 电机控制器

典型的永磁同步电机控制器外观与铭牌如图 8-85 所示。

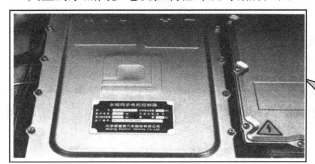

> 电机控制器的功能：它将动力电池提供的直流电转换为交流电，然后输送给交流电机。通过电机正转实现整车的加速与减速，通过电机反转实现整车的倒车。并控制电机以最佳方式工作，因而完全取消了机械式减速器。
> 电机控制器对所有输入信号进行处理，并与整车控制器进行通信，将电机运行状态参数送给整车控制器。

图 8-85　电动汽车的永磁同步电机控制器的外观与铭牌

### 6. 车载充电机

某电动汽车的车载充电机的外观与布置如图 8-86 所示。

> 车载充电机的功能：车载充电机一般与车辆的慢充口（交流充电口）相连，它具有通信功能，当收到允许充电的信号后，会将输入的220V交流电经过整流和滤波后，通过各种升压与降压电路，输出合适的电压与电流给动力电池充电。

图 8-86　某电动汽车的车载充电机的外观与布置

### 7. DC/DC 转换器

DC/DC 转换器的功能：在车辆起动后，将动力电池输入的高压电转变成 14V 左右的低压电给蓄电池充电，以保障行车过程中低压用电设备用电的正常工作需求。

DC/DC 转换器的相对功率较小，故常见与其他高压电气部件集成布置。

### 8. 高压控制盒

高压控制盒的功能：完成动力电池电源的输出与分配，并实现对支路用电器的保护及切断。某些电动汽车常将高压控制盒的功能集成到电机控制器中。

高压控制盒中一般会有高压部件的熔丝，如空调系统、DC/DC 转换器或 PTC 加热电阻等的熔丝。

### 9. 电动空调系统

1）电动空调系统的组成：电动空调系统一般分为制冷与制热两部分组成。制冷系统由高压电动空调压缩机、冷凝器总成、蒸发器等组成；而暖风系统的主要加热元件为高压 PTC 加热电阻。

2）电动空调系统的控制：电动空调系统的工作由整车控制器、高压电动空调压缩机控制器（EAS）以及 PTC 控制模块共同控制。

## 第四节　电动汽车的辅助系统

### 一、电子控制电动助力转向系统（EPS）

1. EPS 的功能、组成与分类

（1）EPS 的功能　EPS 根据汽车转向盘的转矩、转角、车速和路面情况等，提供最佳助力，使转向更加轻松柔和；还能使车辆具有良好的直线保持能力、抑制颠簸路面的反作用力和保持各种行驶工况下的路感。

（2）EPS 的组成　EPS 由各类传感器（车速传感器、转矩传感器、转向角传感器）、电子控制器（ECU）和执行元件（电机、电磁离合器、齿轮减速机构及其传动件）三大部分组成，如

图 8-87 所示。

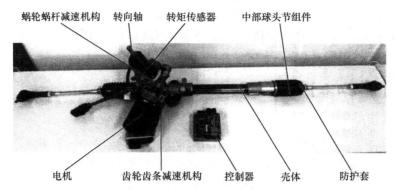

图 8-87　EPS 的组成

（3）EPS 的分类　EPS 按照助力作用的位置分为管柱助力式、齿轮助力式和齿条助力式。

2. EPS 关键部件的结构

（1）直流电机总成的结构　详见图 8-88 及其注解。

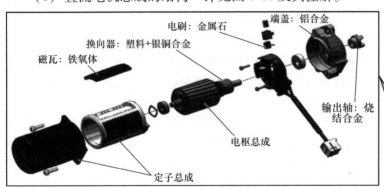

图 8-88　EPS 直流电机的结构组成

（2）转矩传感器的结构及控制原理

1）转矩传感器的结构：转矩传感器由扭力弹簧和电测元件组成。电测元件包括两个带孔圆环、线圈、线圈盒及电路板等组成。当它获得转向盘上的操作力大小与方向信号后，先将其转换电信号，同时传递到 EPS 控制器。

2）转矩传感器的控制原理：当驾驶人转动转向盘时，转矩被传递到扭力杆，输入轴与输出轴出现转角差。两个带孔圆环分别安装在输入轴与输出轴上，当输入轴相对输出轴转动时，电路板同时计算出输入轴相对输出轴转动的方向和旋转量，并转换成电信号传递到 EPS 控制器。

（3）蜗轮蜗杆减速机构的组成和结构特点　蜗轮蜗杆减速机构的组成如图 8-89 所示。

图 8-89　蜗轮蜗杆减速机构

1)蜗轮蜗杆减速机构的组成:它由蜗杆与蜗轮组成,两轴空间交错成90°。蜗杆传动分为圆柱蜗杆传动、圆弧面蜗杆传动和锥面蜗杆传动。

2)蜗轮蜗杆减速机构的结构特点:①传动比大(单级蜗杆比 $i=5\sim80$)、结构紧凑;②传动平稳、噪声小;③可制成具有自锁性的蜗杆;④传动效率低(一般为0.7~0.8);⑤造价较高(因蜗轮为有色金属材料)。

3. EPS 的优点线路连接原理与工作控制过程

(1) EPS 的优点

1) EPS 系统最突出的优点:该系统可在不更换系统硬件的情况下,通过控制器软件的设计,十分方便地调节系统的助力特性,使汽车在不同的车速工况下,获得所需要的助力特性。

2) EPS 系统由电机直接提供转向助力,具有调整简单、控制灵活以及无论在任何工况下都能提供相适应的转向助力。

3) 当车轮转向时,轮胎与地面的摩擦阻力随车速降低而增加,故要求所控制的转向助力能够随车速的增加而减小。EPS 系统通过控制电机电流即可很方便地控制转向助力,使得驾驶人在低速与停车时可以获得较大的转向助力;而当高速行驶时,由于转向盘的转向阻力矩很小,同时驾驶人需要保持适当的"路感",故不宜助力过大,甚至要求提供一种"反向助力",即要求适当增加转向阻尼。对于这一点,传统的液压或气压助力系统均难以做到,而 EPS 却可利用控制电机的特性加以实现。

4) EPS 还具有节约能耗、结构紧凑、轻巧,比同规格的液压式助力系统轻25%左右。

5) 此外,EPS 还有助于"四轮转向"的实现,以及促进车辆悬架系统的发展等优势。

(2) EPS 的工作控制过程

当点火开关处于 ON 档时,ON 档继电器吸合,EPS 开始工作。

当 EPS 正常工作时,EPS 根据接收来自整车控制器的车速信号、唤醒信号以及来自转矩传感器的转矩信号等进行综合判断,以控制 EPS 电机的转矩、转速和转向。

转向控制器在供电 200ms 内完成自检,在供电 200ms 后,可以与 CAN 总线交换信息。在供电 300ms 后输出转向故障和转向状态上报帧(470帧)。

当 EPS 检测到故障时,通过 CAN 总线或硬线向整车控制器发送故障信息,并采取相应的处理措施。

EPS 的助力作用受计算机控制,在低转速转向时的助力作用最强。随着车速的升高,助力作用逐渐减弱。当车速达到一定数值时,计算机停止向电机供电,此时无转向助力,完全靠人工操纵。

由此可见,EPS 在低速时,可以获得轻便的转向特性;而在高速行驶时,则可获得完全的转向"路感",具有优越的控制特性,能够确保行车安全。

## 二、电动汽车的线控制动系统

1. 电动汽车制动系统的功能与要求

(1) 电动汽车制动系统的功能 使行驶中的电动汽车按照驾驶人的要求进行实时的减速、停车或驻车,以及在下坡时保持稳定的速度行驶。

(2) 对电动汽车制动系统的要求

1) 具有良好的制动性能:包括制动效能、制动效能的恒定性与制动时的方向稳定性三个方面。

2）操纵轻便。

3）制动平顺性好。

4）对于有挂车的制动系统，还要求挂车的制动作用要略早于主车，当挂车自行脱钩时能自动进行应急制动。

2. 电动汽车线控制动系统的分类

电动汽车线控制动系统（Brake by Wire, BBW）分为电子液压式制动系统（Electro Hydraulic Braking, EHB）和电子机械式制动系统（Electro Mechanical Braking, EMB）。

3. 电子液压式制动系统（EHB）的组成与工作过程

（1）EHB的组成  主要由带位移传感器的踏板、电子控制器、液压控制单元HCU（包括电机、液压泵、高压蓄能器、方向控制阀等）、传感器（轮速、压力、温度传感器）等组成。

（2）EHB的工作过程

1）位移传感器将驾驶人踩下制动踏板的运动速度与踏板行程的信号传输到电子控制器。

2）电子控制器再将这些信号与轮速、压力传感器进行比较，判断出驾驶人的意图与汽车当前状态，以及判断当前制动的性质（属于常规制动或控制制动）。①若属于常规制动，则电子控制器不给液压控制单元发信号。此时仅在人力作用下进行液压制动，液压制动主缸提供的制动液将制动压力传到轮缸对车轮产生制动力。②若属于控制制动，则电子控制器给液压控制单元发出控制信号。此时，制动轮缸的高压制动液不是由制动主缸提供，而是由液压控制单元中的油泵和高压储能器直接提供。因此就大大缩短了制动系统的反应时间，从而减少了紧急制动的距离。

4. 电动汽车的电动真空助力制动系统的组成

电动汽车的电动真空助力制动系统的组成如图8-90所示。电动汽车制动系统基本组成与传统汽车类似，主要由车轮制动器、电动真空助力系统以及ABS等部分组成。

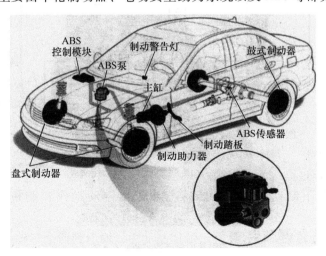

图8-90　电动汽车电动真空助力制动系统的分布图

5. 电动汽车的电机再生制动

再生制动是电动汽车所独有的，现在几乎所有的电动汽车都安装了再生液压制动系统。

从而，在为驾驶人提供常规制动功能的同时，可以回收与节约部分制动能量，以延长电动汽车的续驶里程。

图 8-91 所示为电动汽车能量转换示意图。图中的最下面部分表示电动汽车通过再生制动回收汽车动能，此时，电机变成发电机发电，并为蓄电池、超级电容或高速飞轮等蓄能装置充电。

若储能器已经被完全充满，则再生制动无法实现，此时只能由常规液压制动系统提供汽车所需的制动力。

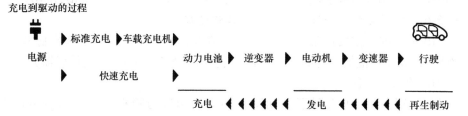

图 8-91　电动汽车电机再生制动的能量转换示意图

**6. 电子机械式线控制动系统（EMB）**

（1）EMB 的组成　EMB 是真正的线控制动系统（图 8-92）。它去掉了整个液压系统，其制动力由车轮制动模块中的电机产生。其组成部分包括：①带有踏板感应器的电子踏板模块，含位移传感器和力传感器；②计算和控制用的传感器组，含车轮轮速传感器、转向盘转角传感器、偏航角度传感器、加速度传感器等；③电子控制单元（ECU）；④四个独立电机制动模块；⑤电源模块和通信网络等。

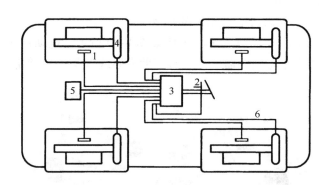

图 8-92　电动汽车的线控制动系统结构原理示意图

1—车轮轮速传感器　2—踏板传感器　3—电子控制单元　4—电机制动模块　5—电源　6—通信网络

（2）EMB 的工作过程

① 当驾驶人踩下制动踏板后，传感器检测出制动动作和踏板力，经车载网络传给 ECU。

② ECU 结合其他传感器信号计算出最佳制动力，输出到四个车轮上独立的电机制动模块 EMB。

③ EMB 提供适当的控制量给电机执行器，使其完成必要的转矩响应，来控制制动器实现制动。

## 第五节　电动汽车的电气控制系统

1. 整车控制系统的组成、结构与功能

(1) 整车控制系统的组成与结构　整车控制系统(VCU)承担电动汽车能量与信息传递的功能，关系其动力性、经济性、安全性与舒适性，是电动汽车的神经中枢，如图 8-93 所示。它包括低压电器控制系统、高压电器控制系统和整车网络化控制系统三部分。

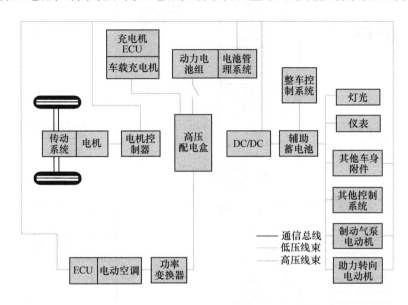

图 8-93　纯电动汽车整车控制系统的组成与结构框图

1) 低压电器控制系统：由辅助蓄电池和仪表、灯光、助力转向电机、制动气泵电机等低压设备组成。系统采用 12V 或 24V 直流电源，一方面为车辆常规低压电器供电，另一方面为整车控制器、高压电器设备的控制电路与辅助部件供电。辅助蓄电池由动力电池通过 DC/DC 转换器来充电。

2) 高压电器控制系统：由动力电池、驱动电机和功率转换器等高压大功率电器设备组成。根据车辆行驶功率需求完成从动力电池到驱动电机的能量转换与传输过程。

3) 整车网络化控制系统：由整车控制器、电机控制器、BMS、车身控制管理系统、信息显示系统和通信系统等组成。它必须具备可靠性、容错性、电磁兼容性和环境适应性，以保障整车安全可靠运行。整车控制器是整车网络化控制系统的核心，承担着数据交换与管理、故障诊断、安全监控、驾驶人意图解析等功能。

(2) 整车控制系统的功能　整车控制系统的功能如下所述(图 8-94)。

1) 整车的控制模式判断和驱动控制。整车控制器通过各种状态信息(起动钥匙、充电信号、加速/制动踏板位置、当前车速、整车故障信息等)来判断当前需要的整车工作模式(充电模式和行驶模式)，然后根据当前参数和状态及前一段时间的参数及状态，计算出当前车辆的转矩能力，最后按当前车辆需要的转矩计算出最终实际输出的转矩。例如，当驾驶人踩下加速踏板时，整车控制器向电机控制单元发送电机输出转矩信号，电机控制系统控制电机按照驾驶人操作输出转矩。

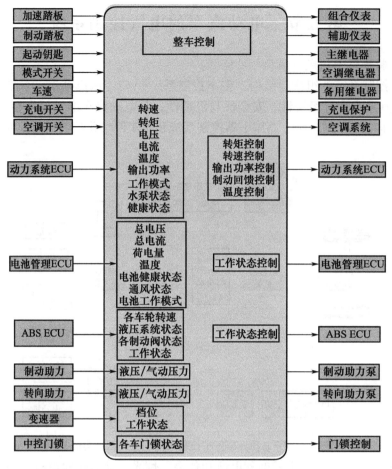

图 8-94 纯电动汽车整车控制系统的功能框图

2) 整车能量的优化管理 电动汽车有多种用电设备,整车控制器可以对能量进行合理优化来提高电动汽车的续驶里程。例如,当动力电池组电量较低时,整车控制器发送信号关闭部分只起辅助作用的电器设备,将电能优先保证用于车辆安全行驶。

3) 整车的通信网络管理。详见图 8-95。

① 整车控制器是整个整车网络管理的信息控制中心,负责信息的组织与传输,网络状态的监控、网络节点的管理、信息优先权的动态分配以及网络故障的诊断与处理等功能。

② 整车控制器通过 CAN(EVBUS)总线协调 BMS、电机控制器以及空调系统等模块的相互通信。

③ 目前常用的通信协议是 CAN 协议,它具有较好的可靠性、实时性和灵活性。

4) 制动能量回馈控制。电动汽车电机可工作在再生制动状态,对制动能量进行回收是电动汽车与传统汽车主要区别之一。

整车控制器根据行驶速度、驾驶人制动意图和动力电池组状态(如电池电荷状态 SOC 值)进行综合判断后,对制动能量回馈进行控制。若达到回收制动能量的条件,整车控制器向电机控制器发送控制指令,使电机工作在发电状态,将部分能量储存于动力电池中,提高车辆的能量利用率和续驶里程。

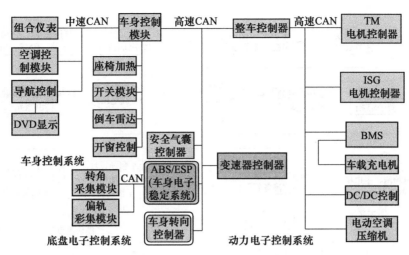

图 8-95 纯电动汽车整车的通信网络管理系统

制动能量回馈的原则：制动能量回收不应干预 ABS 的工作；当 ABS 进行制动力调解时制动能量回收不应工作；当 ABS 报警时制动能量回收不应工作；当驱动电机发生故障时，制动能量回收不应工作。

5）故障诊断和处理。

① 连续监视整车电控系统，进行故障诊断，并及时进行相应安全保护处理。根据传感器的输入以及其他通过 CAN 总线的通信，得到的电机、电池、充电机等信息，对各种状况进行判断、等级分类、报警显示。

② 故障指示灯指示出故障类型和部分故障码，并储存故障码供维修时查看。对于不太严重的故障，能够做到"跛行回家"。

6）车辆状态监测和显示。整车控制器能对车辆的状况进行实时检测，将各个子系统的信息发送给车辆信息显示系统。其过程是通过传感器和 CAN 总线检测车辆状态。将状态信息和故障诊断信息通过数字仪表显示出来。显示内容包括车速、里程、电机转速、温度，电池的电量、电压、电流和故障信息等。

2. 整车供断电流程

图 8-96 所示为电动汽车控制系统工作的总流程，图中表示了电动汽车从低压起动、高压起动、车辆行驶检测、安全防护、信息提示直至停车的多个工作状态的流程。整个流程可分为起动、行驶和充电三个阶段。

为保障电动汽车安全运行与符合国家相关标准，必须对电动汽车的起动控制、行驶控制与安全故障控制等都提出并执行一系列严格的要求。

1）起动阶段。首先，电动汽车必须有一个合理的起动过程，此过程不再是内燃机的起动运转，而是电动汽车从低压电控系统工作，至高压电器部分的接通。在电动汽车起动过程中，为保障车辆与乘员的安全，其控制系统需要实施一系列的动作并进行相应的检测。

电动汽车的起动过程与传统汽车相似。

① 当钥匙置于 ACC 档位时，车辆部分低压电器如音响、视频等娱乐系统启动。

② 当钥匙置于 ON 档位时，车辆主要低压电器基本全部开始工作。此时需要对车辆的部分系统供电（如 CAN 总线、倒车监视系统、行车电脑、BMS、组合仪表系统、ABS 以及车辆升

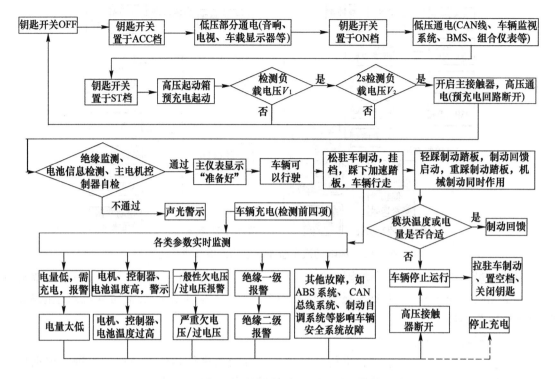

图 8-96 电动汽车控制系统工作的总流程(整车的供断电流程)

级升降系统等);同时,此时多数低压辅助系统全部工作,为高压起动进行准备工作。但此时,车辆的动力系统还不能起动,故车辆仍然不能移动。

③ 当钥匙置于 ST 档位时,车辆的高压起动系统开始工作,进行一系列充电与自检后,方能将主继电器接通,起动高压系统。为保障车辆安全,还要进行一系列绝缘监测、电池系统检测以及主电机控制器等项检测,只有这些检测全部通过后,车辆才能进入可行驶状态。

2) 行驶阶段。为保障车辆安全,车辆在行驶中,需要随时监测各种参数(如电量参数、温度参数、电压参数、绝缘性能参数以及车辆其他关键辅助系统的参数等),这些参数都将影响车辆的行驶性能、行驶距离和行驶安全。为了保障安全,电量参数、温度参数、电压参数、绝缘性能参数均设有两级报警。

电动汽车行驶过程中对三类参数的控制过程如下。

① 电量参数控制:在车辆行驶过程中,电量处于水平较低时,控制器会自动提示驾驶人,车辆电量低,需要充电。此时,可以采取控制车速或控制电机输出转矩的方式,保证车辆处于低能耗状态,以使车辆能够安全行驶到附近的充电站。若电量进一步消耗,剩余电量过低,再继续行驶有可能导致电池过放电,则此时系统将发出指令,使车辆立即停止运行。

② 温度参数控制:电动汽车的温度参数主要是指电机、控制器与电池的温度参数。一旦温度处于较高水平,则车辆会发出警示;如果温度达到或超过设定的界限,则会强制车辆立即停车。

③ 绝缘性能参数控制:绝缘性能主要检测漏电电流的大小,根据车辆高压系统漏电电流的水平,将绝缘性能分为绝缘性能良好、一般性漏电与严重漏电三个等级。当车辆检测到

一般性漏电时，只提供漏电信息提示；如果达到或超过严重漏电的水平，系统在提示车辆出现严重漏电的同时，将断开主继电器，以防发生意外。

此外，系统还需要对 ABS、制动自调系统、电控悬架系统等可能影响车辆安全的装备进行检测，如一旦发现故障，也需停车检修。

3) 充电阶段。电动汽车充电过程也是非常重要的。在充电过程中，需要进行电量参数、温度参数、电压参数、绝缘性能参数检测。一旦有部分参数出现故障，就会提示立即断开充电系统，以避免出现安全隐患。

3. 基于 CAN 总线的电气系统的结构原理

电动汽车若采用 CAN 总线技术，则可将各个分系统（模块）以通信方式连接，从而实现整车控制。

基于 CAN 总线的电气系统的结构原理框图如图 8-97 所示。采用 CAN 总线技术的电气系统更加简洁，且布置更为简单。

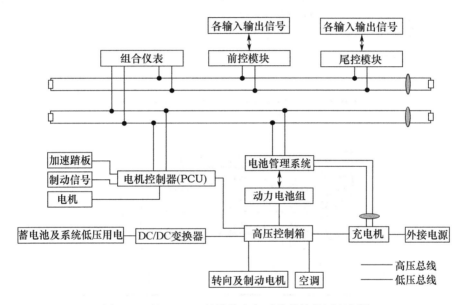

图 8-97　基于 CAN 总线的电气系统的结构原理框图

4. 整车供断电过程

整车供断电过程包括低压供电与断电、唤醒与取消唤醒、高压供电与断电。其控制功能涉及整车所有控制单元，包括整车控制器、电机控制器（INV/MCU）、动力电池内部的电池管理系统（BMS）、空调系统、DC/DC 转换器、组合仪表系统（ICM）、远程终端控制器（RMS）、充电机（CHG）等。整车供断电过程是由整车控制器协调各个控制器，使其按照一定的顺序合理地接通或断开低压控制电信号，使动力电池继电器接通或断开，从而使得车辆能够正确地完成"起动"和"关闭"动作，同时进行故障检测与信息交换。整个过程必须保证逻辑正确、顺序正确与故障检测合理有效。

5. 整车控制器与各子系统的控制逻辑

（1）整车控制器的控制分级　如图 8-98 所示。

（2）整车控制器与档位传感器的连接

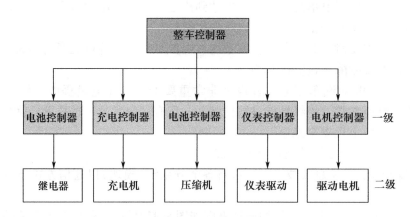

图 8-98 整车控制器的控制分级

① 整车控制器通过档位传感器获取档位信息,二者之间的连接关系如图 8-99 所示。

② 当整车控制器收到四个从档位传感器送来的信号,进行运算与比较分析后,确定驾驶人此刻的选档意图(是前进、倒车还是空档)。

③ 档位传感器信号电压的参考值见表 8-5。

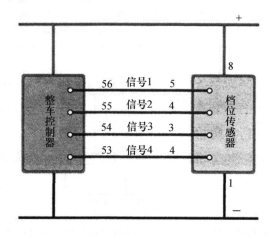

图 8-99 整车控制器与档位传感器的连接

表 8-5 档位传感器信号电压的参考值　　　　　　　　　　　　　　（单位:V）

| 档位 | 信号1 | 信号2 | 信号3 | 信号4 |
| --- | --- | --- | --- | --- |
| R | 0.3 | 4.5 | 4.5 | 0.3 |
| N | 0.3 | 4.5 | 0.3 | 4.5 |
| D | 4.5 | 0.3 | 4.5 | 0.3 |

（3）整车控制器与加速踏板位置传感器的连接　如图 8-100 所示。

（4）整车控制器与车载充电机的连接原理　如图 8-101 所示。

（5）整车控制器与 DC/DC 转换器的连接　如图 8-102 所示。

（6）整车控制器与电机控制器的连接　如图 8-103 所示。

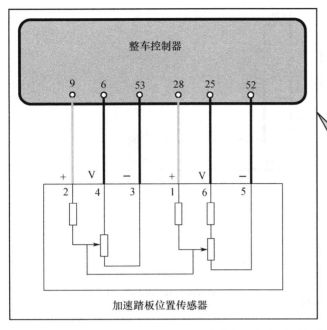

图 8-100　整车控制器与加速踏板位置传感器的连接电路

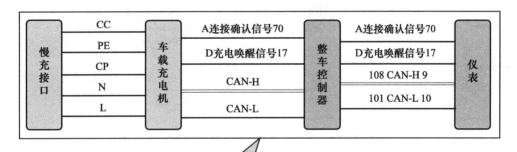

图 8-101　整车控制器与车载充电机的连接原理框图

（7）整车控制器与动力电池管理系统（BMS）的连接　如图 8-104 所示。

（8）整车控制器与高压控制盒的连接和基本控制原理

1）整车控制器与高压控制盒的连接。高压控制盒是完成动力电池电源的输出与分配，实现对其支路用电器的保护及切断的部件。其内部有快充继电器、和空调熔断器、PTC 熔断器，如图 8-105a、b 所示。

2）整车控制系统与高压控制盒的基本控制原理：整车控制器与高压控制盒的基本控制原理详见图 8-106。当车辆进行快充时，高压控制盒内部的两个快充继电器闭合。当按下空调开关 A/C 时，空调继电器闭合。

（9）整车控制器与空调压缩机控制器的连接　如图 8-107 所示。

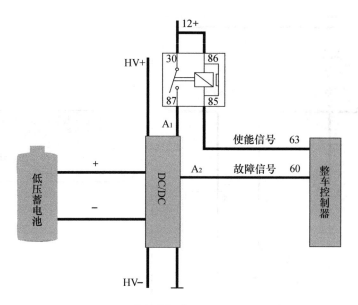

图 8-102　整车控制器与 DC/DC 的连接关系

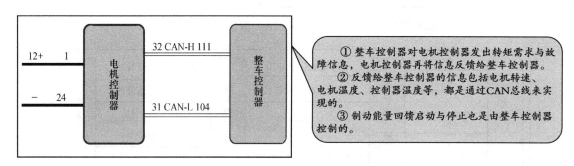

图 8-103　整车控制器与电机控制器的连接

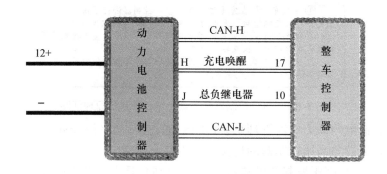

图 8-104　整车控制器与动力 BMS 的连接

6. 整车的电气防护

电动汽车上有高压电存在,故为了保证驾驶与维护安全必须进行必要的电气防护。其主要防护措施包括：

① 高压正极与高压负极使用各自单独的高压线。

② 系统带有等电位线,用于引开接触电压。

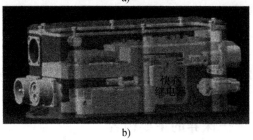

图 8-105 高压控制盒的内部结构

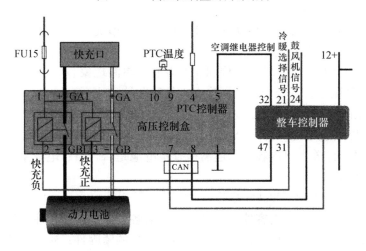

图 8-106 整车控制器与高压控制盒的基本控制原理

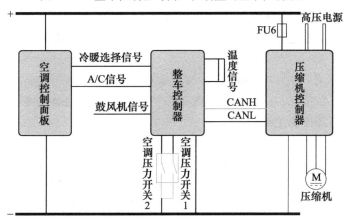

图 8-107 整车控制器与空调压缩机控制器的连接

③ 插头和连接均有接触保护。
④ 动力电池上有可控的高压正极触点和高压负极触点。
⑤ 动力电池上安装有维修开关，在拔下维修开关后，高压电断电或电压下降。
⑥ 采用电绝缘式 DC/DC 转换器。
⑦ 高压部件内的中间电容器会进行放电。
⑧ 高压元件上有互锁安全线。
⑨ 高压元件采用绝缘监控。
⑩ 在识别出碰撞时，动力电池上的高压触点就会断开等。

## 第六节　电动汽车的维护与保养

### 一、电动汽车整车维护保养的主要内容

不同品牌的电动汽车维护保养的内容不同，以下仅供参考，具体内容请阅读维修手册。

1. 电动汽车整车日常维护保养

1）检查转向、制动、悬架、传动等主要部件的紧固情况。
2）检查真空管道有无漏气现象。
3）检查驱动桥主减速器、转向机构和真空泵有无渗漏现象。
4）检查轮胎气压是否符合标准，剔除嵌入轮胎花纹的渣石、铁钉等杂物。
5）检查按润滑表规定，按时、按量对各润滑点进行润滑。

2. 电动汽车整车每行驶 1000km 后的维护保养

除完成日常维护保养主要内容外，还需检查蓄电池是否合格、电气系统各部件的绝缘阻值是否符合规定要求。

3. 电动汽车整车每行驶 3000km 后的维护保养

除完成日常维护保养主要内容外，应紧固全车的各紧固件，特别注意检查并紧固好转向拉杆、前、后桥悬架，驱动电机、传动轴、制动等系统的紧固件；轮胎换位；检查真空泵与助力转向系统。

4. 电动汽车整车每行驶 6000km 后的维护保养

应清洗、润滑各车轮轮毂轴承，并调整松紧度；检查调整前束值；检查调整各制动蹄片的间隙。

5. 电动汽车整车每行驶 12000km 后的维护保养

应检查真空泵工作情况；检查转向系统工作情况；检查驱动电机等电器部分，同时检查电线的紧固情况和各部位的绝缘情况。

6. 电动汽车长期停用应进行的维护工作

经常清理尘土，检查电动汽车外部并进行防锈处理；停驶一个月以上时，应将电动汽车升起，解除前、后悬架和轮胎的负荷；每月对蓄电池进行一次补充充电；每月检查一次电气仪表、制动、转向等机构的动作情况，检查各个轮胎气压，发现不足时应充气。

## 二、电动汽车关键零部件维护保养的主要内容

电动汽车关键零部件包括严重影响电动汽车安全性能与应用性能的动力电池系统、驱动电机系统、动力转向系统以及制动系统。对其维护和保养可有效提高使用性能与延长使用寿命。

1. 动力电池系统

动力电池具有高电压与强电流的特点，需要每三个月或行驶5000km后进行一次电池的单体电压的检测。

每次更换电池时，均需要检查插接器是否磨损、松动、烧损等。

每行驶10000km，应清理一次电池箱，并检查内外箱体及各组成部件是否完好。

动力电池系统维护保养包括以下五项内容。

（1）动力电池箱体的检查

1）外箱的检查与维护（图8-108）。在安装内箱之前检查以下两项内容：①检查极柱座的橡胶护套是否齐全；②检查极柱是否氧化，若已氧化，应用1500目砂纸打磨并去掉氧化层。

2）每个月定期清理外箱灰尘。

3）若极柱出现拉弧或打火烧损，应及时更换。

4）若发现通信和24V电源不可靠，应检查CAN总线插接器和24V插接器是否正常。

5）内箱检查：检查极柱座的连接是否可靠，有无高压打火烧损，并定期清洁吸尘。

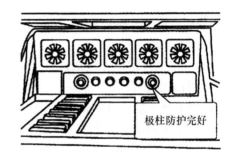

图8-108 动力电池的外箱

（2）动力电池外箱体正负极高压端子的检查

1）检查各个端子之间的绝缘电阻：用绝缘电阻表的500V档测量绝缘电阻值，其质量标准要求为①当空气相对湿度不大于90%时，绝缘电阻不小于20MΩ；②当空气相对湿度大于90%时，绝缘电阻不小于2MΩ。

2）检查各个端子与电池外箱体之间绝缘电阻，检查方法与质量标准要求与1）相同。

3）检查高压极柱插接器和极柱插孔是否有磨损、烧蚀现象，极柱保护套是否齐全，并注意以下两点：①所有箱体内必须清洁，不得有任何污染，以防意外漏电；②检查冷却风扇与滤网是否固定牢靠。

（3）电池快换箱体导轨的检查

1）检查快换箱体导轨的轴承是否缺失。

2）检查各轴承是否滚动顺畅，否则应及时更换轴承。

3）检查导轨有无变形。

（4）机械锁的检查 机械锁采用由解锁把手、解锁杆、锁扣组成的手动解锁装置。

1）检查解锁把手是否转动平顺。

2）将解锁把手按下去，检查机械锁能否卡到正确位置。

3）检查开锁与上锁是否平顺。

（5）高压中控盒电气安全检查 本项检查必须由具备资质的电工，在推入动力电池箱

之前进行。

1) 高压线束端子的绝缘电阻复查：将连接到中控箱的高压线束、动力电池输入电缆从中控箱的插口拔下，测量拔下线束的每一个高压端子与底盘之间的绝缘电阻，其阻值大于 20MΩ。

2) 高压线束端子的电压检测：保持步骤 1) 状态，并保持连接到中控盒的低压线束接通，将动力电池推入电池舱，然后将车辆钥匙转到"START"状态，此时测量所有高压线束端子处的电压，端子 A 与端子 B 之间电压应为 400V 左右（且端子 A 为高电势，端子 B 为低电势）。

3) 连接至 PTC 加热器的高压线束端子的电压检测：保持步骤 2) 状态，将车辆的暖风加热系统打开，测量连接至 PTC 加热器的高压线束端子 A 与端子 B 之间的电压，应为 400V 左右直流电压（且端子 A 为高电势，端子 B 为低电势）。

4) 以上步骤确认无误后，才能将车辆钥匙转到 OFF，然后将步骤 1) 中拔下的插头依次插上。

若发现步骤 1) ~ 4) 有异常现象，则必须先及时排除故障后，方可继续进行以后的步骤。

2. 驱动电机

驱动电机的维护保养包括日常维护保养、定期维护保养，以及去潮湿处理等内容。

（1）日常维护保养

1) 每天开车前检查水箱是否缺防冻液，并注意及时补充。

2) 检查驱动电机及其控制器的各个固定点的螺栓是否松动，线束与插接器是否有松动、老化、破损与腐蚀等现象。

（2）定期维护保养

1) 每两个月检查电机本体和电机控制器的冷却水道有无堵塞，并及时清理堵塞物。

2) 每半年清理一次电机本体和电机控制器表面的灰尘。清理方法：首先断开动力电源，用高压气枪吹净电机本体和电机控制器表面的灰尘。注意：禁止用高压气枪直接对准控制器外壳上的"呼吸器"，应使用软毛刷清理。

3) 在一个大修期内，电机轴承无须加油脂。但若发现轴承发生故障，则应进行电机解体更换轴承。

4) 若长期未使用电机，应测量电机的绝缘电阻（采用 500V 绝缘电阻表测量，其阻值不小于 5MΩ）。

（3）电机去潮湿处理方法

1) 使用近 80℃ 的干燥热空气，吹过未通电静止的电机。

2) 将转子堵住（使其不能运转），然后在定子绕组施加 7~8V 的 50Hz 交流电压。容许逐步增加电流，直到定子绕组温度达到 90℃，然后维持 90℃，直到电机绝缘电阻稳定不变。但绝对不容许超过 90℃，且绝对不容许增加电压到足以导致转子运转。

特别注意：开始时必须缓慢加热，因为快速加热可能损坏电机的绝缘层。通常需要花 15~20h 才能使温度上升到 90℃。每隔 2~3h 测量一次绝缘电阻，如绝缘电阻已经达到 5MΩ，电机的干燥过程即可结束并投入使用。

3. 其他高压系统

其他高压系统主要包括高压电器盒、DC/DC 转换器、空调电动压缩机以及车载充电机等。保养周期为三个月或5000km。在进行电池系统和驱动电机系统保养的同时，进行这些高压系统的保养。其维护保养内容如下。

1）检查高压警告标记是否固定牢靠、字迹清晰。

2）检查安装螺栓是否松动或缺失，安装支架有无变形、损坏。

3）检查各个插接器是否连接可靠，有无变形或松脱。

4）检查高压部件的表面是否腐蚀或损坏。

4. 电气线束

（1）低压线束的检查

1）检查低压线束是否整齐、捆扎成束，其固定卡钉是否卡紧。

2）检查低压线束插接器插接是否可靠，穿越孔洞的线束的绝缘防磨套管有无损坏、是否可靠固定。

3）检查低压线束插接器的外观有无破损、腐蚀现象。

（2）低压电气熔断器的检查

1）检查低压电气熔断器的外观是否有开裂、损坏、腐蚀、老化等现象。

2）检查低压电气熔断器外部的插接器与车身插接器的插接是否牢固可靠。

3）检查熔断器盖锁扣是否有效锁紧；检查熔断器与车身上固定是否牢固可靠。

（3）高压线束的检查

1）检查底盘高压线束离地面高度是否在安全范围之内，或是否设有相应的走线槽来避免线束的刮蹭。

2）检查高压线束的保护波纹管外观有无破损、老化现象，插接器是否有腐蚀现象。

3）检查插接件连接是否牢固可靠，其护套是否完好无损。

4）检查高压插接器的锁止以及互锁机构是否完好。

5）检查高压线束的固定卡钉是否完好、是否卡紧。

6）检查高压线束与各个运动件之间是否存在剐蹭现象。

5. 动力转向系统

1）定期检查转向盘间隙：转向盘回转30mm时，车轮必须转动；否则必须进行调整。

2）定期更换转向器润滑油。

3）在换季保养或行驶10000km后，要检查转向油罐的油位以及管路接头的密封性。

4）转向液压油的更换方法如下。

① 将前桥顶起至前轮离开地面。

② 放油：旋出转向器的放油螺塞，取下油罐盖，起动转向电机并保持空转，使得转向系统中的润滑油在油泵驱动下从转向机放油螺塞孔中排出，通过左右转动转向盘至两极限位置的多次转动，直到将油液排净为止，然后装上放油螺塞并拧紧。

③ 注油：先将转向油罐注满干净的转向润滑油，然后起动电机，向转向系统内充油，并向转向油罐继续补充油液，直至油罐中无气泡上升，且油面稳定在测试棒刻度以上1~2cm为止，最后旋紧油罐盖。

5）更换转向油罐的滤芯：打开油罐盖，先取出旧滤芯，将转向油罐清洗干净后，换上新滤芯，最后旋紧油罐盖。

6）转向机的转向压力调整：因为转向机的转向压力在出厂时已经调整好，故严禁擅自旋动转向机的调整螺钉。如果发现转向盘转动明显沉重，应送维修站调整。

6. 制动系统

电动汽车制动系统主要采用电动真空助力液压制动系统（轿车）与气制动系统（大客车）。

（1）电动真空助力液压制动系统（轿车）的维护保养

1）车轮制动器的检查与调整：主要是制动摩擦元件间隙的调整和轮毂轴承间隙的检查与调整（其具体方法与常规汽车基本相同，详见电动汽车产品使用说明书）。

2）电动真空助力液压制动系统的检查与调整：主要内容包括检查电动真空泵的供电，检查真空压力传感器、真空泵以及真空助力器等部件是否正常以及液压制动管路系统的密封性检查。

（2）气制动系统（大客车）的维护保养

1）制动系统的密封性检查：对于采用气压制动系统的电动汽车，其气密性是关系设备与人身安全最重要的项目。

① 检查气路系统的密封性：起动空气压缩机，当储气罐压力达到 0.81MPa 时关闭空压机，观察双针压力表，要求在 10min 内压力降低不得超过 0.01MPa；否则，表明气路系统的密封性不好，应进行密封性检查与维护。

② 检查制动系统的密封性：关闭电机，踩下制动踏板保持 3min，要求气压表的白针指示压力不变，否则密封不可靠。

2）保养内容与方法

① 定期检查制动管路的密封性：一旦发现制动管有压扁、破裂、折弯等现象，应及时更换，以保证制动管路处于良好的工作状态。

② 定期排放储气筒中的冷凝水：可用手拉动储气筒下面的排水阀的拉环。若排水阀被堵塞，则需将排水阀旋出，进行清理或更换（在排水阀旋出前，可利用多次踩制动踏板的方法，将储气筒内的压缩空气排出）。

## 本 章 小 结

1. 电动汽车（Electric Vehicle, EV）是全部电动汽车的总称。电动汽车又可分为纯电动汽车、燃料电池电动汽车与混合动力电动汽车三类。纯电动汽车（BEV, Battery Electric Vehicle）是指由蓄电池或其他储能装置作为电源，用电机驱动车轮行驶，且符合道路交通法规的车辆。电动汽车的动力电池主要有锂离子电池、金属氧化物镍电池、铅酸电池、车用超级电容等。电动汽车关键技术包括电力驱动系统、能量源、能量管理系统、车辆结构以及系统整车优化等五个方面。

2. 电动汽车是由动力系统、电气系统、车身系统与底盘系统四个子系统组成。它与传统汽车的主要区别在于其动力系统的区别，其次是其制动系统可以进行制动能量回收（即制动回馈）。电动汽车通常按照能源类型、驱动结构以及车辆速度进行分类。电动汽车的行驶性能最主要的项目是动力性和续驶里程。

3. 本章重点讲解了动力电池系统、驱动电机系统以及整车控制系统。

动力电池系统的主要内容包括动力电池系统的功能，锂离子电池的特点、工作原理与充放电过程，磷酸铁锂动力电池的组成部件与功能，三元锂动力电池的组成部件与功能，以及拆卸与安装动力电池包的方法、更换动力电池最小单体的方法、更换动力电池 BMS 的方法等。

驱动电机系统的主要内容包括对电机性能的要求、电机的种类与主要性能参数、电机的结构特点与基本性能、电机控制器的功能与结构、电动汽车高压系统的构成及其功能。

整车控制系统主要内容包括整车控制系统的组成、结构、功能与控制分级。

4. 电动汽车辅助系统分别介绍了电子控制电动助力转向系统（EPS）的工作原理与优点，电动汽车电动真空助力制动系统的工作原理与组成，电子机械式线控制动系统的组成与工作过程，电动汽车的电机再生制动。

5. 本章还重点讲解了电动汽车整车日常维护保养，电动汽车关键部件（包括动力电池、驱动电机、整车控制器、动力转向系统、制动系统等）维护保养的主要内容。

## 思考训练题

### 一、填空题

1. 电动汽车关键技术包括（　　）、（　　）、（　　）、（　　）、（　　）五个方面。
2. 电动汽车是由（　　）、（　　）、（　　）、（　　）四个子系统组成。它与传统汽车的主要区别在于（　　）、（　　）。
3. 锂离子电池的工作原理是通过锂离子在正负极之间的运动，实现化学能与电能之间的直接转换。锂离子电池的结构是由（　　）、（　　）、（　　）、（　　）等组成。
4. 电机的八项主要性能参数包括额定电压、额定电流、（　　）、（　　）、（　　）、（　　）以及峰值功率和温升。
5. 整车控制系统的六项主要功能是整车的控制模式判断和驱动控制、制动能量回馈控制、（　　）、（　　）、（　　）以及车辆状态监测和显示。

### 二、名词解释题

1. 电动汽车行驶性能中最主要的项目
2. 电动汽车整车控制器的功能
3. 电动汽车高压系统的构成
4. 电动汽车关键部件
5. 电动汽车辅助系统

### 三、简答题

1. 电动汽车与传统汽车的主要区别是什么？
2. 驱动电机系统正常工作需要满足的条件是什么？
3. 动力电池系统维护保养包括的五项内容是什么？
4. 通常电动汽车整车日常维护保养的内容有哪些？

# 第九章 电动汽车鉴定评估

### 学习目标：

1. 掌握电动汽车使用维修的安全操作规程，掌握电动汽车静态检查中关于识伪检查、识别事故车以及发动机舱、驾驶舱、行李箱的主要内容、方法与技巧。掌握电动汽车底盘的检查、动力转向系统、制动系统、电动汽车动力系统、电动汽车电气系统检查的主要内容、方法与要求。

2. 掌握电动汽车路试前的准备工作内容、电动汽车的动力性能检测方法、电动汽车的车辆能耗和续驶里程检测方法，以及与传统汽车相同的其他路试检查项目、路试后检查项目的方法。

3. 掌握电动汽车的高压安全检测内容与方法，熟悉电动汽车整车控制器检测、电动汽车的动力电池系统检测以及电动汽车的驱动电机及其控制系统故障检测的基本内容与基本方法。

4. 熟悉电动汽车辅助系统检测（包括电动助力转向系统、制动系统、电动汽车冷却系统、电动汽车电动空调系统）的基本内容与基本方法。熟悉电动汽车充电系统检测（包括充电系统的工作原理、快充系统的故障检测、慢充系统的故障检测）的基本内容与基本方法。

5. 掌握电动汽车技术状况的分级标准中与传统汽车相同的内容以及电动汽车技术状况分级标准中新增加的三项内容（包括电动汽车安全检测方面的要求、电动汽车动力性能的检测要求以及电动汽车的车辆能耗和续驶里程检测要求），掌握非事故电动汽车技术等级的确定方法。

6. 掌握以使用年限法为主进行电动汽车成新率计算的方法，掌握重置成本法评估电动汽车价值的方法，掌握采用二手车的定型式撰写电动汽车鉴定评估报告的方法。

## 第一节 电动汽车技术状况的静态检查

电动汽车鉴定评估工作与传统汽车鉴定评估的共同点是总体上也分为静态检查、动态检查、仪器检查以及价值评估等内容；但这些工作经过具体化之后却体现了电动汽车结构性能的鲜明特点。

首先，在进行电动汽车技术状况的静态检查之前，必须切实掌握好电动汽车辆使用维修的安全操作规程。

### 一、电动汽车辆使用维修的安全操作规程

1. 维修高压车辆人员的资质要求

电动汽车维修人员需具备一定的资质，遵守安全操作规程，且满足以下条件。

1）电动汽车维修人员必须参加过厂家电气培训，经授权可以检修具有高压系统的车辆，且能做标识和对工作现场进行维护。

2）维修人员需获得国家安监局电工作业资格，参加过电动汽车（电动汽车、燃料电池车）高压系统维修的资格培训，经销商内部认可后，可执行车辆高压系统维修工作。

2. 高压技术人员的主要工作

1）高压技术人员的主要工作有断开高压系统供电并检查是否已绝缘；严防高压系统重新合闸；将高压系统接通重新投入使用；对高压系统上的所有作业负责。

2）培训和指导经销商内部所有与高压系统车辆相关人员，使得这些人在监督下能执行高压工作。

3. 车辆标识与工作区安全

详见图9-1注解。

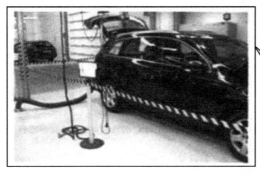

图9-1　电动汽车维修工作区域的标识

4. 安全操作规程

高压维修的操作规程：在检查或维修高压系统时，请务必遵循以下安全操作规程。

1）关掉电动汽车点火开关，并将钥匙妥善保管；戴好绝缘手套。

2）断开低压电池负极端子；拆除维修开关；等待10min或更长时间让高压电器内部电容放电；最后用绝缘乙烯胶带包裹被断开的高压线路插接器。

5. 检查绝缘手套的方法与电击防护用具

1）检查绝缘手套的方法详见图9-2及其注解。

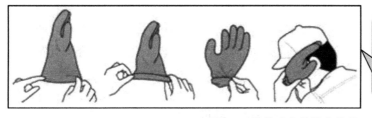

图9-2　绝缘手套的检查流程

2）电击防护用具详见图9-3注解。

6. 注意事项

检查高压系统时应注意以下事项。

1）所有橙色的线路均带高压，可能危及生命；不得将喷水软管和高压清洗装置直接对准高压部件；高压插头上不可使用润滑油、润滑脂和触点清洗剂等；在高压导电部件附近进行检修工作时，必须先让系统断电；在进行焊接、用切削工具加工以及用尖锐工具进行操作

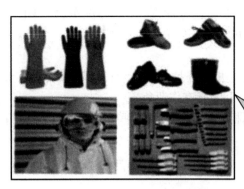

①常用电击防护用具包括绝缘手套、绝缘靴、绝缘服、护目镜以及绝缘工具等。
②应根据操作的高压范围来选用所需的绝缘工具与用具。

图 9-3　常用的电击防护用具

时，必须先让系统断电。

2) 所有松开的高压插头必须严防进水和有污物；损坏的导线必须予以更换；佩带有电子/医学生命和健康维持装置的人（如带心脏起搏器等）不得检修高压系统（包括点火系统）；必须使用合适的测量仪器；检修进水的高压系统时，要非常小心，特别是潮湿的部件是非常危险的！

7. 恢复系统运行

在对电动汽车检修维修完毕后，要由高级技师恢复系统运行。

1) 要目视检查所有的高压连接以及高压系统的接插口和螺孔连接都正确锁止。
2) 要目视检查所有的高压电缆都无法触碰到。
3) 要目视检查是否电压平衡、电缆清洁并无法触碰到，插入维修开关并把它锁闭。
4) 打开点火开关读取所有系统的故障码，把"高压系统已关闭"的警示标签从车辆上移除。
5) 要在车辆显眼的位置贴上"高压已经激活"的警示标签。

## 二、电动汽车静态检查主要内容、方法与要求

1. 查验可交易车

主要内容包括查验机动车的七种法定证件与查验四类机动车应纳税费凭证。其查验内容与方法与传统二手车完全相同。

2. 鉴别走私车和拼装车

鉴别走私车和拼装车的主要内容包括以下五项：查找车管部门的车辆档案资料、验证产品合格证和商检标志、外观检查、内饰检查、机舱内部检查。以上五项鉴别内容及其鉴别方法全部与传统汽车相同。

3. 鉴别盗抢车辆

鉴别盗抢车的主要内容包括以下四项：防止盗抢车辆进入交易市场、检查车锁和锁芯、核对车辆识别代码和发动机号码及车牌、检查车辆颜色与油漆是否重做。以上四项鉴别内容及其鉴别方法全部与传统汽车相同。

4. 鉴别事故车辆

鉴别事故车的主要内容包括以下四项：事故车的定义、鉴别碰撞事故车的步骤与方法、鉴别泡水事故车的步骤与方法、鉴别过火事故车的步骤与方法。以上四项鉴别内容及其鉴别方法全部与传统汽车相同。

5. 电动汽车静态检查项目总表

电动汽车静态检查包括外观与内饰、发动机舱、室内检查与操作、底部及悬架系统、驾驶试验以及热态检查等六个大项。其检查内容详见表9-1。

**表9-1  电动汽车静态检查项目总表**

车身颜色：_____  车架号：_____  检查日期：_____

| | | | | | | |
|---|---|---|---|---|---|---|
| 外观与内饰 | □内部与外观缺陷（如变形、擦伤、锈蚀及色差等）<br>□油漆、电镀部件和车内装饰<br>□关闭车门检查缝隙情况<br>□车玻璃有无划痕<br>□随车物品、合格证、工具、备胎、使用说明书<br>□VIN码、铭牌<br>□示宽灯及牌照灯<br>□前照灯（远近光）、雾灯开关<br>□制动灯和倒车灯 | 室内检查与操作 | □制动踏板高度与自由行程<br>□加速踏板自由行程及操作<br>□转向盘自由行程<br>□收音机调节<br>□转向盘自锁功能<br>□驻车制动调节<br>□遮阳板、内后视镜<br>□室内照明灯<br>□前后座椅安全带及安全带提示灯<br>□座椅靠背角度及头枕调整<br>□加油口盖的开启<br>□杂物箱的开启及锁定<br>□前后刮水器及清洗器的工作情况<br>□点烟器及喇叭的操作 | 点火开关及车门装置 | □组合仪表灯及性能检查<br>□门灯；中门儿童锁<br>□车门、门锁工作是否正常<br>□门边密封条接合情况<br>□钥匙的使用情况<br>□滑动门的工作情况，必要时加润滑脂<br>□蓄电池和起动机的工作及各警告灯的显示情况<br>□手动车窗及开关 |
| 发动机舱 | □制动液液位及缺油警告灯<br>□发动机机油液位（混合动力）<br>□冷却液液位及浓度<br>□玻璃清洗剂液位<br>□节气门<br>□离合器 | | | | | |
| 底部及悬架系统 | □底部状态及排气系统<br>□制动管路有无泄漏或破损<br>□轮胎气压（包括备胎）（前轮：220kPa；后轮：250kPa）<br>□燃油系统管路有无泄漏或破损<br>□悬架的固定<br>□确认保安件螺母力矩 | | □变速器液位<br>□确认所有车轮螺母力矩<br>□齿轮、齿条护罩情况 | 驾驶试验 | □行车制动器及驻车制动器的效果<br>□转向盘检查与自动回正<br>□变速器换档操作<br>□离合器、悬架系统工作情况 | |
| 热态检查 | □燃油、防冻剂、冷却液、制动液及废气的渗漏<br>□冷却风扇的工作情况   □热起动性能 | | | | □蓄电池电压≥12V，急速时≥13.5V<br>□有无其他异响 | |
| 故障描述 | | | | | | |
| 处理方法 | | | | | | |

注：以上检查项目合格打"√"，异常打"×"。

6. 电动汽车静态检查的具体方法

电动汽车静态检查的具体方法(包括各个项目检查的目的、方法与工具)分述如下。

(1) 动力电池系统检查的项目、方法与工具

1) 外观检查。

目的：检查外观有无磕碰、损坏。

方法：将车辆举升，目测动力电池底部有无磕碰、划伤、损坏的现象。

工具：无。

2) 绝缘检查(内部)。

目的：防止电池箱内部短路。

方法：将动力电池高压母线旋变拧开，用绝缘电阻表测总正、总负对地电阻，阻值应大于或等于 $500\Omega/V(1000V)$。

工具：绝缘电阻表。

3) 底盘连接检查。

目的：防止螺栓松动造成故障。

方法：用扭力扳手按照规定扭矩紧固固定螺栓。

工具：扭力扳手。

4) 插接器检查。

目的：检查插接器有无异常。

方法：目测动力电池高、低压插接器变形、松脱、过热、损坏等情况。

工具：无。

5) 高低压插接器可靠性检查。

目的：确保插接器正常使用。

方法：目测检查是否松动、破损、锈蚀、密封等情况。

工具：绝缘电阻表、万用表。

6) 电池内部温度采集点检查。

目的：确保测温点工作正常，采集点合理。

方法：电脑监控温度与红外热像仪温度对比，检查温度精度。

工具：便携式计算机、CAN 卡、红外热像仪。

7) 电池加热系统测试。

目的：确保加热系统工作正常。

方法：电池箱接通 12V 电压，打开监控软件，启动加热系统，目测风扇是否正常。

工具：12V 电源、便携式计算机、CAN 卡。

8) 标识检查。

目的：防止脱落。

方法：目测。

工具：无。

9) 动力电池密封检查。

目的：保证动力电池箱体密封良好，防止水进入。

方法：目测密封条或更换密封条。

工具：无。

（2）驱动电机与驱动电机控制器的检查的项目、方法与工具

1）安全防护。

目的：检查外观有无磕碰、损坏。

方法：将车辆举升、目测驱动电机底部有无磕碰、划伤、损坏的观象。

工具：无

2）绝缘检查。

目的：防止驱动电机内部短路。

方法：将驱动电机 U/V/W 旋变拧开、用绝缘电阻表检测、阻值应不小于 $500\Omega/V$（1000V）。

工具：绝缘电阻表。

3）电机和控制器冷却检查。

目的：检查电机与电机控制器冷却液循环制冷效果。

方法：捏紧冷却液管使其水道内部阻力增大，使冷却液泵转速变小声音发生变化，如无声音变化，则水道内冷却液没有循环，需放气。

工具：卡环钳子、螺钉旋具。

4）外部检查。

目的：清洁电机及电机控制器表面。

方法：压缩空气吹驱动电机及电机控制器，禁止使用潮湿的布和高压水枪进行清洁。

工具：空气压缩机。

（3）电气控制系统检查的项目、方法与工具

1）机舱及各部位低压线束防护及固定。检查前机舱线束各连接导线无破损、碰擦干涉，连接良好，线束是否在原位固定。

2）机舱及各部位插接器状态。检查前机舱线束各连接导线插接器是否有松动、破损、锈蚀、烧熔等情况。

3）机舱及底盘高压线束防护及固定。检查机舱底盘各橙色线束各连接导线无破损、碰擦干涉，连接良好，线束是否在原位固定。

4）机舱及底盘各高，低压电器固定及插接器连接状态。检查前机舱底盘端子接线是否牢固，无松动，控制线束插接器和旋变插接器连接牢靠，集成横梁上部件是否搭铁连接牢靠，无松动。

5）蓄电池。使用手持式蓄电池检测表测量，起动电压不小于 12.5V 为正常，正负极极柱无松动。

6）灯管信号。检查前照灯、尾灯。

7）充电口及高压线。检查充电线外观及插头是否有破损、裂痕、同时检查充电是否导通；检查充电口盖能否正常开启或关闭，当充电口盖板打开时，仪表充电指示灯应常亮，当关闭充电口盖时仪表充电指示灯应熄灭。

8）高压绝缘检测系统。使用绝缘万用表检测高压线束绝缘值。

9）故障诊断系统报警检测。连接诊断仪检测有无故障。

（4）制动系统检查的项目与方法

1）驻车制动器。在斜坡将驻车制动器操纵杆拉到整个行程 70% 的时候，或驻车制动器

棘轮齿数 6~7 齿的时候测试是否溜车，是则调整驻车制动器。

2）制动装置。检查制动液是否泄漏。

3）制动液。每隔 2 年或者行驶 4 万 km 更换制动液，制动液选取汽车标号的制动液；检查制动液，必须不得高于刻度线 MAX 和不得低于 MIN。

4）制动真空泵、真空罐、控制器。

① 车辆停稳后，打开钥匙开关，完全踩下制动踏板，踩踏三次真空泵应正常起动，大约 10s 后真空度达到设定值时真空泵应停止运转。

② 在制动真空泵工作时检查连接软管。检测重点部位有无磨损漏气现象；检查制动真空泵与软管连接处；制动真空罐与软管连接处。

5）前后制动摩擦片。前后制动摩擦片检查并视情况更换。

（5）转向系统检查项目与方法

1）转向横拉杆球头间隙，紧固程度及防尘套状态。

① 举升车辆（车轮悬空），通过摆动车轮和转向横拉杆来检查间隙。

② 检查转向横拉杆球头的固定螺母是否牢固。

③ 检查转向横拉杆的防尘套有无损坏和安装位置是否正确。

2）转向助力功能。

① 在道路试车过程中，通过原地转向、低速行驶中转向，检测转向时方向是否有沉重、助力效果不足等故障。

② 将转向盘分别向左、右打至极限位置，检测是否有转向盘抖动、转向机异响等故障。

（6）车身系统检查项目

1）风扇及洗涤器刮水器。检视车窗是否有裂纹，玻璃洗涤剂是否缺失，酌情添加，刮水片擦洗是否干净，必要时更换。

2）清洁天窗、座椅滑道、门锁铰链、机舱铰链及锁扣、后背门铰链及锁扣，并加注润滑脂。

（7）传动及悬架系统检查项目与方法

1）变速器（减速器）。

① 检查变速器连接螺栓并紧固、半轴油封有无渗漏，每隔一年或行驶 2 万 km 更换变速器齿轮油。

② 检查等速方向节及防尘套有无破损。

2）轮毂。视检轮毂有无划痕、磕碰，视情况做一次动平衡。

3）轮胎。视检轮胎胎面和侧面是否有损坏和异物，轮胎是否有滚动面异常、磨损、毛刺等；花纹深度是否达到极限；检查胎压是否正常。

4）副车架悬置连接状态。检查副车架并用扭力扳手检查紧固。

5）前后减振器。视检减振器有无漏油，检查螺栓紧固。

底盘螺栓紧固力矩见表 9-2~表 9-4（参数以北汽 EV 车型为例）。

表 9-2 悬置固定螺栓

| 部件名称 | 拧紧力矩/N·m | 部件名称 | 拧紧力矩/N·m |
| --- | --- | --- | --- |
| 电机螺栓固定孔 | 50~55 | 变速器左悬置螺母 | 85~90/95~105 |
| 右悬置螺母 | 65±5 | | |

表 9-3 前 悬 架

| 名 称 | 力矩/N·m |
|---|---|
| 车轮螺母 | 110±10 |
| 驱动轴总成与转向节装配六角凸缘面螺母 | 245±15 |
| 前减振器与转向节装配螺栓 | 80±10 |
| 前减振器上部与车身装配螺栓 | 44±5 |
| 转向节与前悬架下摆臂总成装配螺栓 | 66±6 |
| 稳定杆与前悬架下摆臂总成装配螺栓 | 50±10 |
| 前悬架下摆臂总成与前副车架总成装配螺栓 | 140~150 |
| 前束调整杆螺母 | 45±5 |
| 前副车架与车身装配螺母 | 140~150 |

表 9-4 后 悬 架

| 名 称 | 力矩/N·m |
|---|---|
| 后减振器与车身装配螺母 | 23±2 |
| 后减振器的下部安装螺栓 | 110±10 |
| 后扭力梁总成与车身装配螺栓 | 105±15 |
| 减振块总成装配螺栓 | 12±2 |
| 车轮螺母 | 110±10 |

（8）冷却系统检查项目与方法

1）冷却液液位及冰点。每 2 年或行驶 4 万 km 使用冰点测试仪检测防冻液浓度，低于 35%应换用新防冻液。

2）冷却管路。目测检查冷却系统管路及各零部件接口处有无泄漏情况。

3）冷却液泵。视检泵接口是否有渗漏痕迹，是否有异响、停转现象。

4）散热器。在电机及电机控制器冷却后在散热器后部（电机侧）使用压缩空气冲走散热器或空调冷凝器的碎屑，严禁使用水枪对散热器散热片喷施清洗。

7. 电动汽车静态检查方法实例

【例 1】 北汽 EV200 电动汽车的电池充电、起动操作与故障灯的识别

（1）电池的正确充电  新能源汽车有一个共同的部件——动力电池（图 9-4），该部件需要在新车期间执行相应的维护操作，包括对电池的适度放电和充电，初期使用时应注意：

1）正确掌握充电时间。在使用过程中，应根据实际情况准确把握充电时间和充电频次。正常行驶时，如果电量表指示应充电，应停止运行，尽快充电，否则，电池过度放电会严重缩短其寿命。充满电后运行时间较短就充电，充电时间不宜过长，否则，会形成过度充电，使电池发热。过度充电、过度放电和充电不足都会缩短电池寿命。一般情况电池平均充电时间在 10h 左右。

2）定期充电。即便续驶能力要求不长，充一次电可以使用 2~3 天，但是还是建议每天都充电，这样使电池处于浅循环状态，电池的寿命会延长。

(2) 电动汽车的起动操作方法 在车辆行驶时不要拔出起动钥匙，否则，将会导致转向锁啮合，不能转向。大多数新能源汽车可以按照以下顺序操作转向锁，接通电路并起动驱动电机。

位置 0（LOCK）：拔下起动钥匙，转向锁、大多数电路不能工作。

位置 1（ACC）：转向解锁，个别电路和附件可以工作。

图 9-4 动力电池

位置 2（ON）：所有的仪表、警告灯和电路可以工作，高压上电，进入行驶准备状态。

纯电动汽车一般采用无级变速机构，变速杆设计较为简单。大多数纯电动汽车的变速杆包括 R、N、D 三个档位。

选择前进档 D：在换档之前，应先踩制动踏板，否则档位选择无效。

选择倒档 R：在选择倒档前，确保车辆处于静止状态。然后，踩下制动踏板，再挂档。

选择空档 N：在选择空档前，确保车辆处于静止状态。

(3) 电动汽车故障灯的识别 在仪表设计上，纯电动汽车一般设计有一些特殊的故障指示灯，其符号根据具体车型可能有所不同，但是其功能基本上是相似的。以下以北汽 EV200 为例，介绍新能源汽车故障灯的识别与处理方法，如图 9-5 所示。其他车型请参照车主手册及维修手册。

图 9-5 新能源汽车故障灯的识别

北汽 EV200 电动汽车的故障灯主要有五种，即动力系统故障灯、动力电池过热警告灯、动力电池故障警告灯、电机冷却液温度过高警告灯以及电机过热警告灯。

1）动力系统故障灯。北汽 EV200 动力系统故障灯如图 9-6 所示。

表 9-5 说明了故障灯点亮的基本原因。该故障灯点亮时，车辆将不能被起动，电力系统将被关闭，需要到维修站进行维修。

表 9-5 动力系统故障灯状态表

| 信号来源 | 故障类型 | 电源档位 | 故障现象 |
| --- | --- | --- | --- |
| 电池管理器 | ① 一般漏电报警<br>② 严重漏电报警 | 所有档位 | 故障灯点亮显示"高压系统漏电" |
| | 碰撞信号报警 | ON 档 | 故障灯点亮 |
| | 放电主接触器烧结故障 | 退电检测 | 故障灯点亮 |
| | 负极接触器烧结故障 | 上电检测 | 故障灯点亮 |

(续)

| 信号来源 | 故障类型 | 电源档位 | 故障现象 |
|---|---|---|---|
| 驱动电机控制器 | 动力系统故障 | ON 档 | 故障灯点亮 |
| P 档电机控制器 | P 档系统故障 | ON 档 | 故障灯点亮 |

2）动力电池过热警告灯。动力电池过热警告灯如图 9-7 所示。

图 9-6　动力系统故障灯

图 9-7　动力电池过热警告灯

该指示灯一般在电池温度过高的情况下会点亮，例如：动力电池温度不小于 65℃ 或与 BMS（电池管理系统）失去通信时，指示灯点亮；动力电池温度低于 65℃ 时，指示灯熄灭。

该故障灯点亮时，车辆将降低电力驱动功率或电力系统将被关闭，需要到维修站进行维修。

3）动力电池故障警告灯。动力电池故障警告灯如图 9-8 所示。

表 9-6 说明了故障灯点亮的基本原因。该故障灯点亮时，车辆将不能被起动电力系统将被关闭，需要到维修站进行维修。

表 9-6　动力电池故障警告灯状态表

| 信号来源 | 故障类型 | 电源档位 | 故障现象 |
|---|---|---|---|
| 电源管理器 | 电池组充电报警<br>电池组放电报警<br>电池组温度报警<br>过电流报警<br>电压过低报警<br>电压过高报警 | 所有电源 | 指示灯点亮 |

4）电机冷却液温度过警告灯。电机冷却液温度过高警告灯有多种形式，以比亚迪汽车为例，如图 9-9 所示。

图 9-8　动力电池故障警告灯

图 9-9　电机冷却液温度过高警告灯

表 9-7 说明了故障灯点亮的基本原因。该故障灯点亮时，车辆将降低电力驱动功率或电力系统将被关闭，需要到维修站进行维修。

表 9-7 电机冷却液温度过高警告灯状态表

| 信号来源 | 故障类型 | 电源档位 | 故障现象 |
| --- | --- | --- | --- |
| 驱动电机控制器 | 电机冷却液温度由低向高变化，当采集到的温度值不小于75℃时 | ON 档 | 指示灯点亮 |
| | 电机冷却液温度由高向低变化，当采集到的温度不大于72℃时 | ON 档 | 指示灯熄灭 |

5）电机过热警告灯。北汽 EV200 电机过热警告灯如图 9-10 所示。

表 9-8 说明了故障灯点亮的基本原因。该故障灯点亮时，车辆将降低电力驱动功率或电力系统将被关闭，需要到维修站进行维修。

图 9-10　电机过热警告灯

表 9-8　电机过热警告灯状态表

| 信号来源 | 故障类型 | 电源档位 | 故障现象 |
| --- | --- | --- | --- |
| 驱动电机控制器 | 动力电机过温报警 | ON 档 | 点亮指示灯 |
| | IPM 散热器过温报警 | ON 档 | 点亮指示灯 |

【例2】　电动汽车熔丝的检查与识别方法和蓄电池的检查方法

（1）电动汽车熔丝的检查与识别方法　如果前照灯或其他电器部件不工作，须检查熔丝（图 9-11），如果熔丝已被烧毁，则须更换。

良好　　烧毁　　　　良好　　烧毁　　　　良好　　烧毁

a)A型　　　　　　b)B型　　　　　　c)C型

图 9-11　熔断丝

垂直地拔出可能有问题的熔丝进行检查，查明哪一根熔丝发生问题。熔断器盒的盖子上，标明了每条熔丝的电路名称。可用拔出工具，拔出 A 型熔丝。如果无法确定熔丝是否被烧毁，则可用好的熔丝更换可能有问题的熔丝。如果熔丝被烧毁，须将新的熔丝装入插座。只能安装熔断器盒盖上规定的安培数的熔丝。

如果没有相同安培数的熔丝，则须采用安培数较低的熔丝，但尽可能做到与额定安培数一样。如果使用了安培数比规定值要低的熔丝，则可能再次被烧毁，但这并不表示有问题。电动汽车熔丝的检查步骤与识别方法如下。

1）维修防护用品安装。

① 打开主驾驶车门，铺设脚垫、套上转向盘套、座椅套。

② 断开点火开关，挂入 P 档，拔出车钥匙。
③ 打开发动机舱盖，固定支架，铺设翼子板护垫。
2）打开熔断器盒盖，认识熔丝的安装位置（图 9-12）。
3）安装表笔，打开万用表，旋至欧姆档，校正万用表（图 9-13）。

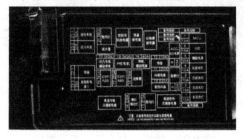

图 9-12　认识熔丝的安装位置

图 9-13　校正万用表

4）打开万用表旋至蜂鸣档（图 9-14）。
5）检测熔丝是否导通（图 9-15、图 9-16）。

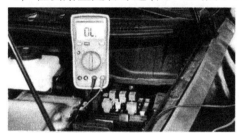

图 9-14　打开万用表旋至蜂鸣档

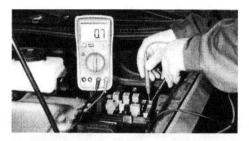

图 9-15　检测熔丝是否导通（1）

6）拔出熔丝，检查熔丝是否熔断（图 9-17）。

图 9-16　检测熔丝是否导通（2）

图 9-17　检查熔丝是否熔断

7）不同电流值的熔丝，用不同颜色来区别（图 9-18）。
8）将熔断器盒盖安装至原来的位置（图 9-19）。

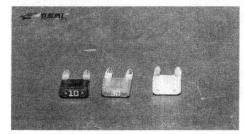

图 9-18　用不同颜色来区别不同电流值的熔丝

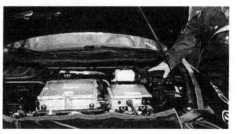

图 9-19　将熔断器盒盖安装至原来的位置

(2) 蓄电池的检查与维护　电动汽车蓄电池的检查与维护如图 9-20~图 9-22 所示。
① 打开低压蓄电池保护盖，目测电池极桩是否锈蚀（图 9-20）。
② 用手晃动蓄电池端子，检查是否松动，用扳手紧固蓄电池端子卡子螺栓（图 9-21）。

图 9-20　目测电池极桩是否锈蚀

图 9-21　紧固蓄电池端子卡子螺栓

③ 用手晃动蓄电池，检查是否安装牢固，用扳手紧固蓄电池固定螺栓（图 9-22）。

【例3】　比亚迪 E6 电动汽车变速器油、玻璃清洗液、前照灯灯泡更换以及冷却系统的检查

（1）比亚迪 E6 电动汽车变速器油的检查与更换

1）变速器油的检查

① 举升车辆。
② 将废油收集车推到变速器放油孔正下方（图 9-23）。

图 9-22　紧固蓄电池固定螺栓

图 9-23　将废油收集车推到变速器放油孔正下方

③ 松开变速器加油螺塞，目测有无油液溢出，伸手检查齿轮油注油量（图 9-24）。
④ 拧紧注油螺塞，拧紧力矩为 27N·m。
⑤ 清洁表面（图 9-25）。

图 9-24　检查齿轮油注油量

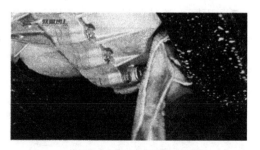

图 9-25　清洁表面

⑥ 降下车辆。
2）变速器油的排放
① 举升车辆，将举升机安全锁止。
② 将废油收集车推到变速器放油孔正下方（图9-24）。
③ 松开变速器放油螺塞，排放油液（图9-26）。
④ 拧紧放油螺塞，用棉丝清洁表面。（图9-27）。

图9-26　排放变速器油

图9-27　拧紧放油螺塞

⑤ 推走放油收集车。
⑥ 按照规定力矩拧紧放油螺塞，力矩为27N·m。
3）变速器油的加注
① 打开气压阀门（图9-28）。
② 调节气压阀门压力到0.8~1MPa。
③ 打开注油管总阀门（图9-29）。

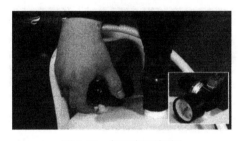

图9-28　打开气压阀门

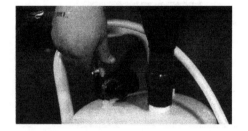

图9-29　打开注油管总阀门

> **注意：**
> 拧开气压阀门之前，检查注油油枪阀门是否关闭，罐体的注油漏斗阀门是否关闭。

④ 将注油油枪插入注油孔（图9-30）。
⑤ 缓慢扳开注油油枪阀门（图9-31）。
⑥ 当油液从注油孔溢出时，说明变速器油已注满，关闭注油油枪阀门。
⑦ 将注油油枪放入加油漏斗并关闭注油管总阀门（图9-32）。
⑧ 安装变速器注油螺塞。
⑨ 用棉丝擦拭变速器多余油渍。
⑩ 按照规定力矩拧紧加油螺塞，力矩为27N·m。

图 9-30 注油油枪插入注油孔

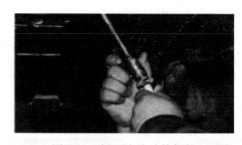

图 9-31 扳开注油油枪阀门

⑪ 降下车辆。

⑫ 起动车辆，挂前进档测试变速器是否漏油。

（2）比亚迪 E6 电动汽车玻璃清洗液的检查

1）将玻璃清洗液壶盖拔出。

2）检查玻璃清洗液液位是否在刻度尺上下限之间。

3）将玻璃清洗液壶盖安装到位。

（3）比亚迪 E6 电动汽车前照灯灯泡的更换

1）灯泡的拆卸

① 关闭前照灯开关。

② 关闭点火开关。

③ 拔下前照灯插头，观察外观是否损坏。

④ 检查灯丝是否熔断（图 9-33）。

图 9-32 关闭注油管总阀门

图 9-33 检查灯丝是否熔断

⑤ 记录灯泡的型号和参数，如额定电压和额定功率（图 9-34）。

⑥ 更换相同参数及外观的新灯泡。

2）灯泡的安装

① 灯泡安装到灯座上，注意安装到位。

② 安装插头。

（4）比亚迪 E6 电动汽车冷却系统的检查与维护

1）在电机冷却状态下，检查冷却液溢水壶，溢水壶中的冷却液液位应在"FULL"和"LOW"标记线之间（图 9-35）。

2）检查 DC/DC 入水管和出水管的安装情况（图 9-36）。

3）检查散热器水管的安装情况（图 9-37）。

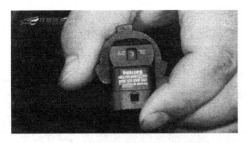

图 9-34　记录灯泡的型号和参数

图 9-35　检查冷却液溢水壶

图 9-36　检查 DC/DC 入水管和出水管的安装情况

图 9-37　检查散热器水管的安装情况

4）检查驱动电机控制器水管安装情况（图 9-38）。

图 9-38　检查驱动电机控制器水管安装情况

5）举升车辆。
6）检查驱动电机入水管、出水管的安装情况。
7）检查冷却液泵水管的安装情况。

## 第二节　电动汽车技术状况的动态检查

1. 路试前的准备工作

（1）冷却系统的检查　检查膨胀罐冷却液液位是否低于下限（MIN）刻度线。检查冷却系统管路、冷却软管接口与散热器盖有无泄漏。

（2）漏气、漏油等渗漏情况检查　检查制动系统真空泵、转向器、驱动桥主减速器等有无渗漏油现象。

（3）主要部件连接部分紧固情况检查　按照规定的力矩值检查转向、制动、传动、悬架以及轮胎等主要部件连接螺栓的紧固情况。

（4）转向、制动系统检查　检查转向盘的自由行程，检查制动踏板自由行程，检查与确保制动灯正常工作。

(5) 轮胎检查　检查轮胎气压是否符合标准，剔除嵌入轮胎花纹的渣石、铁钉等杂物。

2. 电动汽车的动力性能检测

纯电动汽车的动力性能要求与检测方法根据国标 GB/T 18385—2005《电动汽车动力性能试验方法》规定，纯电动汽车的动力性能要求与检测方法如下。

1) 纯电动汽车的动力性能要求：主要包括最高车速、加速性能和爬坡性能等，共有五项指标。其定义与基本要求详见《电动汽车动力性能试验方法》中的表 3-20。

《电动汽车动力性能试验方法》摘录

2) 纯电动汽车的动力性能的实验方法：详见《电动汽车动力性能试验方法》。

3. 电动汽车的车辆能耗和续驶里程检测

纯电动汽车的车辆能耗和续驶里程试验条件和检测方法根据国标 GB/T 18386—2005《电动汽车能量消耗率和续驶里程试验方法》规定，纯电动汽车的车辆能耗率和续驶里程试验条件和检测方法如下。

1) 纯电动汽车的车辆能耗率和续驶里程的定义。① 纯电动汽车的车辆能耗率是指：电动汽车经过规定的试验循环后，对动力电池重新充电至试验前的容量，从电网上得到的电能除以里程所得的值。② 纯电动汽车续驶里程是指：电动汽车在动力电池完全充电状态下，以一定的行驶工况，能够连续行驶的最大距离。如何提高电动汽车的续驶里程，是目前电动汽车发展中必须解决的重大课题。

2) 关于纯电动汽车续驶里程的测试方法：《电动汽车能量消耗率和续驶里程试验方法》规定，对于 $M_1$、$N_1$ 类电动汽车（即包括驾驶人在内，座位数不超过 9 座的载客车辆以及最大设计总质量不超过 3500kg 的载货车辆）可以采用等速法测试其续驶里程。其具体实验方法是：在一般道路上，进行 $(60±2)$km/h 的等速实验，实验中间允许停车两次，每次停车时间不大于 2min，记录停车次数、停车时间和行驶距离。注意：车载仪器发出停车指示或车速不大于 54km/h 时，需停止实验。

《电动汽车能量消耗率和续驶里程试验方法》摘录

3) 关于续驶里程的标准要求值：国标 GB/T 18386—2005 规定，采用工况法的续驶里程大于 80km。EV-TEST 电动汽车测评管理规则 (2017 版，中国汽车技术研究中心发布，详见本书附录) 关于续驶里程的规定是，续驶里程大于 100km。

4. 其他路试检查项目、方法与要求

与传统汽车相同，包括以下各项：汽车制动性能检查、汽车行驶平顺性检查、汽车行驶稳定性检查、汽车滑行能力检查、高速行驶时汽车风噪声的检测、汽车驻车制动的检查。

5. 路试后的检查项目与方法

与传统汽车相同，包括以下两项：各部件温度情况的检查、"四漏"现象的检查。

6. 路试中的注意事项

1) 路试中应随时观察各项警告灯的工况。

2) 若路试中发现底盘与传动系统发生严重异响，应立即停车检查并排除故障。

3) 路试总里程不得小于 20km，且其中的连续行程里程应在 10km 以上。

# 第三节　电动汽车技术状况的仪器检查

## 一、电动汽车的高压安全检测内容与方法

电动汽车的高压安全检测的主要内容包括车辆绝缘的检测、用钳形电流表检测电流、通过断电检查故障以及高压互锁的检测等四项内容。

1. 车辆绝缘的检测方法

（1）绝缘电阻表的功能与分类　详见图 9-39 及其注解。

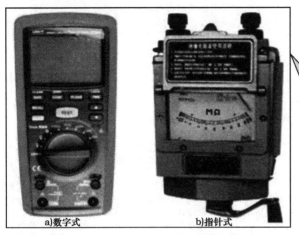

1) 绝缘电阻表的功能：绝缘电阻表是检测电动汽车电气系统绝缘性能的一种主要工具。
2) 绝缘电阻表的分类
① 数字式绝缘电阻表。
② 指针式绝缘电阻表。

图 9-39　数字式与指针式绝缘电阻表

（2）绝缘电阻表使用注意事项　详见图 9-40 及其注解。

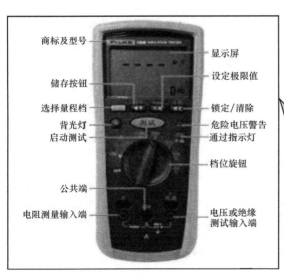

1) 首先要熟悉绝缘电阻表的按键功能。绝缘电阻表的表面可分为上中下三个部分：①上部：主要为测量数据（测量结果）显示屏；②中部：是各种测试按钮、指示灯与档位选择开关；③下部：是测试笔测试探头插孔。
2) 必须严格按照绝缘电阻表手册的规定使用，否则可能破坏测试仪提供的保护措施。
3) 在将被测电路与绝缘电阻表连接之前，始终应记住选用正确的端子、开关位置和量程档。
4) 在正式使用绝缘电阻表之前，先用其测量已知电阻来验证测试仪操作是否正常。
5) 在端子之间或任何一个端子与搭铁点之间所施加的电压不能超过绝缘电阻表上标明的额定值。
6) 当出现电池低电量指示符时，应尽快更换电池。
7) 在测试电阻、导通性、二极管或电容之前，必须先切断被测电路系统的电源，并将其中所有的高压电容放电。
8) 在测量交流AC42V峰值或直流DC60V以上时，有可能造成触电的危险，操作时应格外小心。
9) 当用于测试导线时，手指应保持在保护装置的后面；切勿在爆炸性气体或蒸气附近使用绝缘电阻表。

图 9-40　绝缘电阻表的按键说明

（3）用绝缘电阻表测量绝缘高压线束的绝缘性能　详见图 9-41、图 9-42 注解。

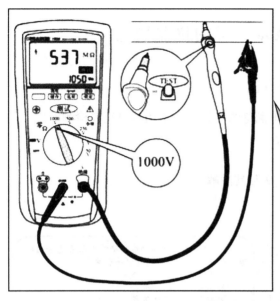

1) 首先将测试探头分别插入绝缘电阻表的电压输入端子与公共COM输入端子。
2) 将旋转开关旋至所需要的测试电压档。
3) 连接探头与待测电路，绝缘电阻表自动检测电路是否通电。
4) 按住黄色椭圆形测试按钮，启动测试。此时应注意观察绝缘电阻表显示屏：① 主显示位置显示高压符号⚡，并以MΩ或GΩ为单位显示电阻；② 辅显示位置显示被测电路上所施加的测试电压；③ 显示屏下端出现测试图标，直到释放测试按钮；④ 当被测阻值超过最大显示量程时，测试仪会显示>符号以及当前量程的最大电阻。
5) 继续将探头留在测试点上，然后释放测试按钮，被测试电路即开始通过绝缘电阻表放电。

图 9-41　使用绝缘电阻表测量绝缘电阻的方法

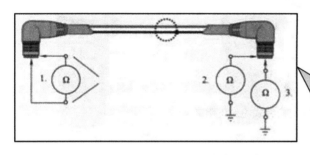

注意：绝缘电阻表的两只表笔分别接线束的端子与绝缘层；测量工具的测量电压至少要与测量部件的常规工作电压一样高。根据欧洲经济委员会ECE—R 100标准，绝缘电阻必须至少为500Ω/V。例如：若电动汽车电池的电压为326V，则电池线束绝缘电阻的标准至少为326V×500Ω=1.63MΩ。
测量电压选择500~1000V直流电压档；对高压线束不同部位进行绝缘检测，测量三个测量点（屏蔽与内部导线、屏蔽与车辆搭铁端、内部导线与车辆搭铁端）。

图 9-42　对高压线束的不同部位进行绝缘检测

2. 用钳形电流表检测电流的方法　详见图 9-43、图 9-44 及其注解。

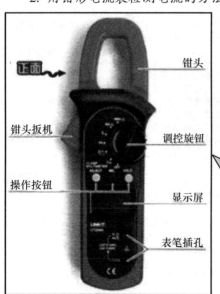

钳形电流表的功能与检测电流的方法：
1) 钳形电流表的功能：使用钳形电流表无须断开电源和线路，便可直接测量运行中的电力设备的工作电流，因而能够及时了解与掌握设备的运行情况。钳形电流表的外观及功能按键详图9-43。
2) 需根据电流的种类与电压的等级正确选择钳形电流表。如当测量高压线路的电流时，应选择与其电压等级相符的高压钳形电流表，且被测线路的电压必须低于钳形电流表的额定电压。
3) 事先要仔细检查钳形电流表的绝缘能是否良好，其绝缘层无破损，手柄应清洁干燥，其钳口应结合紧密。指针式钳形电流表的指针若不在零位时，应进行机械调零。若测量时指针晃动，可重新开闭一次钳口。

图 9-43　钳形电流表的功能按键

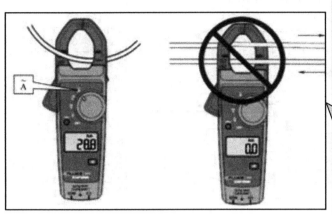

4) 测量电流的操作步骤。
① 紧按钳头扳机使钳口张开，将被测导线放入钳口中央，然后松开钳头扳机，并使钳口紧密闭合。
② 钳口结合面如有杂声，应重新开合一次。若仍有杂声，应处理结合面，以使读数准确。
③ 不可同时钳住两根导线，如图9-44之右图所示。读数后，将钳口张开，将被测导线退出，然后将档位旋钮置于最高电流档或OFF档。
5) 测量注意事项
① 不可测量裸导线的电流（因钳形电流表要接触被测导线）。
② 在用高压钳形电流表测量时，应由两人操作。测量时，应戴绝缘手套，站在绝缘胶垫上，且不得触及其他设备，以防短路或搭铁。
③ 测量时应注意身体与带电导体保持安全距离。在观察读数时，要特别注意保持头部与带电部件的安全距离，人体任何部分与带电体的距离不得小于钳形电流表的整个长度。
④ 在当测量高压电缆各相电流时，电缆相线间距离应在300mm以上。

图9-44 钳形电流表测量交流电时的正确使用方法

3. 通过断电检查故障的方法

使用断电检查工具（图9-45），通过断电可检测出被测电器是否存在故障。以下以大众电动汽车为例，分别说明在动力电池处、在动力电池负极与搭铁之间以及在转换器的蓄电池连接处检测断电的具体方法。

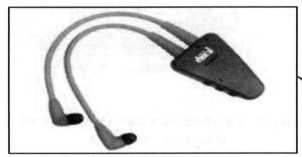

大众车型断电检查工具实际上就是一个专用的电压表。用它检测被测电器是否存在故障非常简单方便。

图9-45 大众车型断电检查工具

（1）在动力电池处检测断电 详见图9-46及其注解。

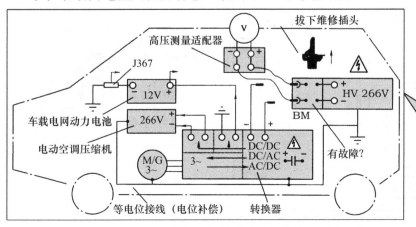

① 首先拔下维修插头，断开转换器与动力电池BMS的连线。
② 将大众车型断电检查工具的两个插头分别插入动力电池BMS端部的两个插孔。
③ 若断电检查工具电压表的读数与电压表断路时的读数相同，则可确认高压动力电池已经断电。

图9-46 在动力电池处检测断电的示意图
J367—动力电池监控控制单元　M/G3—电机

（2）在动力电池负极与搭铁之间检测断电　详见图9-47及其注解。

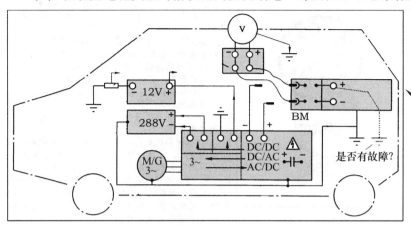

① 首先拔下维修插头，并断开转换器与动力电池BMS的连线；将断电检查工具的两个插头分别插入动力电池BMS端部的两个插孔。
② 将大众车型断电检查工具电压表的正极搭铁，若断电检查工具电压表的读数为0，则可确认动力电池的负极与搭铁之间已经断电。否则，动力电池正极与搭铁之间短路或有搭铁故障。

图9-47　在动力电池负极与搭铁之间检测断电的示意图

（3）在转换器的蓄电池连接处检测断电　见图9-48及其注解

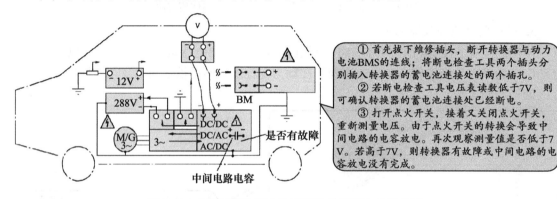

① 首先拔下维修插头，断开转换器与动力电池BMS的连线；将断电检查工具两个插头分别插入转换器的蓄电池连接处的两个插孔。
② 若断电检查工具电压表读数低于7V，则可确认转换器的蓄电池连接处已经断电。
③ 打开点火开关，接着又关闭点火开关，重新测量电压。由于点火开关的转换会导致中间电路的电容放电。再次观察测量值是否低于7V。若高于7V，则转换器有故障或中间电路的电容放电没有完成。

图9-48　在转换器的蓄电池连接处检测断电的示意图

4．高压互锁的检查

（1）高压互锁回路的功能　详见图9-49注解。

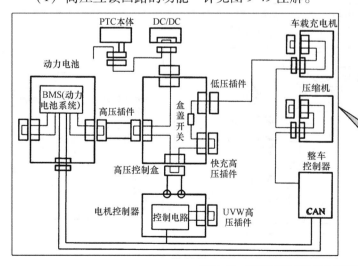

设计高压互锁回路的目的是为了使整车在高压供电前，能够使整个高压系统处在一个封闭的环境下，以确保其完整性与提高其安全性。即当整车在运行过程中，高压系统回路断开或其完整性遭到破坏的情况下，能够启动安全防护措施，以防止出现带电插拔高压插接器而造成高压端子拉弧损坏。

图9-49　某车型的高压互锁回路

（2）引起高压互锁故障的原因详见图9-50及其注解。

 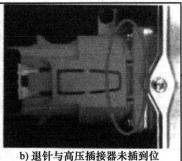

a) 高压插件互锁端子缺失　　b) 退针与高压插接器未插到位

> 引起高压互锁故障的原因一般是某个高压插接器未插到位或未插，如PTC、DC/DC、高压控制盒、车载充电机、空调压缩机等部件的高压插接器未插。

图9-50　高压互锁故障的原因

## 二、电动汽车的整车控制器检测

1. 整车控制系统的故障分级

电动汽车故障分级及处理方法详见表9-9。

表9-9　电动汽车故障分级及处理

| 等级 | 名称 | 故障后处理 | 故障列表 |
|---|---|---|---|
| 一级 | 致命故障 | 紧急断开高压 | 电机控制器直流母线过电压故障、BMS一级故障 |
| 二级 | 严重故障 | 二级电机故障零转矩，二级电池故障20A放电电流限功率 | 电机控制器相电流过电流、IGBT（绝缘栅双极型晶体管）、旋变等故障，电机节点丢失故障，档位信号故障 |
| 三级 | 一般故障 | 跛行 | 加速踏板信号故障 |
| | | 降功率 | 电机控制器电机超速保护 |
| | | 限功率<7kW | 跛行故障、SOC<1%、BMS单体欠电压、内部通信、硬件等三级故障 |
| | | 限速<15km/h | 低压欠电压故障、制动故障 |
| 四级 | 轻微故障 | 只仪表显示，四级故障属于维修提示，但是整车控制器不对整车进行限制　　四级能量回收故障，仅停止能量回收，行驶不受影响 | 电机控制器电机系统温度传感器、直流欠电压故障、整车控制器硬件、DC/DC转换器异常等故障 |

2. 报警指示灯符号说明

详见表9-10。

表 9-10 电动汽车主要故障指示灯的名称、故障原因及工作条件

| 序号 | 指示灯 | 名 称 | 异常闪烁 | 常 亮 | 工 作 条 件 |
|---|---|---|---|---|---|
| 1 |  | 12V 蓄电池充电故障警告灯 |  | DC/DC 未工作/12V 蓄电池电压异常/DC/DC 故障 | 总线信号,来自整车控制器,ON |
| 2 |  | 系统故障灯 | 仪表丢失整车控制器报文 | 车辆发生动力系统故障 | 总线信号,来自整车控制器,ON |
| 3 |  | 冲电线连接指示灯 |  | 充电枪连接至充电口 | 硬线信号,来自整车控制器 ON/OFF |
| 4 |  | 制动故障警告灯 | 仪表丢失 ABS 报文 | 制动系统故障/制动液位低/EBD(电子制动力分配)故障 | 硬线信号,来自整车控制器和 ABS(BCM),ON |
| 5 |  | 电机故障报警 |  | 电机系统故障 | 总线信号,来自整车控制器,ON |
| 6 |  | 高压断开报警 |  | 高压动力系统未启动 | 总线信号,来自整车控制器,ON |
| 7 |  | 动力电池故障 |  | 动力电池发生故障 | 总线信号,来自整车控制器,ON |
| 8 |  | ABS 故障 | 仪表失去 ABS 信号 | ABS 故障 | 总线信号,来自 ABS(BCM),ON |
| 9 |  | 驱动电机过热报警 |  | 驱动电机系统过热 | 总线信号,来自整车控制器,ON |

## 三、电动汽车的动力电池系统检测

### 1. 动力电池系统的故障显示

电动汽车动力电池系统的故障显示详见图 9-51、图 9-52 及其注解。

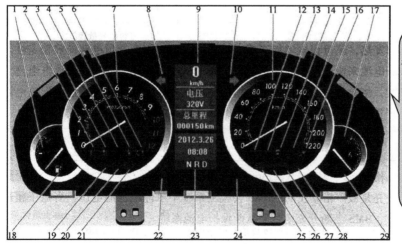

动力电池系统的故障显示：
电动汽车故障灯与普通汽车相同,分为指示灯、警告灯、指示/警告灯三类。其颜色也相同,即:
红色=危险/重要提醒
黄色=警告/故障
绿色/蓝色/白色=指示/确认启用
图 9-51 所示为 EV150 电动汽车动力电池故障的显示。其中有关动力电池的故障,只显示了 27、28、29 三种,请仔细查看其注解。

图 9-51 EV150 电动汽车的动力电池故障在仪表板上的显示

1—动力电池电量表 2—前雾灯 3—安全气囊故障指示灯 4—远灯光 5—安全带未系指示灯 6—后雾灯 7—转速表 8—左右转向指示灯 9—大液晶显示(多页内容,可翻屏) 10—右转向指示灯 11—车速表 12—进行准备就绪指示灯 13—系统故障灯 14—门开指示灯 15—电机及控制器过热指示灯 16—充电线连接指示灯 17—动力电池电流表 18—动力电池充电提醒 19—制动系统故障指示灯 20—蓄电池充电指示 21—驻车制动 22—左复零杆 23—小液晶显示 24—右复零杆 25—ECO 指示灯 26—车身防盗指示灯 27—动力电池切断故障指示灯 28—动力电池故障指示灯 29—动力电池绝缘电阻低指示灯

# 第九章 电动汽车鉴定评估

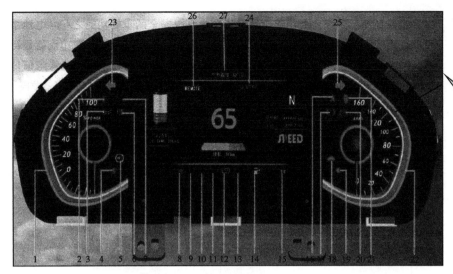

图9-52所示为EV200电动车动力电池故障的显示。其中有关动力电池的故障，只显示了11、12两种，请仔细查看其注解。

图9-52 EV200纯电动汽车动力电池故障在仪表板上的显示

1—驱动电机功率表 2—前雾灯 3—示宽灯 4—安全气囊指示灯 5—ABS指示灯 6—后雾灯 7—远光灯 8—跛行指示灯 9—蓄电池故障指示灯 10—电机及控制器过热指示灯 11—动力电池故障指示灯 12—动力电池断开指示灯 13—系统故障指示灯 14—充电提醒灯 15—EPS故障指示灯 16—安全带未系指示灯 17—制动故障指示灯 18—防盗指示灯 19—充电线连接指示灯 20—驻车制动指示灯 21—门开指示灯 22—车速表 23、25—左、右转向指示灯 24—Ready指示灯 26—REMOTE指示灯 27—室外温度提示

### 2. 动力电池系统的常见故障

动力电池常见的九种主要故障见表9-11。

动力电池系统的常见故障一般分为轻微故障、严重故障和非常严重故障三类，详见图9-53。

表9-11 动力电池常见的九种主要故障

| 序 号 | 故 障 描 述 | 常规解决办法（按照序号进行操作） |
|---|---|---|
| 1 | SOC异常：如无显示，数值明显不符合逻辑 | 1）停车或者关闭点火开关后重新起动 2）检查仪表板显示其他故障报警有无点亮，并做好现象记录 3）联系专业售后人员进行复查，维修人员确认无误后正常使用 |
| 2 | 续驶里程低于经验值 | 联系维护人员，检查充放电过程，容量是否衰减，BMS控制是否正常 |
| 3 | 电池过热报警/保护 | 1）10s内减速，停车观察 2）检查报警是否消除，检查是否有其他故障，并做好记录 3）若报警或保护消除，可以继续驾驶，否则，联系售后人员 4）运行中若连续三次以上出现停车后减速故障消除时，联系售后人员 |

323

（续）

| 序 号 | 故障描述 | 常规解决办法（按照序号进行操作） |
|---|---|---|
| 4 | SOC 过低报警/保护 | 1) SOC 低于30%报警出现时减速行驶，寻找最近的充电站进行充电<br>2) 停车休息 3~5min 后行驶，检查故障是否能自动消除<br>3) 若故障不能自行解除，且仍未到达充电站的，联系售后人员解决 |
| 5 | 电压/电流明显异常 | 1) 关闭点火开关，迅速下车并保持适当距离<br>2) 联系专业技术人员处理 |
| 6 | 点火开关打开至 ON/START 后不工作 | 1) 检查并维护低压电源<br>2) 若打开至 ON 后能工作，检查仪表板上故障显示，并记录<br>3) 若打开至 START 后仍不能工作，联系专业技术人员 |
| 7 | 不能充电 | 1) 检查 SOC 当前数值<br>2) 检查充电线缆是否按照正确方法连接<br>3) 若环境温度超出使用范围，终止使用<br>4) 联系维修人员 |
| 8 | 运行时高压短时间丢失 | 检查系统屏蔽层是否有效，检查继电器是否能正常动作，检查主回路是否接触良好 |
| 9 | 电池外箱磨损破坏 | 联系专业人员维护 |

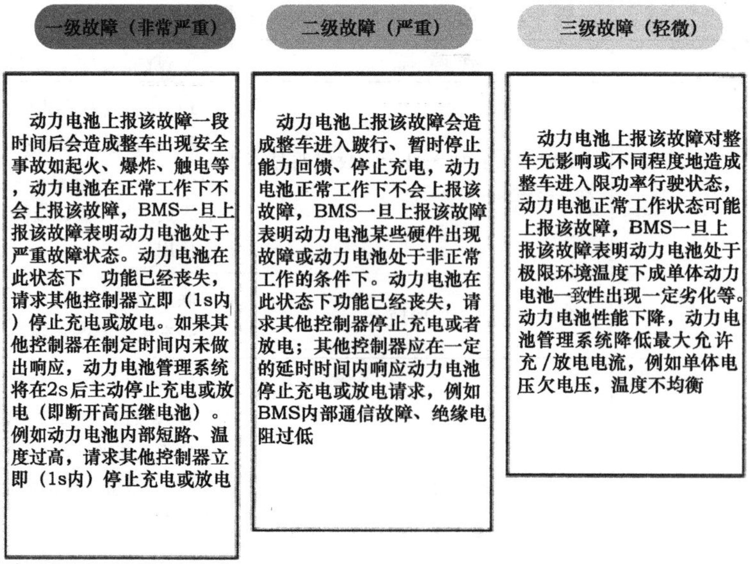

| 一级故障（非常严重） | 二级故障（严重） | 三级故障（轻微） |
|---|---|---|
| 动力电池上报该故障一段时间后会造成整车出现安全事故如起火、爆炸、触电等，动力电池在正常工作下不会上报该故障，BMS一旦上报该故障表明动力电池处于严重故障状态。动力电池在此状态下 功能已经丧失，请其他控制器立即（1s内）停止充电或放电。如果其他控制器在制定时间内未做出响应，动力电池管理系统将在2s后主动停止充电或放电（即断开高压继电器）。例如动力电池内部短路、温度过高，请求其他控制器立即（1s内）停止充电或放电 | 动力电池上报该故障会造成整车进入跛行、暂时停止能力回馈、停止充电，动力电池正常工作下不会上报该故障，BMS一旦上报该故障表明动力电池某些硬件出现故障或动力电池处于非正常工作的条件下。动力电池在此状态下功能已经丧失，请求其他控制器停止充电或者放电；其他控制器应在一定的延时时间内响应动力电池停止充电或放电请求，例如BMS内部通信故障、绝缘电阻过低 | 动力电池上报该故障对整车无影响或不同程度地造成整车进入限功率行驶状态，动力电池正常工作状态可能上报该故障，BMS一旦上报该故障表明动力电池处于极限环境温度下或单体动力电池一致性出现一定劣化等。动力电池性能下降，动力电池管理系统降低最大允许充/放电电流，例如单体电压欠电压，温度不均衡 |

图 9-53 动力电池故障等级的划分

3. 动力电池系统检测实例

【例1】 动力电池的高电压检测

1）如图9-54所示，拆卸动力电池母线，拉出限位销，拔出动力电池高压母线负极。

2）拉出限位销，拔出动力电池高压母线正极。

3）如图9-55所示，安装维修开关。

图9-54 拆卸动力电池母线

图9-55 安装维修开关

4）安装低压蓄电池负极。

5）按下电源开关。

6）将万用表旋至直流电压档（图9-56）。

7）将红黑表笔分别插入动力电池高压正、负极端子，测得动力电池高压接线柱电压307V（图9-57）。

8）拔出表笔，关闭万用表。

9）安装电池母线。

10）拆下蓄电池负极。

11）拆下手动维修开关，等待5min。

12）对准限位槽，安装动力电池高压母线负极，插入限位销。

图9-56 将万用表旋至直流电压档

图9-57 测量动力电池电压

13）对准限位槽，安装动力电池高压母线正极，插入限位销。

14）安装维修开关。

15）安装低压蓄电池负极。

【例2】 动力电池组及单个电池的电压检测

1）打开诊断仪工具箱。

2）取出连接线。

3）取出诊断仪器。

4）连接诊断仪器上的数据接头。

5）如图9-58所示，连接车辆OBD-Ⅱ诊断座。

6) 起动车辆。

7) 如图 9-58 所示,选择高压电池管理器。

图 9-58　连接车辆 OBD-Ⅱ诊断座

图 9-59　选择高压电池管理器

8) 如图 9-60 所示,读取计算机版本,读取完毕后退出。

9) 如图 9-61 所示,读取系统故障码,读取完毕后退出。

图 9-60　读取计算机版本,读取完毕后退出

图 9-61　读取系统故障码

10) 读取数据流。

① 查看单体电池、均衡累计时间数据(图 9-62)。

② 查看电池包电压采样数据(图 9-63)。

③ 查看电池包温度采样数据(图 9-64)。

图 9-62　查看单体电池、均衡累计时间数据

图 9-63　查看电池包电压采样数据

11) 退出至诊断仪主菜单。

12) 关闭仪器,拆卸接线。

【例 3】　绝缘故障的排查方法

(1) 国家标准对于电动汽车绝缘要求的有关规定

1) 根据国家标准 GB/T 3805—2008《特低电压(ELV)限值》的要求,人体的安全电压一

图 9-64　查看电池包温度采样数据

一般是指不使人直接致死或致残的电压，在一般环境条件下允许持续接触的"安全特低电压"是直流36V。电动汽车的动力电池输出电压大都在72~600V范围内甚至更高。故已经远远超过了该安全限值。因此，国标GB/T 18384.3—2015明确规定，动力系统的测量阶段最小瞬间绝缘电阻为0.5kΩ/V。

2）各电动汽车整车厂则根据各自设定的电压等级来确定动力系统的绝缘电阻的报警阈值。BMS承担整车所有高压部分的绝缘监测功能。当监测到绝缘电阻低于规定值时，BMS将对应的绝缘故障马上报给整车控制器。整车的组合仪表进行代码显示和故障灯报警。当组合仪表显示了故障码或警告灯时，必须立即进行故障排查。

（2）绝缘故障的排查方法

绝缘故障的排查方法可分为绝缘报警初步排查和高压回路排查两个步骤。

1）绝缘报警初步排查：整车控制器无高压绝缘检测功能，所有高压部分的绝缘均由动力电池控制。当出现绝缘故障时，需要使用绝缘电阻仪检测动力电池的绝缘性能。具体排查步骤如下。

① 若车辆的仪表能够正常显示故障，则表明BMS的绝缘监测系统本身是正常的。

② 若车辆的仪表显示绝缘无连接（可使用解码器调取相应故障码），则此时应检查低压控制线路是否正确或连接是否可靠（如低压线束插接器的插针松脱或扭曲而导致连接失效）。

③ 若已经排除了低压线路连接问题，则需要检查和排除CAN总线的通信故障，检测终端电阻值是否正常。例如正常值为60Ω，而实测是40Ω，则表明信号已经被削弱，而导致CAN总线通信不正常。

④ 若已经排除了低压线路连接问题并排除了CAN总线的通信故障，而车辆仪表板仍然显示有故障，则表明故障可能发生在高压回路，需要继续进行高压回路排查。

2）高压回路排查：高压回路包括电机系统、高压控制盒、充电系统及其附件、电池包等。需要继续逐个地人工排查。操作中应特别注意遵守安全规范。

【例4】 动力电池高压断开故障

动力电池高压断开故障可分以下两个步骤排查，详见图9-65及其注解。

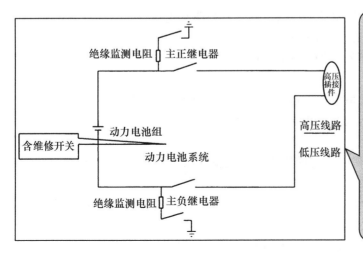

图9-65 动力电池的工作原理

## 四、电动汽车的驱动电机及其控制系统故障检测

驱动电机及其控制系统故障检测是一个比较复杂的"系统工程"。因此，首先需要熟悉驱动电机及其控制系统故障检测基本步骤、驱动电机系统的电路图以及驱动电机系统的低压插接器端子和驱动电机控制器低压插接器端子接口的定义，然后才开始进行旋转变压器的故障检测，最后才能进行驱动电机系统的故障检测与排除。

1. 驱动电机及其控制系统故障检测的基本步骤

驱动电机及其控制系统故障检测的基本步骤详见表 9-12。

表 9-12　整车故障的等级

| 等级 | 名称 | 故障后处理 |
|---|---|---|
| 一级 | 致命故障 | 电机零转矩，1s 紧急断开高压，系统故障灯亮 |
| 二级 | 严重故障 | 二级电机故障，电机零转矩；二级电池故障，系统故障灯亮 |
| 三级 | 一般故障 | 进入如跛行工况/降功率，系统故障灯亮 |
| 四级 | 轻微故障 | 四级故障属于维修提示，但整车控制器不对整车进行限制，只仪表显示。四级能量回收故障，仅停止能量回收，行驶不受影响 |

驱动电机及其控制系统故障检测的基本步骤

1）当驱动电机及其控制系统发生故障时，驱动电机控制器将故障信息发送给整车控制器，整车控制器根据电机、动力电池、DC/DC 等零部件故障和整车 CAN 网络故障及整车控制器硬件故障进行综合判断，首先确定整车的故障等级，并进行相应的控制处理。

2）当仪表板报出驱动电机系统故障性质（一般情况下不会显示具体故障，只报出"驱动电机故障""驱动电机过热"或者"驱动电机冷却液过热""超速"等）时，首先必须使用故障诊断仪读取由电机控制器报出的具体故障，并进行相应处理。

2. 驱动电机系统的电路

驱动电机系统的电路如图 9-66 所示。

3. 驱动电机系统的低压插接器

驱动电机系统的低压插接器包括驱动电机低压插接器与驱动电机控制器低压插接器。

（1）驱动电机低压插接器　如图 9-67 所示。

（2）驱动电机控制器低压插接器　如图 9-68 所示。

4. 旋转变压器的故障检测

旋转变压器的故障将导致电机系统无法起动或转矩输出减小。其故障主要分为旋转变压器本身的故障与控制旋转变压器的电机控制器内部旋变解码电路的故障。其故障排查方法如下。

1）首先排查电机控制器与电机连接的低压线束有无虚接或退针现象，检查电机控制器的低压控制插接器的 12V 供电是否正常

① 检查线路的通断：根据驱动电机系统电路连接图，脱开电机控制器插头，测量电机旋变插头 35 号端子与电机控制器 19 号端子之间的导线有无短路与断路现象。

② 检查励磁绕组的电压：打开点火开关 ON 档，测量插接器通断，应有 3~3.5V 交流电压。

## 第九章 电动汽车鉴定评估

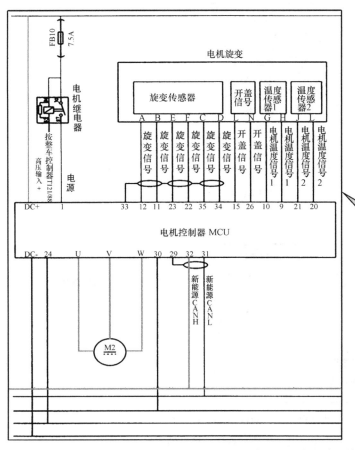

图 9-66 驱动电机系统电路连接图

> 驱动电机系统的电路包括：电源电路、旋变变压器电路、高压电路、驱动电机系统与整车控制器通信电路。

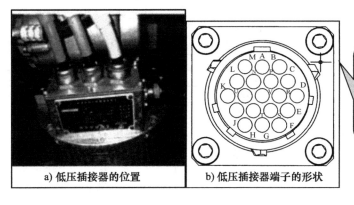

a) 低压插接器的位置　　b) 低压插接器端子的形状

> 1) 低压插接器为19针，主要包括旋变变压器、电机温度传感器和高低压互锁接口。驱动电机低压插接器端子的定义详见表9-13。
> 2) 检查低压插接器时，首先确认插接器的连接是否到位，有无"退针"现象。

图 9-67 驱动电机低压插接器端子的位置和形状

329

表 9-13 驱动电机低压插接器端子的定义

| 插接器型号 | 编号 | 信号名称 | 说明 |
|---|---|---|---|
| Amphenol RTOW01419PN03 | A | 励磁绕组 $R_1$ | 电机旋转变压器接口 |
| | B | 励磁绕组 $R_2$ | |
| | C | 余弦绕组 $S_1$ | |
| | D | 余弦绕组 $S_3$ | |
| | E | 正弦绕组 $S_2$ | |
| | F | 正弦绕组 $S_4$ | |
| | G | $TH_0$ | 电机温度接口 |
| | H | $TL_0$ | |
| | L | HVIL1(+L1) | 高低压互锁接口 |
| | M | HVIL2(+L2) | |

1) 驱动电机控制器低压插接器端子的定义详见表9-14。
2) 检查低压插接器时,首先确认插接器的连接是否到位,有无"退针"现象。

图 9-68 驱动电机控制器低压插接器端子实物与说明

表 9-14 驱动电机控制器低压插接器端子接口的定义

| 型号 | 编号 | 信号名称 | 说明 |
|---|---|---|---|
| AMP35Pin C-776163-1 | 12 | 励磁绕组 $R_1$ | 电机旋转变压器接口 |
| | 11 | 励磁绕组 $R_2$ | |
| | 35 | 余弦绕组 $S_1$ | |
| | 34 | 余弦绕组 $S_3$ | |
| | 23 | 正弦绕组 $S_2$ | |
| | 22 | 正弦绕组 $S_4$ | |
| | 33 | 屏蔽层 | |
| | 24 | 12V_ GND | 控制电源接口 |
| | 1 | 12V+ | |
| | 32 | CAN_ H | GAN 总线接口 |
| | 31 | CAN_ L | |
| | 30 | CAN_ PB | |
| | 29 | CAN_ SHIELD | |
| | 10 | TH | 电机温度传感器接口 |
| | 9 | TL | |
| | 28 | 屏蔽层 | |

2) 用万用表测量电机旋变传感器的电阻值:正常的线圈电阻值如下。

① 拔下插接器,测量传感器正弦绕组端子阻值,应有 $(60±10)\Omega$ 电阻。

② 拔下插接器，测量传感器余弦绕组端子阻值，应有$(60\pm10)\Omega$电阻。

③ 拔下插接器，测量传感器励磁绕组端子阻值，应有$(30\pm10)\Omega$电阻。

3）若以上线圈的阻值超出正常范围，则须更换旋变传感器；否则，若阻值正常，则可能是电机控制器内部旋变解码电路的故障，需要更换电机控制器的主控制板。

5. 旋转变压器检测实例

【例5】 旋转变压器波形检测

旋转变压器（又称电机解角器）波形检测步骤如下。

1）示波器线路连接步骤如下。

① 将数据传输线连接到仪器的端口上（图9-69）。

② 将负极搭铁线连接在探针头部的插孔内（图9-70）。

图9-69 将数据传输线连接到仪器的端口上

图9-70 将负极搭铁线连接在探针头部的插孔内

③ 检测时要将探针和被检测元件的延长线连接起来。

2）将延长线插入被检测解角器的端子后部（图9-71）。

3）插好解角器插接器；示波器搭铁线搭铁（图9-72）。

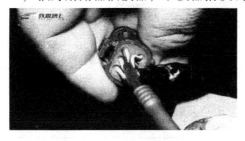
图9-71 将延长线插入被检测解角器的端子后部

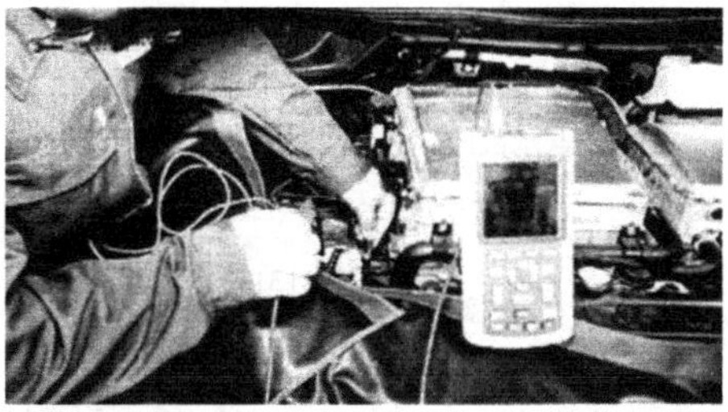

图9-72 插好解角器插接器、示波器搭铁线搭铁

4）打开点火开关，按下示波器电源键，打开示波器（图9-73）。

5）此时示波器可能出现杂波，属于正常现象（图9-74）。

图9-73 打开示波器

图9-74 示波器可能出现杂波，属于正常现象

6）将探针和解角器端子延长线连接，观察示波器上的波形。此时为车辆无负载时的解

角器波形(图9-75)。

7) 车辆加速,波形随着电机转速变化而发生变化(图9-76)。

图9-75 车辆无负载时的解角器波形

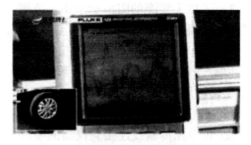

图9-76 波形随着电机转速变化而发生变化

8) 检测完毕,将仪器及工具归位(图9-77)。

6. 驱动电机系统的故障检测

排查驱动电机系统故障的主要步骤如下。

1) 首先使用故障诊断仪读取故障码。

2) 然后根据故障码的提示,分析发生故障可能的原因,并进行线路与电气元件的排查。

3) 在排查过程中,可以参考表9-15 驱动电机系统常见故障及其排除方法。

图9-77 将仪器及工具归位

表9-15 驱动电机系统常见故障及其排除方法

| 序号 | 故障名称 | 故障码 | 故障可能原因 | 解决方法 |
|---|---|---|---|---|
| 1 | 电机控制器直流母线过电压故障 | P114017 | 1) 电机系统突然大功率充电<br>2) 高压回路非正常断开 | 分析整车数据,如果总线电压报文与实际电压不相符,则需要检查高压供电回路、高压主继电器、高压插接器有无异常 |
| 2 | 电机控制器相电流过电流故障 | P113119<br>P113519<br>P113619<br>P113719 | 1) 负载突然变化、旋变信号故障等导致电流畸变,例如动力电池或主继电器频繁通断 | 检查高压回路 |
| | | | 2) 控制器损坏(硬件故障) | 更换控制器 |
| | | | 3) 控制器采集电压与实际电压不一致 | 标定电压,刷写控制器程序 |
| 3 | 电机超速故障 | P0A4400 | 1) 整车负载突然降低,电机转矩控制失效 | 如重新供电不复现,不用处理 |
| | | | 2) 电机低压信号线插接器连接松动或者退针 | 检查信号线插接器 |
| | | | 3) 控制器损坏(硬件故障) | 更换控制器 |
| 4 | 电机过温故障 | P0A2F98 | 1) 电机低压信号线插接器连接松动或者退针 | 检查信号线插接器 |
| | | | 2) 冷却系统工作异常 | 检查冷却液是否充足,水泵是否正常工作,冷却管路是否堵塞或堵气 |
| | | | 3) 电机本体损坏(长时间过载运行) | 更换电机 |

(续)

| 序号 | 故障名称 | 故障码 | 故障可能原因 | 解决方法 |
|---|---|---|---|---|
| 5 | 电机控制器IGBT过温故障 | P117F98<br>P117098<br>P117198<br>P117298 | 同电机过温 | 同电机过温 |
| 6 | 电机控制器低压电源欠电压故障 | U300316 | 12V蓄电池电压过低,或者由于35Pin线束原因,控制器低压接口电压过低 | 检查蓄电池电压,给蓄电池充电;检查控制器低压接口,测量35Pin插接器24号端子和1号端子电压是否低于9V |
| 7 | 与整车控制器通信丢失故障 | U010087 | 1) 未收到整车控制器信号<br>2) 网络干扰严重<br>3) 线束问题 | 检查35Pin线束连接是否正常,检查CAN网络通信是否正常,或者更换控制器 |
| 8 | 电机系统高压暴露故障 | P0A0A94 | 1) 电机控制器电源模块硬件损坏<br>2) 软件与硬件不匹配<br>3) 网络上有部件报出高低压互锁故障引起 | 刷写程序或更换控制器 |
| 9 | 电机(噪声)异响 |  | 1) 电磁噪声(高频较尖锐)<br>2) 机械噪声,可能是来自减速器、悬架、电机本体(轴承) | 1) 电磁噪声属正常<br>2) 排查确定电机本体损坏,更换电机 |

**7. 驱动电机的更换方法**

详见图 9-78 及其注解。

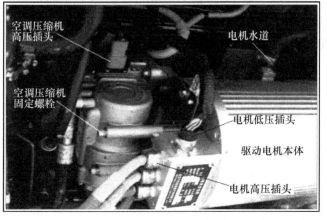

图 9-78 永磁同步电机的安装位置及其相关器件

## 第四节　电动汽车技术状况等级的综合评定

### 一、电动汽车技术状况的分级标准

电动汽车技术状况等级的综合评定方法和分级标准与传统汽车基本相同，详见本书第五章第四节。

### 二、电动汽车技术状况的分级标准中新增加的内容

电动汽车技术状况分级标准中新增加了如下三项内容。

1. 关于电动汽车安全检测方面的要求

1）检查高压中控盒（在推入动力电池箱之前，由具备资质的电工负责检查）：将连接到中控箱的高压线束、动力电池输入电缆从中控箱接器口拔下，以及其他高压电缆从部件接器口拔下，测量每个高压端子与底盘之间的绝缘电阻，要求其阻值大于 $20M\Omega$，否则，电动汽车全部计分为0。

2）测量电动机绝缘电阻：采用500V绝缘电阻表测量，要求其阻值不小于 $5M\Omega$，否则，电动汽车全部计分为0。

2. 关于电动汽车动力性能的检测要求

1）1km 最高车速：是指"能够往返各持续行驶 1km 以上距离的最高车速的平均值"一般要求不小于 100km/h。若 1km 最高车速小于 80km/h，电动汽车全部计分为0；若 1km 最高车速不小于 100km/h，则加5分。

2）30min 最高车速：是指"能够持续行驶 30min 以上的最高平均车速。"标准要求不小于 80km/h。若 30min 最高车速小于 60km/h，电动汽车全部计分为0；若 30min 最高车速不小于 80km/h，则加5分。

3）加速性能：包括以下两项指标，一是"从0开始加速到 50km/h 所需的最短时间。"标准要求不大于 10s；否则，电动汽车全部计分为0；二是"从 50km/h 开始加速到 80km/h 所需的最短时间。"标准要求不大于 15s。否则，电动汽车全部计分为0。

4）爬坡车速：包括以下两项指标，一是指"在4%坡道上能够持续行驶 1km 以上距离的最高平均车速。"标准要求不小于 60km/h，否则，电动汽车全部计分为0；二是指"在12%坡道上能够持续行驶 1km 以上距离的最高平均车速。"标准要求不小于 30km/h。否则，电动汽车全部计分为0。

5）坡道起步能力：是指"在坡道上能够起动，且在 1min 内向上行驶至少 10m 的最大坡度"，标准要求应满足制造厂出厂技术条件中的最大爬坡度规定。否则，电动汽车全部计分为0。

3. 关于电动汽车的车辆能耗和续驶里程检测要求

采用等速法测试其续驶里程。其具体实验方法是：在一般道路上，进行 $(60\pm2)$km/h 的等速实验，实验中间允许停车两次，每次停车时间不大于 2min，记录停车次数、停车时间和行驶距离。注意：车载仪器发出停车指示或车速不大于 54km/h 时，需停止实验。

若续驶里程大于 60km，电动汽车全部计分为0；若驶里程大于 80km，为合格；若驶里程大于 100km，则加5分。

# 第九章 电动汽车鉴定评估

> 注意：关于续驶里程的标准要求值，国标 GB/T 18386—2005 规定，采用工况法的续驶里程大于 80km。EV-TEST 电动汽车测评管理规则（2017 版，中国汽车技术研究中心发布，详见本书附录）关于续驶里程的规定是，续驶里程大于 100km。

### 三、非事故电动汽车技术等级的确定

1) 一级（五星级）：技术鉴定实际总分≥90。
2) 二级（四星级）：80≤技术鉴定实际总分<90。
3) 三级（三星级）：60≤技术鉴定实际总分<80。
4) 四级：20≤技术鉴定实际总分<60。
5) 五级：技术鉴定实际总分<20。
6) 六级（等外级）：重大事故车。

## 第五节　电动汽车的价值评估与鉴定评估报告

电动汽车的价值评估与鉴定评估报告与传统汽车完全相同。

### 一、价值评估方法的选择

1) 应优先采用重置成本法评估电动汽车的价值。
2) 成新率计算：考虑到电气系统的老化因素，电动汽车成新率应以使用年限法为主进行计算。

### 二、电动汽车鉴定评估报告

电动汽车鉴定评估报告的格式可采用二手车的定型式。

## 本 章 小 结

1. 电动汽车鉴定评估与传统汽车鉴定评估的共同点是总体上也分为静态检查、动态检查、仪器检查以及价值评估等内容。但这些工作经过具体化之后却体现了电动汽车结构性能的鲜明特点。由于电动汽车是一种具有高电压的、高度机电一体化的技术密集型产品，电动汽车鉴定评估工作的重点在于技术鉴定，特别是仪器检查。

2. 电动汽车静态检查工作首先要特别注意遵守电动汽车使用维修的安全操作规程；其次要注意电动汽车静态检查工作与传统汽车基本相同的内容，包括识伪检查、识别事故车，以及发动机舱、车舱、行李箱的主要内容、方法与技巧；第三要注意电动汽车静态检查与传统汽车区别较大的内容，包括电动汽车动力系统、电气系统、底盘、动力转向系统以及制动系统检查的主要内容、方法与要求。

3. 电动汽车行驶性能最主要的项目是动力性和续驶里程。因此电动汽车动态检查工作的重点是电动汽车动力性能检测项目和电动汽车的能耗和续驶里程检测项目；其次才是与传统汽车相同的工作内容，包括路试前的准备工作内容、其他一般路试检查项目以及路试后检

查项目等内容。

4. 电动汽车仪器检查工作的重点是电动汽车的高压安全检测、动力电池系统检测、驱动电机及其控制系统检测以及整车控制器检测。电动汽车辅助系统的检测包括电动助力转向系统、线性制动系统、电动冷却系统、电动空调系统以及充电系统的检测等。

5. 电动汽车技术状况的分级标准包括两部分内容,一是电动汽车技术状况的分级标准中与传统汽车相同的内容(详见本书第五章第四节);二是电动汽车技术状况分级标准中新增加的三项内容,包括电动汽车安全检测方面的要求、电动汽车动力性能的检测要求以及电动汽车的车辆能耗和续驶里程检测要求。非事故电动汽车技术等级的确定方法及标准根据检测实际得分的区间划分为五级。

6. 电动汽车价值评估工作的内容与方法与传统汽车评估基本相同。在价值评估计算的四种方法中,应以重置成本法为重点来计算电动汽车的价值;应以使用年限法为主进行电动汽车成新率的计算;应采用二手车的定型式撰写电动汽车鉴定评估报告。

## 思考训练题

### 一、填空题

1. 电动汽车鉴定评估与传统汽车鉴定评估的共同点是总体上也分为(　　)、(　　)、(　　)、(　　)等内容。但这些工作经过具体化之后却体现了电动汽车结构性能的鲜明特点。由于电动汽车是一种具有高电压的、高度机电一体化的技术密集型产品,电动汽车鉴定评估工作的重点在于(　　),特别是(　　)。

2. 电动汽车静态检查工作首先要特别注意遵守(　　);其次要注意(　　);第三要注意电动汽车静态检查工作与传统汽车区别较大的内容,包括(　　)、(　　)、(　　)、(　　)以及(　　)检查的主要内容、方法与要求。

3. 电动汽车行驶性能最主要的项目是动力性和续驶里程。因此电动汽车动态检查工作的重点是(　　)、(　　)项目;其次才是与传统汽车相同的工作内容,包括(　　)、(　　)、(　　)等内容。

4. 电动汽车仪器检查工作的重点是(　　)、(　　)、(　　)、(　　)以及(　　)。

5. 电动汽车技术状况分级标准中新增加的三项内容,包括(　　)、(　　)、(　　)。非事故电动汽车技术等级的确定方法及标准根据(　　)划分为五级。

### 二、名词解释题

1. 电动汽车高压维护的操作规程
2. 用绝缘电阻仪测量绝缘高压线束的绝缘性能(绝缘电阻)的方法
3. 拆卸驱动电机的步骤

### 三、简答题

1. 电动汽车动力系统的动力电池系统检测包括哪些内容?
2. 驱动电机系统的检测包括哪些内容?
3. 电动汽车动力性能的五项检测要求是什么?
4. 电动汽车车辆能耗和续驶里程的定义、检测方法与检测标准要求是什么?
5. 电动汽车价值评估工作有哪些特点?

扫一扫

附录(共6个文件)

# 参 考 文 献

[1] 余志生. 汽车理论[M]. 5版. 北京：机械工业出版社，2009.
[2] 陈家瑞. 汽车构造[M]. 5版. 北京：人民交通出版社，2006.
[3] 黄费智. 汽车评估与鉴定[M]. 北京：机械工业出版社，2011.
[4] 黄费智. 汽车发动机电控技术图解教程[M]. 北京：机械工业出版社，2013.
[5] 黄费智. 汽车底盘和车身电控技术图解教程[M]. 北京：机械工业出版社，2013.
[6] 中国汽车流通协会. GB/T 30323—2013 二手车鉴定评估技术规范[S]. 北京：中国标准出版社，2014.
[7] 鲁植雄. 二手车鉴定评估师（四级）[M]. 北京：中国劳动社会保障出版社，2016.
[8] 鲁植雄. 二手车鉴定评估师（基础知识）[M]. 北京：中国劳动社会保障出版社，2016.
[9] 鲁植雄. 汽车评估[M]. 2版. 北京：北京大学出版社，2017.
[10] 朱萍. 资产评估学教程[M]. 上海：复旦大学出版社，2005.
[11] 李江天，明平顺. 旧机动车鉴定估价[M]. 北京：人民交通出版社，2006.
[12] 王永盛，金涛. 汽车评估[M]. 北京：机械工业出版社，2008.
[13] 郭志军. 二手车鉴定与评估[M]. 北京：北京理工大学出版社，2009.
[14] 周建军. 二手车鉴定与评估[M]. 上海：上海交通大学出版社，2016.
[15] 张建俊. 汽车检测技术[M]. 北京：高等教育出版社，2003.
[16] 秦会斌. 汽车检测与修理技术[M]. 北京：机械工业出版社，2008.
[17] 崔选盟. 汽车故障诊断技术[M]. 北京：人民交通出版社，2005.
[18] 李建秋，赵六奇，韩晓东. 汽车电子学教程[M]. 北京：清华大学出版社，2006.
[19] 舒华，姚国平. 汽车电子控制技术[M]. 北京：人民交通出版社，2008.
[20] 谢剑. 汽车修理工技师鉴定培训教材[M]. 北京：机械工业出版社，2009.
[21] 屠卫星. 车辆技术评估检测员必读[M]. 南京：江苏科学技术出版社，2008.
[22] 杨清德，尤宜村. 轿车电子电器维修[M]. 北京：电子工业出版社，2007.
[23] 赵立军，佟钦智. 电动汽车结构与原理[M]. 北京：北京大学出版社，2016.
[24] 赵立军. 电动汽车测试与评价[M]. 北京：北京大学出版社，2012.
[25] 姜久春. 电动汽车相关标准[M]. 北京：北京交通大学出版社，2016.
[26] 敖东光，宫英伟. 电动汽车结构原理与检修[M]. 北京：机械工业出版社，2017.
[27] 宁德发. 电动汽车结构原理检测维修[M]. 北京：化学工业出版社，2017.

# 读者沟通卡

## 一、申请课件

本书附赠教学课件供任课教师采用,可在机械工业出版社教育服务网(www.cmpedu.com)注册后免费下载;也可扫描二维码关注"机工汽车"微信订阅号获取课件。

机工汽车

**免费下载** 教学课件、学习视频、海量学习资料
➢ 扫描二维码,关注"**机工汽车**"
➢ 点击"粉丝互动"→"视频课件"

## 二、机工汽车教师群

任课教师可加入"机工汽车教师群",与教材主编、编辑直接沟通交流。"机工汽车教师群"提供最新教材信息、教材特色介绍、专业教材推荐、样书申请、出版合作等服务。

QQ群号码:7348129,本群实施实名制,请以"院校名称+姓名"的方式申请加入。

## 三、微信购书

车界瞭望

关注汽车分社微信订阅号"**车界瞭望**",可直达机工社旗下网络购书平台"**汽车书院**",第一时间购买新书,获取车界前沿资讯

## 四、意见反馈和编写合作

联 系 人:赵海青 齐福江 母云红
电   话:010-88379353、88379160、88379439
电子信箱:13744491@qq.com、502135950@qq.com、2455675943@qq.com
地   址:北京市西城区百万庄大街22号汽车分社
邮   编:100037